böhlau

Robert-Tarek Fischer

RICHARD I. LÖWENHERZ 1157–1199

Ikone des Mittelalters

2. überarbeitete Auflage

Böhlau Verlag Wien · Köln · Weimar

1. Auflage 2006

Bibliografische Information der Deutschen Nationalbibliothek:
Die Deutsche Nationalbibliothek verzeichnet diese Publikation in der
Deutschen Nationalbibliografie; detaillierte bibliografische Daten
sind im Internet über http://dnb.d-nb.de abrufbar.

Umschlagabbildung:
König Richard I., Richard Löwenherz (1157–1199), König von England.
Richard Löwenherz von Wassili Dmitrijewitsch Polenow; © GL Archive/Alamy Stock Foto

Einbandgestaltung: Michael Haderer, Wien
Satz: Michael Rauscher, Wien
Druck und Bindung: Hubert & Co., Göttingen
Gedruckt auf chlor- und säurefrei gebleichtem Papier
Printed in the EU

Vandenhoeck & Ruprecht Verlage | www.vandenhoeck-ruprecht-verlage.com

ISBN 978-3-205-20980-5

Für Viktoria und Nicolas

Inhalt

Herrschaftsantritt im Angevinischen Reich (1189–1190)

Der lange Weg in den Orient (1190–1191)

Kreuzritter im Heiligen Land (1191–1192)

VI. In deutscher Haft (1192–1194)

VII. Rückkehr (1194)

VIII. Im Kampf um Frankreich (1194–1196)

IX. Dem Zenit der Macht entgegen (1196–1199)

Vorwort

Um die Tagesmitte des 5. August 1192 setzte König Richard I. Löwenherz alles auf eine Karte. Seit den Morgenstunden hatte er sich mit rund einem Dutzend Rittern und einigen hundert Fußsoldaten den Angriffen der ungleich größeren Streitmacht Sultan Saladins entgegengestemmt, um Jaffa für das Kreuzfahrerkönigreich Jerusalem zu behaupten. Nachdem es mit letztem Einsatz gelungen war, mehrere Attacken der muslimischen Kavallerie abzuwehren, beschloss Richard, die Initiative an sich zu reißen. Auf seinen Befehl hin ließen die Armbrustschützen einen Pfeilhagel auf Saladins Truppen niedergehen, während seine übrigen Soldaten sich zur Offensive formierten. Dann ging das kleine Kreuzfahreraufgebot, mit Löwenherz zu Pferd an der Spitze, zum Gegenangriff über und stieß frontal in die übermächtigen gegnerischen Reihen hinein.

Das Bild des Königs von England, der in der letzten Schlacht des dritten Kreuzzuges alles wagte, um der vermeintlich guten Sache zum Sieg zu verhelfen, wurde von zahlreichen christlichen Chronisten gezeichnet.[1] Es trug maßgeblich zu einem Legendenbildungsprozess bei, der durch weitere Aufsehen erregende Geschehnisse wie Richards Haft im Heiligen Römischen Reich oder seine Rückkehr nach England zusätzliche Dynamik gewann und den als Inbegriff des verwegenen Kriegers und Paradekreuzritters idealisierten König in die Sagenwelt entrückte. Der daraus resultierende Mythos überdauerte die Jahrhunderte, wurde in zahllosen Romanen, Musikstücken und Filmen thematisiert und hob den zweiten Monarchen aus dem Haus Plantagenet zum kleinen Kreis vormoderner Herrschergestalten empor, deren Namen heute noch allgemein geläufig sind.

Die beispiellose Mythenbildung machte aus Richard Löwenherz jedoch nicht nur eine historische Gestalt von immensem Bekanntheitsgrad, sondern leistete ebenso einer eindimensionalen Beurteilung der realen Person Vorschub. Selbst die Geschichtswissenschaft vermochte nicht immer Distanz zu dem überlieferten Bild des Kriegers zu wahren und bewertete seine Herrschaft des Öfteren nahezu aus-

1 Quellenbelege zu den Ereignissen des 5. August 1192 finden sich in den Anmerkungen 193 bis 201 bzw. 218.

schließlich anhand seiner militärischen Taten. Im Gegensatz zu anderen Monarchen seiner Zeit, die man trotz zahlreicher Feldzüge stets vorrangig als politische Akteure wahrnahm, wurde Löwenherz nicht selten auf die Heldenlegende reduziert und als ein Herrscher beschrieben, dem bei allem heroisch-ritterlichen Glanz staatsmännisches Verantwortungsgefühl und jeglicher Sinn für das Politische fehlte.[2] Die Quellen jener Zeit verdeutlichen indessen, dass diese Einschätzung zu kurz greift. Sie geben Richard I. keineswegs nur als gleichsam apolitischen Abenteurer, sondern vielmehr als oftmals hintergründig vorgehenden Monarchen zu erkennen, der nicht zuletzt aufgrund seines individuellen politischen Handelns eine Schlüsselfigur seiner Epoche darstellte. Und auch auf anderen Ebenen erwies sich Löwenherz als komplexe Persönlichkeit, die in vielen Bereichen – nämlich Organisation, Diplomatie, Strategie, Selbststilisierung, Dichtung, Mäzenatentum, ja selbst Architektur –, ihre Wirksamkeit entfaltete und sich daher eindimensionalen Erklärungsmodellen entzieht.

Für weitere Verzerrungen in der historischen Rückschau sorgten die Hindernisse, die einer Einordnung Richards I. in nationale Zusammenhänge entgegenstehen. Während Zeitgenossen wie Kaiser Friedrich I. Barbarossa oder König Philipp II. August zuweilen als Vorläufer der Nationswerdung Deutschlands bzw. Frankreichs wiedergegeben wurden, lässt sich eine ähnliche Funktion Löwenherz' im Hinblick auf England kaum feststellen. Neben seiner familiär bedingten, nichtenglischen Prägung ist dies insbesondere auf die Rahmenbedingungen sowie die Chronologie seiner Herrschaft zurückzuführen. In den ersten Jahren nach seiner Krönung befand er sich als Kreuzfahrer in weiter Ferne. Danach agierte er als Herrscher des Angevinischen Reiches, das sich über England *und* große Teile

2 „Er war ein schlechter Sohn, ein schlechter Gatte und ein schlechter König gewesen, aber ein kühner und großartiger Krieger", schrieb beispielsweise der viel gelesene Kreuzzugshistoriker Steven Runciman bilanzierend über Richard I. (Geschichte der Kreuzzüge, München 2001, S. 849), während der britische Quelleneditor William Stubbs so weit ging, dem König jeglichen politischen Instinkt – „the veriest tyro in politics" – abzusprechen (Itinerarium peregrinorum et gesta regis Ricardi, London 1864, herausgegeben von William Stubbs, S. XXV). Generell schien Löwenherz Formulierungen, die das Kriegerische in den Vordergrund rücken und fehlendes politisches Bewusstsein implizieren, regelrecht anzuziehen, so etwa: „ein Haudegen ohnegleichen" (Mayer, Hans Eberhard: Geschichte der Kreuzzüge, Stuttgart/Berlin/Köln 1989, S. 132), „Wirrkopf" (Le Goff, Jacques: Das Hochmittelalter, Frankfurt am Main 1965, S. 140) oder – in positiver Akzentuierung – „this proudest of English kings" (Barlow, Frank: The Feudal Kingdom of England 1042–1216, London/New York 1988, S. 366).

Frankreichs erstreckte – zwei Länder also, die im Lauf der Zeit ausgeprägte eigenstaatliche Identitäten entwickelten. Die sich daraus ableitenden Grundkomponenten seines Wirkens führten seitens der ab dem 19. Jahrhundert zunehmend nationalstaatlich geprägten Geschichtsschreibung zu manch plakativem Urteil. Dazu gehört beispielsweise der häufige Vorwurf, Richard hätte während seiner knapp zehn Jahre dauernden Herrschaft lediglich sechs Monate in England zugebracht, wobei nur zu oft die nötige Ergänzung fehlte, dass er sich nach dem Kreuzzug zumeist in der Normandie aufhielt und infolgedessen durchaus innerhalb des Angevinischen Reiches präsent und aktiv war.

Verkürzte und einseitige Bewertungen im Hinblick auf Richard I. Löwenherz sind zudem eine Konsequenz der unruhigen und bewegten Zeit, in der er lebte. Nur wenige Phasen in der vormodernen Geschichte Europas bieten derart breiten Raum für gegensätzliche Interpretationen wie das konfliktbeladene späte 12. Jahrhundert, eine Epoche, in der die höfische Ritterkultur und das Troubadourwesen in voller Blüte standen, in der sich allerdings auch die machtpolitische Situation auf mehreren Ebenen zuspitzte. Die Eroberung Jerusalems durch Saladin führte zu einer jähen Intensivierung der Kreuzzugsbewegung; der Gegensatz zwischen Frankreich und dem Angevinischen Reich eskalierte; das Heilige Römische Reich stürzte durch den Tod Kaiser Heinrichs VI. in eine tiefe Krise. Das aufgeheizte Klima dieser Konfliktsituationen führte zu vermehrter Propaganda seitens der zeitgenössischen Chronisten, deren Berichte wiederum die Grundlage des heutigen Urteils bilden. Eine Verstärkung erfuhr das tendenziöse Element der zeitgenössischen Überlieferungen noch durch den Umstand, dass das späte 12. Jahrhundert eine außerordentliche Dichte an herausragenden Monarchen aufweist, deren Taten vielfach in großem Stil Platz griffen und von Chronisten eine zusätzliche Überhöhung und Glorifizierung erfuhren. Zu den Monarchen, die ähnlich Richard Legendenbildungsprozesse auslösten, zählen Kaiser Friedrich I. Barbarossa und Sultan Saladin, darüber hinaus Löwenherz' Vater Heinrich II., der Gründer des Angevinischen Reiches, sowie Philipp II. August, der als einer der bedeutendsten Könige der frühen französischen Geschichte gilt.

Bei keinem führenden Akteur des späten 12. Jahrhunderts tritt das Spannungsverhältnis zwischen realem Handeln und Mythisierung jedoch so stark zutage wie bei Richard I. Obwohl seine Herrschaftszeit mit knapp zehn Jahren verhältnismäßig kurz währte, nahm er auf alle zuvor genannten Entwicklungen direkt oder indirekt Einfluss. Im Lauf weniger Jahre, in denen sich buchstäblich ein folgenschweres

Ereignis an das andere reihte, trat er in weiten Teilen der damals bekannten Welt in Erscheinung, veränderte die machtpolitische Landkarte in West- und Mitteleuropa, im östlichen Mittelmeerraum sowie im Orient und hinterließ darüber hinaus sowohl auf gesellschaftspolitischer als auch auf kultureller Ebene so manche Spur.

Im Lauf der Zeit wurden Richard I. Löwenherz viele Attribute zugeschrieben, die das ganze Spektrum zwischen positivem und negativem Extrem abdecken. Fraglos war er einer der markantesten Akteure des Hochmittelalters, eine schillernde und hoch begabte, gleichzeitig eine zuweilen widersprüchliche und rätselhafte, manchmal abgründige Persönlichkeit. Mit seinem an dramatischen Wendungen, spektakulären Erfolgen und fatalen Fehlern überreichen Leben repräsentiert er Licht- und Schattenseiten der im späten 12. Jahrhundert weit verbreiteten Kombination von machtpolitischem Vorgehen und ritterlicher Selbstdarstellung wie kein anderer Herrscher seiner Zeit und wurde zu einer Symbolgestalt des Hochmittelalters. Nicht zuletzt infolge seiner vielfältigen Wirkung – auf militärischer, aber eben auch auf politischer und kultureller Ebene – ist die Verflechtung zwischen Mythos und Realität gerade bei ihm in derartiger Intensität gegeben.

***

Die vorliegende Biografie unternimmt den Versuch, die Mannigfaltigkeit im Wirken Richards I. Löwenherz darzustellen. Neben der Behandlung seiner bekanntesten Lebensstationen – etwa des Dritten Kreuzzuges oder der Gefangenschaft im Heiligen Römischen Reich – werden daher zudem unbekanntere Aspekte seines Daseins beleuchtet, so zum Beispiel die Themenbereiche Herrscherkult, Imagebildung und Propaganda. Teil der Betrachtung bildet überdies die Rolle, welche Richard auf kultureller Ebene zukam, wobei seinem lyrischen Schaffen besondere Aufmerksamkeit gilt. Ferner wird ein Fokus auf die gemeinhin weniger geläufige zweite Hälfte seiner Herrschaftszeit gelegt, die den vielschichtigen Akteur Richard I. am deutlichsten erkennen lässt.

Um bei der Übersetzung zeitgenössischer Textstellen größtmögliche Verständlichkeit zu gewährleisten, wurden gelegentlich behutsame Anpassungen an den heutigen Sprachgebrauch vorgenommen.

***

Bei der ersten, im Jahr 2006 erschienenen Auflage dieses Buches bekam ich wertvolle Unterstützung von Dr. Gisela Fischer, Claudia Strafner, Mag. Marianne

Kirchmayr und Mag. Wolfgang Riedl, ebenso von Dr. Peter Rauch, Dr. Eva Reinhold-Weisz und den Mitarbeiterinnen und Mitarbeitern des Böhlau Verlages. Ihnen allen gilt mein Dank auch weiterhin.

Für die Umsetzung der zweiten Auflage dieses Buches traf ich beim Böhlau Verlag neuerlich auf hochprofessionelle Ansprechpartner. Diesmal – 13 Jahre später – handelte es sich dabei um Mag. Eva Buchberger und Mag. Waltraud Moritz sowie um Michael Rauscher, mit dem ich bereits 2006 zusammenarbeitete.

Darüber hinaus richtet sich mein Dank an Thomas Matzek, Dr. Stephan Hönigmann, Mag. Isabella Lesiak und Fritz Kalteis.

Anmerkungen zu den Quellen

In wesentlichen Teilen ist das Leben Richards I. Löwenherz für einen Herrscher des Mittelalters exzellent dokumentiert. Zahlreiche europäische und arabische Zeitzeugenberichte reflektieren sein Wirken in unterschiedlichen Akzentuierungen und Schwerpunktsetzungen. Angesichts ihrer Vielzahl können die folgenden Anmerkungen lediglich einen skizzenhaften Überblick über die Quellen vermitteln und einige Anhaltspunkte geben, welche Stärken und Schwächen ihnen in Bezug auf den Protagonisten innewohnen.

Die zentrale Wissensgrundlage zum Thema stellt die englische Geschichtsschreibung dar, die zur Zeit Richards I. in voller Blüte stand. Die letzten zwei Jahrzehnte des 12. Jahrhunderts, von Antonia Gransden, einer der wohl besten Kennerinnen auf diesem Gebiet, nicht zu Unrecht als „goldenes Zeitalter der Historiografie in England“[3] bezeichnet, brachten eine Reihe von versierten Chronisten hervor, die ihren Blick auf die Welt jenseits ihres regionalen Umfeldes richteten, das gesamte Angevinische Reich in ihre Schilderungen miteinzubeziehen suchten, die Politik des Hauses Plantagenet in einen europäischen Gesamtkontext stellten und selbst Vorkommnisse im Orient in ihre Werke einfließen ließen. Manche von ihnen befanden sich in Positionen, um umfassende Informationen auf direktem Weg zu erlangen, so etwa der in königlichen Diensten befindliche Beamte Roger von Howden, der gleichfalls in einem Naheverhältnis zur Krone stehende Autor des Werkes *Gesta regis Henrici Secundi Benedicti Abbatis* oder Ralph von Diceto, der als Dekan der St. Paul's Kathedrale in London eine einflussreiche Stellung einnahm und somit unmittelbar in das politische Geschehen eingebunden war. Andere Geschichtsschreiber befanden sich zwar nicht in unmittelbarer Nähe zum Machtzentrum und konnten über maßgebliche Ereignisse nicht aus erster Hand berichten, verfügten aber über erstrangige Informanten und vermochten so ebenfalls aufschlussreiche Darstellungen über das politische Geschehen des späten

3 Gransden, Antonia: Historical Writing in England, 2 Bände, London 1974–1982, hier: Band I: Historical Writing in England c. 550 to c. 1307, S. 219

12. Jahrhunderts zu verfassen. Zu ihnen ist beispielsweise der aus Yorkshire stammende Geistliche Wilhelm von Newburgh zu zählen, desgleichen der im Kloster St. Swithun in Winchester lebende Richard von Devizes sowie der einem Haus des Zisterzienserordens in Essex angehörende Mönch Ralph von Coggeshall, welcher den Hergang der eingangs erwähnten Schlacht von Jaffa von einem der wenigen Ritter erfuhr, der erwiesenermaßen daran teilnahm.

Vergleichsweise glänzend belegt liegt auch Richards Anteil am Dritten Kreuzzug vor. An erster Stelle zu nennen sind das Werk *Itinerarium peregrinorum et gesta regis Ricardi*, verfasst von einem uns unbekannten, dennoch unverkennbar der Krone nahe stehenden Chronisten, sowie die in Gedichtform angelegte Erzählung *L'Estoire de la Guerre Sainte* des in der Normandie geborenen Poeten Ambroise, den raren Glücksfall einer mittelalterlichen Kriegsberichterstattung, die Richards Aktivitäten in Palästina aus der Sicht des einfachen Soldaten schildert. Ergänzt werden die angevinischen Darstellungen des Dritten Kreuzzuges durch die christlich-orientalischen Quellen Ernoul und Eracles. Die Texte muslimischer Geschichtsschreiber wie Baha al-Din, Ibn al-Atir, Imad ad-Din oder Abu Schama bieten zudem die Gelegenheit, Richards Taten in Palästina aus der Sicht der islamischen Welt zu beleuchten.

Weitere wertvolle Ergänzungen zur Ära Löwenherz bieten die Niederschriften der französischen Chronisten Wilhelm der Bretone und Rigord sowie des vermutlich aus dem österreichischen Raum stammenden Ansbert, diverse Urkundensammlungen, ebenso die Lebensgeschichten prominenter Zeigenossen wie Wilhelm der Marschall oder Erzbischof Hugo von Lincoln, um nur einige zu nennen.

Trotz ihrer Reichhaltigkeit und ihrer teils hohen Qualität weisen die Zeitzeugenberichte im Hinblick auf Richard Löwenherz doch beträchtliche Unschärfen auf: So ist sein Wirken als Herzog von Aquitanien (1172/74–1189) lediglich in Bruchstücken überliefert, da die genannten englischen Chronisten mit überregionalem Anspruch zwar ein in Summe dichtes Bild über die Vorgänge in England erstellten, allerdings nur sehr begrenzte Informationen über die Vorgänge im fernen äußersten Süden des Angevinischen Reiches gelegenen Herzogtum Aquitanien besaßen. In ihren Berichten schien Richards erster Herrschaftsraum daher zumeist allein dann auf, wenn sich dort kriegerische Auseinandersetzungen zutrugen oder Geschehnisse eintraten, welche die Interessen des Gesamtreiches berührten. Da die Geschichtsschreibung in Aquitanien nicht annähernd das Niveau englischer Chroniken erreichte und die Gedichte der Troubadoure ebenfalls keinen kongenialen Informationsersatz darstellen – das von politischen Inhalten geprägte Genre des *Sirventes* diente mehr der polemischen Meinungsäußerung denn der Schilderung größerer politischer Zusammenhänge – beschränkt sich unser Wissen über Richards Unternehmungen in Aquitanien im Wesentlichen auf militärische Aktivitäten. Seine Regierungstätigkeit jenseits der Kampfschauplätze liegt dagegen weitgehend im Dunkeln, so dass der heutigen Wissenschaft kaum Aufschlüsse über administrative Maßnahmen oder den Einfluss politischer Protagonisten an Richards Hof in Poitiers vorliegen.

Eine weitere Informationslücke zeigt sich in der zeitgenössischen Berichterstattung, betreffend Richards Heimreise vom Kreuzzug, die mit seiner folgenschweren Gefangennahme in Österreich endete. Von seiner Abreise aus Palästina am 9. Oktober 1192 bis zu seiner über zwei Monate später erfolgten Inhaftierung bei Wien erlauben die Quellen lediglich begrenzte Einsicht auf die Umstände seiner Abfahrt von Akko sowie seiner Routenwahl, was hauptsächlich auf die Tatsache zurückzuführen ist, dass der König ab Korfu mit kleinem Gefolge reiste, das während der Odyssee nach Österreich auf nur zwei Personen zusammenschmolz. Die Kette von Ereignissen, die zu seiner Festnahme und damit zu der größten Krise seines politischen Lebens führte, ist uns daher nur in Umrissen bekannt.

Ferner gilt es zu berücksichtigen, dass die englischen Geschichtsschreiber insbesondere in ihrer Beschreibung von Richards langjährigen Auseinandersetzungen mit König Philipp II. von Frankreich naturgemäß eine proangevinische Tendenz erkennen lassen. Dies betrifft nicht nur hofnahe Chronisten wie Roger von Howden, sondern auch Geistliche wie Wilhelm von Newburgh oder Richard von Devizes, die ungeachtet fehlender materieller Interessen in positiver Akzentuierung über Richard berichteten. Die sich auf diese Weise ergebende Schieflage lässt sich in der historischen Darstellung allerdings nicht zur Gänze ausbalancieren, da die Sichtweise Philipps II. lediglich durch zwei ergiebige französische Quellen – Wilhelm den Bretonen und Rigord – dargestellt wird und die französische Reflexion der politischen Abläufe deswegen in Summe ungleich weniger deutlich und detailliert zutage tritt.

Abschließend seien noch zwei generelle Probleme genannt, die hinsichtlich des Handelns und des Umfeldes mittelalterlicher Herrscherpersönlichkeiten stets zu vergegenwärtigen sind.

Zum Ersten scheinen Frauengestalten in mittelalterlichen Quellen zumeist nur spärlich auf, weshalb sich unser Wissen selbst über Königinnen in der Regel in engen Grenzen hält. Dies gilt größtenteils ebenso für die Ära Löwenherz. Auch hochgeborene weibliche Persönlichkeiten wie Richards Gemahlin Berengaria von Navarra oder seine langjährige Verlobte, die dem französischen Herrscherhaus entstammende Alice, wurden in den zeitgenössischen Berichten nur in seltenen Randbemerkungen erwähnt, weshalb sie für uns lediglich in äußerst vagen Konturen fassbar sind. Eine immerhin bedeutende Ausnahme stellt indessen Richards Mutter Eleonore von Aquitanien dar, deren politische Aktivitäten seitens der Chronisten erhebliche Aufmerksamkeit erfuhr.

Zum Zweiten wird die individuelle Persönlichkeit mittelalterlicher Monarchen weitgehend durch das Prinzip des Herrschertums verdeckt. Ähnlich wie die Bildnisse jener Zeit, die nicht der realitätsnahen Visualisierung des Porträtierten, sondern vornehmlich der Darstellung symbolischer Handlungen dienten, treten uns Kaiser, Könige oder Fürsten auch in schriftlichen Überlieferungen gemeinhin als politisch Ausführende und Gebieter, kaum jedoch als individuelle Charaktere oder gar als Privatpersonen gegenüber. Das Informationsdefizit in Bezug auf persönlich bestimmter Motivationen zwingt die Wissenschaft zur Erstellung entsprechender Erklärungsmodelle, um bestimmte Ereignisketten plausibel zu machen, was jedoch die Notwendigkeit entsprechender Anmerkungen inkludiert, an welchen Stellen sich der Autor nicht mehr auf entsprechende Quellenberichte stützen kann und zu reflektieren beginnt.

Trotz der genannten Einschränkungen sind die Zeitzeugenberichte zu Löwenherz vergleichsweise außerordentlich reichhaltig. Ihre Qualität und Fülle ermöglichen es dem Historiker bzw. der Historikerin, einzelne Ereignisse aus verschiedenen zeitgenössischen Sichtweisen zu betrachten, gleichzeitig weitgehende Distanz von der Zuordnung bestimmter Wesensmerkmale durch Chronisten zu wahren und die Darstellung Richards I. Löwenherz in erster Linie anhand seiner Taten zu rekonstruieren. In Summe bieten die Quellen zum Thema die im Hinblick auf das Hochmittelalter keineswegs selbstverständliche Gelegenheit, eine Biografie zu verfassen, die manche Einblicke in die Persönlichkeit des porträtierten Herrschers zu geben vermag.

I.

Zweiter Sohn eines Reichsgründers (1157–1183)

1. Ein schillerndes Elternpaar

Am 18. Mai 1152 wurde in der Kathedrale von Poitiers ein Paar getraut, dem binnen weniger Jahre eine Machtexpansion der Superlative glückte: Heinrich Plantagenet und Eleonore von Aquitanien.

Allein durch ihre Heirat ergab sich eine beträchtliche Machtzusammenballung. Heinrich war trotz seiner erst 19 Jahre der bestimmende Fürst im Nordwesten Frankreichs. Seine Vorfahren hatten von ihrem Stammland Anjou aus die Touraine und Maine an sich gebracht, sein Vater Gottfried *Plantagenet* – der Beiname bezog sich auf dessen Helmzier, einen Ginsterzweig – darüber hinaus das Herzogtum Normandie. Die 30-jährige Eleonore war ihrerseits die maßgeblichste weltliche Persönlichkeit im Südwesten Frankreichs. Als Herzogin von Aquitanien gebot sie über die Länder Poitou, Saintonge, Angoumois, Marche, Périgord, Limousin sowie Gascogne und kontrollierte damit ein Gebiet, das mehr als ein Viertel des heutigen Frankreich umfasste. Somit führte die Eheschließung Heinrichs und Eleonores mit einem Schlag zur Entstehung eines geographisch in sich geschlossenen Territorialkomplexes, der vom Ärmelkanal bis zu den Pyrenäen reichte.

Doch all diese Besitzungen, so weitläufig sie auch waren, dienten dem Paar lediglich als Sprungbrett zu einer noch größeren Machtausweitung, denn Heinrich verfügte über den Anspruch auf die Herrschaftsnachfolge in England. Seine Mutter Mathilde hatte, obwohl von ihrem Vater, König Heinrich I. von England (1100–1135), zur Thronerbin erklärt, nach dessen Tod im Streit um die Krone gegen ihren Cousin Stephan von Blois (135–1154) den Kürzeren gezogen, diesem in wechselvollen bewaffneten Auseinandersetzungen zwar schwer zugesetzt, allerdings keinen dauerhaften Erfolg erzielt und die Insel 1148 verlassen. Heinrich Plantagenet setzte den Kampf der Mutter fort. Bald nach seiner Hochzeit mit Eleonore, die seine Position erheblich verstärkte, gelang ihm der entscheidende Durchbruch. Im November 1153 stimmte der alternde Stephan, von dem fast zwanzig Jahre währenden Bürgerkrieg und dem Tod seines eigenen Sohnes zermürbt, einem Kompromiss zu, der ihm zwar die Krone über England beließ, Heinrich jedoch die Herrschaftsnachfolge garantierte. Als Stephan ein Jahr später starb, trat die vereinbarte Regelung in Kraft: Am 19. Dezember 1154 wurden Heinrich und seine Gemahlin in Westminster zum neuen Herrscherpaar des Königreiches England gekrönt.

Damit hatte sich der junge Plantagenet, nunmehr König Heinrich II. (1154–1189), kometengleich zum mächtigsten Monarchen Westeuropas emporgeschwungen. Sein Gebiet erstreckte sich von der Grenze Schottlands bis zur Grenze der Iberischen Halbinsel. Keiner seiner Vorgänger auf dem englischen Thron hatte auch nur annähernd über einen derartig weitläufigen Territorialbesitz verfügt.

Freilich: Es erforderte ungeheure Anstrengungen, diesen Schwindel erregend steilen Aufstieg zu konsolidieren, denn der Herrschaftsraum des Plantagenet war ein noch äußerst heterogenes Gebilde. In England hatte die königliche Regierungsgewalt infolge der fast zwei Jahrzehnte dauernden Thronkämpfe einen Tiefpunkt erreicht, die Grenzen gegen Schottland und Wales waren unsicher. Überdies musste zwischen den zahlreichen Ländern Heinrichs und Eleonores in Frankreich ein wirklicher Zusammenhalt erst geschaffen werden.

Heinrich II., ein mittelgroßer, kräftig gebauter, rothaariger Mann, verfügte über die notwendige Energie, um den ungeheuren Aufgaben annähernd gerecht zu werden. Erfüllt von eisernem Machtwillen, reiste er fortan rastlos durch seine Länder, um seiner Autorität immer und überall Geltung zu verschaffen. Im Lauf seiner 35 Jahre dauernden Herrschaft verbrachte er Weihnachten an 24 verschiedenen Orten und überquerte nicht weniger als 28-Mal den Ärmelkanal. Desinteressiert an Statussymbolen und prunkvollem Auftreten – Heinrich II. bevorzugte einfache, praktische Kleidung und wurde deshalb zuweilen *Kurzmantel* genannt –, demonstrierte er seine Führungsposition vor allem durch unbändige Tatkraft und außerordentliches politisches Geschick. In den ersten Jahren nach ihrer gemeinsamen Krönung spielte zudem die selbstbewusste Eleonore eine nicht unwesentliche Rolle in der Führung des Reiches. Anders als viele Monarchinnen jener Zeit brachte sie sich aktiv in die Politik ein und agierte während Heinrichs Aufenthalten in den kontinentalen Besitzungen als Regentin von England.

Die außerordentliche Leistung des dynamischen Paares zeitigte bemerkenswerte Resultate. In England festigte Heinrich II. seine Stellung, indem er den Einfluss der Barone energisch zurückdrängte, einschneidende juristische, finanz- sowie sicherheitspolitische Maßnahmen setzte und eine effiziente zentrale Administration installierte. In weiten Teilen seiner festländischen Territorien gewann der unermüdliche König durch seine permanenten Reisen ein derart hohes Maß an Autorität, dass seine Herrschaft bald weitgehend als unbestritten galt; wie wir noch sehen werden, traf dies allerdings nur in bedingtem Ausmaß auf Aquitanien zu. Darüber hinaus gelang es Heinrich II., seine Macht sogar noch weiter auszudehnen. 1155 verschaffte er sich die Kontrolle über die Bretagne im äußersten Westen Frankreichs. 1156 zwang er seinen jüngeren Bruder Gottfried, dem nach dem Willen des Vaters nach Heinrichs Inthronisierung in England die Grafschaft Anjou zugestanden wäre, zum Verzicht auf das Erbe und sah sich der innerfamiliären Konkurrenz endgültig entledigt, als Gottfried 1158 starb. In späteren Jahren konnte der Plantagenet obendrein in Irland Fuß fassen und sich die Lehnsherrschaft über Wales sowie Schottland aneignen.

Die moderne Geschichtsforschung bezeichnet den weitläufigen Territorialkomplex Heinrichs II. gemeinhin als *Angevinisches Reich*, benannt nach dessen Keimzelle, der Grafschaft Anjou. Auch im vorliegenden Buch wird dieser Name mangels eines besseren Terminus verwendet. Es sei jedoch darauf verwiesen, dass der Begriff Reich irreführend ist, denn bei dem angevinischen Herrschaftsraum handelte es sich mitnichten um einen monolithischen Gesamtstaat, sondern um ein Gebilde, das eines eindeutigen Machtzentrums sowie einer administrativen Gesamtstruktur ermangelte. So behielten beispielsweise die Verwaltungsapparate Englands und Aquitaniens ihre Ausrichtung auf die Machtzentren London und Poitiers bei und agierten weitgehend unabhängig voneinander. Mochte das Angevinische Reich zwar nach außen machtvoll wirken, bildete es im Grunde genommen lediglich eine in einer Hand vereinte Ansammlung von Herrschaftsrechten über eine Reihe von Ländern, als deren verbindendes Element der König fungierte.

Und noch eine entscheidende Achillesferse wies dieses Konstrukt auf: Sowohl Heinrichs als auch Eleonores kontinentale Besitzungen unterstanden seit jeher der Lehnsherrschaft des französischen Königshauses der Kapetinger. Die Errichtung des Angevinischen Reiches hatte an diesem Zustand nichts geändert. Das hieß, dass gut die Hälfte der neuen europäischen Großmacht keinen souveränen Status genoss, sondern theoretisch dem Gutdünken eines anderen Monarchen unterstand, nämlich König Ludwig VII. von Frankreich (1137–1180).

Diese Konstellation entbehrte insofern nicht einer gewissen Pikanterie, als Eleonore bis wenige Wochen vor ihrer Eheschließung mit Heinrich noch die Gemahlin Ludwigs VII. gewesen war. Und, für manche Zeitgenossen besonders empörend: Die Scheidung vom französischen Monarchen kam nicht zuletzt auf ihr Betreiben zustande. Die von unbändiger Vitalität erfüllte Aquitanierin empfand generell wenig Neigung, dem damaligen Rollenbild einer duldsamen Ehegattin und Mutter zu entsprechen. Vielmehr zeigte sie Unabhängigkeit und Tatendrang, galt wegen ihres lebenslustigen Auftretens vielen gar als skandalumwitterte Femme fatale. Eleonore focht das wenig an. Sie nahm sich das Recht, mit ihrem Dasein neben dem tief religiösen Ludwig schlicht unzufrieden zu sein und daraus die Konsequenz zu ziehen. Einen Mönch hätte sie geheiratet – so lautete angeblich ihre Bilanz über diese Ehe. Der Kapetinger willigte schließlich in die Scheidung ein, weil der 15 Jahre dauernden Verbindung nur zwei Töchter entsprungen waren und er sich von einer neuerlichen Vermählung den ersehnten männlichen Thronerben erhoffte. Dass Eleonore allerdings in Windeseile mit dem mächtigen Heinrich vor den Traualtar trat, traf ihn völlig unvorbereitet. Da Ludwig als oberstem Lehnsherrn von Aquitanien das Recht oblag, diese Vermählung zu unterbinden, hatte Eleonore ihm ihr Vorhaben kurzerhand verschwiegen.

Auf den französischen König wirkte die Hochzeit in Poitiers denn auch wie ein Schlag ins Gesicht. Über Eleonores Verhalten hochgradig irritiert und von Heinrichs Machtzuwachs alarmiert, eröffnete der Kapetinger 1152 unverzüglich einen Krieg, errang gegen den Plantagenet jedoch kein greifbares Ergebnis und sah sich bald zu einem Waffenstillstand genötigt. Die Krönung seines Rivalen zum neuen König von England verschob das militärische Kräfteverhältnis vollends zu Ludwigs Ungunsten, dessen unmittelbarer Landbesitz wenig mehr als die Île de France, Orléans sowie Teile des Berry umfasste. Mit den Ressourcen, die diese recht bescheidene Krondomäne bot, ließ sich kein Krieg gegen Heinrich II. gewinnen. Das einzige wirkliche Druckmittel, das Ludwig VII. gegen seinen Kontrahenten zu Gebot stand, war die rechtliche und moralische Macht, die seiner eigenen Stellung als oberster Lehnsherr über die angevinischen Länder in Frankreich zukam. Und dieses Instrument verblieb in seiner Hand, denn für Heinrich kam eine Beseitigung des Vasallenstatus gegenüber dem französischen König nicht in Frage, da er damit einen allzu gefährlichen Präzedenzfall für Revolten eigener Lehnsleute geschaffen hätte. Ausgestattet mit der Autorität eines Oberherrn über Frankreich, gelang es Ludwig im Jahr 1159, einer Offensive Heinrichs auf die Grafschaft Toulouse wirksam entgegenzutreten. Er musste zwar einige Gebietsgewinne seines Widersachers in der Region zulassen, die bis 1196 immer wieder für kriegerische Eskalationen zwischen den Grafen von Toulouse und den Plantagenets sorgen sollten, konnte jedoch die vollständige Eroberung der Grafschaft durch Heinrich und so dessen

Abb. 1: Richards Geburtshaus – ein bei Oxford errichteter, ab dem 14. Jahrhundert verfallender Palast König Heinrichs I. (1100–1135)

Positionierung an der Mittelmeerküste auf Dauer unterbinden. Dieser Erfolg änderte dennoch wenig an der Tatsache, dass sich der Kapetinger mit der imponierenden angevinischen Machtentfaltung nicht annähernd messen konnte.

Und noch ein Umstand dürfte Ludwig VII. zu schaffen gemacht haben: Während er in seiner Ehe mit Eleonore nie die Geburt eines männlichen Stammhalters feiern konnte, schenkte die Aquitanierin ihrem zweiten Gemahl buchstäblich einen Sohn nach dem anderen. Bereits im August 1153, kaum mehr als ein Jahr nach ihrer Heirat, konnte sich das englische Königspaar über die Geburt Wilhelms freuen, gefolgt von Heinrich im Februar 1155. Unmittelbar vor der Geburt der ersten Tochter Mathilde im Juli 1156 starb zwar der Erstgeborene, doch bald darauf kündigte sich neuerlich Nachwuchs an. Am 8. September 1157 gebar Eleonore in Oxford einen weiteren Sohn: Richard erblickte das Licht der Welt.[4]

4 Berg, Dieter: Die Anjou-Plantagenets. Die englischen Könige im Europa des Mittelalters (1100–1400), Stuttgart 2003, S. 21 ff., 29 ff., 62; Gillingham, John: The Angevin Empire, London 1984,

2. Die Welt des jungen Richard

Über die Kindheit von Heinrichs II. und Eleonores zweitältestem überlebenden Sohn, der später den legendären Beinamen *Löwenherz* erhalten sollte, ist nur wenig überliefert. Das Wissen über seine Anfänge beschränkt sich im Wesentlichen auf das Faktum, dass er seine ersten Lebensjahre in England zubrachte und wie seine Geschwister der Obhut des Erzbischofs von Canterbury unterstand.[5] Das Kind Richard bleibt für uns somit eine schemenhafte Gestalt. Ein Blick auf seine unmittelbare Umgebung vermag indes immerhin einige Aufschlüsse zu bieten.

Ein prägendes Moment für den jungen Königssohn stellte der Umstand dar, dass Bildung im Haus Plantagenet als außerordentlich hohes Gut betrachtet wurde. Um deren Wert zu veranschaulichen, bemühte das Gefolge Heinrichs II. bildhafte Vergleiche. Ein ungebildeter König wäre wie ein gekrönter Esel, lautete eine dieser Stehsätze, ein anderer befand, ein König ohne umfassende wissenschaftliche Kenntnisse gliche einem Boot ohne Ruder und einem Vogel ohne Federn. Dieser Parolen eingedenk, fand Heinrich II. trotz seiner fortdauernden Reisetätigkeit stets die Zeit, um seine eigene Bildung zu vervollkommnen. Er beherrschte mehrere Sprachen, befasste sich mit verschiedenen Zweigen der Wissenschaft, verfügte über umfassende literarische Kenntnisse und verfasste angeblich sogar ein Buch, das die Falkenjagd behandelte. Hinter diesen regen intellektuellen Aktivitäten stand die damals in Europa noch nicht sehr verbreitete Überzeugung, wonach ein Monarch profundes Wissen benötigte, um sich als versierter Herrscher zu profilieren.[6]

Eine ebenfalls maßgebliche Rolle im Haus Plantagenet spielte das intensive, ja geradezu innige Naheverhältnis zu Kunst und Kultur. Insbesondere Eleonore zeigte sich der höfischen Dichtung leidenschaftlich zugetan. Sie folgte damit der Tradition eines genialen Vorfahren. Ihr Großvater, Herzog Wilhelm IX. von Aquitanien (1086–1127), hatte durch sein reiches lyrisches Schaffen einer neuen europäischen

---

S. 1 f., 6 ff., 11 ff., 16 ff., 54 f.; Aurell, Martin: Die ersten Könige aus dem Haus Anjou (1154–1216), in: Vollrath, Hanna/Fryde, Natalie (Hrsg.): Die englischen Könige im Mittelalter. Von Wilhelm dem Eroberer bis Richard III., München 2004, S. 71–101, hier: S. 71 f., 75, 81 ff., 89 ff.; Pernoud, Régine: Königin der Troubadoure. Eleonore von Aquitanien, Düsseldorf/Köln 1966, S. 11, 37, 78 ff., 92 ff.; Barber, Richard: Henry Plantagenet. A Biography, London 1964, S. 19 ff., 46 ff.

5 Kelly, Amy: Krone der Frauen. Eleonore von Aquitanien und die vier Könige, München 1953, S. 139; Gillingham, John: Richard the Lionheart, London 1978, S. 31 f.

6 Aurell, S. 93 ff.

Kunstform zum Durchbruch verholfen, nämlich der Dichtung in einer Landessprache, die im Gegensatz zur Hochsprache Latein nicht nur von Eliten, sondern von allen Schichten verstanden wurde. Ganz temperamentvoller Lebemann, hing er in einigen seiner elf überlieferten Lieder einer sinnlichen bis obszönen Poesie an, in der oft ein ebenso scharfer wie selbstironischer Witz aufblitzte. Seine eigentliche literaturhistorische Bedeutung liegt jedoch in seinen sensibleren Werken begründet, die das höfische Minnelied vorwegnahmen. Oftmals als „erster Troubadour" – oder Trobador, wie es in der okzitanischen Sprache ursprünglich hieß – bezeichnet, prägte Wilhelm IX. mit seinen Werken das höfische Ideal sowie die provenzalische Lyrik maßgeblich mit, die sich im weiteren Verlauf des 12. Jahrhunderts zu voller Blüte entfaltete. Eleonore nahm wesentlichen Anteil an der großräumigen Verbreitung dieser Kunstform, indem sie die höfische Minnekultur mit Nachdruck förderte. Durch ihr engagiertes Mäzenatentum entwickelte sich ihr Hof in Poitiers zu einem Tummelplatz für Troubadoure und avancierte zu einer der kultiviertesten weltlichen Stätten des Abendlandes, deren künstlerische Impulse die mittelalterliche Dichtung West- und Mitteleuropas maßgeblich beeinflussten.[7]

Die eingehende Beschäftigung mit den Wissenschaften sowie die Förderung der Künste entsprangen gleichwohl nicht nur individuellen Interessen, sondern bildeten Eckpfeiler von Heinrichs und Eleonores herrscherlichem Selbstverständnis, waren Teil einer konsequent betriebenen Selbststilisierung und dienten der Imagebildung des Königspaares. Namentlich Heinrichs Studientätigkeit erwies sich nicht zuletzt als machtpolitisches Instrument, da sie von seiner Umgebung als beispielgebend gepriesen und zu einem wichtigen Element weiser Führung hochstilisiert wurde. Die von persönlichen Neigungen, jedoch ebenso von nüchternem Kalkül motivierte Vertrautheit mit Wissenschaft und Kultur wurde in starkem Maß an die nächste Generation weitergereicht und sollte bei Richard nachhaltige Wirkung zeitigen.

Viel Wärme dürften die Kinder des Hauses Plantagenet von ihren Eltern indes nicht empfangen haben. Für Liebe, Fürsorge, körperliche Nähe und Erziehung zeichneten in ihren ersten Lebensjahren Ammen verantwortlich. Nun stellte das in mittelalterlichen Herrscherfamilien zwar nichts Ungewöhnliches dar, war allerdings bei den Plantagenets durch die Abwesenheit beider Elternteile in besonders

7 Pernoud, Königin der Troubadoure, S. 19 f., 145 ff. Zur literaturgeschichtlichen Bedeutung Wilhelms IX. siehe auch: Mölk, Ulrich: Trobadorlyrik, München/Zürich 1982, S. 6, 23 ff.

krassem Ausmaß gegeben. Bezeichnend für die Aufmerksamkeit, die Heinrich II. seinen Nachkommen schenkte, ist ein im Sommer 1160 verfasstes Schreiben, in dem Erzbischof Theobald von Canterbury den seit zwei Jahren durch seine auf dem Festland gelegenen Provinzen reisenden Monarchen zur Heimkehr nach England zu bewegen suchte und meinte, selbst der hartherzigste Vater könnte es doch wohl kaum ertragen, seine Kinder derart lange nicht zu sehen. Heinrich II. kümmerte der Appell offenbar nicht weiter, denn es dauerte bis zum Januar 1163 und damit insgesamt viereinhalb Jahre, ehe er nach England zurückkehrte. Die politisch ebenfalls aktive und oftmals in der Ferne weilende Mutter dürfte sich zunächst ebenfalls recht wenig in die Erziehung eingebracht haben. Gerade für Richard empfand Eleonore zwar einige Zuneigung, doch ist diese Verbundenheit erst in späterer Zeit klar zu erkennen. Während seiner ersten Lebensjahre war vielmehr eine Amme namens Hodierna seine zentrale Bezugsperson im täglichen Leben, auf die sich das ganze Liebesbedürfnis des Königskindes richtete. Die Emotionen, die er für die Ersatzmutter empfand, gingen offenbar tief und blieben ihm unvergessen, denn als er Jahrzehnte später zum König von England aufstieg, war es ihm ein besonderes Anliegen, Hodierna ein sorgenfreies Dasein zu ermöglichen. In liebevoller Dankbarkeit gewährte er ihr eine überaus großzügige Pension und machte sie damit zu einer wohlhabenden Frau.

Nach der frühesten Kindheit traten Söhne hochgeborener Eltern wie Richard in eine ausgedehnte Phase intensiver Ausbildung ein. Neben der Unterweisung in die höfischen Verhaltensregeln und umfassendem Unterricht in Sprachen, Wissenschaften und Musik begann für sie ab dem fünften oder sechsten Lebensjahr die raue Erwachsenenwelt nachdrücklich fühlbar zu werden. Früh wurden sie auf den Rücken eines Pferdes gesetzt, da das Reiten für männliche Nachkommen adeliger Eltern als unabdingbare Fertigkeit galt. Bald folgten erste Unterweisungen in die Kriegskunst der ritterlichen Welt, wozu beispielsweise die ungemein schwierige Aufgabe zählte, mit eingelegter Lanze auf einen Gegner loszusprengen und diesen mit einem Stoß aus dem Sattel zu heben, der auf den Sekundenbruchteil genau berechnet sein und mit perfekter Körperbeherrschung ausgeführt werden musste, um durchschlagende Wirkung zu entfalten.[8]

Knapp vor Richards achtem Geburtstag erfolgte in Paris eine Weichenstellung, deren Bedeutung für sein späteres Leben kaum überschätzt werden kann. In einer

8 Aurell, S. 89 f., 93 ff.; Gillingham, Richard, S. 31 f.

warmen Augustnacht des Jahres 1165 wurden in der französischen Hauptstadt sämtliche Glocken geläutet und Freudenfeuer entzündet. Endlich war jenes Ereignis eingetreten, worauf der mittlerweile 45-jährige König Ludwig VII. jahrzehntelang vergeblich gehofft hatte: In seiner dritten Ehe erlebte er die Geburt eines Sohnes. Der ersehnte Thronfolger wurde auf den Namen Philipp getauft. Als König Philipp II. von Frankreich sollte er kurzzeitig Richards Verbündeter und letztendlich sein gefährlichster Widersacher werden.[9]

Während sich Ludwig VII. seiner wahrscheinlich drängendsten Sorge enthoben sah, näherte sich die beispiellose Erfolgsstory seines Gegners und seiner ehemaligen Gemahlin ihrem Ende. Um die Mitte der 1160er Jahre entfremdeten sich Heinrich und Eleonore. Ein Auslöser dafür mögen die zahlreichen amourösen Affären des Königs gewesen sein. Neben den insgesamt neun Kindern, die seiner Ehe entsprangen – auf Richard folgten noch Gottfried (1158), Eleonore (1161), Johanna (1164) und Johann (1166) –, zeugte Heinrich II. mit unterschiedlichen Mätressen eine Reihe unehelicher Kinder. Den gesteigerten Unmut Eleonores erregte Heinrichs Dauergeliebte Rosamund Clifford, mit der sich der König schließlich sogar in aller Öffentlichkeit präsentierte und so seine Ehegattin nicht nur demütigte, sondern dazu ihren Status als Monarchin untergrub. Ihr späteres Handeln lässt überdies vermuten, dass Eleonore sich vom zunehmenden Anspruch Heinrichs II. auf exklusive Macht an den Rand gedrängt fühlte und den weitgehenden Ausschluss von der Herrschaft nicht akzeptieren wollte. Als Konsequenz der Ehekrise beschritten König und Königin nicht nur privat zunehmend getrennte Wege, sondern entfernten sich auch auf politischer Ebene voneinander und sollten schließlich zu unversöhnlichen Gegnern werden. Das Drama der Plantagenets begann seine Schatten vorauszuwerfen.[10]

3. Erste Schritte in die Politik

Für den heranwachsenden Richard brachte die wachsende Kluft zwischen seinen Eltern eine einschneidende Lebensveränderung mit sich, denn in den späten 1160er Jahren verlagerte Eleonore ihren Wohnsitz zurück nach Aquitanien. Wäh-

9 Bradbury, Jim: Philip Augustus. King of France 1180–1223, London-New York 1998, S. 1 ff.
10 Barber, S. 168; Aurell, S. 89 ff.; Kelly, S. 147, 208

Abb. 2: Eleonore von Aquitanien

rend der älteste Sohn Heinrich für die Herrschaftsnachfolge über England sowie die anderen Länder ihres Gemahls bestimmt war, sollte er als Zweitältester Aquitanien erben und befand sich daher an der Seite der Mutter, als diese wieder in Poitiers zu residieren begann. Damit fand Richards Dasein fortan vorzugsweise in Aquitanien statt, und dort festigte sich höchstwahrscheinlich auch das Band zu Eleonore. Zudem hinterließ das von Troubadourmusik und höfischer Poesie, Turnieren und glanzvollen Festlichkeiten erfüllte Dasein am Hof seiner Mutter bei ihm einen bleibenden Eindruck und bewirkte eine lebenslange Vorliebe für Kunst und Kultur.[11]

Das Leben in Aquitanien hielt jedoch nicht nur Erfreuliches für die Landesherrin und ihren Sohn bereit. Seit jeher waren die einheimischen Adligen imstande gewesen, gegenüber dem Herzogshaus weitgehende Autonomie zu bewahren. Dass die Oberherrschaft nunmehr dem landesfremden Heinrich II. oblag, der in den anderen Teilen des Angevinischen Reiches ein straffes Regiment eingeführt hatte und Ähnliches auch in Aquitanien vorzuhaben schien, erzeugte bei den Baronen der Region einen starken Willen zur Gegenwehr. Anfang 1168 brach eine Revolte im Poitou aus, die sich binnen kurzer Zeit fast auf das gesamte Herzogtum ausbreitete und erst nach einigen Monaten unter Kontrolle gebracht werden konnte. Aller Voraussicht nach brachte diese Erhebung, in deren Verlauf Eleonore einmal nur um Haaresbreite einem Hinterhalt entging, Richard nachhaltige Erkenntnisse darüber, mit welchen Problemen die Herrschaft über Aquitanien einhergehen konnte.

11 Pernoud, Königin der Troubadoure, S. 135 ff., 145 ff., 150

Einige Monate später, am 6. Januar 1169, wurde die künftige Führungsverantwortung für ihn erstmals konkret greifbar, und zwar im Rahmen einer umfassenden Regelung der Herrschaftsverhältnisse auf dem Festland, dem ein neuerlicher Konflikt zwischen Heinrich II. und Ludwig VII. vorangegangen war. Um einen Ausgleich mit dem Kapetinger zu erreichen, traf der englische König in Begleitung seiner Söhne bei der Grenzstadt Montmirail mit seinem Lehnsherrn zusammen und huldigte ihm für seine Länder in Frankreich. Heinrich der Jüngere tat dasselbe für die Normandie, Anjou sowie Maine, desgleichen für die Bretagne, die er dem dritten Sohn Gottfried in weiterer Folge als Lehen übergab. Richard huldigte Ludwig VII. seinerseits für Aquitanien, wurde aber weder seinem Vater noch seinem älteren Bruder als Vasall unterstellt, was darauf hindeutet, dass Heinrich II. für ihn und Aquitanien eine Entwicklung vorsah, die sich autonom vom Angevinischen Reich vollziehen sollte. Um die Verbindung zwischen den zwei Königshäusern zu stärken, einigten sich die beiden Monarchen darauf, Richard mit Ludwigs Tochter Alice zu verloben. Bereits elf Jahre zuvor hatten sie ein Heiratsbündnis für den damals erst dreijährigen Heinrich den Jüngeren und Ludwigs einjähriger Tochter Margarete geschlossen, da beide Könige ein grundsätzliches Interesse hatten, den prekären Frieden zu sichern. Heinrich II. kam es nun als künftigem Schwiegervater zu, die Erziehung von Alice zu übernehmen. Daher wurde Ludwigs kleine Tochter seiner Obhut übergeben, und sie lebte hinfort am Hof des Plantagenet.

Unmittelbar nach der Huldigungszeremonie von Montmirail brachen in Aquitanien abermals Unruhen aus, angeführt von den Grafen von Marche und Angoumois. Als Eleonore ihre Autorität nicht durchsetzen konnte, griff Heinrich II. mit aller Härte durch und zwang die Aufständischen zur Kapitulation, indem er zahlreiche Festungen zerstörte. Danach zog der König mit seiner Streitmacht in die Gascogne, den äußersten Süden des Herzogtums, um auch in dieser nahe den Pyrenäen gelegenen Region seiner Macht energisch Geltung zu verschaffen.

Im Mai 1170 ergänzte Heinrich II. seine Erbfolgemaßnahmen, indem er seinen ältesten Sohn zum Mitkönig krönen ließ. Diese Initiative zielte allerdings keineswegs darauf ab, den Thronfolger auf die spätere Königswürde vorzubereiten oder ihn gar mit konkreten Machtbefugnissen auszustatten. Sie richtete sich vielmehr gegen Thomas Becket, den Erzbischof von Canterbury, dem die Krönung eines Königs eigentlich zustand. Acht Jahre zuvor hatte Heinrich II. seinen damaligen Kanzler und Vertrauten Becket zum Erzbischof erhoben, woraufhin dieser plötzlich zu einem unerbittlichen Verfechter kirchlicher Rechte geworden und nach heftigen Auseinandersetzungen mit dem König nach Frankreich geflohen war. In der Überzeugung, den Erzbischof durch den eigenmächtigen Krönungsakt in die Defensive gedrängt zu haben, gewährte Heinrich II. ihm im Sommer 1170 die Rückkehr, doch Becket begann seine Machtstellung sofort mit allem Nachdruck zu erneuern. Gegen Jahresende lagen Heinrichs Nerven dermaßen blank, dass er bei Hof die zornige Frage stellte, warum keiner seiner Gefolgsleute etwas gegen den Geistlichen unternähme. Vier Ritter fassten die unüberlegte Äußerung als Befehl auf und töteten Becket am 29. Dezember 1170 in der Kathedrale von Canterbury. Dem bestürzten König schadete diese Tat über die Maßen. Er galt von da an als Auftraggeber des Mordes am Erzbischof und musste dem Papsttum im Mai 1172 bedeutende Zugeständnisse machen, um die Wogen zu glätten und seine Reputation wiederherzustellen. Nach einem öffentlichen Bußakt war die schwere Regierungskrise für ihn weitgehend ausgestanden. Eine Hypothek blieb dem Monarchen jedoch: Heinrich der Jüngere begriff die Krönung zum Mitkönig keineswegs als leere Geste. Er erwartete, jetzt mit entsprechenden Rechten und Besitztümern versehen zu werden, und seine Geduld erwies sich als knapp bemessen, wie die kommenden Ereignisse zeigten.[12]

Eleonore zeigte bei ihrer Nachfolgepolitik größerer Umsicht als ihr Gemahl. Im Gegensatz zu Heinrich II. instrumentalisierte sie die zeitgerechte Planung einer späteren Herrschaftsübergabe nicht für taktische Manöver im Kontext anderer machtpolitischer Fragen, sondern bereitete Richard allem Anschein nach behutsam und planvoll auf die ihn erwartenden Aufgaben vor. Um ihren Sohn als späteren Herzog zu etablieren und ihn ihren Untertanen bekannt zu machen, bereiste sie mit ihm ihre Länder und ließ ihn dabei symbolische, einem kommenden Herrscher zukommende Aktivitäten durchführen, so etwa die Grundsteinlegung eines Klosters in Limoges. Schließlich, im Juni 1172, vollzog Richard seinen eigentlichen Eintritt ins politische Leben. Im Beisein seiner Mutter empfing er im Rahmen prunkvoller Zeremonien in der Kathedrale von Poitiers die Insignien eines Herzogs von Aquitanien.[13]

12 Appleby, John T.: Henry II. The vanquished King, London 1962, S. 140 ff., 151 f.; Berg, S. 35 ff.; Warren, W. L.: Henry II., London 1973, S. 108 ff.

13 Pernoud, Königin der Troubadoure, S. 140 f.; Gillingham, Richard, S. 58 f.

Nicht einmal ein Jahr später zog er in Verbindung mit einer breiten Allianzbewegung gegen den mächtigsten Mann Westeuropas in den Kampf – seinen eigenen Vater.

4. Nebenakteur einer folgenschweren Revolte

Am 25. Februar 1173 hielt Heinrich II. eine Reichsversammlung in Limoges ab und verlautbarte in Anwesenheit seiner höchsten Barone einige Vorhaben für die Zukunft. Dazu gehörte der Plan, seinen jüngsten Sohn Johann mit der Tochter des über umfangreiche Teile des Westalpenraumes gebietenden Grafen Humbert III. von Savoyen zu verloben. Zu diesem Zweck gedachte der König, Johann, der bei der Länderzuteilung von Montmirail unberücksichtigt geblieben war und dem seitdem der Beiname *Ohneland* anhaftete, drei strategisch bedeutende Burgen in Anjou zu übergeben. Diese Maßnahme erzürnte jedoch den ältesten Sohn des Monarchen. Heinrich der Jüngere hatte zwar im Jahr 1169 für die Normandie, Anjou und Maine dem französischen König gehuldigt und 1170 seine Königskrönung erfahren, gleichwohl seitdem keinen konkreten Besitz erlangt. Er betrachtete die jetzige Intention Heinrichs II. daher als Eingriff in seine Rechte, erhob gegen seinen Vater während der Versammlung heftige Vorwürfe und fasste schließlich einen radikalen Entschluss: Wenige Tage nach dem Eklat von Limoges setzte er sich zu Ludwig VII. ab, um seine Forderungen mit dessen Hilfe gewaltsam durchzusetzen.

Der König von Frankreich nahm Heinrich den Jüngeren mit offenen Armen auf, denn dessen Überlaufen bot ihm zum ersten Mal überhaupt die Gelegenheit, seinem überlegenen Kontrahenten Heinrich II. einen entscheidenden Schlag beizubringen und das Angevinische Reich nachhaltig zu destabilisieren. Er ergriff die Chance mit beiden Händen, sicherte dem jungen englischen Monarchen militärischen Beistand gegen seinen Vater zu und schwor eine Reihe namhafter Fürsten seines unmittelbaren Einflussbereiches auf einen Krieg gegen Heinrich II. ein. Unzufrieden mit der autoritären Herrschaft des Plantagenet und dessen drückender Besteuerungen, liefen überdies zahlreiche Barone aus angevinischen Kernländern wie der Normandie oder der Bretagne in das Lager Ludwigs VII. und Heinrichs des Jüngeren über. Auch Eleonore, deren Ehe mit Heinrich II. mittlerweile völlig zerrüttet war, verwarf nach der spektakulären Flucht ihres ältesten Sohnes das letzte Quäntchen Solidarität zu ihrem Mann und gedachte, seine Macht zugunsten ihrer

Söhne zu brechen. Auf ihr Betreiben zogen der damals 15 Jahre alte Richard und der erst 14-jährige Gottfried nach Frankreich, um sich ihrem älteren Bruder und Ludwig VII. anzuschließen, die im Juni 1173 gegen Heinrich II. losschlugen.

Doch Ludwig VII., Heinrich der Jüngere und ihre Bündnispartner hatten sich verschätzt: Heinrich II. zeigte sich der von vielen Seiten erklärten Kampfansage vollkommen gewachsen. Selbst die gleichzeitige Erhebung englischer Barone sowie der Angriff des Königs Wilhelm I. von Schottland (1165–1214) konnten ihn nicht seiner Handlungsfähigkeit berauben. Mit enormen finanziellen Mitteln ausgestattet, warb der Herrscher des Angevinischen Reiches eine rund 20.000 Mann starke Söldnerarmee an und ging in die Offensive, begünstigt durch den Umstand, dass sich die Koalition als schlecht organisiert erwies und die maßgeblichsten Verbündeten auf eigene Rechnung und weitgehend isoliert voneinander kämpften. Folglich konnte niemand Heinrichs geballter Kampfkraft etwas entgegensetzen. Zunächst brachte der Monarch durch einen erfolgreichen Feldzug im Sommer 1173 die Normandie wieder weitgehend unter seine Kontrolle, und im Herbst gelang es ihm, die Rebellen in England in die Defensive zu drängen. Zur selben Zeit glückte einer seiner Patrouillen auf dem Festland ein für ihn unerwarteter Erfolg: die Gefangennahme Eleonores, die in Männerkleidung zu Ludwig VII. zu fliehen versuchte.

Durch die Inhaftierung der Königin veränderte sich Richards Position entscheidend. Bislang hatte er während der turbulenten Ereignisse lediglich eine Nebenrolle gespielt und im Schatten wichtigerer Akteure wie Ludwig VII. und Heinrich dem Jüngeren gestanden. Nun aber, da seine Mutter in die Hand des Vaters geraten war, trat er erstmals als eigenständig Handelnder in den Vordergrund und begann, den Kampf gegen Heinrich II. im Norden Aquitaniens, namentlich in Poitou, zu entfachen. Um sich eine möglichst starke strategische Position zu verschaffen, versuchte er, die Kontrolle über den zentralen Atlantikhafen La Rochelle zu gewinnen. Doch die Offensive des Jünglings scheiterte rasch, denn die loyal zu Heinrich II. stehenden Einwohner der Stadt verschlossen die Tore vor ihm. Richard zog sich daraufhin nach Saintes zurück, das er zu einer starken Verteidigungsstellung auszubauen trachtete. Auch dieses Vorhaben schlug bald fehl. Anfang Mai 1174 rückte Heinrich II. in Poitou ein, überraschte seinen Sohn mit einem Blitzangriff auf Saintes, nahm die Stadt im Sturm und zwang das Gros der aufständischen Truppen zur Kapitulation. Richard entkam mit einigen Getreuen und verschanzte sich in Taillebourg, der als uneinnehmbar geltenden Festung seines Vasallen Gottfried von Rancon.

Heinrich II. verfügte nicht über die Zeit für eine langwierige Belagerung. Weitaus bedenklicher als der Widerstand Richards, in dem der König nun keine ernsthafte Bedrohung mehr erblickte, gestaltete sich die Lage in England, wo sowohl Truppen des schottischen Königs als auch englische Rebellenverbände marodierten und brandschatzten. Unverzüglich kehrte er wieder nach Norden um und überquerte Anfang Juli 1174 den Ärmelkanal. Seine Gemahlin und ihren Hofstaat führte er mit sich, ebenso die Frauen oder Verlobten seiner Söhne, darunter auch Richards Verlobte Alice. Für Eleonore brach nun eine bittere Zeit an, denn fortan musste sie ihr Dasein als Gefangene ihres Gatten fristen und verschwand für fünfzehn Jahre nahezu gänzlich von der politischen Bühne.

Im Sommer desselben Jahres gewann Heinrich II. im Kampf gegen seine zahlreichen Opponenten endgültig die Oberhand. Am 13. Juli geriet König Wilhelm I. von Schottland in Gefangenschaft, und in den folgenden beiden Wochen brach der Widerstand der englischen Aufständischen unter dem Druck der Regierungstruppen zusammen. Danach setzte der Plantagenet mit seiner Söldnerarmee in die Normandie über und bereitete einer Belagerung Rouens durch Ludwig VII., Heinrich dem Jüngeren und Graf Philipp I. von Flandern ein Ende. Daraufhin strich der französische König die Segel und willigte in einen Waffenstillstand ein.

Nur ein einziger Widersacher stand jetzt noch zwischen Heinrich II. und dem vollständigen Triumph: Richard. Von den diversen Fehlschlägen der Anführer des Koalitionskrieges unbeeindruckt, kämpfte er auf eigene Faust weiter und bemühte sich um eine Stärkung seiner strategischen Position in Aquitanien, indem er mehrere Burgen seines Vaters im Poitou angriff. So hartnäckig war sein Widerstand, dass Heinrich II. sich genötigt sah, nochmals den Weg nach Süden einzuschlagen, um reinen Tisch zu machen. Das Erscheinen der Hauptarmee seines Vaters brachte Richard schnell an die Grenzen seiner Möglichkeiten. Von der turmhohen Truppenübermacht des Monarchen heillos überfordert, wagte der junge und unerfahrene Herzog keinen Kampf und wich zurück, zeigte sich dennoch immer noch nicht zur Kapitulation bereit und floh mit seinen Getreuen von Burg zu Burg, während sein Vater unaufhaltsam nachrückte. Erst als er vom Scheitern seines älteren Bruders sowie Ludwigs VII. erfuhr und erkennen musste, dass er nunmehr völlig allein stand, rang er sich zu der einzig richtigen Erkenntnis durch, dass weitere Gegenwehr keinen Sinn mehr hatte und lenkte ein. Am 23. September erschien er unbewaffnet vor seinem Vater, warf sich ihm zu Füßen und bat um Vergebung. Heinrich II. zeigte sich milde, half Richard auf und gab ihm den symbolischen Friedenskuss.

Abb. 3: König Heinrich II.

Auch in weiterer Folge demonstrierte der siegreiche Herrscher des Angevinischen Reiches gegenüber seinen drei aufrührerischen Söhnen Nachsicht. Ende des Jahres feierte er mit ihnen ein friedliches Weihnachtsfest in Argentan. Bis auf weiteres nahm er sie zwar unter strengere Aufsicht, beließ ihnen jedoch ihre Funktionen. Richard wurde wie seinen Brüdern Heinrich und Gottfried einige Einschränkungen auferlegt. Er musste die Halbierung seiner Einkünfte aus Aquitanien hinnehmen und durfte von da an nur noch zwei unbefestigte Residenzen nutzen. Seine machtpolitische Stellung erweiterte sich dennoch erheblich, denn infolge der Gefangennahme seiner Mutter wies Heinrich II. nunmehr ihm die Regierungskompetenz im Herzogtum zu. Auf Anordnung seines Vaters begab er sich sodann in seine Länder, um sich als loyaler Herzog zu beweisen und das eruptive Aquitanien zu einem soliden südlichen Eckpfeiler des angevinischen Herrschaftsraumes auszubauen.[14]

14 Gesta regis Henrici secundi Benedicti abbatis. The chronicle of the reigns of Henry II. and Richard I. A.D. 1169–1192, herausgegeben von William Stubbs, 2 Bände, London 1867, hier: Band I, S. 35 ff., 47 ff., 72 ff., 81; Roger von Howden: Chronica magistri Rogeri de Hoveden, herausgegeben von William Stubbs, 4 Bände, London 1868–1871, hier: Band II, S. 41 ff., 61 ff., 72; Ralph von Diceto: Radulfi de Diceto Decani Lundoniensis opera historica. The historical works of master Ralph de Diceto, herausgegeben von William Stubbs, 2 Bände, London 1876, hier: Band I, S. 353 ff., 371 ff.; siehe auch: Appleby, S. 196 ff., 210 ff., 221 ff., 230 ff.; Barber, S. 166 ff.; Gillingham, Richard, S. 62 ff., 71; Berg, S. 41 ff.

5. Im Kampf um Aquitanien

Als Richard um die Jahreswende 1174/75 zurück nach Poitiers zog, konnte er sich als potenziell höchst gewichtiger Machtfaktor fühlen. Mochte der Vater seinen Handlungsspielraum auch eingegrenzt haben und ihn unter wachsamer Aufsicht halten, so handelte es sich bei seinem Herzogtum doch um eine ebenso weitläufige wie reiche Region, mit fruchtbaren Feldern und erlesenem Wein, der sich im Lauf der vergangenen Jahrzehnte zu einem äußerst gewinnbringenden Exportartikel entwickelt hatte. Durch die Einhebung entsprechender Steuern und Zölle nahm ein Fürst dieses Landes eine Position ein, die den überregionalen Vergleich puncto finanzieller Liquidität nicht zu scheuen brauchte.

Gleichzeitig war Aquitanien jedoch ebenso ein Herzogtum, das innerhalb des Angevinischen Reiches in vielerlei Hinsicht eine Sonderstellung innehatte. Hier vereinigten sich scheinbar völlig gegensätzliche Daseinselemente zu einem für Nordfranzosen oder Engländer kaum nachvollziehbaren Ganzen. Für die aquitanischen Adligen gehörten kunstvolle Poesie und intellektuelle Diskurse ebenso zum Alltag wie kriegerische Roheit und pralle Lebenslust, die mit moralischen Werten oftmals kollidierte, ein Selbstverständnis, das durch die Dichtung der Troubadoure eine Überhöhung und zusätzliche Steigerung erfuhr.[15] Es mag daher kein Zufall sein, dass dieses Kulturland mit archaischen Abgründen bahnbrechende, gleichermaßen sensibel-tiefgründige wie kriegerisch-abenteuerlustige Dichter wie den ersten Troubadour Wilhelm IX. oder den zu Richards Lebzeiten dichtenden Bertran von Born hervorbrachte, dessen lyrisches Schaffen eine unstillbare Freude an ritterlichen Waffentaten widerspiegelte – „Der Friede hat mir keinen Trost. Nach Kampf begehrt mein Herz. Ich halt und glaub kein anderes Gesetz“[16] –, und der Kampfszenen mit schwelgerischer Begeisterung beschrieb:

> „Schön ist es mir, wenn aneinander Schilde drängen, von roten und von blauen Farben überdeckt, Fahnen und Lanzenwimpel auch von vielen Farben bunt, wenn Zelte mannigfach und reich sich spannen, wenn Lanzen splittern, Schilde brechen, und wenn man blanke Helme spaltet, Hiebe gibt und nimmt.“[17]

15 Norgate, Kate: England under the Angevin Kings (2 Bände), New York 1969, hier: Band II, S. 201 ff.
16 Appel, Carl: Bertran von Born, Halle 1931, S. 39, 62
17 Ebd., S. 59

Für den erst 17 Jahre zählenden Richard stellte das unruhige Aquitanien zweifelsohne eine ungeheure Herausforderung dar. Eine starke Zentralgewalt, wie von seinem Vater in England, der Normandie und in anderen Teilen des Angevinischen Reiches bereits errichtet, existierte hier nach wie vor nicht. Selbst Heinrichs Sieg über seine Söhne und Ludwig VII. hatte zu keiner Steigerung angevinischer Macht im Land beigetragen, denn die entscheidenden Waffengänge waren weiter im Norden erfolgt. Die aquitanischen Barone hingegen mussten auf keine Niederlage gegen den König zurückblicken. Seit jeher an weitgehende Unabhängigkeit gewohnt, sahen sie daher auch jetzt keinerlei Notwendigkeit, sich angevinischer Oberherrschaft zu beugen. Dass Richard in seiner bisher einzigen kriegerischen Bewährungsprobe verloren und sich dem Vater kampflos unterworfen hatte, trug ebenfalls nicht dazu bei, den selbstsicheren Baronen der Region Respekt vor dem kaum erwachsenen Herzog einzuflößen.

Die sich vor ihm auftürmenden Probleme ließen den jungen Plantagenet dennoch nicht verzagen. Sein politisches Programm zeugt vielmehr von veritablem Selbstvertrauen und Majestätsbewusstsein. Es lief im Wesentlichen darauf hinaus, seine fürstliche Autorität nachdrücklich zu festigen, dem Unabhängigkeitsstreben der widerspenstigen aquitanischen Vasallen energisch zu begegnen und eine durchsetzungsstarke zentralisierte Administration zu errichten.

Und nun, da Richard zum ersten Mal als eigenständiger Herzog regierte, zeigte sich, dass er über eine Gabe verfügte, die ihn von seinen Brüdern unterschied und die im Mittelalter von immensem Wert war: Er erwies sich als hoch talentierter Feldherr und Truppenführer, instinktsicher in Strategie und Taktik, trickreich und flexibel, vorangetrieben von jäher und wilder Energie.

> „Kein noch so steiler und schroffer Berg, kein noch so hochragender und uneinnehmbarer Turm konnten ihn aufhalten“[18],

schrieb Giraldus Cambrensis, der das detaillierteste Bild des jungen Richard zeichnete. In der Tat wurde die mit auffälliger Kühnheit gepaarte Einsatzbereitschaft des Herzogs schon bald zu seinem Markenzeichen. Der damals weithin gepflogene Verzicht auf Winterfeldzüge kümmerte ihn nicht. Zuweilen zog er mitten in der kalten Jahreszeit mit seinen Streitkräften los, trotzte Wind und Wetter und

18 Giraldus Cambrensis: De instructione principum, London 1846, S. 105

harrte trotz schlechtester Bedingungen im Feldlager aus, um sein Ziel zu erreichen. Kam es zum Kampf, dirigierte Richard seine Truppen im Gegensatz zu manch anderen Feldherren nicht aus sicherer Entfernung, sondern führte sein Schwert an vorderster Front. Er teilte mit seinen Soldaten Strapazen und Risiken, war General und Elitesoldat in Personalunion. Gleichzeitig zeigte sich Richard aber auch imstande, bei der Realisierung seiner militärischen Vorhaben Ausdauer und Geduld aufzubringen – Eigenschaften, die im aquitanischen wie im gesamten französischen Raum eine ausschlaggebende Rolle spielten, denn die damalige Kriegsführung drehte sich keineswegs um gewaltige Entscheidungsschlachten und den Zusammenprall mächtiger Ritterheere, die mit Tausenden Toten endeten, wie es das Klischee vermuten lassen würde. Nicht der Tod des Gegners bildete das Ziel, sondern die Durchsetzung von Macht sowie der Erhalt von Kompensationszahlungen zur Steigerung der eigenen Handlungsfähigkeit. Um den Kontrahenten zum Nachgeben zu zwingen, verwüstete man mit kleineren Verbänden seine Liegenschaften – für die wehrlosen Bauern und Dörfler freilich ein Martyrium –, und vor allem: Man setzte alles daran, seine Burgen, die Basis der gegnerischen Stärke, einzunehmen. Deren Eroberung erforderte allerdings nicht selten viel Beharrlichkeit und einen langen Atem.

Nach seinem Herrschaftsantritt in Poitiers nahm Richard unverzüglich den Kampf auf, um sich die Macht zu erobern. Für all jene, die den blutjungen Herzog nicht ernst genommen hatten, gab es ein böses Erwachen. Im Frühjahr und Sommer 1175 bemächtigte er sich der meisten Burgen der Grafschaft Poitou. Danach stieß er in den zentralaquitanischen Raum vor und brachte seinen Herrschaftsanspruch in der Grafschaft Périgord sowie im Limousin zur Geltung. 1176 schlug er eine Erhebung nieder, die von den Söhnen des Grafen Wilhelm V. von Angoulême, dem Herrn von Angoumois, und deren Halbbruder Aimar V. von Limoges, dem Herrn des Limousin, geführt wurde und zeitweilig selbst seine Position im Poitou bedrohte. Gegen Ende des Jahres ging Richard schließlich gegen eine Reihe von Burgherren im Süden vor, welche die Benutzung der zentralen Handels- und Pilgerroute von Bordeaux zu den Pyrenäen bzw. Santiago de Compostella behinderten, und setzte sich in einer für seine Widersacher überraschenden Winteroffensive durch.

Zu seinem Vater unterhielt Richard in jenen Jahren leidlich gute Beziehungen. Unter dem Eindruck des gründlich fehlgeschlagenen Koalitionskrieges, an dem er wahrscheinlich mehr auf Eleonores Betreiben denn aus eigenem Antrieb teilgenommen hatte, nahm er von unbotmäßigem Verhalten Abstand und entsprach der Forderung des übermächtigen Vaters nach Loyalität konsequent. Wohl um seine Vertrauenswürdigkeit zu unterstreichen, erstattete er Heinrich II. regelmäßig Bericht über seine Aktivitäten, oft schriftlich, manchmal auch persönlich. Der König billigte sein Vorgehen und gewährte ihm Unterstützung, wenn es ihm notwendig erschien. Infolge der Revolte im Angoumois und im Limousin etwa versah er Richard 1176 mit beträchtlichen finanziellen Mitteln zur Anwerbung eines kampfstarken Söldnerkontingents und befahl darüber hinaus Heinrich dem Jüngeren militärische Beistandsleistung in Aquitanien. Der Thronfolger erwies sich zwar nicht als sonderlich hilfreich – nach kurzer Präsenz auf dem Kampfschauplatz zog er unverrichteter Dinge wieder von dannen –, doch die Söldnertruppe verschaffte Richard genug militärische Durchschlagskraft, um mit dem Aufstand fertig zu werden.[19]

6. Taillebourg, 10. Mai 1179

Mit den militärischen Erfolgen der Jahre 1175 bis 1177 konnte Richard seine Macht in Teilen Aquitaniens auf Dauer durchsetzen. Insbesondere bei den Baronen des zentralaquitanischen Raumes jedoch war der Wille zu Widerstand und Rebellion nach wie vor ungebrochen. Gegen Ende des Jahres 1178 verbündete sich Graf Vulgrin III. von Angoulême mit Gottfried von Rancon, der wenige Jahre zuvor noch gemeinsam mit Richard gegen Heinrich II. gekämpft hatte und den jetzt königstreuen Herzog als Feind einstufte.

Aus herzoglicher Sicht verlangte die Erhebung der beiden Barone nach sofortiger Reaktion. Neben dem Umstand, dass Inaktivität Richards Herrschaftsautorität untergraben hätte, erforderten wirtschaftliche Gründe rasches Handeln, da die Kommunikations- und Handelslinien zwischen Poitiers im Norden sowie Bordeaux und der Gascogne im Süden Aquitaniens durch Vulgrins und Gottfrieds Territorien verliefen und daher der Wirtschaftsverkehr des Herzogtums in weiten Gebieten lahmgelegt zu werden drohte. Nachdem er unverzüglich mobil gemacht hatte, rückte Richard gegen Gottfried von Rancon vor, der es mit seinen nahe dem

19 Gesta, I, S. 101, 115, 120ff., 131f.; Roger von Howden, II, S. 83, 93f., 117; Ralph von Diceto, I, S. 407, 414

Atlantik gelegenen Festungen in der Hand hatte, den Handelsverkehr an der Küstenlinie zu blockieren.

Der nun folgende, von einigen Rückschlägen geprägte Feldzug zeigte bereits viele Charakteristika, die den späteren Kreuzritterkönig Richard Löwenherz und wahrscheinlich fähigsten europäischen Feldherrn des ausgehenden 12. Jahrhunderts kennzeichneten. Stets zu maximalem persönlichem Einsatz bereit, griff der junge Herzog zunächst neuerlich zur Strategie der Winteroffensive und rückte Ende Dezember 1178 mit seiner Armee gegen die Festung Pons vor, doch die dortige Garnison ließ sich nicht überraschen und wehrte seinen Angriff ab. Daraufhin verbiss er sich in eine Belagerung, die allerdings, obwohl sie den ganzen restlichen Winter dauerte, keinen Erfolg zeitigte. Als die Verteidiger von Pons nach über drei Monaten noch immer standhielten, zog er mit einem Teil seiner Truppen los, um in rascher Folge fünf kleinere Burgen zu erobern und diese bis auf die Grundmauern niederzureißen. Gottfried von Rancon traf trotzdem keine Anstalten, sich zu unterwerfen, woraufhin Richard Ende April 1179 den höchsten Einsatz wagte:[20] Er führte seine Armee geradewegs zu Gottfrieds Machtzentrum Taillebourg, das ihm fünf Jahre zuvor noch als Unterschlupf gegen seinen Vater gedient hatte. Damit fällte er eine Entscheidung, die im Fall eines Erfolges den dringend nötigen Sieg bringen würde, jedoch ein erhebliches Risiko darstellte, denn die Festung Taillebourg und die ihr unmittelbar vorgelagerte Stadt galten gemeinhin als uneinnehmbar. Sie befanden sich auf einem Fels, dessen Steilheit auf drei Seiten jeden Angriff vereitelte, wurden auf der vierten Seite durch einen dreifachen Graben sowie eine dreifache Mauer geschützt und von einer ebenso zahlenstarken wie wohl bewaffneten Garnison gehalten. Kein aquitanischer Herzog hatte bisher den Versuch gewagt, diese machtvolle Bastion zu belagern. Aus der Sicht des Chronisten Ralph von Diceto handelte es sich bei Richards Vorstoß um „ein höchst verzweifeltes Unterfangen“[21], das für die Zeitgenossen völlig unerwartet kam.

Gottfried von Rancon und seine Garnison, in festem Vertrauen auf die Unbezwingbarkeit der Festung, zeigten sich vom Erscheinen des jungen Plantagenet zunächst wenig beunruhigt und verspotteten ihn. Ihre Selbstsicherheit begann allerdings rasch zu schwinden, denn Richard war wild entschlossen, sein Ziel unter Einsatz all seiner Mittel zu erreichen. Zuerst ließ er die umliegenden Felder ver-

20 Gesta, I, S. 213; Warren, S. 570; Gillingham, Richard, S. 55 f., 79 ff.
21 Ralph von Diceto, I, S. 431

wüsten, die Weingärten zerstören und einige Dörfer niederbrennen. Anschließend begann er, Taillebourg mit Belagerungsmaschinen zu beschießen. Damit nicht genug, errichtete er sein Lager zur Verblüffung Gottfrieds in provokanter Siegesgewissheit direkt unterhalb der Festungsmauern. Zwei Tage erduldete die Garnison den permanenten Beschuss und die Verwüstungsaktionen im Umland, dann erlag sie dem Reiz des verführerisch nahen Lagers und unternahm in der Hoffnung, die Angreifer zu überrumpeln, einen Ausfall. Genau darauf hatte Richard gewartet. Kaum, dass die Verteidiger die schützenden Mauern verlassen hatten, unternahm er mit seinen Männern einen Gegenangriff. Nach einem heftigen Gefecht um den Zugang zur Festung durchbrach er die gegnerischen Reihen, drang mit seinen Soldaten in die Stadt ein, eroberte sie im Sturm und bezog unmittelbar vor der Burg Stellung. Zwei Tage hielt Gottfried von Rancon dem jetzt übermächtigen Druck Richards noch stand. Am 10. Mai 1179 schließlich geschah, was wenige für möglich gehalten hatten: Der Herr von Taillebourg kapitulierte und lieferte seine sämtlichen Besitzungen aus, darunter auch das von Richard lange vergeblich belagerte Pons.[22]

Mit der Eroberung von Taillebourg gewann der junge Herzog den für ihn schon fast verlorenen Krieg und beseitigte alle Zweifel an seinen Feldherrnqualitäten. Dennoch muss seine Entscheidung, diese Bastion anzugreifen, mehr unter politischen als unter militärischen Gesichtspunkten betrachtet werden: Nachdem Richard Pons drei Monate erfolglos belagert hatte, war ihm der für einen Herzog von Aquitanien unabdingbare Ruf, bei seinen Baronen augenblicklich Gehorsam durchsetzen zu können, bereits weitgehend verloren gegangen und ließ sich durch die Einnahme weniger bedeutender Festungen nicht wiederherstellen. Selbst eine nach drei Monaten doch noch geglückte Eroberung von Pons hätte seine Glaubwürdigkeit nicht mehr restauriert und die Gefahr, dass andere Barone ebenfalls Mut zu Rebellionen fassten und sich die Erhebung Vulgrins III. von Angoulême sowie Gottfrieds von Rancon zu einem Flächenbrand ausweitete, keinesfalls eliminiert. Die Situation ließ sich nur noch retten, wenn er unverzüglich einen Weg fand, das Ruder herumzureißen. Wollte er eine schwere, vielleicht irreparable Schädigung seines Herrschaftsanspruches verhindern, musste er die Erinnerung an sein Scheitern vor Pons durch die Bewältigung einer noch größeren Aufgabe als vorübergehende Fehlkalkulation erscheinen lassen, und diese Herausforderung

22 Ebd., S. 431 f.

manifestierte sich in Taillebourg. Mit der Offensive gegen diese ehrfurchtgebietende Bastion offenbarte er die Fähigkeit, einen fatalen Fehlschlag vergessen zu lassen, indem er den Mut zu einer riskanten Entscheidung aufbrachte und seine neue Taktik mit unbeugsamer Entschlossenheit zum Erfolg führte.

Die Signalwirkung seiner Tat wurde denn auch augenblicklich erkannt und enthob Richard der Notwendigkeit weiterer Kampfhandlungen. Als der Fall von Taillebourg Gottfrieds Verbündetem Vulgrin III. von Angoulême zu Ohren kam, streckte er sogleich die Waffen und übergab seine Festungen. Richard zeigte angesichts der gerade ausgestandenen, außerordentlich gefährlichen Revolte wenig Neigung, gegenüber Gottfried und Vulgrin Milde walten zu lassen. Es war für ihn allerdings selbstverständlich, einem ungeschriebenen Gesetz der Zeit Folge zu leisten, wonach Adlige unter keinen Umständen getötet werden durften. Die Hinrichtung eines aufständischen Barons hätte die Reputation eines Fürsten oder Königs in kaum wieder gutzumachender Weise geschädigt und verbot sich im späten 12. Jahrhundert daher von selbst. Den damaligen Gepflogenheiten Rechnung tragend, wonach sich Bestrafungen vorrangig auf materieller Ebene abspielten und zur Verhängung von Bußgeld oder zur Zerstörung von Eigentum führte, griff Richard zu letzterer Sanktionsmöglichkeit und ließ die Verteidigungsanlagen von Taillebourg und Angoulême bis auf die Grundmauern schleifen. Diese Maßnahme sowie seine Aufsehen erregende Demonstration politischer und militärischer Durchschlagskraft erwiesen sich bis auf weiteres als ausreichend, um die Ruhe wieder herzustellen. In ganz Aquitanien machte einstweilen kein Baron mehr Anstalten, sich gegen den jungen Herzog zu erheben.[23]

Bald nach der Niederwerfung der Rebellion begab sich Richard nach England, um dem Vater über die Eroberung Taillebourgs persönlich Bericht zu erstatten. Heinrich II. zeigte sich vom Coup seines Sohnes beeindruckt und drückte seine Anerkennung aus, indem er ihm einen triumphalen Empfang bereitete.[24] In der Tat gab es für den König einigen Grund, mit den Taten seines Zweitältesten zufrieden zu sein. Innerhalb von vier Jahren hatte Richard der angevinischen Autorität bis hin zu den Pyrenäen nachdrücklich Geltung verschafft und selbst den Grafen von Angoulême, die seit Generationen als nahezu unabhängige Herrscher agierten, 1176 und 1179 empfindliche Niederlagen zugefügt. Kraft seines eisernen Regi-

23 Warren, S. 571, 573; Appleby, S. 263 f.
24 Ralph von Diceto, I, S. 432

mentes existierte nun erstmals seit der Gründung des Angevinischen Reiches eine machtvolle Zentralgewalt in Aquitanien.[25]

7. Angriff des älteren Bruders

Während Richard um die Durchsetzung seiner Autorität in Aquitanien rang, erreichte Heinrich II. den Höhepunkt seiner Macht. Seiner Sorgen hinsichtlich Frankreichs sah sich der König weitgehend entledigt, denn der alternde und zunehmend hinfällige Ludwig VII. brachte keine Kraft mehr auf, einen Gegner zu bekämpfen, der ihm stets überlegen gewesen war und verhielt sich seit dem gescheiterten Koalitionskrieg gegen das Angevinische Reich im Wesentlichen friedlich. Heinrich II. hingegen errang eine Reihe bedeutender Erfolge. Im Jahr 1177 schloss er ein Bündnis mit dem Königreich Sizilien, indem er seine jüngste Tochter Johanna König Wilhelm II. (1166–1189) zur Frau gab. Zur gleichen Zeit mehrte er sein Prestige erheblich, indem er sich auf Ersuchen der Könige von Navarra und Aragon als Schiedsrichter betätigte, um langjährige Gebietsstreitigkeiten der beiden nordspanischen Monarchen beizulegen. Ferner stand er in lebhaftem Kontakt mit dem Kaiser des altehrwürdigen Byzantinischen Reiches und konnte sich hinsichtlich seiner Machtfülle selbst mit dem deutschen Kaiser Friedrich I. Barbarossa (1152–1190) annähernd messen.

Am 18. September 1180 begann mit dem Tod König Ludwigs VII. der Anfang vom Ende dieser ungefährdeten Dominanz über Westeuropa. Dessen Sohn und Nachfolger Philipp II. (1180–1223) zählte zu diesem Zeitpunkt erst 15 Jahre. Zu Beginn seiner Herrschaft bereitete es ihm einige Mühe, seine Autorität gegenüber einigen mächtigen Vasallen durchzusetzen. Dass ihm dies gelang, lag zu einem gut Teil an Heinrich II., der zu seinen Gunsten in Frankreich intervenierte. Dennoch kristallisierte sich schon bald heraus, dass Philipp aus anderem Holz geschnitzt war als sein Vater und – politisch, diplomatisch sowie militärisch gleichermaßen begabt – von Anfang an ehrgeizige Ziele im Auge hatte. Einer Überlieferung zufolge zog sich der junge König eines Tages im Verlauf einer Zusammenkunft mit seinen Baronen unvermittelt zurück. Ein Gefolgsmann folgte ihm schließlich und fand den jugendlichen Monarchen in Gedanken versunken an einem kleinen Ha-

25 Gillingham, Richard, S. 85

selnusszweig kauend vor. Befragt, was ihn beschäftige, meinte Philipp, er dächte darüber nach, ob es ihm dereinst wohl vergönnt sein würde, Frankreich wieder zu vergangener Größe zurückzuführen. Die Anekdote erscheint insofern glaubwürdig, als Philipps hauptsächliches Bestreben in den folgenden Jahrzehnten darin bestand, die Rückschläge seines Vaters wettzumachen. Er wollte das Angevinische Reich, das die französische Königsmacht überschattete, zerschlagen, und dieser Aufgabe widmete er sich mit unbeirrbarer Entschlossenheit.

Richards Aktivitäten liegen um die Zeit des Machtwechsels in Frankreich weitgehend im Dunkeln. Das Fehlen zeitgenössischer Berichte über sein Wirken vom Sommer 1179 bis zum Sommer 1181 lässt eine Phase verhältnismäßiger Ruhe in Aquitanien vermuten, höchstwahrscheinlich geprägt von den Nachwirkungen seines Sieges über Gottfried von Rancon sowie durch den Umstand, dass die Großen des Angoumois sowie des Limousin nach dem Fall von Taillebourg eine Pilgerfahrt nach Palästina angetreten hatten und der traditionell rebellische zentralaquitanische Raum dadurch für eine Weile befriedet war.

Im Sommer 1181 unterlief Richard jedoch ein Fehler, der eine Kettenreaktion ungeahnten Ausmaßes nach sich zog: Als Graf Vulgrin III. von Angoulême starb, lediglich eine minderjährige Tochter hinterließ und Vulgrins Brüder Wilhelm und Aimar seine Nachfolge antreten wollten, fasste der junge Plantagenet den Entschluss, die Vormundschaft über Vulgrins Tochter zu erlangen, sie mit einem seiner Parteigänger zu vermählen und auf diese Weise die Grafschaft Angoumois seiner direkten Kontrolle zu unterwerfen. In anderen Teilen des Angevinischen Reiches, etwa in England, folgte diese Vorgehensweise durchaus gängiger Herrschaftspraxis. In Aquitanien allerdings entsprach das Prinzip der Primogenitur nicht den regionalen Gepflogenheiten, weshalb Vulgrins Brüder ihr Handeln als gerechtfertigt ansahen und sich Richards Anspruch widersetzten. Infolge der permanenten Revolten im Angoumois wollte der Herzog dies nicht dulden und vertrieb Wilhelm und Aimar, woraufhin diese zu ihrem Halbbruder Aimar V. von Limoges flohen, der sich mit ihnen solidarisierte. In weiterer Folge zog die Rebellion immer weitere Kreise. Im Frühjahr 1182 befand sich der gesamte Zentralraum Aquitaniens – Limousin, Angoumois, Périgord – im Aufstand. Richard suchte sein Heil in der Offensive, aber der Umfang seiner Truppen reichte für einen vollen Erfolg nicht aus. Daraufhin griff Heinrich II. persönlich ein und beorderte seine Söhne Heinrich den Jüngeren und Gottfried ebenfalls nach Süden. Gemeinsam gelang es den Plantagenets, im Juli 1182 die gegnerische Koalition zum Einlenken zu zwingen.

Doch bald sollte sich zeigen, dass die Krise damit keineswegs beendet war. Denn die Unruhen hatten Heinrich den Jüngeren auf die Idee gebracht, die Opposition des zentralaquitanischen Adels zu Richard für seine eigenen Zwecke zu nutzen.

Der älteste Sohn Heinrichs II. befand sich in einer für ihn höchst unbefriedigenden Position. Er war zwar seit nunmehr zwölf Jahren Mitkönig im Angevinischen Reich, besaß jedoch im Gegensatz zu Richard kaum reale Macht. In den Ländern, für die er dem französischen König 1169 gehuldigt hatte, hielt sein Vater nach wie vor die Zügel in der Hand, so dass er lediglich die Rolle eines Schattenherrschers einnahm. Seine eigenen Qualitäten waren nicht derart beschaffen, um an diesem Zustand etwas zu ändern. Anders als Richard, der sich im Feld bewährte und keine kampfbedingten Strapazen scheute, exponierte sich der Thronfolger vorzugsweise auf Turnierplätzen, wo der Kampf lediglich nachgestellt wurde. Charmant, großzügig, leutselig und diplomatischer als sein jüngerer Bruder, gewann er viele Sympathien und erfreute sich bei der Ritterschaft großer Beliebtheit. In der Politik jedoch erwies er sich als unentschlossen und wankelmütig, mied regelmäßige Regierungsarbeit und bevorzugte stattdessen leichtfertige Vergnügungen.

Heinrichs Naturell blieb den Aufständischen in Aquitanien nicht verborgen. Wohl in der Hoffnung, Richards hartes Regiment zugunsten einer schwächeren Herrschaft zu beseitigen, machten sie sich erbötig, Heinrich zu unterstützen, sollte er sich der Herzogswürde in Aquitanien bemächtigen wollen. Der Thronfolger fasste daraufhin den Plan zu einem Umsturz und fand Beistand durch seinen jüngeren Bruder Gottfried, der ebenfalls danach trachtete, Richards Machtposition zu unterminieren.

Für den Herzog von Aquitanien öffnete sich nunmehr die Büchse der Pandora. Ermutigt vom Verhalten Heinrichs des Jüngeren, griffen die Adligen des Angoumois und des Limousin im Herbst 1182 wieder zu den Waffen, und als Richard gegen Ende des Jahres anlässlich einer weihnachtlichen Familienzusammenkunft an den Hof seines Vaters in die Normandie reiste, erwarteten ihn dort böse Überraschungen: Auf der Suche nach einer Rechtfertigung für einen Krieg gegen ihn, führte Heinrich der Jüngere vor dem Vater Klage wegen der Festung Clairvaux. Richard hatte deren Ausbau befohlen und dabei kurzerhand die Tatsache beiseite geschoben, dass sie sich nicht zweifelsfrei der Grafschaft Poitou, sondern aufgrund althergebrachter Rechte ebenso der Grafschaft Anjou zurechnen ließ, die wiederum der Lehnsherrschaft des Thronfolgers unterstand. Dieser wenig durchdachte, als offensiv bewertbare Schritt brachte Richard in die Defensive. Auf Drängen seines Vaters sah er sich genötigt, Clairvaux aufzugeben. Damit nicht genug, verwarf Heinrich II., besorgt über die Spannungen zwischen seinen Söhnen, seine Erbfolgeregelung des Jahres 1169 und befahl neben Gottfried nun desgleichen Richard, Heinrich dem Jüngeren zu huldigen. Was vielleicht als Maßnahme gedacht war, den Konflikt seiner Söhne auf friedliche Weise beizulegen, bewirkte das genaue Gegenteil. Richard weigerte sich entschieden, sein Herzogtum dem Zugriff Heinrichs des Jüngeren auszuliefern. Das turbulente familiäre Zusammensein endete damit, dass er in Streit mit seinem Vater geriet und schließlich aufgebracht nach Aquitanien ritt, um seine Burgen und Städte zu befestigen.

Durch den Eklat glaubte Heinrich der Jüngere die Handhabe zu besitzen, um gegen seinen jüngeren Bruder mobil zu machen. In dem jetzt ausbrechenden, vornehmlich im Limousin tobenden Krieg hatte Richard trotz intensivstem Kampfeinsatz keine guten Karten. Zwar trug seine bisherige Herrschaft insofern Früchte, als die maßgeblichen Barone in der Mehrzahl seiner Länder loyal blieben und ihm solchermaßen den Rücken freihielten, doch der Thronfolger konnte sich auf starke Bündnispartner stützen. Zu ihnen gehörten nicht nur der jüngere Bruder Gottfried sowie zentralaquitanische Adlige um Aimar V. von Limoges, sondern ebenso König Philipp II. von Frankreich, der sich mit einer Truppenentsendung erstmals als Gegner Richards und des angevinischen Herrscherhauses zu erkennen gab.

Eine Weile gelang es Heinrich dem Jüngeren, dem mit einem kleinen Truppenverband herbeigeeilten Vater durch vorgetäuschte Huldigungsschwüre Sand in die Augen zu streuen, doch schließlich durchschaute der König sein falsches Spiel und begann dessen Hochburg Limoges am 1. März 1183 zu belagern, während Richard im Umland marodierende Verbände Philipps II. und Gottfrieds bekämpfte. Bald darauf geriet Heinrich der Jüngere durch die Bezahlung seiner Söldnertruppen in derartige Geldnot, dass er die Kathedrale von Limoges ausplündern ließ und dadurch die Bevölkerung der Stadt gegen sich aufbrachte. Danach durchbrach er den Belagerungsring des Vaters und verscherzte sich durch weitere Raubzüge noch mehr Sympathien im Limousin, doch machtvoller Ersatz stand schon bereit: Ende Mai 1183 fanden sich Graf Raimund V. von Toulouse (1148–1194) und Herzog Hugo III. von Burgund (1162–1192) an seiner Seite ein, die Chance witternd, vom Krieg um Aquitanien territorial zu profitieren. König Alfons II. von Aragon (1162–1196) hingegen griff auf der Seite Heinrichs II. und Richards ein. Nahezu alle maßgeblichen Machtfaktoren Westeuropas waren jetzt im Konflikt um Aquitanien engagiert, doch bevor der Krieg vollends eskalierte, kam es zu einer überraschenden Wende: Ende Mai 1183 erkrankte Heinrich der Jüngere schwer. In den folgenden Tagen reichte seine Kraft noch aus, um einen weiteren Raubzug durchzuführen, aber dann verschlimmerte sich sein Zustand, und er wurde endgültig auf das Krankenlager geworfen. Nach einem Versöhnungsversuch mit seinem Vater verstarb Heinrich am 11. Juni 1183 im Alter von 28 Jahren in Martel.

Nach dem Tod des Thronfolgers brach der Aufstand rasch zusammen. Raimund V. von Toulouse und Hugo III. von Burgund zogen sich ebenso zurück wie die Truppen Philipps II., da mit dem Tod Heinrichs die Galionsfigur zur Herbeiführung eines Machtwechsels in Aquitanien fehlte. Aimar V. von Limoges, seiner Koalitionspartner beraubt, kapitulierte am 24. Juni 1183. Am 3. Juli unterwarf sich Gottfried seinem Vater, der ihm zur Strafe für seine Rebellion alle Burgen in der Bretagne entzog.[26] Richard marschierte gegen die letzten Aufständischen ins Feld, so etwa gegen Bertran von Born, der in seiner Burg Autafort sieben Tage Widerstand leistete, dann allerdings, verbittert über die fehlende Unterstützung führender zentralaquitanischer Barone, die Waffen strecken musste. Anschließend machte der Plantagenet seine Macht im Périgord mittels eines Verwüstungstreifzuges geltend.[27] Er war wieder Herr der Lage.

8. General und Politiker, Kunstmäzen und Dichter

Durch den Tod Heinrichs des Jüngeren sah sich Richard mit einer gänzlich neuen Situation konfrontiert: Als ältester überlebender Sohn Heinrichs II. und Eleonores hatte er guten Grund, sich als Erbe des Angevinischen Reiches zu betrachten.

Der mittlerweile 25 Jahre zählende Königssohn, dem sich nun die Aussicht bot, dereinst der mächtigste Mann Westeuropas zu werden, stellte in vielerlei Hinsicht eine auffällige Erscheinung dar: Gemäß dem *Itinerarium* war er von überdurchschnittlicher Größe, hatte rötlich-blondes Haar und eine elegante, infolge seiner zahlreichen Feldzüge kraftvolle und durchtrainierte Statur. Ein imposanter Mann,

26 Roger von Howden, II, S. 120 ff., 273 ff.; Gesta, I, S. 140 ff., 157 f., 250, 293 ff.; Ralph von Diceto, I, S. 418 ff., II, S. 7, 18 ff.; siehe auch: Appleby, S. 272, 277 ff.; Warren, S. 576 ff.; Barber, S. 194 ff., 205 ff.; Berg, S. 48, 50 ff.; Gillingham, Richard, S. 82 ff.; Bradbury, S. 40 ff., 60 ff.

27 Appel, Bertran von Born, S. 37

dessen Physis an die nordländischen Urahnen der Familie erinnerte.[28] Seine kriegerische Energie, die mit außergewöhnlichem militärischen Sachverstand einherging, sowie sein sprichwörtlicher Mut im Kampf veranlassten Zeitgenossen schon bald, ihn mit einem Löwen zu vergleichen. Giraldus Cambrensis etwa versah bereits den jungen Richard mit diesem Schlagwort[29]; Bertran von Born wandte diese Bezeichnung ebenfalls an, noch bevor der Plantagenet europaweite Berühmtheit als Kreuzfahrer erlangte.[30] Wann genau der Beiname *Löwenherz* entstand, lässt sich nicht mit letzter Gewissheit eruieren. Gemäß einer späteren Überlieferung mag er auf ein Ereignis in der Frühphase von Richards Kreuzzug, nämlich auf die binnen weniger Stunden durchgeführte Eroberung Messinas im Oktober 1190, zurückzuführen sein.[31] Als gesichert kann indessen angenommen werden, dass er im weiteren Verlauf des Dritten Kreuzzuges entscheidende Verbreitung erfuhr. Erwähnung fand er etwa im Werk des Poeten Ambroise, der den Kreuzzug als Augenzeuge miterlebte und einen der bedeutendsten Quellenberichte dieses Unternehmens hinterließ.[32] Nach dessen Beendigung hatte sich der Beiname so stark durchgesetzt, dass selbst der dem Haus Plantagenet naturgemäß nicht freundlich gesonnene Hofchronist Philipps II., Wilhelm der Bretone, Richard anlässlich des Reichstages zu Speyer das Herz eines Löwen attestierte.[33]

Der Kampfesmut des Plantagenet war im Übrigen nicht nur ein individuelles Wesensmerkmal, sondern letztlich wohl ebenso ein Teil seines herrscherlichen Selbstverständnisses. Im Mittelalter hing während bewaffneter Auseinandersetzungen viel vom Verhalten des Heerführers ab. Zwischen ihm und den Soldaten herrschte ein Verhältnis vor, in dem nicht zuletzt die Emotion bestimmte, und ein derart unerschrockener Feldherr wie Richard bewirkte bei Soldaten ein beträchtliches Maß an Loyalität. Dass er Seite an Seite mit ihnen kämpfte, ebenfalls Kopf und Kragen riskierte, manchmal gleich selbst voranstürmte, wirkte begeisternd, riss

28 Itinerarium, S. 144; vgl. Matthew Paris: Chronica majora, herausgegeben von Henry Richards Luard, 5 Bände, London 1872–1883, hier: Band III, S. 213

29 Giraldus Cambrensis, S. 105

30 Appel, Carl: Die Lieder Bertrans von Born, Halle 1932, S. 85

31 Kessler, Ulrike: Richard I. Löwenherz. König, Kreuzritter, Abenteurer, Graz/Wien/Köln 1995, S. 116

32 Ambroise: The Crusade of Richard Lion-Heart, translated from the old French by Merton Jerome Hubert, New York 1941, S. 115

33 Wilhelm der Bretone : Philippide de Guillaume le Breton (Œuvres de Rigord et de Guillaume le Breton, Band 2), herausgegeben von H. François Delaborde, Paris 1885, S. 112

mit und spornte zu höchster Leistung an. Insgesamt gelang es Richard wie kaum einem anderen Truppenführer, das Beste aus seinen Soldaten herauszuholen. Seine gut dokumentierten Feldzüge während des Dritten Kreuzzuges belegen ebenso wie seine Flucht durch Österreich, dass Gefolgsleute in die Bresche sprangen, wenn er in Gefahr geriet, sich statt seiner gefangen nehmen ließen und ihr Leben zu seiner Rettung aufs Spiel setzten. Es war ein dünnes Seil, auf dem Richard im Kampf oft balancierte. In einer Zeit jedoch, in der der Krieg ein zentrales Instrument der Politik darstellte, verlieh ihm gerade seine Furchtlosigkeit ein veritables Plus an Autorität. Sie ist daher nicht nur als Charaktereigenschaft, sondern auch als imagebildendes und damit politisches Instrument zu werten.[34]

Manchmal jedoch schoss Richard in seinem Draufgängertum über das Ziel hinaus. Im Verlauf des Dritten Kreuzzuges beispielsweise unternahm er mehrmals, nur von wenigen Männern begleitet, waghalsige Erkundungsritte in gegnerisches Gebiet und setzte sich unnötig dem Risiko aus, in Gefangenschaft zu geraten oder gar getötet zu werden. Dass er diese Vorstöße selbst unternahm und nicht Untergebene damit beauftragte, rief in seinem Umfeld neben Bewunderung auch Unverständnis hervor. Selbst die einfachen Soldaten fragten sich angesichts dieser Aktionen, ob es ihm als Anführer denn zustände, derart unbekümmert sein Leben in die Waagschale zu werfen. In diesen Momenten bekam seine Kühnheit etwas Irrationales, die nicht nur dem Credo der Ritterlichkeit, sondern darüber hinaus dem Wesen einer leichtfertigen Spielernatur entsprach.[35]

Die Bruchstücke, die uns über das politische Wirken Richards während seiner Jahre in Aquitanien bekannt sind, ergeben ein zwiespältiges Bild. Zuweilen verstand er es, im richtigen Augenblick Nachsicht zu üben, so etwa gegenüber Bertran von Born, der ihn nach dem Ende des Krieges um Aquitanien um die Rückgabe der Festung Autafort bat.[36] Jetzt könnte der Herzog „für sich mich ganz gewinnen“[37], dichtete der reumütige Burgherr in einem Lied, und Löwenherz erkannte die Gelegenheit, Bertran in sein Lager zu ziehen, gab ihm den Friedenskuss, erstattete ihm Autafort zurück und gewann so einen Gefolgsmann, der fortan unverbrüchlich in seinem Lager stehen sollte.[38] Dennoch lässt

34 Vgl. Kap. V/5, VI/1
35 Ambroise, S. 280 ff.
36 Appel, Bertran von Born, S. 37
37 Ebd., S. 38
38 Ebd., S. 38, 41 ff.

es sich nicht übersehen, dass diplomatisches Geschick insbesondere beim jungen Richard weitaus weniger deutlich zutage trat als militärisches Talent. Zwar ließ es sich in seiner Rolle als Repräsentant der übergeordneten Staatsgewalt gewiss nicht vermeiden, gegenüber dem widerspenstigen zentralaquitanischen Adel mit harter Hand zu regieren, wollte er ihn botmäßig machen und eine starke Zentralmacht errichten, doch agierte er mitunter zu impulsiv. So zeigt etwa der erwähnte Ausbau der Festung Clairvaux auf umstrittenem Territorium, der Heinrich den Jüngeren in die Lage versetzte, ihn vor dem Vater ins Unrecht zu setzen, die Tendenz, einmal gefasste Entschlüsse sofort in die Tat umzusetzen, ohne die Konsequenzen in ausreichendem Maß zu bedenken. Ähnliches gilt für seinen fatalen Versuch, die Vormundschaft über die Tochter des Grafen Vulgrin III. von Angoulême zu erlangen, der nicht unwesentlich zum Ausbruch des Krieges um Aquitanien beigetragen hatte. In späteren Jahren sollte es Richard hingegen bei ausschlaggebenden Fragen zumeist gelingen, reifliche Überlegung zur Grundlage seines Handelns zu machen – so zeigte er sich im Verlauf des Dritten Kreuzzuges als souveräner und das Wohl seiner Armee stets berücksichtigender Taktiker mit ausgeprägtem Sinn für das Machbare –, doch handelte es sich dabei allem Anschein nach um eine Qualität, die ihm nicht angeboren war, sondern die er sich erst erarbeiten musste.

Weitere Einblicke in Richards Wesensart gewährt sein Verhältnis zu seinem langjährigen Weggefährten Wilhelm Longchamp. Es zeigt zum Ersten die in jener Zeit nicht selbstverständliche Bereitschaft, zuweilen beträchtliche Klassenunterschiede zu ignorieren. In den nicht aus dem Adel stammenden Longchamp, dessen Großvater laut wenig wohlmeinenden Stimmen ein Leibeigener gewesen war, setzte Richard jedenfalls derartiges Vertrauen, dass er ihn während seiner Zeit in Aquitanien zu seinem Kanzler ernannte und ihn später sogar mit der Führung der Regierungsgeschäfte in England betraute. Zum Zweiten wird im Verhältnis zu Longchamp Richards Wertschätzung für solide Freundschaften sichtbar, ebenso ein signifikanter Unwille, Männer in Ungnade fallen zu lassen, die einmal sein Vertrauen gewonnen hatten. Trotz der noch zu behandelnden, von undiplomatischem Auftreten geprägten und letztlich erfolglosen Politik, die sein Gefolgsmann in England betrieb, zog der Plantagenet nicht die Hand von ihm ab, sondern ergriff nur politische Konsequenzen in Form einer Regierungsumbildung. Die Sympathie, die er für Longchamp empfand, blieb hingegen bis zu dessen Tod ungebrochen und äußerte sich unter anderem in der Entscheidung, ihm die Kanzlerwürde zu belassen, obwohl die faktische Regierungskompetenz in England längst an einen anderen Gefolgsmann übergegangen war.[39]

Die Eigenschaften, die Richard jenseits der militärischen und machtpolitischen Bühne erkennen ließ, weisen ihn vollends als Persönlichkeit aus, die sich nicht in eine simple Schablone pressen lässt. In mancher Hinsicht treten diese Wesensmerkmale erst in seinen besser dokumentierten Jahren als König klar hervor, aber es ist mit Sicherheit davon auszugehen, dass sie sich schon während seiner jüngeren Jahre bemerkbar machten, zumal sie zu einem gut Teil auf den Einfluss seiner Eltern zurückzuführen sind.

Die von Eleonore und Heinrich II. vermittelten Impulse – umfassende Kenntnisse in Kunst, Bildung und Wissenschaft – fielen bei Richard auf fruchtbaren Boden. Er nahm aus seiner Kindheit und Jugend einen Wissensdurst mit, der ihn sein Leben lang begleitete, und entwickelte sich zu einem hochgebildeten Mann. So befähigten ihn beispielsweise seine exzellenten Lateinkenntnisse, mit geistlichen Gelehrten wissenschaftliche und philosophische Diskussionen in der Sprache des alten Rom zu führen und selbst das Latein Hubert Walters, des Erzbischofs von Canterbury, zu korrigieren. Lebhaft an intellektuellen Herausforderungen interessiert, vertiefte er sich wie sein Vater gerne in das Studium der Wissenschaften, wobei vornehmlich Theologie und Exegese sein Interesse erweckten.

In Kunst und Kultur stand Richard ganz in der Tradition seiner Mutter und seines Urgroßvaters Wilhelm IX. Er verfügte über ein profundes literarisches Wissen und schätzte polyphone Kirchenmusik. Besonders nahe stand er der höfischen Dichtkunst und umgab sich zeit seines Lebens gerne mit Poeten und Sängern wie Arnaut Daniel, Fulk von Marseille oder Peire Vidal. Bertran von Born stand, wie erwähnt, seit 1183 ebenfalls in gedeihlichem Einvernehmen mit ihm, Gaucelm Faidit und Gottfried von Vinsauf sollten dereinst ihrer Trauer über seinen Tod lyrischen Ausdruck verleihen. Löwenherz selbst erwies sich ebenfalls als kundiger Poet sowohl in der *langue d'oc*, der Sprache seiner Heimat Aquitanien, als auch in der *langue d'oil*, der Sprache Nordfrankreichs. Dass er diese Fertigkeiten offenbar ständig lebendig hielt und aufs Neue schärfte, deutet eine Begebenheit aus der Endphase des Kreuzzuges an, wonach er, als er ein ihn desavouierendes Schmähgedicht vernahm, spontan eine in Versen gehaltene Antwort

39 Richard von Devizes: Cronicon Richardi Divisensis de tempore regis Richardi primi, herausgegeben und übersetzt von John T. Appleby, London 1963, S. 4; Norgate, II, S. 286

Abb. 4: Richard und der sagenhafte Sänger Blondel im Heerlager vor Akko

kreierte. Zeugnis von Richards lyrischen Arbeiten legen zwei erhalten gebliebene Gedichte aus seinem späteren Leben ab, die dem Genre des *Sirventes* zuzuordnen sind.[40] Bei dieser Gattung der Troubadourlyrik handelte es sich um Poesie, die in der Regel dem Bestreben diente, die öffentliche Meinungsbildung zu beeinflussen, oftmals durch polemische und tendenziöse Formulierungen. Richards Konzentration auf die Gattung des *Sirventes* lässt vermuten, dass sich bei ihm die Freude am Dichten mit politischen Hintergedanken verschränkte. Dass er darüber hinaus auch musikalisches Talent besaß, zeigt die erhalten gebliebene Melodie einer seiner beiden überlieferten *Sirventes*.[41]

Auch auf einer zweiten Ebene stand Richards lebhaftes Engagement im Bereich der Kunst in engem Zusammenhang mit seiner politischen Stellung. Präsentierte sich ein Herrscher als wohlwollender und freigebiger Kunstmäzen, priesen die solchermaßen geförderten Troubadoure seinen Ruhm und steigerten sein Ansehen. Richard, der insbesondere in späteren Jahren unter Beweis stellte, dass er wie sein Vater um die Bedeutung der Imagebildung wusste, erwies sich daher schon aus politischen Gründen in Belangen der Kunst als zumeist großzügig, eine Vorgehensweise, die fraglos auf den Einfluss Eleonores und das feinsinnige höfische Leben von Poitiers zurückzuführen ist, das seine Kindheits- und Jugendjahre prägte.[42]

Bei der Zuordnung von persönlichen Eigenheiten durch zeitgenössische Chronisten ist zu berücksichtigen, dass diese oft auf persönlichen Sympathien oder Antipathien der Verfasser beruhten. Aufgrund einander ähnelnder Aussagen mehrerer Quellen sowie anhand seiner Taten kann man bei Richard dennoch einige Charakteristika als gesichert voraussetzen. An erster Stelle ist die bereits beschriebene, sich vor allem auf militärischer Ebene äußernde unbändige Energie zu nennen. Sie wird von zahlreichen Chronisten erwähnt, bereits auf den jungen Richard angewandt und in bewunderndem Unterton zumeist mit der Anwendung des Begriffes *ferox* (wild, fulminant) bzw. *ferocissimus* auf den Punkt gebracht.[43] Dass man

40 Aurell, S. 94; Kessler, S. 17, 360; Pernoud, Régine: Der Abenteurer auf dem Thron. Richard Löwenherz. König von England, München 2000, S. 30

41 Vgl. Kapitel VI/6. Zur generellen inhaltlichen Thematik des Sirventes siehe auch: Rieger, Dietmar: Gattungen und Gattungsbezeichnungen der Trobadorlyrik. Untersuchungen zum altprovenzalischen Sirventes, Tübingen 1976, S. 47 ff.

42 Kessler, S. 17

43 So etwa durch Giraldus Cambrensis, S. 105; Ralph von Coggeshall: Radulphi de Coggeshall chronicon Anglicanum, herausgegeben von Joseph Stevenson, London 1875, S. 45; Wilhelm von

sich Löwenherz indessen keineswegs als ungeschlachten Krieger vorzustellen hat, zeigt sich anhand seiner intellektuellen Neugier sowie der Kultiviertheit, die insbesondere in seiner genauer überlieferten Zeit als König klar hervortreten. Die Beschreibung seines weiteren Lebens wird überdies verdeutlichen, dass Richard ein temperamentvoller Mann war, der seine Gefühle im Bedarfsfall zwar gut zu verbergen und sich in problematischen Situationen Selbstkontrolle aufzuerlegen vermochte, zuweilen jedoch eine rücksichtslose Geradlinigkeit an den Tag legte und bei manchen Gelegenheiten in hitzigen Zorn geriet. Gleichzeitig konnte er beträchtlichen Charme entwickeln und einigen Humor aufblitzen lassen, der mitunter in beißenden Sarkasmus abglitt. Begebenheiten wie seine prunkvolle Inthronisierung im Jahr 1189 oder seine Ankunft vor Messina 1191 veranschaulichen, dass Löwenherz den großen Auftritt schätzte und diesbezüglich keinen Anlass zu Bescheidenheit sah. Als gegeben annehmen kann man bei ihm zudem ein hohes Maß an persönlichem Charisma. So belegt beispielsweise die Aufopferungsbereitschaft, die einige seiner Gefolgsleute während des Kreuzzuges zeigten, um sein Leben zu schützen, dass er glühende Bewunderung zu erwecken vermochte, deren Intensität nicht allein mit seiner Führungsposition erklärt werden kann.[44] Seine späteren Lebensjahre führen zudem vor Augen, dass er mit inneren Dämonen kämpfte, bei sich einiges Fehlverhalten ausmachte und gelegentlich mittels Bußritualen dafür Reue übte, sein Leben offenbar aber dennoch in vollen Zügen genoss. Manche Chronisten orteten schon beim jungen Herzog ein exzessives Sexualleben, wenngleich das einzige gesicherte Detail dieser vermeintlich ausschweifenden Lebensphase die Geburt eines mit einer unbekannten Frau gezeugten Sohnes namens Philipp von Cognac ist.[45]

Newburgh: Guilielmi Neubrigensis historia sive chronica rerum Anglicarum, Oxford 1719, S. 335; Walter von Hemingburgh: Chronicon Domini Walteri de Hemingburgh, de gestis regum Angliae, herausgegeben von Hans Claude Hamilton, 2 Bände, London 1848–1849, hier: Band I, S. 231.

44 Vgl. Kapitel II/7, III/1, V/5, V/10, IX/6, IX/7, IX/9

45 Kessler, S. 17, 127

II.

Thronfolger auf schwankendem Boden (1183–1189)

1. Konflikt mit Heinrich II.

Richard musste nicht lange warten, bis sein Vater auf die durch den Tod Heinrichs des Jüngeren am 11. Juni 1183 geschaffene, hinsichtlich der Thronfolgefrage völlig veränderte Sachlage reagierte. Wenige Wochen nach der gemeinsamen Niederwerfung der Revolte im zentralaquitanischen Raum erhielt er einen Befehl Heinrichs II., sich bei ihm in der Normandie einzufinden. Als er der Weisung im September Folge leistete, wies ihn der König an, die Herrschaft über Aquitanien Johann zu übergeben, der ihm im Gegenzug als Lehnsherr zu huldigen hätte. In gewisser Hinsicht sollte Richard auf diese Weise die Rolle des verstorbenen Thronfolgers übernehmen – allerdings mit zwei Abstrichen: Nach Ansicht Heinrichs II. war ein gut Teil der Probleme mit Heinrich dem Jüngeren nur entstanden, weil er ihn zum Mitregenten erhoben und ihm zu viel theoretische Macht eingeräumt hatte. Um dieses Szenario nicht noch einmal heraufzubeschwören, sah er für seinen nunmehr ältesten Sohn keinen Krönungsakt vor. Darüber hinaus traf der König anscheinend keine definitiven Anordnungen in Bezug auf eine theoretische Herrschaftsbeteiligung über England und die nördlichen Kontinentalbesitzungen, wie sie Heinrich der Jüngere innegehabt hatte.[46]

Für Richard gab es somit einigen Anlass, sich brüskiert und benachteiligt zu fühlen. Seit neun Jahren hatte er Loyalität zum Vater bezeigt, seine ganze Kraft in die Unterwerfung der regionalen Barone sowie die Schaffung einer starken Zentralgewalt in Aquitanien investiert und sich trotz widriger Rahmenbedingungen bewährt. Ungeachtet dieser Leistungen sollte er jetzt auf niedrigerem Niveau die Schattenrolle seines verstorbenen älteren Bruders übernehmen, auf die Regierungskompetenz in Aquitanien verzichten und so einen beträchtlichen Verlust an realer Macht akzeptieren, den die vergleichsweise theoretische Autorität als Lehnsherr Johanns nicht annähernd ausgleichen konnte. Zudem galt der jüngste Bruder

46 Gesta, I, S. 308

als Lieblingssohn des Vaters; wenige Jahre vor der Gefangennahme Eleonores geboren, war er nie unter dem Einfluss der Mutter gestanden, wegen seines geringen Alters nicht an der Revolte 1173/74 beteiligt gewesen und aus der Sicht des Königs daher augenscheinlich vertrauenswürdiger als seine älteren Brüder. Alles in allem sah Richard sich mit einer unheilverkündenden Perspektive konfrontiert. Schon die ihm um die Jahreswende 1182/83 befohlene Huldigung an Heinrich den Jüngeren, mehr aber noch die nunmehrige Anweisung, zugunsten Johanns auf Aquitanien zu verzichten, musste bei ihm die Befürchtung erwecken, einer Enterbung entgegenzusehen.

Ob Heinrich II. dergleichen tatsächlich plante, bleibt ungewiss. Die Indizien deuten darauf hin, können jedoch nicht als unwiderlegbarer Beweis gelten. Dennoch erwies sich seine Erbfolgeregelung als fatal, denn Richard besaß weitaus mehr Willensstärke, militärisches Talent sowie politisches Durchsetzungsvermögen als Heinrich der Jüngere und – wie sich bald herauskristallisierte – auch als Johann. Im Fall eines tief greifenden Zerwürfnisses stellte er für Heinrich II. eine größere Gefahr dar als der eben erst verschiedene Thronfolger. Gleichzeitig verfügte er allerdings auch über das Potenzial, dereinst als gekrönter Nachfolger den Kurs des Vaters kraftvoll fortzusetzen und den Bestand des Angevinischen Reiches zu sichern. Mit dem Erbfolgeplan des Jahres 1183 begann der König die Perspektive der Kontinuität zu zerstören. Ein tiefer Riss entstand zwischen Vater und Sohn, der sich nie mehr vollständig kitten ließ. Er sollte die Zukunft des Angevinischen Reiches in verhängnisvoller Weise prägen und vor allem Heinrich II. selbst massiv schaden.[47]

Richard reagierte auf die unliebsame Anordnung seines Vaters kaltblütig. Er verzichtete auf heftigen Protest, solange er sich im unmittelbaren Einflussbereich seines Vaters befand. Stattdessen erbat er sich lediglich Bedenkzeit, um die neue Erbfolgeregelung mit seinen Vertrauten besprechen zu können, was Heinrich II. bewilligte. Richard benötigte allerdings keine Zeit zum Nachdenken. Seiner Ansicht nach besaß der Vater gar nicht das Recht, über das Herzogtum eigenmächtig zu verfügen, da es sich dabei um das Erbland der Mutter handelte. Von Eleonore als Nachfolger bestimmt, dachte Richard nicht daran, Aquitanien preiszugeben. Als die Nacht hereinbrach, verließ er heimlich die königliche Residenz und ritt in gestrecktem Galopp zurück nach Poitiers. Von dort aus ließ er seinem Vater durch

47 Barber, S. 211 ff.; Appleby, S. 290 ff.; Berg, S. 54 f.

einen Boten mitteilen, dass er als anerkannter Erbe Eleonores Aquitanien niemals abtreten würde. Dann ging er daran, seine Position im Land zu stärken, um für einen allfälligen Krieg gewappnet zu sein. In den folgenden Wochen und Monaten ließ er alle Versuche Heinrichs II., sich der väterlichen Autorität zu beugen und das Herzogtum oder zumindest einen Teil davon aufzugeben, an sich abprallen.[48]

2. Normannischer Vexin und Alice – ein Gordischer Knoten

Richard war im Herbst 1183 nicht das einzige Problem, mit dem sich Heinrich II. konfrontiert sah. Philipp II. forderte infolge des Todes von Heinrich dem Jüngeren die Rückerstattung des normannischen Vexin, einer schwer befestigten strategischen Schlüsselregion nördlich der Seine, die Ludwig VII. im Jahr 1158 seiner Tochter Margarete als Mitgift in die Ehe mit Heinrich dem Jüngeren gegeben hatte. In den Verhandlungen, die daraufhin am 6. Dezember 1183 bei Gisors, der Hauptfestung des umstrittenen Territoriums, stattfanden, zeigte sich der Plantagenet nachgiebig. Er gab den normannischen Vexin zwar nicht preis, gestand aber dessen rechtliche Zugehörigkeit zu Frankreich ein und gab Philipp II. auf diese Weise ein Druckmittel in die Hand, um künftig mit mehr Nachdruck auf einer Umsetzung der von Heinrich II. einbekannten Rechtslage zu bestehen.

Trotz dieses Zugeständnisses erwiesen sich die Unstimmigkeiten mit dem französischen König als noch nicht ausgeräumt, denn der Kapetinger thematisierte in Gisors überdies den Status seiner Halbschwester Alice. Seit 1169 mit Richard verlobt und mittlerweile längst in heiratsfähigem Alter, war sie noch immer nicht die Gemahlin des Herzogs von Aquitanien, und Philipp II. drängte auf eine Klärung dieser Frage. Dass die Eheschließung bisher nicht stattgefunden hatte, lag wohl in hohem Maß an Richard. Eine Erklärung für seinen Unwillen lieferte er acht Jahre später während des Dritten Kreuzzuges, indem er gegenüber Philipp II. kundtat, Heinrich II., an dessen Hof sich Alice seit 1169 zur Erziehung befand, hätte die junge Frau verführt und zu seiner Geliebten gemacht. Tatsächlich gab es um das Verhältnis des Königs zu seiner Schwiegertochter in spe einige Gerüchte; inwieweit sie der Wirklichkeit entsprachen, lässt sich nicht zweifelsfrei beweisen. Der Hauptgrund für Richards fehlende Ehebegeisterung dürfte indessen der Umstand gewesen sein, dass

48 Gesta, I, S. 308, 311

eine Heirat mit Alice automatisch eine engere Bindung an das französische Königshaus mit sich gebracht hätte. Heinrich II. und Ludwig VII. hatten zuweilen grundsätzliche Bereitschaft zu einer angevinisch-kapetingischen Koexistenz signalisiert und dies durch Ehebündnisse untermauert. Derartige Abkommen ergaben freilich nur Sinn, wenn beide Seiten am Prinzip der Koexistenz festhielten. Schon der 1173 begonnene Koalitionskrieg Ludwigs VII. gegen Heinrich hatte allerdings die Absicht Frankreichs, davon abzurücken, offenbar werden lassen. Durch das Eingreifen Philipps II. in den Krieg um Aquitanien war der anti-angevinische Kurs der französischen Krone noch klarer erkennbar geworden. In Anbetracht dieser Sachlage wäre eine Vermählung Richards mit Alice geradezu widersinnig gewesen, da sie eine Erweiterung der ohnehin schon beträchtlichen Erb- bzw. Besitzansprüche der französischen Herrscherdynastie am Angevinischen Reich beinhaltete.

Wie dem auch sei, Heinrich II. brachten die Forderungen Philipps II. in Verlegenheit. Im Abkommen von Gisors hielt er fest, Alice werde einen seiner Söhne heiraten. Dass diesmal nicht mehr konkret von Richard die Rede war, dürfte ein Seitenhieb auf seinen jetzt ältesten Sohn gewesen sein, der die Übergabe Aquitaniens an Johann verweigerte. Ähnliche Motive lagen wohl auch dem Entschluss Heinrichs II. zugrunde, dem französischen König in Gisors erstmals für alle angevinischen Festlandsbesitzungen zu huldigen, also selbst für Aquitanien, obwohl seine Verfügungsgewalt über das Herzogtum ausschließlich auf seiner Ehe mit der gefangenen Eleonore beruhte und ein derartiger Schritt rechtlich fragwürdig erschien.

Darüber hinaus unternahm der König einen Schritt, der eine verhängnisvolle Langzeitwirkung entfalten sollte: Er entsprach der Forderung Philipps II., den normannischen Vexin als Mitgift Alices zu betrachten. Damit bildeten die Kapetingerin und die strategische Kernregion im Osten der Normandie fortan eine einheitliche politische Gesamtthematik von erheblichem Gewicht.[49]

3. Angriff der jüngeren Brüder

Nach den Verhandlungen von Gisors wandte sich Heinrich II. wieder dem Thema Aquitanien zu. Richard hatte die Zeit unterdessen zur Stärkung seiner Position im Land genutzt und hielt seine Festungen in Alarmbereitschaft. Zudem verfolgte er,

49 Gesta, I, S. 306; Roger von Howden, II, S. 284; Berg, S. 55; Kessler, S. 28 ff., 38 ff., 43 f.

um sein Verhältnis zu den einheimischen Baronen zu verbessern, einen milderen innenpolitischen Kurs und präsentierte sich zu Weihnachten 1183 als generöser Herzog, indem er großzügige Geschenke an seine Gefolgsleute verteilte. Etwa zur selben Zeit warb er darüber hinaus einen schlagkräftigen Söldnerführer namens Mercadier an, der für sein ganzes restliches Leben in seinen Diensten stehen sollte.

Gegen Ende des Jahres 1183 geriet der König angesichts Richards fortgesetzter Weigerung, Aquitanien abzutreten, in Zorn und befahl Johann, sich des Herzogtums mit Gewalt zu bemächtigen. Wie seine unbedachte, gegen Thomas Becket gerichtete Äußerung vom Dezember 1170 dürfte auch diese Anweisung nicht wirklich ernst gemeint gewesen sein, da eine Offensive des unerfahrenen, mit wenig Land und geringen militärischen Ressourcen ausgestatteten Johann gegen den neun Jahre älteren, kampferprobten und wohlhabenderen Herzog von Aquitanien zwangsläufig zum Scheitern verurteilt gewesen wäre. Im Juni 1184 segelte Heinrich II. von der Normandie nach England, ohne dem jüngsten Sohn entsprechende Mittel zur Umsetzung der Anordnung übergeben zu haben. Bald musste er jedoch feststellen, dass sein an Johann gerichteter Befehl keineswegs in Vergessenheit geraten war. Es kam zu Söldnereinfällen in Aquitanien, als deren treibende Kraft sich weniger Johann als vielmehr Gottfried erwies. Der nunmehr zweitälteste Prinz des Hauses Plantagenet und Herzog der Bretagne war nach dem Tod Heinrichs des Jüngeren zu seinem Verdruss nicht mit zusätzlichen Besitztümern versehen worden, wahrscheinlich, weil ihm der König wegen der Unterstützung des Thronfolgers im Krieg um Aquitanien grollte. Mit Richard spätestens seit diesem Konflikt verfeindet, erblickte er nun offenbar die Chance, sich mit Waffengewalt zu holen, was ihm seiner Ansicht nach zustand.

Doch Gottfrieds Kalkül, die aquitanischen Barone zu einem abermaligen Aufstand zu bewegen, ging nicht auf, denn in den meisten Provinzen Aquitaniens akzeptierte man inzwischen Richards Autorität. Mochte der mit harter Hand regierende Herzog auch nicht beliebt sein, genoss er kraft seiner Tüchtigkeit und seiner militärischen Qualitäten doch mehr Respekt als sein jüngerer Bruder. In ihrer überwältigenden Mehrheit nahmen die Barone davon Abstand, zugunsten Gottfrieds die Waffen zu ergreifen, was Richard in die Lage versetzte, nicht nur gegen die Söldner vorzugehen, die in seinem Land brandschatzten und plünderten, sondern dem erneuten Angriff auf sein Herzogtum offensiv zu begegnen und Truppeneinheiten in die Bretagne zu entsenden, um Gottfried Gleiches mit Gleichem zu vergelten.

Heinrich II. zeigte sich über die Kämpfe, die er zum Teil selbst mit ausgelöst hatte, irritiert. Er zitierte seine Söhne zu sich nach England und befahl ihnen anlässlich einer Familienzusammenkunft am 30. November 1184 in Westminster, der auch Eleonore beiwohnte, die bewaffneten Auseinandersetzungen unverzüglich einzustellen. Wenig später beauftragte er Gottfried, während seines Aufenthaltes auf der Insel die Regierungsgeschäfte in der Normandie zu leiten, um Richard vor Augen zu führen, dass er sich der Herrschaftsnachfolge im gesamten Angevinischen Reich noch keineswegs sicher sein konnte. Fortan zielte die Erbfolgepolitik Heinrichs II. im Wesentlichen darauf ab, den ältesten Sohn zu disziplinieren, indem er ihn über die Zukunft im Ungewissen ließ. Dies sollte sich letztlich als sein verhängnisvollster Fehler herausstellen. Eine derartige Vorgehensweise mochte vielleicht bei dem untüchtigen und dem Müßiggang frönenden verstorbenen Thronfolger Heinrich dem Jüngeren angebracht gewesen sein, bei einem Tatmenschen wie Richard jedoch war sie psychologisch gesehen äußerst unklug und fatal.

Schon der temporäre Regierungsauftrag an Gottfried brachte nicht den Effekt, den Heinrich II. erhofft haben dürfte. Richard befürchtete jetzt allem Anschein nach nur noch mehr, dass sein Vater den Plan verfolgte, ihm Aquitanien zu entreißen; kaum von England zurückgekehrt, übte er wiederum militärischen Druck auf die Bretagne aus, um Gottfried sowie Heinrich II. seinen Willen zum Kampf um Aquitanien zu demonstrieren.

Erzürnt über Löwenherz' Verhalten, setzte Heinrich II. im April 1185 ebenfalls zum Festland über und versuchte seinen ältesten Sohn mit einer neuen Methode zur Räson zu bringen. Er ließ Eleonore zu sich in die Normandie bringen und trug Richard per Boten auf, Aquitanien seiner Mutter, der rechtmäßigen Herzogin, zu übergeben. Diesmal fand seine Anweisung augenblicklich Gehör. Plötzlich ganz gehorsamer Sohn, zog Richard in die Normandie, um die Weisungen Eleonores entgegenzunehmen, in deren Namen er das Herzogtum regierte und für die er ungleich mehr Zuneigung empfand als für seinen Vater. Sein nochmaliger Aufenthalt im Einflussbereich des Vaters bedeutete für ihn allerdings eine unliebsame Konsequenz, denn auf dessen Befehl hatte er bis auf weiteres in der Normandie zu verbleiben. Solchermaßen außer Gefecht gesetzt, musste er tatenlos zusehen, wie Heinrich II. die Regierungsgeschäfte in Aquitanien an sich zog und eigene Vertrauensleute in den Süden beorderte. Als einziger Trost blieb Richard zunächst, dass der König dem mittlerweile 19 Jahre alten Johann keine Autorität über Aquitanien anvertraute, wie es in Anbetracht der Erbfolgeregelung vom September 1183 zu befürchten gewesen wäre, sondern ihn stattdessen im April 1185 nach Irland schickte, um die drei miteinander verfeindeten Könige der Insel wieder auszusöhnen und gleichzeitig die angevinische Macht zu festigen.

Nach einigen Monaten erzwungener Passivität begann sich Richards Situation insofern wieder zum Besseren zu wenden, als Heinrichs II. Irland- und Aquitanien-Initiativen ein klägliches Ende nahmen. Johann erlitt bei seiner ersten großen Bewährungsprobe ein Fiasko. Zunächst legte er in Irland ein derart beleidigendes Auftreten an den Tag, dass die anfänglich durchaus zur Anerkennung der angevinischen Autorität geneigten Könige der Insel ihre Streitigkeiten beilegten und sich gegen ihn verbündeten. In der Folgezeit verspielte er weiteren Kredit durch die Ausplünderung englischer Kolonisten und musste gegen die irischen Monarchen eine vernichtende Niederlage einstecken, die ihn zu einem nicht eben ruhmvollen Rückzug an die Küste zwang. Nach einigen Monaten bereitete der enttäuschte Heinrich II. dem Unternehmen seufzend ein Ende und berief seinen jüngsten Sohn nach England zurück. Johanns blamable Premiere als Politiker und Feldherr machten es vorderhand unmöglich, die Thronfolgepläne zu seinen Gunsten mit allzu entschiedenem Nachdruck weiterzuverfolgen. Und, für Richard noch bedeutsamer: In Aquitanien kam es während seiner Absenz zu beträchtlichen Gebietsverlusten. Im Jahr 1184 war Graf Raimund V. von Toulouse, schon im Frühjahr 1183 kurzzeitiger Verbündeter Heinrichs des Jüngeren, angesichts Löwenherz' Verwicklung in den Krieg gegen Gottfried erneut militärisch aktiv geworden, um den südlich des Limousin gelegenen Quercy zurückzuerobern, den er 1159 im Kampf gegen das Angevinische Reich verloren hatte. Die Regierungsbeauftragten Heinrichs II. erwiesen sich als unfähig, Raimunds Angriffen Paroli zu bieten, so dass es dem Grafen von Toulouse bis zum Ende des Jahres 1185 glückte, die Kontrolle über den Quercy weitgehend an sich zu reißen.

Unter dem Eindruck der Rückschläge in Irland und Aquitanien kam Heinrich II. nicht umhin, eine Kurskorrektur vorzunehmen. Als er im März 1186 bei Gisors abermals mit Philipp II. zusammentraf, gab er seinen Entschluss bekannt, wonach der künftige Gemahl Alices nicht Johann, sondern Richard heißen sollte. Der Siegeszug Raimunds V. im Quercy überzeugte den König zudem, dass Löwenherz als Einziger im Süden Ordnung schaffen konnte und stellte ihm einen stattlichen Geldbetrag für einen Feldzug gegen den Grafen von Toulouse zur Verfügung. Die Herrschaftskompetenz in Aquitanien gab er dem Sohn vorderhand jedoch nicht zurück, sondern sandte ihn lediglich in der Funktion eines Truppenführers auf den Weg.

Richard ließ sich vom anhaltenden Misstrauen des Vaters nicht bremsen. Nach der langen auferlegten Passivität vor Tatendrang brennend, stellte er eine kampfstarke Armee auf, eilte gen Süden und stieß in den Quercy vor. Über sein Erscheinen entsetzt, bat Raimund V. Philipp II. um Hilfe, aber der französische König reagierte nicht, wohl weil er zu diesem Zeitpunkt keine rechtliche Handhabe sah, um gegen die Angevinen vorzugehen. Richard, der daher erstmals seit geraumer Zeit den Rücken wieder frei hatte, gewann rasch die Oberhand und säuberte den Quercy von den feindlichen Truppen. Auf sich allein gestellt, wagte Raimund V. keinen Gegenschlag und zog seine Verbände nach Toulouse zurück. Danach unternahm Heinrich II. keinen ernstlichen Versuch mehr, den Sohn wieder von Aquitanien abzuberufen. In der Erkenntnis, dass es im Süden des Angevinischen Reiches keinen adäquaten Ersatz für ihn gab, beließ er Richard weiterhin dort, was zwangsläufig mit einer teilweisen Restauration von dessen politischer Autorität im Land einherging.

Heinrichs Zugeständnisse an Löwenherz zeitigten indessen eine unerwartete Konsequenz: Gottfried, nach wie vor nach mehr Ländereien als der Bretagne trachtend, wandte sich von der Familie ab. Seine Offensive gegen Aquitanien hatte ihn dem Ziel, sich einen größeren Anteil am angevinischen Erbe zu verschaffen, keinen Schritt näher gebracht. Als Heinrich II. in Gisors indirekt die Erbfolge Richards andeutete und dieser wieder die Führung in Aquitanien übernahm, wuchs Gottfrieds Verdruss in derartigem Maß, dass er denselben radikalen Entschluss fasste wie Heinrich der Jüngere. Im Frühjahr 1186 sagte er sich ebenfalls von seinem Vater los und begab sich zu Philipp II. nach Paris. Dort huldigte er dem französischen König für die Bretagne in der Hoffnung, auf diese Weise Zugriff auf weitere angevinische Länder zu erlangen.

Philipp II. nahm den unzufriedenen Plantagenet mit Freude auf. Bestrebt, ihn völlig unter seinen Einfluss zu bringen und als Waffe gegen das Angevinische Reich zu verwenden, ernannte er ihn zum Seneschall Frankreichs. Gottfried lieferte sich dem französischen König willig aus. In den folgenden Wochen bekundete er mit dem Kapetinger im Zuge mehrerer festlicher Anlässe enge Freundschaft und entwarf, von Philipp ermutigt, eifrig Pläne zur Eroberung der Normandie. Dann allerdings endete die Harmonie zwischen den ungleichen Partnern abrupt. Während eines Turniers in Paris kam Gottfried zu Sturz, wurde von

Pferden niedergetrampelt und erlag seinen schweren Verletzungen am 19. August 1186.[50]

4. Waffenstillstandsvermittler am Rand des Abgrundes

Das Überlaufen Gottfrieds und dessen unerwarteter Tod eröffnete Philipp II. die Möglichkeit, in seiner Funktion als Lehnsherr der angevinischen Länder in Frankreich die Vormundschaft über die unmündige Tochter des verstorbenen Plantagenet sowie die Verwaltungskompetenz der Bretagne zu beanspruchen. Der Kapetinger zögerte nicht, von dieser Option zur Destabilisierung des Angevinischen Reiches Gebrauch zu machen, und verlautbarte außerdem, Richard hätte den Kampf gegen Toulouse einzustellen und ihm für Aquitanien zu huldigen. Andernfalls müsste das Haus Plantagenet mit einer französischen Invasion der Normandie rechnen. Heinrich II., aufs höchste alarmiert, schickte daraufhin Gesandte nach Paris. In weiterer Folge willigte Philipp II. zwar zunächst in einen temporären Waffenstillstand ein, doch bei einem Zusammentreffen der beiden Monarchen Anfang April 1187 bekräftigte er seine Forderungen und erhob überdies Anspruch auf die Vormundschaft über Arthur, den wenige Tage zuvor geborenen Sohn Gottfrieds. Das Treffen endete ohne Einigung, und beide Seiten rüsteten zum Krieg.

Philipp II. stellte rasch unter Beweis, dass er es nicht bei leeren Drohungen bewenden ließ, sondern bereit war, erstmals mit allem militärischen Nachdruck auf Konfrontationskurs mit dem Angevinischen Reich zu gehen. Im Mai 1187 marschierte er im Berry ein, eine zwischen den Plantagenets und den Kapetingern seit geraumer Zeit umstrittene Region im Nordosten Aquitaniens, und nahm mit Issoudun sowie Fréteval zwei zentrale Positionen. Heinrich II. mobilisierte infolgedessen sofort seine Streitkräfte, um Philipps Vormarsch Einhalt zu gebieten. Noch schneller reagierte Richard. Er eilte mit Johann nach Châteauroux und hielt diese Schlüsselfestung gegen Philipps Truppen, bis sein Vater mit der angevinischen Hauptarmee den Schauplatz erreichte. Und nun trat eine in jener Zeit außerge-

---

50 Gesta, I, S. 311, 320 f., 336 ff., 343 ff., 347, 350; Roger von Howden, II, S. 285, 288, 303 ff., 308; Ralph von Diceto, II, S. 40; Barber, S. 168 f., 211 ff., 217 ff.; Appleby, S. 297 f., 302 ff., 310 ff.; Gillingham, Richard, S. 100 ff.; Warren, S. 596 ff.; Norgate, II, S. 233 ff.

wöhnliche Situation ein: Am 23. Juni 1187 standen das angevinische und das französische Heer einander vor Châteauroux in Kampfordnung gegenüber.

Wie bereits erwähnt, spielten sich im Frankreich des 12. Jahrhunderts Kriege im Rahmen von Burgenbelagerungen und Verwüstungsaktionen im gegnerischen Gebiet ab, eskalierten jedoch nicht in richtiggehenden Feldschlachten. Heinrich II. hatte im Lauf seiner bislang 33 Jahre dauernden Herrschaft keine einzige große Schlacht geführt, und auch bei Philipp II. vergingen 34 Jahre, ehe er eine solche wagen sollte. Zu gefährlich erschien normalerweise das Risiko, sich auf ein Unterfangen mit derart ungewissem Ausgang einzulassen. Zu groß erschien dieses Wagnis auch jetzt vor Châteauroux. Keiner der beiden Könige wagte es, mit einem Angriffsbefehl vorzupreschen.[51] Stattdessen setzte eine hektische Krisendiplomatie ein, um im letzten Moment das Schlimmste abzuwenden. Eine Hauptrolle bei diesen Bemühungen spielte Richard. Dem Chronisten Gervasius von Canterbury zufolge spielte sich seine Deeskalationsmission folgendermaßen ab: Während die Armeen einander kampfbereit gegenüberstanden, kam Graf Philipp I. von Flandern im Auftrag Philipps II. zu ihm und warnte ihn vor einem Kampf gegen den französischen König, den Lehnsherrn der angevinischen Länder auf dem Festland. Richard antwortete mit einer lebhaften Bekundung seiner Friedensbereitschaft und leistete einer Einladung, mit Philipp II. persönlich in Kontakt zu treten, ohne Rücksprache mit seinem Vater Folge. Heinrich II. beobachtete die eigenmächtige Fühlungnahme seines Sohnes mit dem Kapetinger argwöhnisch und griff zu einem Trick. Er bat einige französische Barone zu sich, ersuchte um einen zweijährigen Waffenstillstand, da er auf Kreuzzug gehen wolle und unterstrich seinen Wunsch, indem er in Tränen ausbrach. Philipp II. reagierte auf diesen Auftritt zunächst mit Gelächter, da sein Widersacher im Lauf der Zeit schon mehrmals einen Kreuzzug angekündigt, aber nie durchgeführt hatte. Auf eindringlichen Rat seiner Berater ging er schließlich dennoch auf das Ansinnen ein. Als die französischen Unterhändler Heinrich II. jedoch abermals aufsuchten, zeigte sich dieser plötzlich wieder unnachgiebig. Philipp II. ließ seine Armee daraufhin am nächsten Morgen in Schlachtordnung antreten, was Heinrich II. in Panik versetzte. Er war ein ebenso fähiger wie durchtriebener Machtpolitiker, doch die Rolle des Feldherrn lag ihm nicht. Überfordert von der dramatischen Lage, berief er Richard zu sich und bat

51 Gesta, I, S. 350, 353, 355, 360, II, S. 5 f.; Roger von Howden, II, S. 314 f., 317; Ralph von Diceto, II, S. 43 f., 47 f.

um seinen Rat.[52] Laut Gervasius von Canterbury antwortete Löwenherz angesichts der verfahrenen Lage nicht ohne Sarkasmus:

> „Welchen Rat kann ich geben, nachdem Ihr gestern die Annahme des Waffenstillstands verweigert habt, um den Ihr gebeten habt und der Euch gewährt wurde? Nun können wir nicht noch einmal um einen Waffenstillstand ersuchen, ohne Schande über uns zu bringen."

Heinrich II. versank nach dieser Aussage vollends in Ratlosigkeit. Daraufhin verbiss sich Richard seinen Stolz und fügte hinzu:

> „Vater, mag es auch ein schändliches Unterfangen sein, werde ich, wenn Ihr es wünscht, zu unserem Herrn und König gehen und versuchen, ihn davon zu überzeugen, den Waffenstillstand zu gewähren, um den Ihr gestern gebeten habt."[53]

Nach der erleichterten Zustimmung seines Vaters begab sich Richard nochmals zu Philipp II., unterwarf sich ihm und bat erneut um Waffenstillstand. Der Kapetinger willigte in die einstweilige Beilegung des Krieges zwischen dem Angevinischen Reich und Frankreich ein, woraufhin beide Armeen den Befehl zum Rückzug erhielten. Das Ende des Tages sah Heinrich II. weiterhin im Besitz von Châteauroux. Philipp II. behielt seinerseits die gerade erst eingenommenen Schlüsselfestungen Issoudun sowie Fréteval und zog, wie sein Hofchronist Wilhelm der Bretone bemerkte, „erfreut, ohne Schlacht einen Sieg errungen zu haben"[54], von dannen.

Und noch einen Erfolg glaubte der Kapetinger für sich verbuchen zu können: Als er nach der Beinahe-Schlacht von Châteauroux nach Paris abrückte, befand sich Richard in seiner Begleitung.

---

52 Gervasius von Canterbury: The historical works of Gervase of Canterbury, herausgegeben von William Stubbs, 2 Bände, London 1879, hier: Band I (The Chronicle of the reigns of Stephen, Henry II., and Richard I.), S. 370 ff.

53 Ebd., S. 372 f.

54 Wilhelm der Bretone, S. 64

5. Ein Warnsignal an den Vater

Richard sah den französischen König vor Châteauroux nicht zum ersten Mal. Begegnungen hatte es schon zuvor gegeben, so etwa über sieben Jahre früher, als er mit seinem Vater und seinen Brüdern nach Frankreich gezogen war, um Philipps II. Krönung beizuwohnen. Dass er jedoch auf eigene Faust in Gespräche mit dem Kapetinger trat, geschah im Frühsommer 1187 höchstwahrscheinlich erstmalig. Damit nahm eine dramatische politische Beziehung ihren Anfang, die Richards Leben bis zu seinem Ende prägte.

Wie haben wir uns Philipp II. vorzustellen? Der damals 21-jährige französische König war ein hochgewachsener und wohlgestalter Mann, ein nüchterner Realpolitiker, weniger religiös als sein Vater Ludwig VII., dafür weitaus skrupelloser in der Wahl seiner Mittel, zugleich überaus intelligent und tüchtig. Ausgestattet mit soliden militärisch-strategischen Qualitäten, erwies er sich als Experte in technischen Bereichen wie der Minierkunst oder der Errichtung von Belagerungsmaschinen, was gerade im Kampf um Burgen einen wichtigen Aktivposten darstellte. Das personifizierte Ritterideal repräsentierte Philipp II. indessen nicht – er war angeblich stets furchtsam um sein Leben besorgt und kein wirklicher Förderer der höfischen Dichtkunst –, aber er zeigte sich bereits in jungen Jahren als ebenso cleverer wie geduldiger Machtpolitiker, der sein hauptsächliches Ziel, nämlich die Zerschlagung der angevinischen Machtstellung im Westen Frankreichs, mit unermüdlicher Beharrlichkeit verfolgte.

Von der politischen Annäherung an Richard, die Philipp II. nach dem Zusammentreffen vor Châteauroux vollzog, erhoffte sich der Kapetinger den Gewinn beträchtlichen politischen Kapitals. Über die ständigen Spannungen im Haus Plantagenet wohl informiert, wollte er das gegnerische Lager weiter spalten, indem er den Herzog von Aquitanien auf seine Seite brachte, wie es Ludwig VII. bei Heinrich dem Jüngeren und ihm selbst bei Gottfried gelungen war. Doch diesmal hatte die französische Krone kein so leichtes Spiel. Im Sommer 1187 zeigte sich Richard noch nicht bereit, einen Schulterschluss mit Philipp II. zu vollziehen. Sein Handeln lässt darauf schließen, dass er dem Kapetinger letztlich kein Vertrauen entgegenbrachte und trotz des ungemein schwierigen Verhältnisses zu Heinrich II. immer noch zu viel Loyalität zum Vater empfand, um sämtliche Brücken hinter sich abzubrechen. So leistete er weder Philipps Forderung aus dem Vorjahr Folge, die Huldigung für Aquitanien zu leisten, noch kam es zum Abschluss eines formellen Bündnisses.

Als günstige politische Gelegenheit dürfte Richard seinen Aufenthalt in Paris allerdings durchaus betrachtet haben. Vier Jahre waren mittlerweile verstrichen, seitdem er infolge des Todes Heinrichs des Jüngeren zum ältesten Sohn des Hauses Plantagenet und damit zum programmierten Thronprätendenten aufgestiegen war. Dennoch hing seine Zukunft unverändert in der Schwebe. Heinrich II. traf noch immer keine Anstalten, ihn formell als Erben anzuerkennen, sondern versuchte, statt ihm den Lieblingssohn Johann in Stellung zu bringen. Mit seinem Aufenthalt am Hof des französischen Königs lieferte Richard seinem Vater nunmehr einen deutlichen Hinweis, dass seine Loyalität nicht für immer gelten musste. Wohl um der Drohung Glaubwürdigkeit zu verleihen, spielte er für eine Weile die Komödie mit, die Philipp II. bereits mit Gottfried inszeniert hatte.[55] Laut Roger von Howden demonstrierten er und der Kapetinger eine Weile glänzendes Einvernehmen, ein Verhalten, das seine Wirkung bei Heinrich II. nicht verfehlte:

Abb. 5: König Philipp II. von Frankreich

„Der König von Frankreich ehrte ihn [Anm.: Richard] dermaßen, dass sie jeden Tag an einem Tisch und aus einer Schüssel aßen und nachts ihr Lager nicht voneinander trennten. Und wegen dieser starken Zuneigung, die zwischen ihnen zu sehen war, erfasste den König von England außerordentliches Staunen. Er fragte sich, was dies zu bedeuten habe, und schickte als Vorsichtsmaßnahme für die Zukunft regelmäßig Boten nach Frankreich, um seinen Sohn Richard zurückzurufen.“[56]

---

55 Bradbury, S. 44 f., 65; Kessler, S. 46 ff., 52 ff.

56 Roger von Howden, II, S. 318. Zuweilen wurde aus Howdens Bemerkung, Richard und Philipp II. hätten eine Bettstatt geteilt, die Vermutung abgeleitet, es wäre zwischen ihnen zu einer homosexuellen Beziehung gekommen. Gerade Löwenherz' Aufenthalt in Paris zeigt jedoch, dass es höchst bedenklich ist, an Rituale des 12. Jahrhunderts die Maßstäbe der Gegenwart anzulegen, denn für die Adligen jener Zeit bedeuteten überschwängliche Freundschaftsbekundungen nichts Anstößiges,

Nach einigen Wochen verließ Richard den französischen Königshof. Noch hegte er wohl die Hoffnung, mit dem Vater hinsichtlich der Thronfolgefrage eine gütliche Lösung zu erreichen. Den Versprechungen, die ihm Heinrich II. durch seine Boten übermittelt hatte, dürfte er trotzdem nicht recht getraut haben und kalkulierte in Erinnerung an die Auseinandersetzungen mit dem Vater eine totale Eskalation ebenfalls ein. Um sich für den Extremfall abzusichern, überfiel Richard nach der Abreise aus Frankreich kurzerhand die Schatzburg seines Vaters in Chinon und ließ mit dem erbeuteten Geld Befestigungsarbeiten in Aquitanien durchführen. Erst danach suchte er Heinrich II. in Angers auf. Allem Anschein nach kam es dort zu einer teilweisen Annäherung der divergierenden Standpunkte. Richard wiederholte seine Huldigung an den Vater und wurde formell wieder als Herzog von Aquitanien anerkannt.[57] Doch hinsichtlich seiner künftigen politischen Rolle im Gesamtreich fand Heinrich II. weiterhin keine klärenden Worte.

6. Jerusalem – ein fernes Wetterleuchten

Die Turbulenzen zwischen Heinrich II., Richard und Philipp II. waren kaum abgeklungen, da erreichte sie eine Nachricht, die ganz Europa bis ins Mark traf und Löwenherz elektrisierte: Jerusalem war gefallen. Nach 88 Jahren christlicher Herrschaft befand sich die Wiege der Christenheit neuerlich in muslimischer Hand.

Was war geschehen? Blenden wir kurz zurück. Am 27. November 1095 eröffnete Papst Urban II. durch eine Rede, in der er die westliche Ritterschaft zum Kampf gegen den Islam aufrief, die Ära der Kreuzzüge. Sein kriegerischer Appell fand enormen Widerhall. Von der Vision einer Eroberung Jerusalems beseelt, verließen im Jahr 1096 zigtausende Menschen ihre Heimat und machten sich auf den ungewissen Weg ins ferne Palästina. Die ersten Scharen setzten sich vor allem

---

sondern dienten dem Zweck, gegenseitiges Einvernehmen und Vertrauen zu betonen. Heinrich II. etwa teilte sein Nachtlager zuweilen mit seinem Vertrauten Wilhelm dem Marschall, um auf diese Weise seine Wertschätzung auf politischer Ebene zu bekunden (Aurell, S. 100; Gillingham, Richard, S. 107). Philipp II. wiederum hatte nur ein Jahr vor dem Zusammentreffen mit Richard gegenüber Gottfried ebenfalls dramatische Emotionen zur Schau gestellt und sich nach dessen plötzlichem Tod sogar den Anschein gegeben, ihm voller Trauer in das Grab nachspringen zu wollen (Bradbury, S. 64).

57 Roger von Howden, II, S. 318; Gesta, II, S. 9

aus schlecht bewaffneten Bauern und Armen zusammen. Sie erreichten lediglich Kleinasien und wurden dort von den Seldschuken, die im späten 11. und frühen 12. Jahrhundert den Islam nach Anatolien gebracht hatten, nahezu restlos aufgerieben. Dann jedoch vereinigten sich Ritterheere aus dem westeuropäischen Raum und dem normannischen Süditalien zu einer schlagkräftigen Armee, der, ungeachtet aller Widrigkeiten, der Durchmarsch nach Palästina gelang. Am 15. Juli 1099 ergriffen die Ritter des Ersten Kreuzzuges Besitz von Jerusalem und richteten in der Stadt ein beispielloses Blutbad an. In der islamischen Welt löste das Massaker Entsetzen und Abscheu aus, doch zunächst formierte sich kein geschlossener Widerstand gegen die Invasoren. Das Reich der Seldschuken in Kleinasien und Syrien war in mehrere kleine Königtümer zerfallen, die viel zu sehr in Zank und Hader miteinander lagen, um einen gemeinsamen Abwehrkampf zu führen; das Reich der Fatimiden, dessen Machtzentrum Ägypten darstellte, konnte den Kreuzfahrern ebenfalls nicht ausreichend Paroli bieten. Durch die Schwäche der muslimischen Staaten begünstigt, unterwarfen die westlichen Christen in den folgenden Jahrzehnten die gesamte Ostküste des Mittelmeeres und gründeten das Königreich Jerusalem, die Grafschaften Edessa und Tripolis sowie das Fürstentum Antiochia.

Um die Mitte des 12. Jahrhunderts begann sich die Lage für *Outremer*, wie die Länder der Kreuzfahrer in Europa genannt wurden, sukzessive zu verschlechtern. 1144 führte Imad ad-Din Zengi, der Emir von Aleppo, mit der Rückeroberung Edessas den ersten nachhaltigen Gegenschlag des Islam durch. Der daraufhin vom Papsttum initiierte Zweite Kreuzzug (1147–1149) endete mit einem völligen Misserfolg. Nachdem Zengis Sohn Nur ad-Din die machtpolitische Zersplitterung Syriens beseitigt und den Druck an der Ostgrenze der Kreuzfahrerstaaten erheblich erhöht hatte, erwuchs der muslimischen Welt schließlich eine überragende Führungsfigur: Sultan Salah ad-Din (1171–1193), in Europa *Saladin* genannt. Ihm gelang es, durch die Machtübernahme in Ägypten (1171) sowie Syrien (ab 1174) einen großen muslimischen Gesamtstaat zu schaffen und Outremer in die Zange zu nehmen. Nach einigen Jahren der inneren Konsolidierung rief Saladin 1187 den Heiligen Krieg, den *Dschihad*, aus, marschierte in Palästina ein und bereitete Guido von Lusignan (1186–1190), dem wenig befähigten König von Jerusalem – und ehemaligen Vasallen Richards aus dem Poitou –, bei den Hörnern von Hattin (4. Juli 1187) eine vernichtende Niederlage. In der Folge nahm der Sultan die gesamte Küstenlinie Palästinas von Akko bis Askalon ein und zwang am 2. Oktober Jerusalem nach zweiwöchiger Belagerung zur Kapitulation. Seinen Einzug in die

Heilige Stadt zelebrierte der Sultan im Stil eines würdevollen Triumphators, der im Vergleich zu den Rittern des Ersten Kreuzzuges ein mildes Auftreten an den Tag legte und seinen Truppen weder Massaker noch Plünderungsorgien erlaubte. Zwar gerieten Tausende Christen in Gefangenschaft, Tausende erhielten aber auch Gelegenheit sich freizukaufen, wobei Saladin Großzügigkeit walten ließ. Sogar dem glücklosen Guido von Lusignan schenkte der Sultan gegen das Versprechen, Palästina unverzüglich zu verlassen, nach einigen Monaten die Freiheit.

Für das Abendland war der Fall Jerusalems ein Schock. Papst Urban III. (1185–1187) überlebte die Hiobsbotschaft nicht. Sein Nachfolger Gregor VIII. (1187) erließ am 29. Oktober 1187 einen Aufruf zum Dritten Kreuzzug, der sich an die gesamte westliche Christenheit, insbesondere jedoch an die drei mächtigsten Herrscher des Abendlandes richtete: König Heinrich II. von England, König Philipp II. von Frankreich und Kaiser Friedrich I. Barbarossa, den Herrscher des Heiligen Römischen Reiches.

Heinrich II. und Philipp II. verhielten sich vorerst abwartend. Hinlänglich entfernt, das eigene Handeln von religiösem Idealismus diktieren zu lassen, zeigten die zwei Monarchen wenig Neigung, sich auf das kostspielige und langwierige Abenteuer eines Kreuzzuges einzulassen, dies auch wegen der gerade höchst angespannten Lage im angevinisch-kapetingischen Dauerkonflikt, die wohl keinem der beiden eine lange Abwesenheit ratsam erscheinen ließ. Die Folge war, dass beide einstweilen inaktiv blieben.[58]

Anders Richard. Als ihm die Nachricht vom Fall Jerusalems zu Ohren kam, handelte er ohne zu zögern, begab sich tags darauf zum Erzbischof von Tours und nahm als erster Fürst westlich der Alpen das Kreuz. Er setzte damit einen Schritt, der sowohl sein Leben als auch die Geschicke des Nahen Ostens maßgeblich prägen sollte und für viele überraschend kam, vor allem für seinen Vater, den er gar nicht erst konsultierte.[59]

Warum fasste Richard diesen folgenschweren Entschluss? Nach Palästina, also an das andere Ende der damals bekannten Welt zu ziehen und an der Rückeroberung Jerusalems mitzuwirken, bedeutete, jahrelang in der Fremde zu sein und

---

58 Mayer, Geschichte der Kreuzzüge, S. 13 f., 42 ff., 87 ff., 117 ff., 127 f.; Runciman, S. 105 ff., 119 ff., 167 ff., 273 ff., 540 ff., 705 ff., 776 f., 781; Möhring, Hannes: Saladin. Der Sultan und seine Zeit 1138–1193, München 2005, S. 13 ff., 23, 61 ff.

59 Ralph von Diceto, II, S. 50; Richard von Devizes, S. 5; Wilhelm von Newburgh, S. 327

Abb. 6: Der siegreiche Saladin besichtigt das Schlachtfeld

die Entwicklungen in der Heimat nicht beeinflussen zu können, was ja gerade in Richards unsicherer politischer Lage ein veritables Handikap darstellte. Außerdem lauerte der Tod überall – auf stürmischer See, im Kampf gegen die Muslime ebenso wie in Form gefährlicher Krankheiten, welche schon Tausende Kreuzfahrer dahingerafft hatten.

Richards geheimste Gedanken werden sich schwerlich mit absoluter Sicherheit klären lassen, doch erscheinen drei Beweggründe für seine spontane Tat denkbar.

Zum Ersten ließ sich bei einem erfolgreichen Feldzug gegen Saladin immenser Ruhm erringen. Nach damaliger Anschauung galt das Heilige Land als der Ort, an welchem ein Ritter die höchsten irdischen Ehren erwerben konnte. Kein Waffengang ließ sich mit einem Kampf zur Rückgewinnung Jerusalems messen, kein dort verrichteter Akt der Kühnheit würde in Vergessenheit geraten. Für einen passionierten Feldherrn wie Löwenherz stellte es gewiss einen enormen Reiz dar, sich dieser ultimativen Bewährungsprobe zu stellen. Zum Zweiten legt sein Verhalten während des Kreuzzuges den Schluss nahe, dass in seiner Entscheidung auch religiös motivierter Idealismus mitschwang. Dafür spricht der von mehreren zeitgenössischen Hinweisen belegte Umstand, dass sich Richard als gläubiger Mann bezeigte, desgleichen die Konsequenz, mit der er den einmal eingeschlagenen Weg in Palästina bis zum Ende verfolgte, sowie sein Vorgehen in Messina Ende des Jahres 1190, als er in Anwesenheit hochrangiger kirchlicher Würdenträger eine freiwillige, mit einem Geißelungsakt verbundene Bußleistung erbrachte. Es mag ein Idealismus gewesen sein, der aus heutiger Sicht irrational erscheint, doch nichtsdestoweniger tief empfunden, geprägt vom Wunsch, Gott wohlgefällig zu sein und etwas für das eigene Seelenheil zu tun. Zum Dritten schließlich könnte beim Entschluss zum Kreuzzug auch Frustration hinsichtlich seiner eigenen Lage mitgespielt haben. Der Aufenthalt bei Philipp II. in Paris hatte ihm seitens seines Vaters lediglich die neuerliche Anerkennung als Herzog von Aquitanien eingebracht, sich in Summe aber als Fehlschlag erwiesen, da die formelle Anerkennung als Thronfolger nach wie vor in weiter Ferne lag. Es ist daher nicht auszuschließen, dass die Kreuznahme auch den Versuch darstellte, aus einer Gesamtsituation auszubrechen, die seine persönliche Zukunft seit bereits über vier Jahren fraglich erscheinen ließ.

Richards Kreuznahme wurde rasch weithin bekannt und gewann Vorbildcharakter, denn der Fall Jerusalems erzeugte um die Wende zum Jahr 1188 eine ungeheure Sogwirkung. Zahlreiche Dichter beklagten den Verlust der Heiligen Stadt in eigens verfassten Liedern, die Kreuzzugsaufrufe der Kirche erlangten machtvolle Verbreitung, zusätzlich verstärkt durch permanente Lageberichte und Hilferufe aus Outremer. Die Öffentlichkeit geriet in einen Taumel kriegerischer Begeisterung. Überall erhob sich die Forderung, den Glaubensbrüdern im Orient zu Hilfe zu eilen, und Richard, der den Eid als erster namhafter Fürst westlich der Alpen geleistet hatte, erlebte einen ungeahnten Popularitätsschub.

Schließlich konnte selbst Heinrich II. es nicht vermeiden, dem Appell des Papstes Folge zu leisten, denn Bischof Josias von Tyrus erschien in Frankreich und rief ihn sowie Philipp II. vehement zur Teilnahme am Kreuzzug auf. Daraufhin schlossen die zwei Könige einen Waffenstillstand, nahmen am 21. Januar 1188 das Kreuz, vom Volk bejubelt, innerlich wohl etwas widerstrebend, und vereinbarten, mit ihren Heeren gemeinsam im Frühjahr 1189 aufzubrechen. Zur Finanzierung des Vorhabens ordnete Heinrich II. wenige Tage danach die Einführung einer Sondersteuer an, den so genannten *Saladin-Zehnten*, eine zehnprozentige, für jeden seiner weltlichen Untertanen verpflichtende Abgabe von sämtlichen Einkünften und jeglichem beweglichen Besitz.

Einige Wochen später leistete Friedrich I. Barbarossa ebenfalls den Eid. Obwohl der Kaiser zu diesem Zeitpunkt bereits rund 66 Jahre zählte, fühlte er sich rüstig genug, die Orient-Offensive des Heiligen Römischen Reiches persönlich anzuführen. Damit gestaltete sich der Dritte Kreuzzug zum größten militärischen Unternehmen, das der Westen gegen die muslimische Welt im Hochmittelalter in Szene setzte. Zum ersten und einzigen Mal in der Epoche der Kreuzzüge zogen die drei mächtigsten Monarchen des Abendlandes nach Palästina.[60]

7. Bruch mit Heinrich II.

Während Barbarossa die Organisation des deutschen Kreuzzuges zügig in Angriff nahm, gerieten die Vorbereitungen in Westeuropa beinahe sofort nach der Kreuznahme Heinrichs II. und Philipps II. wieder ins Stocken. Stattdessen begann sich die Kriegsspirale aufs Neue zu drehen. Die Kämpfe brachen zunächst in Aquitanien aus, griffen in weiterer Folge auf den gesamten südfranzösischen Raum über, verwandelten sich zu einer angevinisch-kapetingischen Auseinandersetzung und schließlich zu einem bewaffneten Vater-Sohn-Konflikt, an dessen Schluss der Fall Heinrichs II. stand.

Seinen Anfang nahm die umwälzende Entwicklung zu Beginn des Jahres 1188 mit einer Revolte im zentralaquitanischen Raum. Aimar von Angoulême, den Richard einige Zeit zuvor nebst seinem Bruder Wilhelm VI. als Herr des Angoumois akzeptiert hatte, sowie Gottfried von Rancon und Gottfried von Lusignan erhoben sich zu einer Rebellion, in dessen Verlauf Letzterer angeblich einen engen Freund Richards ermordete.

60 Mayer, Geschichte der Kreuzzüge, S. 127 f.; Runciman, S. 778, 782

Einem von Ralph von Diceto berichteten Gerücht zufolge wurde der Aufruhr Gottfrieds von Lusignan im Geheimen von Heinrich II. gefördert. Ob dies den Tatsachen entsprach, wird nicht deutlich. Allerdings wollte Richard mehr denn je die Thronfolgefrage in seinem Sinn geklärt wissen, um seine Kreuzfahrt ins ferne Palästina mit einem Gefühl der Sicherheit antreten zu können, was wiederum Heinrich II. dazu bewogen haben mochte, seinen Sohn beschäftigt zu halten, um sich der Nachfolgethematik nicht stellen zu müssen. Laut Ralph von Diceto gründete sich die letztliche Entfremdung Richards von Heinrich II. auf dessen Unterstützung Gottfrieds von Lusignan. Tatsächlich dürfte sie lediglich eine weitere, wenngleich bedeutsame Etappe eines seit 1183 schwelenden Prozesses der innerlichen Distanzierung des Sohnes vom Vater gewesen sein.

Mit dem Aufstand in Aquitanien wurde Löwenherz in kürzester Zeit fertig. Er zog unverzüglich in den Kampf und eroberte eine Reihe aufständischer Burgen, darunter auch Taillebourg. Eine allzu harsche Bestrafung Gottfrieds von Lusignan verbot sich, da dieser ebenfalls das Kreuz genommen hatte; auf Druck des Herzogs musste er jedoch seine Heimat verlassen und gemäß seines Kreuzeides zu seinem Bruder Guido, dem entthronten König von Jerusalem, ziehen.

Die Kämpfe in Zentralaquitanien hatten noch keinen Abschluss gefunden, da löste Raimund V. von Toulouse durch die Inhaftierung und Verstümmelung einiger Kaufleute aus dem Poitou einen abermaligen Streit mit Richard aus, der, verschärft durch eine Reihe gegenseitiger Provokationen und beiderseitigem Unwillen zu Verhandlungen, für den Grafen in einem Debakel endete. Im Frühjahr 1188 formierte Richard seine Truppen und stellte seine militärische Ausnahmestellung in drastischer Manier unter Beweis, indem er in die Grafschaft Toulouse einmarschierte und Raimund V. in Windeseile an den Rand einer totalen Niederlage drängte. Binnen weniger Wochen eroberte er siebzehn Festungen und näherte sich unaufhaltsam Raimunds Hauptstadt, woraufhin der mit dem Rücken zur Wand stehende Graf Philipp II. um Hilfe anflehte. Für den Kapetinger war Richards Vormarsch, der das Machtgefüge im Süden Frankreichs völlig auf den Kopf zu stellen drohte, nicht hinnehmbar. Er fiel im Berry ein und nahm im Juni 1188 Châteauroux ein. Über den Vorstoß des französischen Königs alarmiert, zog Heinrich II. hastig eine Armee zusammen, landete im Juli 1188 in der Normandie und zwang Philipp zum Abzug nach Norden, woraufhin Richard sich der meisten Gebiete im Berry wieder bemächtigte, allerdings bei der Belagerung der Festung Châteauroux scheiterte.

Der angevinisch-kapetingische Krieg dauerte bis in den Herbst des Jahres fort und brachte Philipp II. zusehends in die Defensive, da seine eigenen Barone immer weniger gewillt waren, Krieg gegen angevinische Untertanen zu führen, die gleich ihnen das Kreuz genommen hatten. Doch dann kam Richard ein Gerücht zu Ohren, wonach Heinrich II. seine Enterbung zugunsten Johanns vorantrieb. Dies erschien ihm insofern glaubwürdig, als Johann im Gegensatz zum Vater und ihm selbst nicht das Kreuz genommen hatte und demzufolge in deren Abwesenheit zu Hause nach Belieben schalten und walten könnte.[61] Richards Erbitterung über das Verhalten Heinrichs II. erreichte jetzt eine neue Dimension. Im Oktober 1188 reagierte er mit einem Aufsehen erregenden Vorstoß. Mit der Ankündigung, den Frieden herbeiführen und dadurch den Kreuzzug ermöglichen zu wollen, trat er mit Philipp II. in Kontakt, um wegen seines Krieges gegen Toulouse und den dabei eroberten Gebieten eine Einigung zu erreichen. Heinrich II. lehnte die Initiative rundweg ab. Immer noch hielt er an der psychologisch überaus unklugen Taktik fest, seinen Ältesten im Unklaren über dessen Zukunft zu lassen, doch jetzt schlug die von ihm geschaffene Atmosphäre der Unsicherheit und des Zweifels auf ihn zurück.[62] Richard zeigte sich nun entschlossen, in der Thronfolgefrage eine Entscheidung zu seinen Gunsten herbeizuführen und verstärkte den Druck auf Heinrich II., indem er demonstrativ sein Einvernehmen mit Philipp II. zur Schau stellte. Als am 18. November 1188 in Bonsmoulins eine Zusammenkunft der zwei Monarchen zur Beilegung des angevinisch-französischen Konflikts stattfand, trat er seinem Vater an der Seite des französischen Königs entgegen. Nicht zuletzt infolge dieses Signals ging es in den Verhandlungen bald nicht mehr vorrangig um einen Friedensschluss, sondern zunehmend um Richards künftigen Status. Unterstützung erhielt er dabei durch Philipp II., der die Forderung erhob, dass sämtliche angevinischen Vasallen auf dem Festland Löwenherz den Lehnseid zu schwören hätten.

Die Gespräche dauerten drei Tage, begannen in verhältnismäßig sachlichem Ton, arteten jedoch zusehends in offene Streitereien aus. Am dritten Tag schließlich riss Richard die Initiative an sich und stellte seinem Vater jene Frage, auf die seit über fünf Jahren alles hinauslief, nämlich ob er bereit wäre, ihn formell als

---

61 Roger von Howden, II, S. 339 f., 343 ff.; Gervasius von Canterbury, I, S. 432 ff.; Ralph von Diceto, II, S. 54 f.; Warren, S. 617 f.

62 Appleby, S. 330, 332

Thronerben anzuerkennen. Heinrich II. blieb selbst diesmal eine Antwort schuldig. Richard gewann daraus die Erkenntnis, dass die Gerüchte über seine bevorstehende Enterbung der Wahrheit entsprachen und sagte:

> „Nun endlich muss ich glauben, was ich bisher für unmöglich hielt."[63]

Dann wandte er sich an Philipp II. und huldigte dem Kapetinger für sämtliche angevinischen Länder auf dem Festland samt seiner Eroberungen in der Grafschaft Toulouse. Damit erklärte sich Richard kurzerhand selbst zum Thronfolger und wurde vom französischen Lehnsherrn als solcher anerkannt. Fassungslos sah Heinrich II. der Szene zu. Eben noch unumschränkter Herrscher des Angevinischen Reiches, fand er sich plötzlich in der Rolle des Zuschauers wieder, über dessen Kopf hinweg Entscheidungen für die Zukunft gefällt wurden.

Nach dieser abrupten Wende gab es nichts mehr zu verhandeln. Es kam noch zur Vereinbarung eines Waffenstillstandes, der bis zum 14. Januar 1189 gelten sollte. Dann endete die Zusammenkunft von Bonsmoulins, und das Verhängnis im Haus Plantagenet nahm seinen Lauf.

8. Entscheidungskampf um die Macht

Der dramatische Ausgang der Verhandlungen von Bonsmoulins läutete das Ende der politischen Karriere Heinrichs II. ein. Weit über dreißig Jahre war er der führende Machtfaktor in Westeuropa gewesen, eine in vielfacher Hinsicht herausragende Herrschergestalt, die lange Zeit mit überlegener Diplomatie und klugem politischem Gespür agiert hatte. Doch spätestens jetzt erwies sich sein Verhalten gegenüber Richard als Bumerang, dies nicht zuletzt, weil viele Barone ihn zu einer eindeutigen Thronfolgeregelung gedrängt hatten, um den Kreuzzug endlich beginnen lassen zu können. Vor allem aber musste Heinrich zur Kenntnis nehmen, dass seine Hinhaltetaktik gegenüber Richard genau das bewirkte, was er stets hatte verhindern wollen, nämlich eine Untergrabung seiner eigenen Herrscherautorität. Vor die Frage gestellt, wer nun unterstützt werden sollte, entschieden sich in den Wochen und Monaten nach Bonsmoulins mehr und mehr angevinische Barone

63 Gervasius von Canterbury, I, S. 435 f.

gegen den alternden König und ergriffen Partei für den in der Blüte seiner Jahre stehenden Richard.

Für eine Weile verharrten die Dinge noch in der Schwebe, denn beide Seiten hielten den Waffenstillstand ein. An der Wende zum Jahr 1189 erkrankte Heinrich ernstlich und konnte bei den im Januar anberaumten Friedensgesprächen nicht erscheinen. Er entsandte Erzbischof Balduin von Canterbury, um den Sohn wieder an seine Seite zurückzurufen. Doch Richard schenkte den Versprechungen seines Vaters keinen Glauben mehr, schätzte dessen Krankheit als ein weiteres Hinhaltemanöver ein und wies den Vermittlungsversuch zurück.[64] Nach dem Auslaufen des Waffenstillstandes führten die beiden Verbündeten einige bewaffnete Vorstöße im angevinisch-französischen Grenzgebiet durch, nahmen hingegen bis weit ins Frühjahr hinein von einem groß angelegten Feldzug Abstand, vielleicht, weil Richard seinem Vater noch eine letzte Chance zum Einlenken geben wollte. Ende Mai 1189 trafen er und Philipp abermals zu einer Konferenz mit Heinrich zusammen und forderten die Anerkennung Richards als Thronerbe, die Kreuznahme Johanns und die Herausgabe von Alice. Doch der 56-jährige, gesundheitlich schwer angeschlagene angevinische König hatte seinen politischen Spürsinn eingebüßt. In völliger Verkennung seiner realpolitischen Möglichkeiten wies er die Forderungen zurück und schlug Philipp stattdessen vor, Alice sollte Johann Ohneland heiraten. Dies musste zwangsläufig scheitern, denn der französische König hatte sich schon viel zu weit aus dem Fenster gelehnt, um Richard jetzt noch die Treue aufzukündigen und einen derart extremen Kurswechsel zu vollziehen. Bei Löwenherz wiederum schwanden beim neuerlichen Versuch des Vaters, Johann als Thronfolger ins Spiel zu bringen, allem Anschein nach die letzten Bedenken. Während Heinrich II. nach Le Mans abzog, schlugen er und Philipp los.

In den folgenden Wochen ging es mit der Sache des angevinischen Monarchen reißend schnell abwärts. Am 12. Juni stießen die Verbündeten nach Le Mans vor. Heinrich ließ die Vorstadt anzünden, um die Verfolger aufzuhalten, doch der Wind drehte sich und trieb die Flammen in die Stadt hinein. Danach floh der König, knapp gefolgt von Richard. Als der Sohn die Nachhut des Vaters einholte, wendete unvermittelt ein Ritter sein Pferd und ritt, eine Lanze im Anschlag, auf ihn zu. Es handelte sich um Wilhelm den Marschall. Seitdem er über zwanzig Jahre zuvor Eleonore während eines Überfalls im Poitou mit seinem Leben beschützt und ihr

64 Ebd., S. 435 f., 438 f.

die Flucht ermöglicht hatte, war er zum besten Lanzenkämpfer seiner Zeit avanciert und in mehreren hundert Turnierkämpfen ungeschlagen geblieben. Schockartig erkannte Richard, der wegen des langen Rittes keine Rüstung trug, dass er in Lebensgefahr schwebte und rief Wilhelm zu, ihn zu töten wäre unehrenhaft, da er nicht ausreichend bewaffnet sei. Der Marschall erwiderte, er würde ihm nicht das Leben nehmen, das möge der Teufel erledigen. Danach rammte er die Lanze in Richards Pferd, das daraufhin tot zusammenbrach. Mit dieser Tat ermöglichte Wilhelm Heinrich II. die Flucht, doch statt sich in die sichere Normandie zu begeben, suchte der König mit seinen letzten Parteigängern, unter ihnen sein illegitimer Sohn Gottfried, Zuflucht in seiner alten Schatzburg Chinon, wo es ihn neuerlich auf das Krankenlager warf, während Richard und Philipp II. ohne besondere Mühe die Touraine und Maine unter ihre Kontrolle brachten.

Am 4. Juli musste sich Heinrich, der sich vor Erschöpfung kaum noch auf seinem Pferd halten konnte, bei einer Zusammenkunft südlich von Tours sämtlichen bisher abgelehnten Bedingungen beugen. Er erklärte, alle seine Vasallen hätten Richard zu huldigen, erneuerte seine eigene Lehnshuldigung an Philipp II. und verpflichtete sich zur Freilassung von Alice sowie zur Zahlung einer Kriegsentschädigung. Gegen Ende der einseitigen Verhandlung musste er seinem Sohn den traditionellen Friedenkuss geben. Dabei murmelte er Richard angeblich hasserfüllt ins Ohr, Gott möge ihn nicht sterben lassen, ohne ihm zuvor die Gelegenheit zur Rache zu gewähren.

Anschließend kehrte der todkranke König wieder nach Chinon zurück. Dort verlangte er eine Liste zu sehen, auf der die zu Richard übergelaufenen Barone namentlich verzeichnet waren. Seine Gefolgsleute wollten ihm diesen Wunsch ausreden, doch Heinrich II. bestand auf der Verlesung der Aufstellung. Der erste darauf vermerkte Name lautete Johann. Die Erkenntnis, dass selbst sein Lieblingssohn sich von ihm abgewandt hatte, war zuviel für den König. Am 6. Juli 1189 verstarb der einst mächtigste Mann Westeuropas in nahezu völliger politischer und menschlicher Isolation. Nur noch von wenigen Getreuen begleitet, wurde der Leichnam Heinrichs II. nach Fontevraud überführt, der Lieblingsabtei seiner seit fünfzehn Jahren in England gefangen gehaltenen Gemahlin Eleonore.[65]

Das trostlose Ende Heinrichs II. bildete den vorläufigen Schlusspunkt einer Reihe innerfamiliärer Streitigkeiten, deren Intensität zeitgenössische Chronisten

65 Appleby, S. 332 ff.; Warren, S. 621 ff.

vor ein Rätsel stellte. Um die tiefe Zerrissenheit des Hauses Plantagenet zu erklären, suchten einige von ihnen eine Begründung im Übernatürlichen. Eine Deutung besagte, dass die Familie von einer bösen Fee abstammte, eine andere machte geltend, die Ehe Heinrichs II. und Eleonores wäre aufgrund ihrer fernen Verwandtschaft von Anfang an unter einem schlechten Stern gestanden.[66] Auch die Auseinandersetzung zwischen Heinrich II. und Richard wurde mit Elementen dunkler Magie versehen. So bemerkte der im Allgemeinen nüchtern berichtende Roger von Howden, dass im Verlauf ihres letzten Zusammentreffens aus wolkenlosem Himmel ein Blitz zwischen ihnen niedergefahren wäre. Überdies führte Howden aus, der aufgebahrte Leichnam des alten Königs hätte aus der Nase zu bluten begonnen, als Richard an seiner Seite Andacht hielt und versah diesen so mit dem Stigma eines Vatermörders.[67]

Die maßgeblichen politischen Kräfte des Angevinischen Reiches beurteilten die Dinge pragmatischer. Die meisten sahen bereits während der bewaffneten Auseinandersetzung zwischen den beiden Plantagenets in Richard den Mann der Zukunft und schlugen sich auf dessen Seite. Dass Heinrich II. im Lauf des Konfliktes starb, veranlasste ebenfalls niemand, dem Thronfolger die Gefolgschaft aufzukündigen oder gar für Johann, den langjährigen Favoriten des toten Monarchen, Partei zu ergreifen. Im gesamten Angevinischen Reich akzeptierte man unverzüglich, was Heinrich II. nie hatte öffentlich eingestehen wollen, nämlich: dass der neue König nicht Johann I., sondern nur Richard I. heißen konnte.[68]

Betrachtet man die Vater-Sohn-Kontroverse der Jahre 1183 bis 1189 in ihrer Gesamtheit, ist dabei das Aufeinanderprallen zweier starker Persönlichkeiten zu erkennen, die nie den Weg zu einer wirklichen Verständigung fanden. Heinrich II. hatte es mit seinem selbst- und machtbewussten Sohn gewiss nicht immer leicht. Die Kunst der Diplomatie war Richard insbesondere in jungen Jahren nur in begrenztem Maß zu eigen. Andererseits hatte er die schwierige Bewährungsprobe Aquitanien bestanden und verfügte neben seinen militärischen Gaben über politische Lernfähigkeit, wie manche noch zu behandelnde Begebenheiten seines späteren Lebens zeigen. Seine Forderung nach formeller Anerkennung als Thronfolger unter Beibehaltung Aquitaniens ließ Raum für eine Einigung, wenngleich sie kein

66 Aurell, S. 84 ff.
67 Roger von Howden, II, S. 366 f.
68 Norgate, II, S. 273

Musterbeispiel an Bescheidenheit darstellte. Ein kluger Vater hätte den forschen, trotz mancher Zurückweisungen gleichwohl zur Loyalität bereiten Sohn nicht jahrelang im Unklaren über seine Zukunft gelassen, sondern versucht, ihn im Sinn einer gesicherten Machtübergabe zu fördern. Dass Heinrich II. dies nicht konnte oder wollte und damit letztlich sein eigenes Scheitern heraufbeschwor – darin liegt die tiefere Tragik eines ansonsten überaus fähigen Königs, der jahrzehntelang in souveräner Manier die Geschicke Westeuropas dominiert hatte. Richard wiederum mochte vielleicht bis knapp vor dem Tod Heinrichs II. nicht gewusst haben, wie schlecht es um die Gesundheit seines Vaters wirklich stand. Die gnadenlose Härte jedoch, die er im finalen Machtkampf gegenüber Heinrich II. an den Tag legte, stellte einen dunklen Fleck in seinem Werdegang dar, den er zumindest gegen Ende seines Lebens offenbar auch selbst als solchen begriff und seiner Reue Ausdruck verlieh, indem er sich zu Füßen seines Vaters begraben ließ.[69]

Wie Richard das Hinscheiden Heinrichs II. dagegen im Frühsommer 1189 empfand, ist weniger klar. Ein von Wilhelm dem Marschall entsandter Eilbote setzte ihn über den Tod des Vaters in Kenntnis. Er kam bei einsetzender Dämmerung und ohne Begleitung in Fontevraud an, betrat die Kirche, ohne ein Wort an die anderen Trauernden zu richten, schritt geradewegs zum aufgebahrten Leichnam seines Vaters und verharrte dort eine Weile in Stille. Schließlich sank er auf die Knie und verrichtete ein Gebet.[70]

Dann folgte eine Szene, die zeigte, dass für Richard schon in der Kirche von Fontevraud die Zukunft begann.

69 Roger von Howden, IV, S. 84

70 L'histoire de Guillaume le Maréchal, herausgegeben von Paul Meyer, Paris 1891–1894, 2 Bände, hier: Band I, S. 335 f.

III.

Herrschaftsantritt im Angevinischen Reich (1189–1190)

1. „Ich vergebe Euch"

Das erste Bestreben des angehenden Königs galt der Beruhigung der Lage im Angevinischen Reich. Nach den stürmischen Ereignissen der vorangegangenen Monate brauchte es umgehend friedliche Signale, um die aufgerissenen Gräben zuzuschütten und seiner Herrschaft gleich zu Beginn eine stabile Basis zu verschaffen. Richard fasste daher den Entschluss, den politischen Schlüsselfiguren, die bis zuletzt unbeirrbar an der Seite Heinrichs II. ausgeharrt hatten, versöhnlich entgegenzutreten und seine Friedensbereitschaft sofort mit einer Tat von starker Symbolkraft weithin bekannt zu machen. Die beste Gelegenheit dazu bot sich in der Kirche von Fontevraud, denn nur wenige Meter von ihm entfernt hielten auch mehrere der treuesten Gefolgsleute seines Vaters Andacht. Wie aus dem Werk *L'histoire de Guillaume le Maréchal* hervorgeht, rief Richards Präsenz bei ihnen einige Beunruhigung hervor. Wie würde der neue Monarch, gegen den sie bis zuletzt im Kampf gestanden waren, mit ihnen verfahren? Sorgenvoll versuchten sie anhand seiner Mimik zu erkennen, ob sie von ihm Racheakte erwarten mussten, doch Richard verbarg seine Emotionen hinter einem unbewegten Gesichtsausdruck. Am meisten Grund zur Angst gab es indessen für den ebenfalls anwesenden Wilhelm den Marschall, der den Thronfolger wenige Wochen zuvor angegriffen, ihm das Pferd unter dem Leib getötet und gerufen hatte, er möge sich vom Teufel umbringen lassen. Aus relativ bescheidenen Verhältnissen stammend, genoss Wilhelm als Ritter und politischer Akteur eine glänzende Reputation. Heinrich II. hatte ihm die Eheschließung mit Isabella von Clare zugesagt, einer der reichsten Erbinnen des Angevinischen Reiches, das Versprechen aber nicht mehr eingelöst, so dass der wenig begüterte und nicht mehr junge Wilhelm nun einer ungewissen Zukunft entgegenblickte. Einige der Barone fürchteten noch Schlimmeres für ihn.[71]

---

71 L'histoire de Guillaume le Maréchal, I, S. 335 f.; Norgate, II, S. 270 ff.; Duby, Georges: Guillaume le Maréchal oder der beste aller Ritter, Frankfurt am Main 1986, S. 159 f.

Als Richard seine Andacht beendete, schienen sich ihre Ahnungen zu bestätigen, denn der künftige König wandte sich an Wilhelm und sagte: „Marschall, neulich wolltet Ihr mich töten, und ich wäre ohne Zweifel jetzt tot, wenn ich Eure Lanze nicht mit dem Arm abgewehrt hätte. Das war ein schlimmer Tag für Euch."

Wilhelm reagierte trotz seiner prekären Lage furchtlos. „Herr, ich hatte nicht die Absicht, Euch zu töten, das war niemals mein Bestreben. Ich bin noch kräftig genug, um eine Lanze zu führen. Wenn ich es gewollt hätte, so hätte ich sie direkt in Euren Leib gestoßen, wie ich sie dann in den Leib Eures Pferdes stieß. Dass ich es getötet habe, halte ich nicht für falsch und bereue es auch nicht."

„Marschall", entgegnete Richard. „Ich vergebe Euch. Nie werde ich Euch deshalb zürnen."[72]

Sodann löste er in ritterlicher Manier das von Heinrich II. gegebene Versprechen ein und machte Wilhelm zu einem schwerreichen Mann, indem er ihm die Heirat mit Isabella von Clare garantierte. Tags darauf wohnten sie Seite an Seite der Beisetzung Heinrichs II. bei. Als Zeichen seiner besonderen Wertschätzung erteilte Richard dem Marschall hierauf einen Auftrag, der ihm zweifelsohne sehr am Herzen lag. Er sollte nach England reisen und für die Freilassung seiner Mutter sorgen, die nach dem Wunsch des Sohnes die Regentschaft im Land bis zu dessen Ankunft übernehmen sollte.[73]

Richards versöhnliches und freigebiges Verhalten gegenüber Wilhelm sollte sich vielfach rechnen. Seine Großzügigkeit machte weithin Eindruck und verschaffte ihm gleichzeitg einen Gefolgsmann, der sich als ungemein wertvoller Aktivposten nicht nur seiner Herrschaft, sondern gleichfalls für die seiner beiden Nachfolger erweisen sollte. In den Jahren 1216/17 rettete der Marschall als über 70-jähriger Mann das Haus Plantagenet sogar vor dem Untergang, indem er eine französische Invasion in England zurückwarf. Sich der Loyalität dieses politisch und militärisch gleichermaßen versierten Mannes zu versichern, war fraglos eine der glücklichsten Personalentscheidungen, die Richard jemals traf.[74]

Während Wilhelm nach England reiste, zog Löwenherz nach Rouen, wo er am 20. Juli 1189 feierlich zum Herzog der Normandie erhoben wurde und den Treueeid der normannischen Barone entgegennahm. Danach ließ er verlauten, das

72 L'histoire de Guillaume le Maréchal, I, S. 336 f.

73 L'histoire de Guillaume le Maréchal, I, S. 337 ff.; Ralph von Diceto, II, S. 67; Norgate, II, S. 273

74 Duby, S. 179 ff.

loyale Gefolge seines Vaters hätte von ihm nichts zu befürchten, sofern sie ihm dieselbe Loyalität zuteil werden ließen, und unterstrich seinen guten Willen, indem er gegenüber diesen Männern, die unter widrigen Umständen Charakterstärke und Verlässlichkeit bewiesen hatten, noch eine Reihe anderer Zusagen seines Vaters erfüllte und so weitere hervorragende Ritter an sich band. Auf so manchen Überläufer wartete hingegen eine unerquickliche Überraschung. Dass sie vom alten Monarchen abgefallen und ins Lager des neuen gewechselt waren, brachte ihnen keinen Kredit ein. Einige von ihnen mussten ihren Verrat am verstorbenen Monarchen gar mit dem Entzug ihrer Güter bezahlen. Wie bereits erwähnt, war Richard ein Mann, der Freundschaft und Loyalität äußerst hohe Bedeutung beimaß. Seine generöse Aussöhnung mit Wilhelm dem Marschall lässt erkennen, dass er jenen standfesten Männern, die trotz ungünstiger Umstände bis zuletzt an der Seite Heinrichs II. ausgeharrt hatten, also gerade noch seine Gegner gewesen waren, Respekt zollte. Gleichzeitig empfand er offenkundig eine massive Abneigung gegen Opportunismus und Verrat, selbst wenn er davon profitierte, und vertrat die Ansicht, dass die Überläufer das Vertrauen Heinrichs II. missbraucht hatten und daher sein Vertrauen nicht verdienten.[75]

In den Wochen nach Heinrichs Tod widmete sich Richard vorrangig der Aufgabe, seine Herrschaft im festländischen Teil des Angevinischen Reiches zu sichern, wobei sich sein Augenmerk vor allem auf die Grenze zu Frankreich richtete. Zwei Tage nach seiner Erhebung zum Herzog der Normandie traf er mit Philipp II. in der Nähe von Gisors zusammen, um jene offenen Fragen zu klären, die seit Jahren die angevinisch-französischen Beziehungen belasteten. Der Kapetinger zeigte sich im Vergleich zu den Jahren zuvor nachgiebig. Zunächst wiederholte er zwar seine alte Forderung nach Rückerstattung des normannischen Vexin, ließ sich aber durch eine Geldsumme und die Zusicherung Richards, Alice zu heiraten, beschwichtigen. Er sagte zu, seine Streitkräfte aus den im gemeinsamen Kampf gegen Heinrich II. eingenommenen Gebieten abzuziehen und erstattete gegen eine Aufwandsentschädigung für seine dabei angefallenen Kriegskosten überdies fast alle Territorien zurück, die er 1188 eingenommen hatte, darunter die Schlüsselfestung Châteauroux. Richard verzichtete seinerseits auf die Auvergne, konnte hingegen sämtliche Eroberungen seiner beiden Toulousefeldzüge behalten. Eine neuerliche Huldigung an Philipp sowie die Vereinbarung, den gemeinsamen Kreuzzug

75 Gesta, II, S. 72 f.; Roger von Howden, III, S. 5

zur nächsten Fastenzeit zu beginnen, rundete eine Unterredung ab, mit deren Ausgang Richard mehr als zufrieden sein konnte.

Philipps Entgegenkommen lag freilich nicht in einer besonderen Zuneigung zum neuen Herrn des Angevinischen Reiches begründet. Sowohl die politische Annäherung des Sommers 1187 als auch das gemeinsame Vorgehen gegen Heinrich II. waren reine Zweckbündnisse gewesen, von der beide Seiten profitiert hatten. Unverändert blieb zudem Philipps Ziel, die Machtposition der Plantagenets in Frankreich zu zerschlagen. Ein derartiger Coup schien jedoch nicht in Reichweite, solange Richard permanent vor Ort weilte. Der französische König setzte daher seine Hoffnungen auf den gemeinsamen Kreuzzug, von dem er, wie die späteren Ereignisse bestätigten, früher zurückzukehren beabsichtigte, um dann freie Bahn für seine Expansionspläne zu haben. Den Aufbruch des Plantagenet wiederum konnte er jedoch nur sicherstellen, wenn er Friedfertigkeit bezeigte und ihm keine massiven Hindernisse in den Weg legte, die seinem Aufbruch in den Orient im Weg hätten stehen können.

Richard verfügte vorderhand also über eine starke Verhandlungsposition, die er, wie das Ergebnis der Zusammenkunft von Gisors belegte, nach Kräften nutzte. Wegen Philipps zahlreicher antiangevinischer Feldzüge hegte er wohl keine Illusionen über die wahren Intentionen des Kapetingers und vertraute zentrale Positionen wie etwa Châteauroux wohlweislich ebenso kampferprobten wie loyalen Gefolgsleuten an.[76]

Seine Krönung zum König von England musste Richard indessen nicht überstürzen, denn kein Hindernis hätte sich jetzt noch seiner Herrschaftsübernahme entgegenstellen können. Zudem wurde ihm jenseits des Ärmelkanals in vortrefflicher Weise der Boden bereitet.

2. Eleonore – ein Phönix aus der Asche

Als Wilhelm der Marschall England erreichte, um für die Freilassung von Richards Mutter zu sorgen, stellte er fest, dass es diesbezüglich nichts für ihn zu tun gab. Eleonores Bewacher hatten, durch den Tod Heinrichs II. verunsichert, die Inhaftierung bereits aufgehoben.

76 Roger von Howden, III, S. 3 ff.; Gesta, II, S. 73 f.

Die Königin, die jetzt wieder in das Licht der Öffentlichkeit trat, war keineswegs eine gebrechliche Greisin, wie es ihr – für das Mittelalter sehr hohe – Alter von etwa 67 Jahren hätte vermuten lassen, sondern erfreute sich bester Gesundheit. Weit davon entfernt, nach der 15 Jahre dauernden Haft psychisch gebrochen zu sein, verfügte sie nach wie vor über ein gerüttelt Maß an rüstiger Tatkraft. Verändert erschien hingegen ihr Habitus. Die früher skandalumwitterte Eleonore strahlte nichts Leichtfertiges mehr aus. Vielmehr erwies sie sich jetzt als umsichtige Politikerin, die durch würdevolles Auftreten bestach und ihre schier unverwüstliche Vitalität in Maßnahmen investierte, die dem Frieden und dem Ausgleich dienten. Ihr Auftreten zeigte rasch Wirkung. Wie die Berichte zeitgenössischer Chronisten verdeutlichen, verschaffte sich die betagte Monarchin rasch weithin höchste Anerkennung. In Anbetracht der beeindruckenden Art, in der sich die geläuterte Königin nun präsentierte, sprach sich etwa Richard von Devizes dafür aus, dass niemand mehr etwas über ihre früheren Sünden sagen möge, und beschrieb Eleonore mit sichtlicher Ehrfurcht als

> „unvergleichliche Frau, schön und dennoch tugendhaft, mächtig und dennoch gütig, bescheiden und dennoch scharfsinnig, (…) unermüdlich in ihrem Wirken“[77].

Die erstaunliche Metamorphose der Monarchin machte sich binnen kürzester Zeit im ganzen Land bemerkbar. Kaum in Freiheit, setzte sie sich unter höchstem körperlichen Einsatz dafür ein, die in den letzten Jahren drückend gewordene Herrschaft Heinrichs II. abzumildern. Im Sommer des Jahres 1189 reiste Eleonore von Stadt zu Stadt, verschaffte sich einen raschen Überblick über die gegebene Lage, erließ eine Reihe von Reformmaßnahmen, gewährte Privilegien und ließ von Heinrich eingezogene Güter wieder zurückerstatten. Darüber hinaus ordnete sie die Freilassung sämtlicher Untertanen an, die zumeist aus purer Not gejagt oder Holz geschlägert hatten und unter dem auf Schutz seiner Wälder bedachten Heinrich II. gefangen genommen oder gar gefoltert worden waren, und sicherte den anderen Häftlingen ein rechtmäßiges Gerichtsverfahren zu.[78] Für manche gingen die von Eleonore initiierten und von Richard sanktionierten Maßnahmen zwar zu

77 Richard von Devizes, S. 25. Größter Respekt vor Eleonore wird auch bei anderen Geschichtsschreibern deutlich, siehe etwa: Wilhelm von Newburgh, S. 413 f. bzw. Ralph von Diceto, II, S. 68.

78 Roger von Howden, III, S. 4 f.; Gesta, II, S. 74 f.

weit – so beklagte Wilhelm von Newburgh, die Freilassung der zahlreichen Häftlinge hätte zu einer erheblichen Zunahme von räuberischen Taten und Plünderungen geführt[79] –, dennoch: Die Aktivitäten der Monarchin wirkten, als ob jemand die Fenster aufgerissen hätte, um ein stickiges Haus gründlich zu durchlüften. Ein ungleich liberalerer Wind wehte plötzlich durch England und sorgte für einen Stimmungsumschwung im Volk.

Neben ihrem fraglos vorhandenen Bedürfnis, die Zustände im Land zu verbessern, verfolgte Eleonore mit ihren Maßnahmen in erster Linie das Ziel, ihrem Sohn, der bislang ausschließlich im weit entfernten Aquitanien tätig gewesen war, zu Popularität in England zu verhelfen. Ihm, der für die englische Bevölkerung eine kaum bekannte Größe darstellte, wollte sie ein glanzvolles Entree verschaffen. Und das gelang ihr: Als Richard am 13. August 1189 in Portsmouth an Land ging, betrat er ein Land, das seiner Herrschaft hoffnungsfroh, mancherorts gar enthusiastisch entgegenblickte. Zahlreiche Vertreter sowohl des Adels als auch des Volkes hießen ihn herzlich willkommen. Überall hegte man den – vielleicht etwas zu naiven – Glauben, nun würde eine für alle glückliche Ära anbrechen.[80]

3. Krönung in Westminster

Richard verfügte wie seine Mutter über ein ausgeprägtes Gespür für symbolträchtige Handlungen und setzte schon bei seiner Ankunft in England einige prägnante Akzente, um die allgemeine Stimmung weiter zu heben. So führte er bei seiner vom Volk freudig begrüßten Landung in Portsmouth demonstrativ Stephan von Marzai, vormals Seneschall von Anjou und einen der unpopulärsten Regierungsbeauftragten Heinrichs II., in Ketten mit sich.[81] Gleichzeitig kehrten mit ihm die von seinem Vater verbannten Bischöfe von Canterbury, Rochester, Lincoln und Chester in ihre angestammten Diözesen zurück, wodurch Richard erkennen ließ, dass er ein einvernehmliches Dasein mit der Kirche zu führen gedachte. Seinen ausgeprägten Machtanspruch über geistliche Belange verschleierte er einstweilen.

79 Wilhelm von Newburgh, S. 350

80 Roger von Howden, III, S. 5; Gesta, II, S. 75 f.; Wilhelm von Newburgh, S. 350

81 Richard von Devizes, S. 4 f.

Abb. 7: Die Krönung Richards I.

Während er ohne Eile nach Westminster zog, zeigte sich der angehende Herrscher allerorts von seiner liebenswürdigen und entgegenkommenden Seite. Zusätzliche Sympathien gewann er durch seine imposante Erscheinung und seinen Status als Kreuzfahrer. Kurzum: Seine formelle Machtübernahme stand unter Vorzeichen, wie sie besser kaum sein konnten, eine Reaktion wohl auch auf die unruhigen Monate und Jahre zuvor. Im Sommer des Jahres 1189 herrschte in England nahezu vollkommene Harmonie. Richards Stellung war dermaßen unangefochten, dass sich seine Inthronisation als erster friedlicher Thronwechsel seit über einem Jahrhundert erwies.

Die Krönung am 3. September 1189 stellte in ihrem Zeremonienreichtum sowie ihrer Prachtentfaltung alle bisherigen englischen Krönungsakte in den Schatten. Nahezu sämtliche geistlichen und weltlichen Würdenträger Englands waren anwesend, als der neue König in der Kathedrale von Westminster bis auf Hemd und Hosen entkleidet wurde, um von Erzbischof Balduin von Canterbury mit heiligem Öl auf Kopf, Brust und Hände gesalbt zu werden. Sodann legte man ihm königliche Roben an und versah ihn mit Schwert, Sporen und Umhang. Richard nahm daraufhin die Krone vom Altar, reichte sie dem Erzbischof, der sie ihm auf das Haupt setzte und bestieg den Thron, um von dort aus der feierlichen Messe zu lauschen. Die prunkvolle, von Eleonore in wochenlanger Arbeit auf das Sorgfältigste vorbereitete und von langen Akklamationen an den König begleitete Krönungszeremonie sollte zum Vorbild für die englischen Inthronisationsakte der folgenden Jahrhunderte werden. In späteren Zeiten blieb es allerdings dem Erzbischof vorbehalten, die Krone vom Altar zu nehmen. Dass Richard diesen Akt selbst vollzog, kann als besondere Betonung seines Machtwillens interpretiert werden.

Nach der feierlichen Messe lud Löwenherz zu einem Bankett. Im Gegensatz zu seinem Vater den großen Auftritt schätzend, ließ er dabei keine Sparsamkeit walten. 1770 Krüge, 900 Kelche und 5050 Teller standen bereit, um den führenden Vertretern von Englands Kirche und Adel üppige Gaumenfreuden zuteil werden zu lassen und die Freigebigkeit des inthronisierten Monarchen zu unterstreichen, eine Eigenschaft, die in jener Zeit zu den maßgeblichsten Tugenden führender politischer Akteure gezählt wurde.[82]

Dann aber fiel doch noch ein düsterer Schatten auf den festlichen Tag. Als einige Juden während des Gelages den Palast betreten wollten, um dem neuen König Geschenke darzubringen, erregte ihr Erscheinen bei den Christen derartigen Zorn, dass es zu gewalttätigen Ausschreitungen kam. Laut Wilhelm von Newburgh trug zu dieser Eskalation eine königliche Verfügung bei, die es den Juden verbot, den Palast in der Zeit des Banketts zu betreten. Sollte es so gewesen sein, hatte Richard nun Anlass, diesen Schritt zu bereuen, denn die Unruhen breiteten sich in ganz London aus und führten dazu, dass die Zivilbevölkerung mehrere Juden umbrachte und ihre Häuser in Brand steckte. Löwenherz zeigte sich erschüttert und wütend über diese tragische Konsequenz seiner Anordnung und befahl umgehend die Einstellung der Gewalttaten, weil die jüdische Bevölkerung eine wichtige Quelle staatlicher Einkünfte bildete und er das Land während seiner bevorstehenden, kreuzzugsbedingten Abwesenheit befriedet wissen wollte. Um weiteren Ausschreitungen vorzubeugen, ließ er bereits tags darauf eine Reihe von Männern bestrafen, die sich an den Ausschreitungen beteiligt hatten. Doch selbst seine raschen und strengen Gegenmaßnahmen konnten nicht verhindern, dass im Lauf der folgenden Monate in manchen englischen Städten antisemitische

82 Roger von Howden, III, S. 5 f., 8 f.; Gesta, II, S. 75 ff., 80 ff.; Ralph von Diceto, II, S. 68 f.; Norgate, II, S. 276 f.; Gillingham, Richard, S. 128 ff.

Gewaltakte verübt wurden, eine traurige Tradition, wie sie bereits im Vorfeld vergangener Kreuzzüge aufgetreten war.[83]

Unmittelbar nach den prunkvollen Krönungsfeierlichkeiten wandte sich Richard seinen beiden Hauptzielen in England zu: der Beilegung bestehender Konflikte bei gleichzeitiger Schaffung einer dauerhaft stabilen Machtbasis sowie – vor allem – der Vorbereitung des Kreuzzuges.

4. Die Finanzierung des Kreuzzuges

An Richards Entschlossenheit zum Feldzug in den Orient hatte sich ungeachtet der Tatsache, dass sein spontaner Eid mittlerweile zwei Jahre zurücklag, nichts geändert. Nun, da die Kämpfe in Frankreich der Vergangenheit angehörten, wollte er die Organisation des Kreuzzuges mit Vehemenz vorantreiben und sämtliche verfügbaren Ressourcen des Angevinischen Reiches zur Umsetzung des Unternehmens einsetzen. Im Kern sah sein strategisches Konzept vor, die Kardinalfehler vergangener Kreuzzüge zu meiden. So waren christliche Streitmächte früherer Jahrzehnte stets über den Landweg in Richtung Orient gezogen und in Kleinasien des Öfteren ins Verderben gelaufen. Die dort herrschenden Seldschuken hatten die drei großen Kreuzarmeen des Jahres 1101 nacheinander nahezu restlos aufgerieben und ebenso der nächsten europäischen Angriffswelle, dem Zweiten Kreuzzug, vernichtende Niederlagen bereitet. Überdies waren insbesondere die Armeen des Zweiten Kreuzzuges aufgrund mangelnder Truppendisziplin sowie durch das Mitführen eines riesigen Trosses und zahlloser Zivilisten hinsichtlich Schlagkraft und Mobilität mit erheblichen Defiziten belastet gewesen.[84]

Eingedenk der Niederlagen der Vergangenheit plante Richard, eine hochprofessionelle Armee aufzustellen, und schloss – von wenigen Ausnahmen abgesehen – Nichtkämpfende von dem Unternehmen kategorisch aus.[85] Umfassendes Kriegsgerät und ein großes Kontingent an Pferden sollten die Durchschlagskraft weiter stärken. Die Landroute schied für ihn aus; er beabsichtigte mit seiner Streitmacht auf dem Seeweg in den Nahen Osten zu gelangen, was freilich nicht nur gewal-

83 Wilhelm von Newburgh, S. 350 ff.; S. Gesta, II, S. 83 f.

84 Mayer, Geschichte der Kreuzzüge, S. 65 f., 94 f.

85 Richard von Devizes, S. 28

tige Transportkapazitäten erforderte, sondern zusätzlich eine stattliche Anzahl an Kriegsschiffen zwingend nahe legte, um die Fahrt durch das Mittelmeer gesichert bestreiten zu können. Ferner hielt er eine wohl gefüllte Kriegskasse für unerlässlich, um neben der Besoldung seiner Truppen – Fußsoldaten und selbst viele Ritter konnten sich die für einen Nahost-Feldzug nötige Ausrüstung nicht leisten – gleichermaßen deren Verpflegung in ausreichendem Maß zu gewährleisten und vor Ort flexibel agieren zu können.[86]

Die strategische Grundkonzeption des Kreuzzuges beruhte auf umsichtiger Planung und Organisation. Allerdings erforderte ein Unternehmen dieser Größenordnung exorbitante Summen, die durch den von Heinrich II. eingehobenen Saladin-Zehnten nicht abgedeckt werden konnten. Da diese Steuer schon einigen Unmut in der Bevölkerung hervorgerufen hatte, verzichtete Richard wohlweislich auf zusätzliche Zwangsabgaben und beabsichtigte stattdessen, die enge Verbindung der kleinen, immens reichen Oberschicht zum Thron zu nutzen und sich auf den Umstand zu konzentrieren, dass sich aus den Reihen des Hochadels die wichtigsten weltlichen und geistlichen Funktionsträger des Landes rekrutierten. Die Folge war, dass die Führungsebenen der englischen Verwaltung unmittelbar nach seiner Krönung ein regelrechtes Erdbeben erlebten: Gleichsam über Nacht sahen sich unvermittelt alle Inhaber zentraler Ämter bis hinauf zum Kanzler ihrer Funktion enthoben und konnten diese erst nach Entrichtung hoher Geldbeträge wieder erlangen. Dabei handelte es sich zwar nicht um eine gänzlich neue Idee – Ämterverkauf hatte es in England schon zuvor gegeben –, doch in einem so flächendeckenden Ausmaß und in derart kurzer Zeit war dieses Prinzip noch nie vollzogen worden, weshalb man sich mancherorts über Richards Vorgehen einigermaßen konsterniert zeigte.[87]

Nennenswerter Widerstand erhob sich dennoch nicht, da der Kreuzzug ja von der Kirche sehnlich gewünscht wurde. Nicht jeder ging dabei so weit wie Richard von Devizes, der es Löwenherz als Verdienst anrechnete, sich angesichts des bevorstehenden Kreuzzuges überhaupt Gedanken um sein Reich zu machen und Maßnahmen zu dessen Stabilisierung zu ergreifen. Dennoch galt die Rückeroberung

---

86 Erbstösser, Martin: Die Kreuzzüge. Eine Kulturgeschichte, Berlin 1996, S. 202; Lloyd, Simon: Die Kreuzzugsbewegung 1096 bis 1274, in: Riley-Smith, Jonathan (Hrsg.): Illustrierte Geschichte der Kreuzzüge, Frankfurt am Main 1999, S. 46–82, hier: S. 49 ff.

87 Gesta, II, S. 90; Roger von Howden, III, S. 13

des Heiligen Landes weithin als ein Vorhaben, das dem christlichen Interesse in höchstem Maß entsprach. Dem König bereitete es deshalb keine Probleme, genügend Freiwillige für den Aufbau seiner Kreuzarmee zu finden. Er musste vielmehr zahlreiche Bewerber zurückweisen, deren militärische Qualifikationen ihm nicht ausreichend erschienen.[88]

Die meisten englischen Barone nahmen davon Abstand, Richards Programm zur Finanzierung des Kreuzzuges zu beklagen. Ausgestattet mit den entsprechenden finanziellen Möglichkeiten, richteten sie ihr Augenmerk vielmehr darauf, sich die von ihnen angestrebten Funktionen zu sichern. Laut Wilhelm von Newburgh wurde ihre Zahlungsbereitschaft durch die Vermutung gesteigert, es lediglich mit einem Übergangsherrscher zu tun zu haben. Viele glaubten nicht an eine Rückkehr Richards vom Kreuzzug; das Gerücht ging um, er wäre ein aufgrund seiner vielen Feldzüge vorzeitig verbrauchter und von zahlreichen Krankheiten gezeichneter Mann, dessen Kräfte sich während des aufwändigen und anstrengenden Orient-Unternehmens schnell erschöpfen würden. Seine baldige Abreise und die Annahme, ihn danach nie mehr wiederzusehen, ließ diversen Baronen das Investieren in Besitz und Einfluss noch verlockender erscheinen. Dass von einer körperlichen Hinfälligkeit des Königs letztlich keine Rede sein konnte, stellte sich erst anhand seiner spektakulären Aktionen während des Kreuzzuges heraus. Dann freilich wurde „klar erkannt, mit welch subtiler Geschicklichkeit er so gehandelt und sich verstellt hatte, um all jenen, die als reich galten, die Taschen zu leeren“[89], so Wilhelm von Newburgh.

Die ungeheuren Beträge, die der Regierung auf diese Weise zuflossen, sowie den Erlös aus der Einhebung des Saladin-Zehnten investierte Richard umgehend in die Aufstellung und Ausrüstung der Streitmacht. Gleichzeitig schwärmten seine Beauftragten in sämtliche Häfen aus, um die kapazitätsstärksten und besten Schiffe zu erwerben. Die Krone beglich zwei Drittel der dabei anfallenden Kosten, für den Rest hatten andere Kräfte im Reich aufzukommen, wobei Richard auch die durchaus beträchtliche Finanzkraft der Kirche heranzog. Die Bezahlung der Löhne für die Schiffsbesatzungen dürfte hingegen zur Gänze von der Krone bestritten worden sein, ebenso der gewaltige Umfang an Kriegsmaterial und sonstigen Ausrüstungsgegenständen.[90]

88 Richard von Devizes, S. 5 f., 28
89 Wilhelm von Newburgh, S. 364
90 Gillingham, Richard, S. 131 ff.; Kessler, S. 78 f.

Richard Löwenherz äußerte im Zuge seines drastischen Geldbeschaffungsprogrammes angeblich einmal, er hätte sogar London verkauft, wäre es ihm möglich gewesen, dafür einen Käufer zu finden.[91] Doch dieses Bonmot ist eher als ironisch gemeinte Überzeichnung zu werten, denn von einem zügellosen Ausverkauf von Besitz und Macht nahm der Monarch geflissentlich Abstand. Tatsächlich achtete er sehr genau darauf, keinerlei Machteinbuße zu erleiden und für die Dauer seiner Abwesenheit eine funktionstüchtige Verwaltung im Amt zu belassen, da es in seinem Interesse liegen musste, nach dem Kreuzzug in ein geordnetes Königreich zurückzukehren. Daher überließ er die Ämter keineswegs wahllos dem jeweils Höchstbietenden, sondern entschied sich insbesondere bei den wichtigsten Funktionen und Würden für Männer seines Vertrauens.

5. Machtsicherung

Ein Kernelement von Richards Maßnahmen zur Machtsicherung bildete seine Familienpolitik. Da er einer langen Abwesenheit vom Angevinischen Reich entgegensah, strebte er danach, die Macht seiner nächsten Verwandten in Grenzen zu halten, um allfälligen Umsturzgelüsten weitgehend den Boden zu entziehen. Zwei Personen galt es dabei besonders zu berücksichtigen: den jüngeren Bruder Johann, der während seines Kampfes gegen den Vater in sein Lager übergewechselt war, sowie den um einige Jahre älteren Halbbruder Gottfried, der bis zuletzt an der Seite Heinrichs II. ausgeharrt hatte.

Gegenüber Johann handelte Richard auf den ersten Blick ungemein generös: Er übergab ihm mit Cornwall, Devon, Dorset und Somerset den gesamten äußersten Südwesten Englands und stattete ihn zudem mit einer weitläufigen Ländermasse in Mittelengland aus – darunter Nottingham, Derby, Lancaster und York –, die außerhalb der staatlichen Finanzhoheit und Jurisdiktion stand. Seine Großzügigkeit gegenüber Johann verstärkte die allgemeine Vermutung, der König rechne nicht damit, den Kreuzzug lebend zu überstehen. Tatsächlich jedoch lag Richards Handeln durchaus zukunftsorientierte Planung zugrunde, denn es ist nicht zu übersehen, dass Johanns Territorien fern der Grenze zu Schottland und in noch größerer Distanz zum Hauptgegner Frankreich lagen. Von Südwestengland und

91 Wilhelm von Newburgh, S. 363; Richard von Devizes, S. 9

Mittelengland aus ließ sich ein Zusammengehen mit den angrenzenden Königreichen nur schwerlich bewerkstelligen; außerdem verblieben mehrere Schlüsselfestungen von Johanns mittelenglischen Ländern in königlicher Hand, und auf dem Festland verfügte dieser lediglich über die in der Normandie gelegene Grafschaft Mortain, die keine ausreichende Machtbasis für eigenmächtige Aktionen auf dem Kontinent bildete. Um sicherzustellen, dass Johann Ruhe bewahrte, nahm Richard ihm überdies den Eid ab, englischen Boden drei Jahre lang nicht zu betreten.

Abb. 8: König Richard I.

Weniger entgegenkommend verfuhr Richard mit dem politisch ehrgeizigen Halbbruder Gottfried, der angeblich sogar mit der Königswürde liebäugelte. Er übergab ihm ein wohl gewichtiges, freilich fern der Zentralmacht befindliches Amt und stellte ihn auf diese Weise kalt. Ehe es sich Gottfried versah, fand er sich zum Erzbischof von York ernannt, musste jedoch wie Johann England drei Jahre lang fern bleiben.[92]

An der Spitze des Staates strebte Richard etliche Umbesetzungen an und setzte diese während einer in Pipewell am 15. und 16. September 1189 abgehaltenen Reichsversammlung um. Dabei zeigte sich in aller Deutlichkeit, dass er einen rigideren kirchenpolitischen Kurs als sein Vater verfolgte. Heinrich II. hatte nach dem schweren innenpolitischen Rückschlag infolge der Ermordung Thomas Beckets einen Einflussverlust bei der Besetzung geistlicher Führungspositionen erlitten und sich diesbezüglich ein gewisses Maß an Zurückhaltung auferlegt. Richard hingegen machte in Pipewell umgehend seine Autorität geltend und setzte Personal-

92 Roger von Howden, III, S. 6, 18 f.; Gesta, II, S. 99; Richard von Devizes, S. 6; Wilhelm von Newburgh, S. 358 f.; Barlow, S. 351 f.; Norgate, II, S. 281 ff.

veränderungen an der Spitze von gleich vier Diözesen – Winchester, London, Ely und Salisbury – durch, wobei er vermutlich nicht zuletzt Gebrauch von seinem Nimbus als angehender Kreuzfahrerkönig machte.

Die langfristig bedeutsamste Maßnahme in diesem Kontext stellte die Ernennung Hubert Walters zum Bischof von Salisbury dar. Sie entsprang mehr politischen Notwendigkeiten denn persönlichen Sympathien des Königs. Vormals eine prominente Stellung in der Diözese York bekleidend, war Hubert Walter der Anführer einer einflussreichen Gruppe, welche auf die Berufung Gottfrieds zum Erzbischof von York mit energischer Opposition reagiert hatte, weshalb Richard danach trachtete, den streitbaren Geistlichen durch eine kirchenpolitische Aufwertung zufrieden und somit ruhig zu stellen. Ähnlich wie bei Wilhelm dem Marschall sollte Löwenherz aber auch im Fall des nunmehrigen Bischofs von Salisbury demonstrieren, dass er talentierte und selbstbewusste, zunächst durchaus nicht durch Ergebenheitsgesten hervortretende Männer zu schätzen wusste, sofern sie seine Autorität anerkannten. Zu Hubert Walter, der ihn auf dem Kreuzzug begleitete und in dessen Verlauf überragende politische Gaben unter Beweis stellte, entwickelte er während des gemeinsamen Aufenthaltes im Orient eine besonders vertraute Beziehung und überantwortete ihm in späteren Jahren die höchsten in England zu vergebenden Ämter.

Eine weitaus weniger glückliche Hand bewies Richard bei der Besetzung der maßgeblichsten weltlichen Positionen Englands. Zunächst berief er zwei führende Repräsentanten aus der Zeit seines Vaters in das Oberste Richteramt, nämlich Graf Wilhelm von Mandeville und Hugo von Puiset, den Bischof von Durham. Ihnen stellte er fünf stellvertretende Justitiare zur Seite, unter ihnen Wilhelm den Marschall. Seinen engen Vertrauten Wilhelm Longchamp, der ihm schon in Aquitanien als Kanzler gedient hatte und dem er in Pipewell die Diözese Ely überantwortete, ernannte er zum Kanzler von England. Als Mandeville bereits im November 1189 verstarb, disponierte Richard nach einigem Zögern um. Er reduzierte Hugo von Puisets Zuständigkeit auf die Region nördlich des Humber und legte die Macht im Staat ausschließlich in Longchamps Hände. Im März 1190, als er selbst im Kontext der Kreuzzugsvorbereitungen schon außer Landes weilte, ernannte er den langjährigen Weggefährten außerdem zum Obersten Justitiar und verschaffte ihm wenig später überdies die päpstliche Legatenwürde. Die Entscheidung, Longchamp eine derartige Machtfülle zu übertragen, sollte sich bald als krasse Fehlentscheidung erweisen, denn Richards Vertrauter verfügte zwar über politische

Erfahrung, war jedoch als Nicht-Engländer mit den Gepflogenheiten der englischen Politik nicht hinlänglich vertraut, setzte sich über die daraus resultierenden Probleme und Verwicklungen in arroganter Manier hinweg und sorgte mit seinem Verhalten für viel Unruhe im Land.

In seinem Bestreben um eine Befriedung Englands musste Richard obendrein dem Westen und dem Norden seine Aufmerksamkeit zuwenden. Mit Wales, das sich nach dem Tod Heinrichs II. kurzzeitig erhoben hatte, konnte er relativ mühelos einen Ausgleich finden und den Treueeid entgegennehmen. Mit König Wilhelm I. von Schottland, der 1174 sein Land von Heinrich II. zu Lehen hatte nehmen müssen, setzte er sich ins Einvernehmen, indem er ihn am 5. Dezember bei einem Zusammentreffen in Canterbury gegen die Zahlung von 10.000 Mark von der Lehnsbindung gegenüber der englischen Krone entband, woraufhin ihm Wilhelm für die schottischen Besitzungen in Nordengland die Huldigung leistete.

Ein gewisses Gefühl der Sicherheit, dass in England während des Kreuzzuges Friede herrschen würde, vermittelte Richard vermutlich seine Mutter, die ihm weiterhin als wertvolle innerfamiliäre und politische Stütze Beistand leistete. Gerade in den folgenden Jahren sollte sich zeigen, dass das von gegenseitiger Zuneigung geprägte Verhältnis zwischen ihnen die einzige wirklich dauerhaft tragfähige Achse war, die zwischen zwei machtpolitisch relevanten Persönlichkeiten der ersten beiden Plantagenet-Generationen existierte. Eleonore wurde zwar – vielleicht auf eigenen Wunsch – nicht mit einer offiziellen Funktion bedacht, doch in der Praxis agierte sie während der Abwesenheit ihres Sohnes als Regentin und nahm als solche seine Interessen ebenso effizient wie verlässlich wahr.[93]

Einen weniger heiklen, aber dennoch wesentlichen Aspekt angevinischer Familienpolitik, den es für Richard noch zu berücksichtigen galt, stellte das verwandtschaftliche und politische Naheverhältnis des Hauses Plantagenet zur deutschen Fürstenfamilie der Welfen dar. Sie ging zurück auf das Jahr 1168, als Heinrichs II. Tochter Mathilde Heinrich den Löwen heiratete, als Herzog von Sachsen und Bayern damals der mächtigste deutsche Fürst. Im Jahr 1179 überwarf sich der Welfe jedoch mit Friedrich I. Barbarossa, wurde in weiterer Folge vom Kaiser seiner Länder verlustig erklärt und musste 1182 das Heilige Römische Reich ver-

93 Roger von Howden, III, S. 15 ff., 24 ff.; Gesta, II, S. 85 ff., 99; Norgate, II, S. 277 ff.; Barlow, S. 351 ff., 379

lassen. Heinrich II. bot ihm herzliche Aufnahme und setzte seinen politischen Einfluss ein, um dem Welfen zur Rückerlangung seiner deutschen Länder zu verhelfen, allerdings ohne Erfolg.[94] Zum Zeitpunkt von Heinrichs II. Tod befand sich Heinrich der Löwe mit seiner Gemahlin und ihren Nachkommen immer noch im Angevinischen Reich, so dass sich für den neuen König Richard nunmehr die Aufgabe stellte, für die standesgemäße Ausstattung von deren männlichen Erben zu sorgen. Dies schien ihm insofern Freude zu bereiten, als er allem Anschein nach väterliche Zuneigung zu seinem etwa 13 Jahre alten Neffen Otto fasste. Er nahm den älteren Sohn Heinrichs des Löwen und Mathildes in seine persönliche Obhut, ließ ihm eine ritterliche Ausbildung zuteil werden und übertrug ihm einige kleinere Lehen auf dem Festland. Dazu gehörten selbst einige Besitztümer in seiner Heimat, der Grafschaft Poitou, was eine besondere Gunstbezeigung bedeutete.[95]

Einen nicht unwesentlichen Faktor für die Herrschaftssicherung Richards bildete der von seinem Vater geschaffene Verwaltungsapparat, dessen Effizienz in Westeuropa seinesgleichen suchte. Der Schriftgebrauch, in früheren Zeiten noch weitgehend der Geistlichkeit vorbehalten, hatte unter Heinrich II. in großem Stil Einzug in die Verwaltung gehalten und wurde insbesondere am Königshof mit höchster Intensität betrieben. Präzise wie ein Uhrwerk funktionierend, verfertigte die königliche Kanzlei Hunderte von brieflichen Anweisungen für Adressaten im gesamten Angevinischen Reich und trug so zur Steigerung der monarchischen Autorität erheblich bei. Richard, der wie sein Vater um den Wert des geschriebenen Wortes wusste, setzte dessen Kurs nahtlos fort und forcierte ihn in mancherlei Hinsicht noch. So blieb die königliche Kanzlei auch unter ihm ein Musterbeispiel an Produktivität. Gleichzeitig gelangte das Rechnungswesen unmittelbar nach seiner Herrschaftsübernahme zu einer bis dahin ungekannten Dimension. Nicht zuletzt bedingt durch die Notwendigkeit, binnen weniger Monate riesige Geldbeträge für den Kreuzzug auftreiben zu müssen, wurden im System des *Exchequer* mit akribischer Genauigkeit sämtliche eingenommenen und ausgegebenen Beträge schriftlich vermerkt und archiviert. Zusätzliche Effizienzsteigerungen im Verwaltungsbereich sollten im Lauf von Richards späteren Herrschaftsjahren folgen.

94 Appleby, S. 116, 278 f.; Norgate, II, S. 238; Berg, S. 36, 51

95 Hucker, Bernd Ulrich: Otto IV. Der wiederentdeckte Kaiser, Frankfurt am Main/Leipzig 2003, S. 28 ff.

6. Herrscherkult und Selbststilisierung

Im Bereich der herrscherlichen Selbstdarstellung knüpfte Richard I. Löwenherz teilweise auch an die Regierungspraxis seines Vaters an. Heinrich II. hatte zur Hebung seines Ansehens das Verfassen von Heldenliedern gefördert, die seine kriegerischen Taten sowie seine Gelehrtheit priesen, ihn also gleichermaßen als vorbildlichen Ritter und wissenschaftlich bewanderten Monarchen darstellten.[96] Weiters hatte er umfassende Niederschriften in Auftrag gegeben, die ebenfalls der Steigerung seiner herrscherlichen Reputation dienten; als direkte Folge dieser Politik ist beispielsweise das von Benoît von Sainte-Maure verfasste Werk *Chronique des Ducs de Normandie* zu betrachten. Überdies war der Gründer der Plantagenet-Dynastie als Patron von Giraldus Cambrensis und Walter Map aufgetreten, denen wir wertvolle Schilderungen über das Innenleben des königlichen Hofes verdanken.

Wie sein Vater pflegte Richard die Fertigkeiten festländischer Troubadoure zu Öffentlichkeitsarbeit in eigener Sache zu nutzen. Aufgewachsen an Eleonores kunstsinnigem Hof in Poitiers, wusste er um die meinungsbildende Wirkung politischer Lieder im französischen Raum und band gemäß dem Bericht Rogers von Howden Sänger und Spielleute durch finanzielle Großzügigkeit an sich, um das eigene Renommee durch das Verbreiten von ihn preisenden Liedern zu steigern. Es erscheint symptomatisch für die tiefgreifenden kulturellen und gesellschaftspolitischen Unterschiede im riesigen Angevinischen Reich, dass der Engländer Roger von Howden Löwenherz' Vorgehensweise nicht nachvollziehen konnte. Als Sohn eines Landes, in dem das gesungene Wort eine nicht annähernd so starke Tradition aufwies wie in den angevinischen Kontinentalgebieten, äußerte der Chronist mit missbilligendem Unterton, der König hätte sich

> „zur Vergrößerung seines Ruhms erbettelte Gedichte und Loblieder verschafft und französische Sänger und Spielleute durch Geschenke an sich gelockt, um sein Lob auf den Straßen verkünden zu lassen."[97]

Dass Richard indessen von der in England gebräuchlichen Form der schriftlichen Überlieferung ebenfalls zu profitieren verstand, zeigt sich anhand der Tatsache,

96 Aurell, S. 73 ff.

97 Diez, Friedrich: Leben und Werke der Troubadours, Leipzig 1882, S. 86 f.

dass das unter Heinrich II. einsetzende, sich über die letzten beiden Jahrzehnte des 12. Jahrhunderts erstreckende „goldene Zeitalter der Historiografie in England“[98] unter dem neuen Monarchen seinen Höhepunkt erlebte. Zwar kann eine unmittelbare Beauftragung historischer Werke durch Löwenherz nicht nachgewiesen werden, doch legt die auffällig hohe Zahl englischer Chroniken und Annalen in seiner Herrschaftszeit den Schluss nahe, dass der Königshof diese Entwicklung maßgeblich beeinflusste.

Am konkretesten fassbar ist diese Tendenz bei zwei zentralen Quellen des späten 12. Jahrhunderts. Besagter Roger von Howden, der zu den bedeutendsten Chronisten jener Zeit gezählt werden muss und in einem Dienstverhältnis zur Krone stand, zitierte in seinem monumentalen Werk *Chronica magistri Rogeri de Hoveden* zahlreiche Regierungsdokumente im Volltext, beschrieb Reisen Heinrichs II. sowie Richards I. und legte regelmäßig dar, an welchen Orten die zwei Monarchen Weihnachten verbrachten, was eine entsprechende Billigung des Hofes, Howden nahezu unbeschränkten Zugang zu entsprechenden Informationen zu gewähren, voraussetzt. Die in seinem Werk enthaltenen Detailschilderungen von Ereignissen des Dritten Kreuzzuges, etwa der Belagerung von Akko, lässt sich nur mit der persönlichen Anwesenheit Howdens oder eines ihm nahe stehenden, nicht minder versierten Berichterstatters erklären, was wiederum den Schluss zulässt, dass Löwenherz sein Engagement im Heiligen Land verewigen lassen wollte. Eine ähnlich intime Kenntnis königlicher Aktivitäten weist das Werk *Gesta regis Henrici Secundi* auf, das neben der Ära Heinrichs II. auch die ersten Herrschaftsjahre Richards im Detail beschreibt und als zweite quasi offizielle Dokumentation der Regierung angesehen werden kann.

Ferner zeigen die Inhalte anderer umfassender historiografischer Arbeiten jener Jahre, dass nach dem Herrschaftsantritt Richards I. eine zusätzliche thematische und stilistische Schwerpunktsetzung begann, die sich von jener der Zeit Heinrichs II. signifikant abhob. Während mit den Niederschriften *Chronica magistri Rogeri de Hoveden* und *Gesta regis Henrici Secundi* die detaillierte und eher nüchtern gehaltene Schilderung der Regierungspolitik auch nach 1189 eine Fortsetzung erfuhr, hielt in der Beschreibung der Taten des Königs nunmehr ein eher romantischer Stil Einzug. Namentlich das von dem Poeten Ambroise verfasste Werk *L'Estoire de la Guerre Sainte*, jedoch ebenso die Niederschrift *Itinerarium pe-*

98 Gransden, S. 219

regrinorum et gesta regis Ricardi sowie die Chronik Richards von Devizes stellen Löwenherz als freigebigen, glanzvollen und militärisch unüberwindbaren Helden des Dritten Kreuzzuges dar. Ob der Königshof eine oder mehrere dieser zwar tendenziösen, gleichwohl von sachkundigen Autoren erstellten Berichte in Auftrag gab, ist zwar zu bezweifeln, zumal in ihnen gelegentlich durchaus Kritik am Monarchen aufblitzte, so etwa an dessen zeitweiligem Unwillen, Ratschläge seiner Gefolgsleute anzunehmen. Der Umstand, dass die darin enthaltenen Schilderungen mit Richards Herrschaftsantritt bzw. dem Anfang des angevinischen Kreuzzuges beginnen, macht dennoch unverkennbar deutlich, dass Löwenherz eine kraftvolle Inspirationsquelle für zeitgenössische Autoren darstellte.[99]

In den angevinischen Festlandsgebieten beschritten Heinrich II. und Richard andere Wege zur vorteilhaften Darstellung ihrer Herrschaft. Zwar gab es auch im westfranzösischen Raum Geistliche, die sich dem Verfassen von Chroniken und Annalen widmeten, doch beschränkten sie sich zumeist auf die Schilderung lokaler Ereignisse und eigneten sich nicht für die Verherrlichung überregional wirksamer Herrschergestalten. Als Träger königlicher Propaganda südlich des Ärmelkanals fungierten daher in erster Linie Troubadoure, welche die Reputation der Dynastie steigerten, indem sie in ihren Liedern die Taten des ersten und des zweiten Plantagenet-Königs rühmten.[100]

Ein weiteres Charakteristikum königlicher Selbststilisierung zu Zeiten Heinrichs II. findet sich in der Bezugnahme auf den sagenhaften König Artus. Ursprünglich wahrscheinlich ein britannischer Heerführer, der um das Jahr 500 gegen die Invasion der Angelsachsen kämpfte, stieg Artus in der um das Jahr 1135 verfassten *Historia regum Britanniae* des Gottfried von Monmouth von einem lokalen keltischen Stammesfürsten zu einem glanzvollen Monarchen von europäischem Format auf und avancierte im weiteren Verlauf des 12. Jahrhunderts zum Volks- und Nationalhelden. Um von der Glorie dieses Mythos zu profitieren und den Status der Plantagenets zu erhöhen, erkor man den Sagenkönig bereits unter Heinrich II. und Eleonore zum Ahnherrn der neuen Dynastie; das Herrscherpaar galt hinfort als moderne Verkörperung von Artus und dessen Gemahlin Guinevere.

99 Gransden, S. 219 ff., 226 ff., 238 ff., 248 ff. Zur teilweise romantisierenden Darstellung Richards I. in der Chronik Richards von Devizes sowie in der dennoch nicht unkritischen Niederschrift Wilhelms von Newburgh, siehe auch: Partner, Nancy F.: Serious Entertainments. The Writing of History in Twelfth-Century England, Chicago/London 1977, S. 97 f., 145, 172 f.

100 Aurell, S. 74 f., 93 ff.

Abb. 9: Das erste Siegel König Richards I.

Richard ging in der Bezugnahme auf den Mythos Artus, Camelot und die Ritter der Tafelrunde offenbar noch einen Schritt weiter: Von ihm hieß es, er besäße *Excalibur*, das unbesiegbare Schwert des legendären Königs. Bei der Verbreitung dieser Kunde, um die sich Richards Administration vor allem in der Frühphase seiner Herrschaft bemüht haben dürfte, handelte es sich um einen naheliegenden Schritt, da sich Löwenherz seinen Untertanen und Gegnern noch stärker als sein Vater in der Rolle des unbezwingbaren Kriegshelden präsentierte, ein Image, das angesichts seiner militärischen Qualitäten und seines als heroisch empfundenen Einzelkämpfertums glaubwürdig schien. Der angebliche Besitz von *Excalibur* verstärkte den Nimbus der Unbesiegbarkeit, der Richard aufgrund seiner zahlreichen kühnen Waffentaten ohnehin schon anhaftete, und versah ihn mit einer mythologischen Komponente.

Wie aus der Chronik Rogers von Howden hervorgeht, führte Richard *Excalibur* mit sich, als er zum Kreuzzug aufbrach, was darauf schließen lässt, dass der König auch während seines Orient-Unternehmens von der Glorie der Artus-Sage zu profitieren gedachte.[101] Mochte es ihm im Lauf der folgenden Jahre auch gelingen, sich seinen eigenen Mythos zu schaffen, dessen Strahlkraft sich letztlich sogar mit der Artus-Legende messen konnte, so gilt doch festzuhalten, dass namentlich zu Beginn seiner Herrschaft ein nicht unerheblicher Teil seiner Reputation auf Propaganda beruhte, die sich mehrerer Stilelemente – eben dem geschriebenen Wort, Heldenliedern, einer ungeheuer populären Sagengestalt – bediente. Richard I. Löwenherz – eine Mythengestalt, die um die Bedeutung von Öffentlichkeitsarbeit wusste.

101 Roger von Howden, III, S. 97; Castleden, Rodney: King Arthur. The truth behind the legend, London/New York 2000, S. 107 ff., 195; Aurell, S. 97 ff.; Appleby, S. 143

7. Geheimdiplomatie

Am 14. Dezember 1189 schiffte sich Richard in Dover ein und setzte über den Ärmelkanal, um in den angevinischen Ländern ebenfalls umfassende Personalmaßnahmen für die Dauer seiner Abwesenheit vorzunehmen und die letzten Vorbereitungen für den Kreuzzug zu treffen.

Seine von zeitgenössischen Quellen detailliert belegten Personalentscheidungen in England bewogen Historiker in der Vergangenheit, seine administrativen Fähigkeiten ausschließlich anhand seiner diesbezüglichen Tätigkeit auf der Insel zu beurteilen, die mit der Erhebung Wilhelm Longchamps zum Kanzler und Obersten Justitiar zumindest eine tief greifende Fehlentscheidung aufwies. Seine lediglich bruchstückhaft überlieferten behördlichen Maßnahmen auf dem Festland blieben hingegen weitgehend unbeachtet, obwohl diesen wegen des Gegensatzes zu Frankreich mindestens ebenso viel, wenn nicht noch mehr Bedeutung zukam.

Wir kennen nicht sämtliche Persönlichkeiten, die Richard im Verlauf seines mehrmonatigen Aufenthaltes in den angevinischen Kontinentalprovinzen mit den jeweiligen Führungskompetenzen betraute. In Summe dürfte er sich jedoch auf bewährte Kräfte gestützt haben. Wilhelm Fitz Ralph zum Beispiel, der Seneschall der Normandie, bekleidete dieses Amt bereits seit dem Jahr 1180 und sollte das in ihn gesetzte Vertrauen trotz widriger Umstände glänzend rechtfertigen. In Aquitanien kam es zu einer Aufgabenteilung; während Peter Bertin, ein langjähriger Vertrauter Richards, als Seneschall in der Grafschaft Poitou diente, fungierte Élie von La Celle, Mitglied einer in administrativen Aufgaben erfahrenen Familie, in derselben Funktion in der Gascogne.

Die Resultate seiner Personalpolitik machen deutlich, dass Löwenherz südlich des Ärmelkanals gute Entscheidungen getroffen hat. Zieht man die massiven, insbesondere von Philipp II. geschürten Turbulenzen in Betracht, die während der mehrjährigen Abwesenheit des Plantagenet im westfranzösischen Raum auftraten, wiesen die von ihm getroffenen Regelungen bemerkenswerte Stabilität auf. Im traditionell unruhigen Aquitanien etwa sorgten seine Verantwortlichen für relative Ruhe im Land und parierten die von außen kommenden Attacken erfolgreich. Gleiches galt für die zentralfranzösischen Länder wie die Grafschaft Anjou sowie – mit Abstrichen – für die Normandie und den besonders gefährdeten normannischen Vexin.

Bald nach Richards Ankunft in den angevinischen Kontinentalbesitzungen wurde deutlich, dass der mit Philipp II. vereinbarte und für April anberaumte Aufbruch zum Kreuzzug nicht eingehalten werden konnte und der Termin wegen Verzögerungen in der organisatorischen Vorbereitung des gemeinsamen Großunternehmens verschoben werden musste. Als im März 1190 Philipps Gemahlin Isabella überraschend verstarb, wurde diese Notwendigkeit noch unabdingbarer, weshalb sich die beiden Könige darauf einigten, den gemeinsamen Aufbruch auf den 24. Juni zu verlegen.[102]

Knapp vor Beginn des Kreuzzuges, im Mai und Anfang Juni, hielt Richard sich mehrere Wochen im äußersten Süden des Angevinischen Reiches auf. Dabei handelte es sich um eine Reise, die offenbar in weiten Teilen strikter Geheimhaltung unterlag. Überliefert ist lediglich, dass der Monarch in der Gascogne einen Burgherrn, der Santiago-di-Compostella-Pilger überfallen und ausgeplündert hatte, mit dem Tod bestrafte.[103] Wie ein von ihm verfasster Brief überdies verdeutlicht, weilte er am 6. Juni in Bayonne und damit in unmittelbarer Nähe zum Königreich Navarra.[104] Die späteren Geschehnisse legen den Schluss nahe, dass Löwenherz die Reise an die Pyrenäengrenze deshalb im Geheimen betrieb, weil er in Verhandlungen mit König Sancho VI. von Navarra (1150–1194) ein ungemein heikles Vorhaben auf den Weg zu bringen gedachte: Er wollte die ungewünschte, ihm im Kindesalter auferlegte Verlobung mit Philipps Halbschwester Alice lösen und an ihrer Stelle Sanchos Tochter Berengaria heiraten.

Eine Eheschließung mit der nordspanischen Prinzessin musste aus Richards Sicht einigen Wert besitzen. Durch eine verwandtschaftliche Verbindung mit Navarra sowie die traditionelle Freundschaft mit dem Königreich Aragon würde die Südgrenze des Angevinischen Reiches vollständig gesichert sein. Eine enge Allianz mit den beiden nordostspanischen Monarchien schien insbesondere im Hinblick auf Graf Raimund V. von Toulouse erforderlich, weil damit gerechnet werden musste, dass dieser nach den Niederlagen von 1186 und 1188 die kreuzzugsbedingte Abwesenheit Richards nutzen könnte, die Südostgrenze Aquitaniens zu bedrohen und die verlorenen Regionen zurückzugewinnen.

Die vor einer Heirat mit Berengaria notwendige Beendigung der Verlobung mit Alice stellte freilich ein gefährliches Unterfangen dar. Die Braut nach so vielen Jah-

102 Ralph von Diceto, II, S. 73 ff.; Roger von Howden, III, S. 28 ff.; Itinerarium, S. 145 f.; Gillingham, Richard, S. 136 ff.

103 Roger von Howden, III, S. 35

104 Ralph von Diceto, II, S. 83

ren zurückzuweisen, würde für Philipp II. eine Demütigung und einen beträchtlichen politischen Rückschlag bedeuten, der den unsicheren Frieden mit Frankreich durchaus zerstören konnte. Erschwerend kam hinzu, dass der Verlobungszustand mit Alice den Besitz des normannischen Vexin, der strategischen Schlüsselregion in Nordfrankreich, garantierte. Wenn Richard hinsichtlich seines Verhältnisses zur Kapetingerin reinen Tisch machen wollte, empfahl es sich, seine Pläne vor Beginn des Kreuzzuges unter Verschluss zu halten und die Distanzierung von Alice sowie die Vermählung mit Berengaria erst zu vollziehen, nachdem er und Philipp II. Westeuropa verlassen hatten, da der französische König fern der Heimat schwerlich einen Krieg gegen das Angevinische Reich entfesseln konnte.

In Zusammenhang mit den anti-angevinischen Zielsetzungen Philipps ist wohl auch ein Beschluss Richards zu sehen, der auf den ersten Blick kaum weniger unorthodox anmutet wie seine komplizierte Heiratspolitik: Er nahm davon Abstand, einen Thronfolger zu bestimmen. Nun wird ihm die Gefahr, während des Kreuzzuges den Tod zu finden, sicher bewusst gewesen sein. Dass er dennoch weder Johann Ohneland noch Arthur, den minderjährigen Sohn seines älteren Bruders Gottfried, als Erben nominierte, dürfte das Ergebnis des Bestrebens gewesen sein, Philipp keine Möglichkeit zu bieten, schon vor Beginn des Kreuzzuges eine gefährliche Allianz mit dem Lager des unberücksichtigt gebliebenen Thronprätendenten des Hauses Plantagenet zu schmieden.

Richard leitete im Vorfeld des Kreuzzuges also in Summe eine regelrechte Gratwanderungspolitik in die Wege. Sancho VI. von Navarra dürfte es als einigermaßen bedenklich empfunden haben, diesem Kurs zu folgen, plante Löwenherz doch, Berengaria während des Kreuzzuges zu heiraten, und zwar relativ knapp nach der Auflösung seiner Verlobung mit Alice. Der nordspanische König musste seine Tochter demnach zu einem Zeitpunkt auf eine Brautfahrt weit in den Osten schicken, da sein künftiger Schwiegersohn noch mit einer anderen Frau verlobt war. Sanchos Einverständnis kann nur damit begründet werden, dass er als Gebieter eines kleinen Reiches einer engen Verbindung mit einem derart mächtigen Herrscher wie Richard letztlich nicht widerstehen konnte.[105]

Mitte Juni 1190 kehrte Löwenherz von der Pyrenäengrenze wieder nach Norden zurück, um nochmals Hand an die Vorbereitungen für den Kreuzzug zu legen. In Chinon erließ er strenge disziplinarische Richtlinien für die Besatzung seiner

---

105 Gillingham, Richard, S. 138 ff.

Flotte, die, während er selbst mit Philipp II. zu Land nach Süden zu ziehen gedachte, in England starten, Westeuropa umrunden und in Marseille mit ihm zusammentreffen sollte. In Tours nahm Richard im Rahmen einer feierlichen Zeremonie Tasche und Stab des Pilgers entgegen, begab sich daraufhin nach Frankreich und traf mit Philipp II. in Vézelay zusammen. Dort beschlossen die zwei Monarchen, sämtliche im Osten erzielten Eroberungen und Kriegsgewinne jeglicher Art zu teilen.

Am 4. Juli 1190 schließlich war es so weit: Richard I. Löwenherz und Philipp II. brachen mit ihren Armeen zum Dritten Kreuzzug auf.[106]

106 Gesta, II, S. 110 f.; Roger von Howden, III, S. 36 f.

IV.

Der lange Weg in den Orient (1190–1191)

1. Truppenstärke

Als sich die Kreuzarmeen Richards und Philipps II. in Vézelay in Bewegung setzten, zeigte schon der im Vorfeld betriebene Aufwand, dass die beiden Könige recht unterschiedliche Auffassungen hinsichtlich des bevorstehenden Unternehmens vertraten.

Bei Philipp II. lässt sich die Einsatzbereitschaft für den Kreuzzug in konkreten Zahlen festmachen, da von ihm ein Kontrakt zur Verschiffung seines Truppenaufgebotes überliefert ist. Demnach hatte er im Februar 1190 um 5.850 Mark in Genua eine Schiffskapazität für die Beförderung von 650 Rittern, 1.300 Knappen und 1.300 Pferden gemietet sowie Proviant für acht Monate und Wein für vier Monate angekauft. Zwei bis drei Dutzend Schiffe dürften ausgereicht haben, um einen Transport dieser Größenordnung zu bewältigen. Selbst unter Hinzurechnung der französischen Vorhut unter Heinrich von Champagne konnte sich das Aufgebot Philipps II. mit den Armeen der drei anderen Kreuzfahrermonarchen des späten 12. Jahrhunderts – Richard I. Löwenherz, Friedrich I. Barbarossa sowie dessen Sohn Heinrich VI. (1191–1197), der 1196/97 einen großen Orient-Feldzug in Szene setzte – nicht messen.[107]

Über Richards Truppenstärke liegen keine derart präzisen Zahlen vor. Schon anhand der Schiffszahlen lässt sich jedoch ablesen, dass er ein ungleich größeres Aufgebot zusammengezogen hatte als Philipp II. Zunächst lichteten im Frühjahr 1190 etwa hundert Schiffe in angevinischen Häfen Anker, um Westeuropa zu umfahren und mit dem König in Marseille zusammenzutreffen. Laut Richard von Devizes waren die meisten mit jeweils 40 Fußsoldaten, 40 Schlachtrössern, diversem Waffenmaterial sowie Proviant für ein Jahr beladen. Vierzehn größere Schiffe, so genannte *Busse*, führten die doppelte Zahl an Kämpfern, Pferden und Kriegsgerät mit sich. Addiert man die Schiffsmannschaften dazu, dürfte die Flotte rund

---

107 Lloyd, S. 76

7.000 Mann transportiert haben. Die Dimension des Truppenaufgebotes, das mit Richard zunächst zu Land nach Marseille zog, ist unbekannt. Dass es ebenfalls einige tausend Mann umfasst haben dürfte, geht aus einem von Richard von Devizes überlieferten Hinweis hervor. Demnach war die angevinische Flotte im April 1191, als von Sizilien aus die Überfahrt nach Palästina erfolgte, auf 219 Einheiten – 156 Schiffe, 24 Busse sowie 39 Galeeren – angewachsen.[108] Hinzu kam ein kleinerer, zahlenmäßig nicht näher definierter Schiffsverband, mit dem ein angevinisches Vorauskontingent bereits von Marseille aus die Reise in den Orient antrat.[109] Alles in allem dürfte Löwenherz' Streitmacht rund 15.000 Mann gezählt haben, ähnelte damit in ihrem Ausmaß den Aufgeboten Barbarossas sowie Heinrichs VI. und stellte eine der größten Kreuzarmeen dar, die sich im Mittelalter auf den Weg in den östlichen Mittelmeerraum begaben.[110]

2. Die Lage im Orient

Zum Zeitpunkt des Aufbruches in Vézelay, dem 4. Juli 1190, lag Saladins durchschlagender Sieg von Hattin, der den Zusammenbruch Outremers eingeläutet hatte, auf den Tag genau drei Jahre zurück. Was war in der Zwischenzeit im Nahen Osten geschehen?

Nach seiner Siegesserie des Jahres 1187, die ihn in den Besitz fast ganz Palästinas gebracht hatte, konzentrierte sich Saladin im Folgejahr darauf, die weiteren Teile Outremers im Norden einzunehmen. Wiederum errang er beachtliche Erfolge, wenngleich ihm die Eroberung von Tripolis verwehrt blieb, da diese Stadt durch eine Flotte von Richards Schwager, König Wilhelm II. von Sizilien, eine entscheidende Verstärkung erfuhr, und eine Offensive gegen das noch weiter nördlich gelegene Antiochia dem Sultan zu aufwändig erschien.

Bereits im Juli 1187 unterlief Saladin eine Fehlkalkulation, die sich langfristig verhängnisvoll für ihn auswirkte. Wenige Tage nach dem Triumph von Hattin zwang er die Garnison von Akko zur Kapitulation und zog unmittelbar darauf nach Tyrus, um sich auch dieser starken Küstenfestung zu versichern. Die demora-

108 Richard von Devizes, S. 15, 28

109 Gesta, II, S. 115

110 Naumann, Claudia: Der Kreuzzug Kaiser Heinrichs VI., Frankfurt am Main 1994, S. 159, 161

lisierten Barone der Stadt bereiteteten sich schon auf die Kapitulation vor, als ihnen der Zufall zu Hilfe kam. Unmittelbar bevor Saladin Tyrus erreichte, lief ein Schiff im Hafen ein, an dessen Bord sich ein italienischer Adliger namens Konrad von Montferrat befand, der erkannte, dass die Festung gehalten werden konnte, wenn man die Verteidigung nur energisch genug betrieb. Kurz entschlossen ergriff er das Kommando, führte mit unbeugsamer Tatkraft einen jähen Stimmungsumschwung herbei und ließ die Stadt verbarrikadieren. Sein unbedingter Wille, bis zum Letzten Widerstand zu leisten, bewog Saladin, sich zunächst anderen Zielen zuzuwenden. Doch als er nach der Eroberung Jerusalems im November 1187 begann, Tyrus mit allem Nachdruck zu belagern, war die Chance für ihn vertan. Konrad von Montferrat hatte die Stadt mittlerweile zu einem mächtigen Bollwerk ausgebaut und wehrte sich mit derartiger Verbissenheit, dass alle muslimischen Angriffe vergeblich blieben. Als Konrad Ende Dezember des Jahres darüber hinaus einen Seesieg über die muslimische Flotte für sich verbuchte, gab der Sultan die Belagerung endgültig auf, dies nicht zuletzt, weil seine Emire darauf drängten, die erschöpften Truppen in die Winterquartiere zu entlassen.

Im Juli 1188 traf Saladin eine zweite Fehlentscheidung, indem er wie erwähnt Guido von Lusignan, dem entmachteten König von Jerusalem, die Freiheit schenkte, um dem aufstrebenden Konrad von Montferrat einen Konkurrenten um die Vorherrschaft im Kreuzfahrerlager entgegenzusetzen. Zunächst ging seine Rechnung zwar auf, denn zwischen Guido und Konrad brach ein Konflikt um den Besitz von Tyrus aus, der sich über ein Jahr hinzog und dem Sultan die Gelegenheit bot, sich in aller Ruhe mehrerer Kreuzfahrerburgen jenseits des Jordans zu bemächtigen. Doch nachdem Guido Tyrus monatelang vergeblich belagert hatte, vollzog der viel geschmähte Verlierer von Hattin eine überraschende Kehrtwende: Im August 1189 marschierte er unvermittelt nach Akko und begann die Stadt zu belagern. Es schien eine grenzenlos unkluge Tat zu sein, denn seine kleine Streitmacht war zahlenmäßig selbst der Garnison unterlegen. Rückte zudem Saladin heran, musste Guido davon ausgehen, zwischen dem Sultan und der Festung aufgerieben zu werden. Dennoch führte seine waghalsige Strategie letztlich zum Erfolg. Saladin setzte sich zwar mit seinem Heer nach Akko in Bewegung, doch in der Zwischenzeit setzte ein reger Zuzug europäischer Kampfverbände ein. Dänen, Friesen, Flamen nebst kleineren Einheiten aus England und Frankreich, die Richard I. Löwenherz und Philipp II. vorausgeeilt waren, verstärkten Guidos Truppen, so dass es dem Ex-König von Jerusalem glückte, sich vor Akko zu behaupten und den Angriffen Saladins zu trotzen. Nachdem es Konrad von Montferrat gelungen war, der Christenheit einen Brückenkopf in Palästina zu sichern, leitete Guido von Lusignan mit seinem Manöver den Gegenschlag des Westens ein. Um aber Akko stürmen und das Heilige Land zurückerobern zu können, benötigten die Kreuzfahrer die Unterstützung der drei größten europäischen Machtfaktoren: Friedrichs I. Barbarossa, Richards I. Löwenherz und Philipps II.

Während Guido vor Akko in Stellung ging, befand sich Friedrich I. bereits auf dem Vormarsch. Im Mai 1189 war der betagte, aber rüstige Kaiser des Heiligen Römischen Reiches an der Spitze einer riesigen Armee von Regensburg aufgebrochen. Begleitet von den Hoffnungen des Abendlandes, zog das deutsche Kreuzheer in straffer Disziplin durch Südosteuropa, überwinterte im Byzantinischen Reich und erreichte im April 1190 das gefürchtete Kleinasien. In den trockenen Weiten Anatoliens erlitt die Streitmacht infolge von Hunger und Durst einige Verluste, doch am 18. Mai 1190 errang Friedrich I. einen Sieg gegen die Seldschuken und beseitigte so das größte Hindernis auf dem Weg nach Palästina. Saladin beobachtete das Näherrücken des deutschen Monarchen mit Sorge. Schon schien die gerade errichtete muslimische Herrschaft über das Heilige Land ernstlich in Frage zu stehen, da starb Barbarossa unvermutet am 10. Juni 1190, als er den kleinen Fluss Salef durchqueren wollte. Der Tod des alten Kaisers erwies sich geradezu als Paradebeispiel dafür, wie personalisiert Politik und auch Krieg in jener Zeit waren: Die bis dahin gute Moral des deutschen Heeres brach schlagartig zusammen. Viele Kreuzfahrer traten unverzüglich die Heimreise an, die restliche Schar zog unter der Führung von Barbarossas ältestem Sohn nach Antiochia und wurde dort durch eine Seuche weiter dezimiert. Als die Deutschen im Oktober 1190 schließlich Akko erreichten, war von der ursprünglich so ehrfurchtgebietenden Armee lediglich ein kümmerlicher Bruchteil übrig, der bei den weiteren Ereignissen lediglich eine Nebenrolle spielte.

Durch Barbarossas Tod wechselte die Führungsrolle im Dritten Kreuzzug auf Richard I. Löwenherz und Philipp II. über. Auf ihren Schultern allein lastete hinfort die Verantwortung, die Lage im Nahen Osten zugunsten der westlichen Christenheit zu wenden und das Heilige Land zurückzuerobern. Diesem Faktum Rechnung tragend, übergaben die vor Akko stehenden Truppen das Oberkommando über die Belagerung dem jungen Grafen Heinrich von Champagne, der im Sommer 1190 mit einem starken französischen Kampfverband vor der Festung eintraf. Als Sohn einer Tochter aus der Ehe Eleonores von Aquitanien mit Ludwig VII. war Heinrich der Neffe Richards und Philipps II., stand mit beiden Königen in gedeihlichem Einvernehmen und genoss als deren Vertreter einen Sonderstatus. Das Erscheinen des jungen Grafen und seiner Kampfeinheit trug maßgeblich dazu bei, dass die Kreuzfahrer ihre Position vor Akko gegenüber Saladin behaupten konnten. Eine Entscheidung zugunsten der Christen konnte aber erst durch das Eingreifen der beiden Monarchen und ihrer Streitmächte fallen. Doch die Reise nach Palästina sollte sich insbesondere für Richard als wahre Odyssee erweisen.[111]

3. Von Vézelay nach Süditalien

Der gemeinsame Kreuzzug Richards und Philipps II. begann auf harmonische Weise. In demonstrativer Eintracht zogen die zwei Könige von Vezélay nach Süden. Gemäß der Schilderung des normannischen Spielmanns Ambroise beobachteten und bestaunten unzählige Menschen den Marsch der angevinischen und französischen Truppen vom Wegrand aus. An dem Vorhaben regen Anteil bezeugend, brachten sie den Gotteskriegern Wasser in Krügen, Kannen und sonstigen Gefäßen, gedachten ihrer zurückgelassenen Angehörigen und schickten Stoßgebete um Beistand für das Gelingen des Unternehmens gen Himmel.

In Lyon trennten sich die beiden Armeen vorübergehend. Während der französische König nach Genua marschierte, um die von ihm angemieteten Schiffe zu übernehmen, begab sich Richard nach Marseille, wo er sich mit den Truppen an Bord seiner Flotte begeben wollte.[112] Doch als er am 31. Juli dort eintraf, war von seinem Schiffsverband weit und breit nichts zu sehen. Wie er später erfuhr, hatten sich seine Soldaten und Matrosen gewalttätige Übergriffe auf die jüdischen und muslimischen Bewohner Lissabons erlaubt und damit ein energisches Eingreifen des portugiesischen Königs provoziert, so dass die Flotte schließlich erst mit mehr als dreiwöchiger Verspätung Marseille erreichte. Nach einer guten Woche des Wartens verlor Richard die Geduld, heuerte vor Ort ein paar Dutzend Schiffe an und teilte die bei ihm befindlichen Streitkräfte. Um den dringlichen Bitten aus Outremer nach baldiger Verstärkung Folge zu leisten, entsandte er eine Voraus-

111 Runciman, S. 769 ff., 783 ff., 790 ff., 800; Mayer, Geschichte der Kreuzzüge, S. 124 f., 128 ff.; Möhring, Saladin. Der Sultan und seine Zeit, S. 84 ff.

112 Ambroise, S. 44 ff.

abteilung unter der Führung des Erzbischofs Balduin von Canterbury und des Bischofs Hubert Walter nach Tyrus, wo sie am 16. September anlangten. Der König selbst segelte mit dem Hauptkontingent langsam entlang der Küste nach Süditalien weiter, um der Flotte Gelegenheit zum Aufholen zu geben. In Portofino legte er für einige Tage Station ein und nahm Kontakt mit Philipp II. auf, der im nahe gelegenen Genua krank darnieder lag. Dabei kam es zu einer ersten Unstimmigkeit zwischen ihnen. Philipp, der sein Schiffsaufgebot in der Planungsphase offenbar etwas zu knapp bemessen hatte, ersuchte Richard um fünf Galeeren. Dieser, wenig begeistert, als Cofinancier der Truppenverschiffung des französischen Königs zu dienen, bot als Kompromiss drei Galeeren an. Der Kapetinger zeigte sich damit unzufrieden und lehnte ab. Es war ein kleiner, aber bezeichnender Zwischenfall, der für die Zukunft nichts Gutes verhieß.

In Ostia ging Richard neuerlich an Land, verzichtete allerdings auf einen Besuch im unweiten Rom, da Papst Clemens III. (1187–1191) zu seinem Verdruss für die Ernennung Wilhelm Longchamps zum päpstlichen Legaten in England stattliche 1.500 Mark in Rechnung gestellt hatte. Der König teilte einem vom Heiligen Stuhl nach Ostia beorderten Kardinal denn auch unumwunden mit, was er von Clemens' Einstellung in pekuniären Angelegenheiten hielt. Danach segelte er in gemächlichem Tempo in unmittelbarer Küstennähe weiter und absolvierte ein ausgiebiges Besichtigungsprogramm. Er hielt sich elf Tage in Neapel auf und unternahm das damals nicht unbedingt alltägliche Wagnis, den Vesuv zu erklimmen. Danach folgte ein fünftägiger Aufenthalt in Salerno, wohl nicht zuletzt, weil sich der stets wissbegierige König einen Eindruck von der dortigen Universität verschaffen wollte, die in Westeuropa eine führende Stellung einnahm.

Bei Salerno erreichte ihn dann die Nachricht, dass seine Flotte den Rückstand aufgeholt hatte und am 14. September im zuvor vereinbarten Zielhafen Messina eingelaufen war. Zu einer Steigerung seiner Reisegeschwindigkeit fühlte sich Richard dennoch nicht bemüßigt. Statt unverzüglich auf dem Seeweg zu seiner Flotte zu gelangen, schickte er lediglich den größten Teil seiner Begleitmannschaft nach Messina. Er selbst setzte die Reise auf dem Landweg fort und ritt durch Kampanien und Kalabrien nach Süden. Für einen Mann, der buchstäblich das Äußerste für das Zustandekommen des Kreuzzuges in Bewegung gesetzt hatte, scheint dieses Verhalten einigermaßen verwunderlich – dies umso mehr, als eine Überfahrt nach Palästina aus Wettergründen spätestens in der ersten Oktoberhälfte in Angriff genommen werden musste.

Wir wissen nicht mit letzter Gewissheit, was Löwenherz zu seinem auffällig niedrigen Tempo bewog. Vorstellbar erscheint allerdings, dass er zu diesem Zeitpunkt gar nicht mehr beabsichtigte, Palästina noch im Jahr 1190 zu erreichen und es ganz bewusst darauf anlegte, in Sizilien zu überwintern. In Messina erwarteten ihn einige ebenso heikle wie vorhersehbare Probleme, die sich nicht in wenigen Tagen lösen ließen. Eine Kraftprobe mit König Tankred von Sizilien stand ins Haus – einerseits wegen familiärer Angelegenheiten, andererseits aufgrund des Kreuzzuges –, ebenso die Anreise seiner künftigen Gemahlin Berengaria von Navarra, was eine abschließende Auseinandersetzung mit Philipp II. um die Dauerverlobte Alice erforderte. Ferner plante Richard vielleicht bereits jetzt, vor seiner Ankunft in Palästina Zypern zu erobern. Denn dass er dieses Unternehmen im Mai 1191 nur wegen des feindlichen Auftretens des zypriotischen Herrschers begann und erst danach die strategische Bedeutung der Insel erkannte, wie es die Geschichtsschreibung zuweilen andeutet, erscheint doch zumindest hinterfragenswert. Wenn Richard die Eroberung Zyperns schon 1190 anvisierte, lag es nahe, eine derart große Militäroperation nicht im Spätherbst des Jahres in Angriff zu nehmen, sondern dafür den darauf folgenden Frühling ins Auge zu fassen. Dachte der König in all diesen Zusammenhängen, erschien es ihm vermutlich wenig ratsam, zügig nach Messina vorzustoßen, um dort vor aller Augen auf Verzögerung zu spielen und sich die Anschuldigung einzuhandeln, die letzten zur Überfahrt nach Palästina geeigneten Wochen nicht zu nutzen. Da war es schon zielführender, in den Weiten Süditaliens unauffällig ein wenig Zeit verstreichen zu lassen.

Während Richard durch Kalabrien streifte, ereignete sich ein skurriler Zwischenfall. Am 22. September zog der Befehlshaber einer riesigen Kreuzarmee in Begleitung eines einzigen Ritters, von Mileto kommend, in Richtung Küste. Dabei ritt er durch ein kleines Dorf und vernahm aus einem der ärmlichen Häuser den Schrei eines Falken. Da seiner Ansicht nach der Besitz eines derart edlen Geschöpfes nur Edelleuten gebührte, drang der König kurzerhand in das Haus ein und bemächtigte sich des Vogels, musste aber nur zu schnell erkennen, dass er mit seiner Überzeugung allein dastand. Kaum hatte er das Haus mit dem Falken auf der Faust verlassen, sah er sich von empörten Dorfbewohnern umringt. Als er sich weigerte, seine Beute herauszugeben, drangen sie mit Stöcken und Steinen auf ihn ein. Schließlich zog einer der Dörfler ein Messer. Richard versetzte dem Mann einen Hieb mit der Breitseite seines Schwertes, wobei ihm die Klinge zerbrach. Jetzt blieben ihm und seinem Gefährten lediglich die eigenen Fäuste und einige eilig aufgegriffene Steine, um sich zur Wehr zu setzen. Wir sehen nun den mächtigsten Mann Westeuropas, wie er, fast völlig auf sich allein gestellt, in einem kleinen süditalienischen Dorf um sein Leben kämpft – wegen eines Vogels.

Der Vorfall, der Richards Leichtfertigkeit hinsichtlich seiner eigenen Sicherheit in charakteristischer Weise zutage treten ließ, endete glimpflich. Es gelang ihm und seinem Begleiter, sich gegen die aufgebrachten Einheimischen zu verteidigen und mit knapper Not, doch unverletzt zu entkommen. Danach traf der König an der Küste mit seiner Flotte zusammen, die er aus Messina heranbefohlen hatte. Nur einen Tag, nachdem er in einem kleinen Dorf beinahe ein wenig ruhmvolles Ende gefunden hätte, inszenierte Löwenherz in der Meerenge zwischen Sizilien und dem Festland einen Auftritt, der hinsichtlich Pomp und Pracht seinesgleichen suchte.[113]

4. Messina im Handstreich

Am 23. September 1190 strömten die Bewohner Messinas an den Strand, um ein bombastisches Schauspiel zu beobachten. Am Horizont zeigte sich eine unüberschaubare Zahl an Schiffen, welche die gesamte Meerenge auszufüllen schienen. Ihr Erscheinen wurde von lautem, bereits aus weiter Distanz vernehmbarem Trompetengeschmetter begleitet. Während sich die mit zahlreichen Schilden, Standarten und Wimpeln reich bestückte Flotte näherte und der Klang der Trompeten an Lautstärke zunahm, konzentrierte sich die Aufmerksamkeit der Wartenden auf das Flaggschiff, das als Erstes in den Hafen von Messina einlief. Denn diese Galeere hatte eine erhöhte Plattform. Auf ihr stand stolz und weithin sichtbar ein hochgewachsener, prunkvoll gekleideter Mann, unverkennbar der Gebieter dieser Armada, dessen Ankunft in der Stadt bereits erwartet wurde: der König von England und Herrscher des Angevinischen Reiches.[114]

Das Aufsehen erregende Erscheinen vor Messina deckte sich zweifelsohne mit Richards Vorliebe für prunkvolle Auftritte, diente jedoch vorrangig der Durchsetzung politischer Ziele. Im November 1189 war König Wilhelm II., der Ge-

113 Gesta, II, S. 112 ff., 119 ff., 124 f.; Roger von Howden, III, S. 39 ff., 45 ff., 54 f.

114 Gesta, II, S. 125 f.; Roger von Howden, III, S. 55; Ambroise, S. 51 f.; Richard von Devizes, S. 16; Itinerarium, S. 156 f.; Gillingham, Richard, S. 149

Abb. 10: Richard I. und seine Schwester Johanna werden, von Bord eines vor Messina ankernden Schiffes kommend, von Philipp II. begrüßt

mahl von Löwenherz' Schwester Johanna, kinderlos verstorben. Die Thronerbin wäre eigentlich Wilhelms Tante Konstanze gewesen, was aufgrund ihrer Ehe mit Barbarossas Sohn Heinrich eine Angliederung des Königreiches Sizilien, das ganz Unteritalien umfasste und bis in die unmittelbare Nähe Roms reichte, an das übermächtige Heilige Römische Reich zur Folge gehabt hätte. Um eine derartige Machtexpansion des Kaisertums zu verhindern, unterstützten der Papst und viele Barone Siziliens Graf Tankred von Lecce als Nachfolger Wilhelms II., der daraufhin in Palermo gekrönt wurde. Der neue König (1190–1194) griff sogleich energisch durch, setzte Johanna in Haft und behielt ein für sie vorgesehenes Wittum im Osten Apuliens ein. Obendrein verweigerte Tankred die Aushändigung eines aus Schiffen, goldenen Wertsachen und Ausrüstungsgegenständen bestehenden Legates, das Wilhelm II. seinem Schwiegervater Heinrich II. zur Unterstützung des angevinischen Kreuzzuges zugesagt hatte. Richard wiederum wollte auf eine derart bedeutsame Hilfestellung des Kreuzzuges keinesfalls verzichten. Darauf pochend, als Nachfolger und Erbe Heinrichs II. in den Orient zu ziehen, hatte er schon von Salerno aus Gesandte zu Tankred nach Palermo geschickt und die Übergabe des Legates sowie die Freilassung Johannas unter gleichzeitiger Abtretung ihres Wittums verlangt.

Tankred von Lecce sah sich in einer heiklen Position. Ihm stand ein Kräftemessen mit dem Heiligen Römischen Reich bevor, denn Heinrich VI., nach Barbarossas Tod mittlerweile an der Macht, bereitete einen Feldzug nach Süditalien vor, um das Thronerbe seiner Gattin Konstanze mit Waffengewalt zu übernehmen. Angesichts dieser massiven Bedrohung lag es nicht in Tankreds Interesse, vor dem deutschen Vormarsch zusätzlich noch einen Schlagabtausch mit dem mächtigsten Herrscher Westeuropas zu riskieren. Seine Neigung, den kostspieligen Zusagen seines Vorgängers Wilhelm II. zur Gänze nachzukommen, hielt sich dennoch in überschaubaren Grenzen, und so unternahm er den Versuch, Richard mit geringeren Zugeständnissen zu beschwichtigen, indem er Johanna unter Zusicherung einer größeren Geldsumme freiließ, die daraufhin sogleich nach Messina zog.

Die Ankunft seiner Schwester am 28. September bildete in jenen Tagen wohl das einzige Ereignis, das Richard Freude bereitete, denn in Messina war die Lage zum Zerreißen gespannt. Viel böses Blut machte die Tatsache, dass das Eintreffen der angevinischen Armee die Preise für Lebensmittel in Höhen hatte schnellen lassen, die sich zahlreiche Kreuzfahrer nicht leisten konnten. Zusätzlich verschärfte sich die Situation durch vorurteilsbeladene Ressentiments zwischen den westeuropäischen Gotteskriegern und der multikulturellen Bevölkerung Messinas, die sich aus Italienern, Griechen, Muslimen nebst einer dünnen normannischen Oberschicht zusammensetzte. In Philipp II., der eine Woche vor Richard mit lediglich einem Schiff die Stadt erreicht und im Königspalast Quartier bezogen hatte, erblickten die Einheimischen keine Bedrohung. Zwischen ihnen und der ungleich größeren angevinischen Streitmacht war es jedoch von Anfang an zu Zwistigkeiten gekommen, die an Intensität von Tag zu Tag zunahmen. Bald entluden sich die Spannungen in Provokationen und gewaltsamen Übergriffen, wobei die örliche Bevölkerung zunächst den aktiven Part übernahm. Richards Unmut über deren feindselige Haltung steigerte sich noch durch den Umstand, dass Tankred von

Lecce die noch offenen Zusagen seines Vorgängers, Wilhelms II., nicht einhalten wollte. Ende September wurde der Plantagenet offensiv. Zunächst okkupierte er eine Festung jenseits der Meerenge und brachte seine Schwester dort unter, während er selbst sein ursprünglich bezogenes Quartier, einen Palast in den Weinbergen außerhalb Messinas, beibehielt. Am 2. Oktober besetzte er eine Halbinsel beim Hafen von Messina, um dort ein Lebensmitteldepot anzulegen; dass dies von den Einheimischen als Beginn einer Eroberung Siziliens aufgefasst werden konnte, nahm er in Kauf.

Parallel zu seinen zusehends aggressiver werdenden Aktivitäten hielt Richard intensiven Kontakt zu Philipp II., der in dem Geschehen eine passive Rolle einnahm. Der Kapetinger gab sich zwar verbindlich, doch kam ihm die antiangevinische Stimmung in und um Messina nicht ungelegen. Seinem politischen Interesse entsprach es, Richard im Heiligen Land zu wissen, während er selbst zur Untergrabung der angevinischen Machtstellung auf dem Kontinent früher nach Frankreich heimkehrte. Einen Triumph über Saladin, der Löwenherz' Prestige ins Unermessliche steigern würde, galt es aus Philipps Sicht dagegen zu verhindern. Es lag für ihn daher nahe, dem Ansehen seines Rivalen in der christlichen Welt zu schaden, indem man ihn als notorischen Unruhestifter brandmarkte. Noch günstiger musste es ihm erscheinen, wenn Richard in der Auseinandersetzung mit der Zivilbevölkerung Messinas eine Blamage erlitt und eine Rufeinbuße erfuhr.

Am 3. Oktober spitzte sich die Situation gefährlich zu. Eine lautstarke Auseinandersetzung zwischen Einheimischen und Kreuzfahrern um einen Brotpreis führte zu einem Tumult, anschließend zu offenen Kampfhandlungen. Nur mit Mühe gelang es, die Ruhe wiederherzustellen.[115] Löwenherz war laut Richard von Devizes außer sich vor Zorn über die feindliche Haltung der lokalen Bevölkerung und wohl ebenso über Tankred, der seinen Forderungen nicht entsprach. Als Speerspitze der Christenheit im Kampf gegen Saladin wollte er es keinesfalls zulassen, von der Zivilbevölkerung Messinas kompromittiert zu werden. Selbst die eigenen Gefolgsleute bekamen seinen Unwillen zu spüren. Eine Heeresversammlung wurde einberufen, die einiges sowohl über Richards Temperament als auch seine Stellung bei den eigenen Soldaten verrät. Devizes zufolge hüllte sich der König zunächst in langes und unheilverkündendes Schweigen. Keiner der Anwesenden wagte es, ihn anzusehen. Als Löwenherz schließlich zu sprechen be-

115 Runciman, S. 809 f.; Gillingham, Richard, S. 149 ff.; Kessler, S. 108 ff., 118 f.

gann, beschuldigte er seine Truppenkommandanten, sich von den Ortsansässigen einschüchtern zu lassen und stellte den Kampfesmut seiner Armee in Frage. Man würde wohl kaum Türken oder Araber besiegen, zum Schrecken bisher unbesiegter Länder avancieren und das Kreuzfahrerkönigreich wieder errichten können, wenn man hier vor den Einheimischen fliehen würde:

> „Sollten wir schon hier an den Grenzen zu unserem Land besiegt werden, ist dann an ein Weiterkommen noch zu denken? Soll man bis an die Enden der Welt über die Faulheit der Engländer spotten? Meine Männer, ist dieser neue Grund meines Kummers etwa nicht gerechtfertigt? Mir scheint, Ihr spart Eure Kräfte absichtlich, um später vielleicht mit mehr Kühnheit gegen Saladin kämpfen zu können. Ich, Euer Herr und König, liebe Euch. Ich sorge mich um Euren guten Namen. (…) Ich will niemand dazu zwingen, bei mir zu bleiben, damit nicht des einen Mannes Furcht in der Schlacht eines anderen Zuversicht zerstöre. Möge jeder Mann dem von ihm gewählten Kurs folgen, doch was mich betrifft, so will ich entweder hier sterben oder Revanche für meine Wunden bekommen, welche auch die Euren sind. Wenn ich hier lebend fortkomme, wird Saladin mich nicht zu Gesicht bekommen, außer wenn ich siegreich bin.“[116]

Als Richard seine Rede mit der Ankündigung beendete, der Gefahr notfalls auch alleine zu trotzen, reagierten die Truppenführer mit einem kollektiven Aufschrei, so Devizes. Erschüttert über den Vertrauensverlust, den sie bei ihrem Souverän gewärtigten, schworen sie ihm bedingungslosen Einsatzwillen:

> „Sie versprachen aus tiefstem Herzen, bereit zu sein, um zu tun, was immer er auch befahl. Sie waren bereit, Berge zu erklettern und Wände aus Bronze zu durchbrechen. Möge er nur seinen missbilligenden Blick ablegen; sie würden ihm mit ihrem Schweiß ganz Sizilien untertan machen, sollte er dies befehlen. Sie würden alle bis zu den Säulen des Herkules in Blut waten, sollte er dies wünschen.“[117]

Doch noch war der König nicht restlos zum Äußersten entschlossen. Am 4. Oktober fanden sich die weltlichen und geistlichen Würdenträger Messinas sowie

116 Richard von Devizes, S. 20 f.
117 Ebd., S. 21

Philipp II. und die französischen Spitzenrepräsentanten in seinem Stützpunkt in den Weinbergen ein, um eine Einigung hinsichtlich der Streitpunkte zu finden. Richard gab sich kompromissbereit und erhob als alleinige konkrete Forderung, kein Einheimischer sollte mehr Hand an seine Männer legen. Ansonsten obläge es seinen Gästen, eine angemessene Entschädigung für ihn festzulegen.

Die Verhandlungen dauerten noch an, als unvermittelt zahllose Bürger Messinas in den Weinbergen erschienen und das angevinische Heerlager attackierten. Als Richard den Gefechtslärm gewahrte, rief er unverzüglich seine Armee zu den Waffen und leitete eine Großoffensive auf Messina ein. Während er mit seinen Truppen den Hügel hinabstürmte und die Ortsansässigen in die Stadt zurücktrieb, riegelte seine Flotte die Stadt von der Seeseite her ab und schoss die sizilische Flotte in Brand. Durch den Einsatz seiner Bogenschützen fegte Richard die gegnerischen Schützen auf den Festungsmauern hinweg, ließ die Tore aufbrechen, stieß an der Spitze seiner Truppen in die Stadt vor und eroberte sie binnen weniger Stunden, wobei ausgiebige Plünderungen nicht unterblieben. Danach zwang er die Stadtbewohner zur Stellung von Geiseln und ließ auf einer Anhöhe außerhalb der Stadt zügig ein großes hölzernes Kastell errichten, das er in Anspielung auf die ihm wenig sympathischen griechischen Orthodoxen Messinas *Mategriffon*, Griechenbezwinger, nannte. Ab sofort diente ihm die strategisch bedeutende und reiche Stadt als Faustpfand, um seine von Tankred noch unerfüllten Forderungen durchzusetzen.

Philipp II. verfolgte während und nach den Kämpfen ein Doppelspiel. Er befand sich im Verlauf der Gefechte in der Stadt, gewährte seinem angreifenden Pilgergefährten keine Unterstützung – angevinischen Quellen zufolge attackierte er sogar einige von Richards Schiffen –, um nach dem Ende der bewaffneten Auseinandersetzung sogleich auf das Abkommen von Vézelay zu verweisen, wonach alle Eroberungen während des Kreuzzuges zu teilen wären. Löwenherz willigte ein und ließ neben seiner Standarte jene des französischen Monarchen aufziehen. Gleichzeitig schickte Philipp einen Gesandten mit dem Angebot zu Tankred, gemeinsam mit ihm gegen Richard vorzugehen.

Der König Siziliens ließ sich jedoch trotz der für ihn dramatischen Situation zu keiner vorschnellen Tat hinreißen. Das französische Bündnisangebot betrachtete er mit Skepsis, da die Kapetinger gute Beziehungen zu seinen Gegnern, den Staufern, unterhielten. Richard hingegen stellte für ihn momentan zwar eine massive Bedrohung dar, stand aber in enger Verbindung mit den Welfen, den

Widersachern der Staufer, und schien – abgesehen von seinen Forderungen – berechenbar. Tankred beschloss daher nach reiflicher Überlegung, das französische Angebot zurückzuweisen und einen Anlauf zu unternehmen, um mit dem englischen König ins Geschäft zu kommen. Er bot Richard 20.000 Unzen Gold anstelle des von Wilhelm zugesagten Legates an und stellte Johanna die gleiche Summe als Kompensation für ihr Wittum in Aussicht. Zudem erteilte er seine Zustimmung zu einem von Richard und Philipp am 8. Oktober erlassenen Gesetzeskatalog, der, um die Lage zu beruhigen, einerseits die Preise für Brot und Wein einer rigiden Kontrolle, andererseits die Kreuzarmeen einem strengeren Regiment unterwarf.

Tankred sah sich in seinem Kalkül rasch bestätigt. Richard konnte zwar sehr kriegerisch auftreten, insbesondere dann, wenn es ihm geboten schien, jemand einzuschüchtern. Doch demonstrierte er ebenso gern, wie vorteilhaft es für seinen jeweiligen Kontrahenten wäre, wenn er sich mit ihm einigte, und er unterstrich seine Versöhnungsbereitschaft mit großzügigen Gesten. So auch diesmal. Nun, da seine Ansprüche erfüllt waren, legte Richard seine aggressive Haltung unverzüglich ab und stimmte einem Friedensschluss sowie einem Bündnisabkommen mit dem König von Sizilien zu. Um seinen guten Willen mit allem Nachdruck zu bekunden und die Wogen zu glätten, befahl Richard seiner Armee, der verängstigten Bevölkerung Messinas sämtliches geplündertes Gut zurückzuerstatten. Seinen Soldaten entschädigte er den Beuteverlust durch einen tiefen Griff in seine durch Tankred gerade wieder stattlich aufgefüllte Kriegskasse.

Unterdessen war die Jahreszeit für eine sichere Überfahrt nach Palästina endgültig zu weit fortgeschritten, und die beiden Kreuzfahrerkönige beschlossen, in Sizilien zu überwintern. In seinem Abkommen mit Tankred argumentierte Richard diesen Schritt lapidar damit, die im Herbst raue See wäre für die Verzögerung verantwortlich. Nicht wenige Kreuzfahrer zeigten sich hingegen bestürzt, mehrere Monate untätig in Sizilien ausharren zu müssen, während in Palästina das Ringen um Akko in den zweiten Winter ging. Doch ihre Proteste nützten nichts, und so fügten sie sich notgedrungen in das Unabänderliche.[118]

118 Itinerarium, S. 159 ff.; Gesta, II, S. 128 ff.; Roger von Howden, III, S. 56 ff.; Ambroise, S. 53 ff.; Richard von Devizes, S. 23 ff.; Ralph von Diceto, II, S. 85 f.

5. Überwinterung in Sizilien

Nach Tankreds Zugeständnissen und Richards Kurswechsel begannen sich die Gemüter in und um Messina wieder zu beruhigen. Das Nebeneinander der Kreuzfahrer und der Einheimischen blieb zwar auch in weiterer Folge nicht ohne Spannungen, verlief aber in geordneteren Bahnen. Löwenherz beschäftigte seine Truppen, indem er sie Belagerungsmaschinen für die bevorstehenden Kämpfe gegen Saladin bauen ließ und ihnen Reparaturarbeiten an den Schiffen auftrug, so etwa das Ausbessern wurmstichiger Bauteile, was seine Soldaten freilich nicht recht befriedigte. Sie wollten nicht den Holzwurm bekämpfen, sondern endlich gegen den Sultan ins Feld ziehen und durch glorreiche Waffentaten im Heiligen Land Ruhm ernten. Angesichts der allgemeinen Missstimmung sah sich Richard schließlich abermals dazu veranlasst, das Kriegsbudget zu strapazieren und seine Gefolgsleute mit großzügigen Dotationen halbwegs bei Laune zu halten. Erleichtert wurde ihm diese Notwendigkeit durch Johannas Entschluss, sich dem Kreuzzug anzuschließen und die 20.000 Unzen Gold, die sie für ihr Wittum bekommen hatte, dem Unternehmen zur Verfügung zu stellen.

Als Weihnachten nahte, beschloss der König, seiner versöhnlichen Stimmung mit einem festlichen Empfang Nachdruck zu verleihen. Um den Frieden für die Dauer seines Aufenthaltes auf Sizilien zu festigen, lud er die maßgeblichen Vertreter Messinas sowie Philipp II. und dessen Gefolge zu einem üppigen Festbankett ins mittlerweile fertig gestellte Kastell Mategriffon ein. Die freundliche Geste dürfte dazu beigetragen haben, dass die Bürger der Stadt die Vorbehalte ihm gegenüber weitgehend aufgaben. In den zeitgenössischen Berichten findet sich jedenfalls kein Hinweis mehr auf weitere Konflikte zwischen ihnen und den Kreuzfahrern.

Ebenfalls um die Weihnachtszeit sehen wir Richard in einer gänzlich anderen Szene, nämlich nackt vor seinen eigenen sowie den einheimischen Bischöfen liegen. In einer Geißelungszeremonie, um die er selbst gebeten hatte, bereute er öffentlich seine Sünden, die sich laut Roger von Howden auf den sinnlichen Bereich bezogen, von dem Chronisten aber nicht näher ausgeführt wurden. Diese Bußleistung ist wohl im aufgeputschten Klima des Kreuzzuges zu beurteilen und lässt erkennen, dass Richard das Unternehmen nicht nur in seiner militärischen, sondern auch in seiner religiösen Dimension wahrnahm.

Bald darauf folgte Richard seiner intellektuellen Wissbegier, indem er den in Kalabrien lebenden Zisterzienserabt Joachim von Fiore zu einem Gespräch bat, um Kenntnis von dessen Sichtweise hinsichtlich der Apokalypse zu erlangen. Letztlich beschränkte er sich jedoch nicht auf bloßes Zuhören, sondern äußerte eigene Meinungen, so etwa die kühne Vermutung, der Antichrist wäre möglicherweise bereits erschienen, und zwar in der Person Papst Clemens' III., was sein Gegenüber einigermaßen irritierte. Befriedigt zeigte sich Richard indessen über die Prophezeiung Joachims, Saladin würde in absehbarer Zeit aus dem Königreich Jerusalem vertrieben und getötet werden. Zwar waren der König und sein Gefolge vermutlich überzeugt, dass ihr Kreuzzug von Erfolg gekrönt sein würde, doch diese Haltung von einem Mann bestätigt zu erhalten, dem man seherische Kräfte nachsagte, stärkte zweifelsohne ihr Selbstbewusstsein.

Im Lauf des Winters begann die lange Untätigkeit an Richards Nerven zu zerren. Als er Anfang Februar einen Ausritt mit einigen Rittern unternahm, kam es zu einem spontan improvisierten Turnier, das man mangels Lanzen mit Zuckerrohrstangen austrug. Was als Spaß begann, wurde sehr schnell bitterer Ernst. Richard geriet mit Philipps erstem Ritter Wilhelm von Barres aneinander. In einem erbittert geführten Zweikampf versuchte er seinen Gegner zu Fall zu bringen, doch das gelang ihm nicht, weil dieser sich mit aller Kraft am Hals seines Pferdes festklammerte. Richard geriet in Wut und verkündete, Wilhelm von Barres sollte ihm nie wieder unter die Augen treten. Allen Bitten der Franzosen zum Trotz hielt er an dieser Entscheidung wochenlang fest, und erst als Philipp II. und dessen Gefolgsleute Ende März bei ihm erschienen und ihn inständig ersuchten, Wilhelm wieder in den Reihen der Kreuzfahrer zu akzeptieren, lenkte der Plantagenet ein.[119]

6. Krisenmanagement und Machtpolitik

Kühleren Kopf bewahrte Löwenherz in politischen Angelegenheiten, insbesondere hinsichtlich des Dauerkonfliktes um die angevinische Machtstellung in Frankreich. Durch den Kreuzzug war dieser Streit vorübergehend ausgesetzt, doch konnte dessen sofortiges Wiederaufleben nach der Rückkehr aus dem Orient als sicher angenommen werden. Richard nutzte daher seinen Aufenthalt in Sizilien, um sich gegenüber Philipp II. in eine bessere Position zu bringen. Zuerst nahm

119 Roger von Howden, III, S. 61 ff., 71 f., 74 ff., 93 f.; Itinerarium, S. 169 ff.; Gesta, II, S. 146 f., 151 ff.; Ambroise, S, 65 ff.

er im Oktober 1190 die Ernennung eines Thronfolgers vor, was er vor seiner Abreise aus England vermieden hatte. Zur allgemeinen Überraschung nominierte er jetzt Arthur, den minderjährigen Sohn seines 1186 verstorbenen Bruders Gottfried und Herzogs der Bretagne, und ließ den längst im Erwachsenenalter befindlichen Johann Ohneland unberücksichtigt. Damit veränderten sich die Kräfteverhältnisse in Frankreich gravierend, denn mit Arthur versicherte sich Richard der strategisch ungemein wichtigen Bretagne und wies Philipp II. mit Johann einen potenziellen Bündnispartner zu, der in Frankreich keine nennenswerte Machtbasis besaß und für den Kapetinger daher nur begrenzten militärischen Nutzen hatte.

Doch auf Philipp II. wartete noch Unliebsameres. Ohne sein Wissen nahte das Ende der Verlobung seiner Halbschwester Alice mit Richard, denn Berengaria von Navarra, die künftige Gemahlin des Plantagenet, befand sich bereits auf der Anreise nach Messina. Begleitet wurde die nordspanische Prinzessin von Eleonore, welche die gemeinsame Fahrt durch Italien außerdem dazu nutzte, am 20. Januar 1191 Kaiser Heinrich VI. aufzusuchen, der, mittlerweile im Vormarsch auf das Königreich Sizilien, im norditalienischen Lodi weilte. Dabei wird es der alten Königin vorrangig darum gegangen sein, allfälliges Misstrauen des Kaisers wegen der Präsenz der angevinischen Kreuzarmee in Messina zu zerstreuen und den bloß temporären Charakter von Löwenherz' Bündnis mit Heinrichs Gegner Tankred zu unterstreichen.[120]

Als Eleonore und Berengaria Süditalien erreichten, gab es prompt Probleme, allerdings von einer Seite, die Richard nicht erwartet hatte: Tankred von Lecce verwehrte den beiden Damen und ihrem Gefolge die Überfahrt nach Messina und sandte sie stattdessen nach Brindisi. Löwenherz wollte den Affront nicht zum Anlass neuerlicher Konflikte mit dem König von Sizilien nehmen, sondern suchte das Gespräch und ritt zu Tankred nach Catania. Gemäß Roger von Howden stellte sich in den folgenden Unterredungen heraus, dass Philipp II. Tankred angevinische Machtübernahmegelüste in Süditalien eingeredet hatte. Ein derartiger Vorstoß des über die Anreise Berengarias begreiflicherweise erbitterten Kapetingers ist nicht auszuschließen. Möglicherweise war der sizilische Monarch aber auch über Eleonores Unterredung mit seinem Gegner Heinrich VI. in Lodi irritiert und verstimmt. Wie dem auch sei, es gelang Richard jedenfalls allem Anschein nach, die Befürchtungen Tankreds zu zerstreuen. Im Zuge eines mehrtägigen Zusammen-

120 Gesta, II, S. 133 ff.; Roger von Howden, III, S. 63, 65; Kessler, S. 97 ff., 124

seins in Catania Anfang März fanden die beiden Könige wieder zu einem guten Gesprächsklima, in dessen Folge Eleonore und Berengaria die Überfahrt nach Messina gestattet wurde, und sie festigten ihr Einvernehmen mit dem Austausch kostbarer Geschenke.[121]

Wenig später kam es zwischen den zwei Kreuzfahrerkönigen zum Eklat. Richard bezichtigte Philipp II. der Intrige und untermauerte die Anschuldigung mit einem kompromittierenden Brief, den ihm Tankred ausgehändigt hatte. Philipp verwies protestierend auf die Anreise Berengarias, woraufhin Richard reinen Tisch machte und erklärte, dass er Alice nicht zu heiraten gedenke. Als Rechtfertigung spielte er ein Trumpfas aus, das er bis zu diesem Moment sorgsam aufbewahrt hatte: die angebliche Liebesaffäre Heinrichs II. mit Alice. Ob dieses Verhältnis tatsächlich bestanden hatte, ist nicht mehr verifizierbar, gleichwohl geriet Philipp II. dadurch in einen argen Argumentationsnotstand. Eine bekannt gewordene Beziehung seiner Halbschwester mit dem vormaligen englischen König hätte ein äußerst schlechtes Licht auf die Kapetinger und letzten Endes auf ihn selbst geworfen, weshalb ihm an einer Verheimlichung der Liaison sehr gelegen sein musste. Notgedrungen stimmte er daher der Annullierung der Verlobung gegen die Zahlung von 10.000 Mark Silber zu. Löwenherz erreichte überdies, dass Alices Mitgift, der normannische Vexin, ihm sowie seinen männlichen Erben zugesprochen wurde. Nur falls er ohne männliche Erben blieb, sollte der Vexin wieder der französischen Krone zufallen. Ungeachtet dieser Einschränkung stellte das Verhandlungsergebnis einen beträchtlichen Erfolg Richards dar. Er hatte sich seiner wahrscheinlich schwierigsten Problemkonstellation entledigt und sah sich von der Last der Verlobung mit Alice befreit, ohne den nur kraft dieser Verbindung in seinem Besitz befindlichen Vexin an Frankreich abtreten zu müssen. Allerdings setzte Philipp II. im Gegenzug eine engere feudalrechtliche Bindung der angevinischen Länder auf dem Kontinent an die französische Krone durch. Fortan sollten Nachfolgeregelungen von der Normandie bis nach Aquitanien ebenso wie die immer wieder aufflackernden Streitigkeiten mit der Grafschaft Toulouse nicht mehr nach eigenem Ermessen behandelt, sondern in Paris geregelt werden, was eine erhebliche juristische Stärkung der Kapetinger gegenüber den Plantagenets bedeutete.

Alles in allem stellte der Aufenthalt auf Sizilien für Philipp II. dennoch einen empfindlichen Rückschlag dar: Tankred hatte sich nicht auf seine Seite geschlagen,

121 Roger von Howden, III, S. 97 f.; Gesta, II, S. 157

sondern mit Richard ein Bündnis abgeschlossen. Ferner war Arthur statt Johann als Thronerbe nominiert worden. Und nun hatte er überdies im zentralen Themenkomplex Alice-Berengaria-Vexin eine schmerzliche Niederlage eingefahren und konnte fern der Heimat nicht Vergeltung durch militärische Angriffe üben. Von Richard mehrmals ausmanövriert worden zu sein, drückte fraglos auf seine Stimmungslage. Es war daher wohl kein Zufall, dass er sich am 30. März 1191, dem Tag der Ankunft Berengarias in Messina, mit seiner Armee einschiffte und die Überfahrt nach Palästina begann.[122]

Bevor Löwenherz ebenfalls in See stach, musste er seine Aufmerksamkeit der Lage in England zuwenden. Dort sah er sich mit zwei von ihm selbst verursachten Problemen konfrontiert. Erstens ließ es sich jetzt nicht mehr übersehen, dass sich seine Entscheidung, die Macht im Land seinem Vertrauten Wilhelm Longchamp zu überantworten, als krasser Fehlgriff erwiesen hatte. Zwar nahm dieser seine Kompetenzen als Kanzler, Oberster Richter und päpstlicher Legat in Loyalität zu Richard wahr. Doch gegen ihn, den Landfremden, der die englische Sprache nicht beherrschte und gegenüber den Engländern ein äußerst undiplomatisches und herablassendes Auftreten an den Tag legte, war binnen weniger Monate eine breite Oppositionsbewegung entstanden. Zweitens hatte Richard vor dem Aufbruch in Vézelay auf Einwirkung von Eleonore fatalerweise seinen jüngeren Bruder vom Eid entbunden, England drei Jahre fern zu bleiben. Zurückgekehrt auf die Insel, stand Johann im Bestreben, seine Machtposition auszubauen und sich als Thronprätendent durchzusetzen, bald im Gegensatz zu Longchamp. Eine Verbesserung seiner Stellung erfuhr er durch die Unbeliebtheit von Richards Statthalter sowie die Ungewissheit, ob der König von seiner gefährlichen Fahrt in den Orient jemals wieder zurückkehren würde.[123]

In Anbetracht der zunehmenden Spannungen hatte Richard bereits im Februar 1191 eine schriftliche Ermächtigung für den bei ihm in Messina weilenden Erzbischof Walter von Rouen ausgefertigt, in seinem Namen und versehen mit entsprechenden Sonderbefugnissen, in England für Ruhe zu sorgen.[124] Es dauerte jedoch bis Anfang April, ehe er dem Erzbischof die Abreise aus Messina gestattete,

---

122 Gesta, II, S. 159 ff.; Roger von Howden, III, S. 98 ff.; Berg, S. 70 f.; Bradbury, S. 85 f.; Gillingham, Richard, S. 158 ff.; Barlow, S. 354 f.

123 Norgate, II, S. 287, 293 ff.

124 Ralph von Diceto, II, S. 90 f.

vielleicht infolge seiner Abneigung, durch dessen Entsendung die Kompetenzen des geschätzten und langjährigen Weggefährten Longchamp zu beschneiden.[125]

Unmittelbar danach leitete Richard die Einschiffung seiner Streitkräfte in die Wege. Neben dem Wunsch, endlich die Weiterfahrt nach Osten anzutreten, ergab sich die Notwendigkeit einer zügigen Abreise aus Messina gleichermaßen durch Kaiser Heinrich VI., der mittlerweile im Begriff stand, in die süditalienischen Festlandgebiete des Königreiches Sizilien vorzustoßen und die Mitgift seiner Gemahlin Konstanze mit Gewalt in Besitz zu nehmen. Richard war nicht daran gelegen, durch sein Bündnis mit Tankred in dessen unmittelbar bevorstehenden Kampf gegen den deutschen Monarchen hineingezogen zu werden. Gemäß einer Zusage an Tankred ließ er noch Mategriffon, sein hölzernes Bollwerk über Messina, einreißen, und dann, am 10. April 1191, war es schließlich so weit: Richards Flotte, nun ein gewaltiger Verband von 219 Schiffen, stach in See. Während sich Eleonore in Begleitung Walters von Rouen wieder zurück in die Heimat begab, traten Berengaria und Johanna mit dem König die Überfahrt in den Orient an.

Philipp II. erfreute sich unterdessen einer unproblematischen Reise ins Heilige Land. Nach knapp drei Wochen erreichte er Tyrus, wo er von seinem Vetter Konrad von Montferrat herzlich empfangen wurde. Wenig später steuerte er Akko an.[126] Arabischen Quellen zufolge traf er mit lediglich sechs großen Transportschiffen vor der umkämpften Festung ein, was im Kreuzfahrerlager Enttäuschung und bei den Muslimen Erleichterung hervorrief. Dennoch wurde die Belagerung Akkos von da an mit stärkerem Nachdruck betrieben.[127] Philipp II., kundig in technischen Aspekten der Kriegsführung, veranlasste die Errichtung von Belagerungsmaschinen, durch deren Beschuss der Druck auf die Festung erheblich erhöht werden konnte. Trotzdem blieb der Sieg vorderhand außer Reichweite, denn nach wie vor verfügten die Kreuzfahrer über zu wenig Schiffe, um Akko von See her völlig abriegeln zu können. Zudem besaß der zurückhaltend auftretende Philipp nicht die Motivationsgabe, um die von der langen Belagerung erschöpften Kreuzfahrer dazu zu bringen, ihre letzten Kraftreserven zu mobilisieren. Eine Erstürmung der Festung konnte nur mit einem Kriegsherrn vom Format Richard Löwenherz' sowie

125 Itinerarium, S. 176; Norgate, II, S. 298

126 Gesta, II, S. 161 f.; Ralph von Diceto, II, S. 86, 92; Runciman, S. 814 f.

127 Ibn al-Atir, in: Goergens, E. P.: Arabische Quellenbeiträge zur Geschichte der Kreuzzüge (Erster Band: Zur Geschichte Salah ad-din's), Berlin 1879, S. 250

dessen starker See- und Landstreitkräfte gelingen. Die Kreuzfahrer verzichteten daher einstweilen auf ernsthafte Eroberungsversuche und warteten auf das Eintreffen des englischen Königs. Ihre Geduld wurde allerdings auf eine harte Probe gestellt.[128]

7. Die Preisgabe von *Excalibur*

Bevor wir uns Richards Aktivitäten im östlichen Mittelmeerraum zuwenden, sei noch auf ein bemerkenswertes, von Roger von Howden berichtetes Detail über die Vorgänge in Sizilien verwiesen. Als Richard Anfang März 1191 mehrere Tage in Catania weilte, um die Missstimmung mit Tankred auszuräumen und Eleonore sowie Berengaria die Überfahrt nach Messina zu ermöglichen, besiegelten die beiden Könige ihr wiederhergestelltes Einvernehmen wie erwähnt mit dem Austausch kostbarer Geschenke. Tankred übergab Richard vier große Transportschiffe nebst fünfzehn Galeeren und sorgte auf diese Weise für eine erhebliche Aufstockung der angevinischen Flotte. Der Plantagenet revanchierte sich, indem er Tankred kurzerhand das Schwert des sagenhaften Königs Artus überließ – *Excalibur*.

Akzeptiert man Roger von Howdens Erwähnung als Schilderung einer tatsächlichen Begebenheit[129] – und es ist kein triftiger Grund zu erkennen, warum der im Allgemeinen nüchtern berichtende Chronist in dieser Angelegenheit die Unwahrheit hätte berichten sollen –, setzte Löwenherz damit eine erstaunliche Tat. Aus heutiger Sicht muss man zwar bezweifeln, dass es sich bei seinem Schwert tatsächlich um *Excalibur* handelte, dessen reale Existenz ebenso wie Artus zumindest höchst fraglich erscheint. Im späten 12. Jahrhundert jedoch war die Bereitschaft, an den Mythos zu glauben, ungleich stärker ausgeprägt, und man maß dem Schwert überirdische Kräfte bei. *Excalibur* haftete der Nimbus der Unbesiegbarkeit an, und es gehörte, wie besprochen, zu den zentralen Bestandteilen der im Hochmittelalter

128 Runciman, S. 815, 819 f.

129 „Haec contra rex Angliae dedit regi Tancredo gladium illum optimum quem Brittones Caliburne vocant, qui fuerat gladius Arturi, quondam nobilis regis Angliae" (Roger von Howden, III, S. 97). Die Übergabe von *Excalibur* an Tankred wird auch in den Gesta regis Henrici Secundi Benedicti Abbatis erwähnt. Inwieweit es sich dabei um eine eigenständige Quelle handelt, muss allerdings als fraglich betrachtet werden, da sie über weite Strecken erhebliche Ähnlichkeiten mit Howdens Chronik aufweist (Gesta, II, S. 159).

immens populären Artus-Legende. Zudem hatte es nach allem, was wir wissen, im Kontext der herrscherlichen Selbststilisierung Richards offenbar eine erhebliche Rolle gespielt.

Die Frage, warum Löwenherz dieses extrem symbolträchtige Schwert aus einem eher lapidar erscheinenden Grund verschenkte, kennt keine eindeutige Antwort. Zwar demonstrierte der König des Öfteren Freigebigkeit im Übermaß. Auch war es ihm zweifelsohne wichtig, während der letzten Wochen auf Sizilien in keinen Konflikt mit Tankred mehr zu geraten, da die Anreise Berengarias ohnehin für genug Explosivstoff in seinen Beziehungen mit Philipp II. sorgte und der Aufbruch seiner Armee und Flotte nach Palästina zudem eine beträchtliche logistische Herausforderung darstellte, die er gewiss von keinen Konflikten begleitet zu sehen wünschte. Die Bedeutung Tankreds war für Löwenherz trotzdem nur eine zeitweilige. Zum Zeitpunkt der Gespräche in Catania lag sein Aufbruch nach Palästina nicht mehr fern. Hatte er Messina erst einmal verlassen, würde der König von Sizilien für ihn aller Voraussicht nach keine erstrangige Rolle mehr spielen, weshalb die politische Notwendigkeit eines derart außergewöhnlichen Geschenkes nicht ersichtlich ist. Richards Handlung erscheint umso kurioser, als sich im gleichen Jahr die Nachricht verbreitete, wonach man im Kloster Glastonbury das Grab von Artus gefunden hätte. Möglicherweise handelte es sich bei dieser Entdeckung lediglich um einen Versuch, den die Angehörigen der Abtei unternommen hatten, um deren Bedeutung zu steigern. Allerdings mutet es als bemerkenswerter Zufall an, dass der Artus-Fund just zu einem Zeitpunkt geschah, da Richard in der Ferne weilte und nach Befürchtungen vieler vom gefahrvollen Kreuzzug nicht mehr zurückkehren würde. Eine verstärkte Legitimierung der Dynastie musste daher gerade im Jahr 1191 nahe liegender als sonst erscheinen, weshalb man hinter der Bekanntgabe des Fundes eine Initiative der Regierung vermuten darf, auf diese Weise die Abstammung des Hauses Plantagenet von Artus zu untermauern.[130]

Schenkt man dieser These Glauben, unterlief Richard mit seinem Geschenk an Tankred die Bemühungen seiner eigenen Administration, das Haus Plantagenet in engeren Zusammenhang mit der Artus-Legende zu bringen. Offensichtlich maß er dem mythischen Schwert keine überragende Bedeutung bei und hielt es allem Anschein nach nicht mehr für zwingend geboten, von der Anlehnung an die populäre Sagengestalt zu profitieren. Oder war er so überzeugt davon, im Heiligen Land

130 Ralph von Coggeshall, S. 36 ; Matthew Paris, II, S. 379; Castleden, S. 195; Aurell, S. 97

selbst zu legendärem Ruhm zu gelangen, dass er glaubte, den Artus-Mythos nicht mehr zu benötigen?

8. Die Eroberung Zyperns

Richards Seefahrt nach Osten stand zunächst unter einem schlechten Stern. Zwei Tage, nachdem die angevinische Flotte Messina verlassen hatte, zog ein schweres Unwetter auf. Inmitten der entfesselten Naturgewalten versuchte der König, den Schiffsverband während der Nacht zusammenzuhalten, indem er eine weithin sichtbare Laterne hoch am Mast anbringen ließ, um den anderen Kapitänen einen Orientierungspunkt zu geben. Doch seine Bemühungen blieben vergeblich. Als Richard am 17. April Kreta erreichte, fehlten nicht weniger als 25 Schiffe, auch jenes, auf dem sich seine Schwester und seine Braut befanden. Nach einer Übernachtung vor der kretischen Küste segelte er, Ausschau nach den Verschwundenen haltend, in Eile weiter nach Rhodos.

Johanna und Berengaria blieb unterdessen das Schlimmste erspart. Unbeschadet erreichten sie mit einem kleinen Verband am 24. April die Südküste Zyperns und steuerten Limassol an. Dort allerdings gerieten sie in eine prekäre Situation. Zuerst kenterten zwei Begleitschiffe vor der Küste. Die Besatzungen konnten sich zwar an das Ufer retten, wurden dort jedoch von Einheimischen sogleich ausgeplündert und gefangen genommen. Begreiflicherweise verzichteten Johanna und Berengaria daraufhin auf einen Landgang. In der Hoffnung auf Richards baldiges Eintreffen ließen sie Anker werfen und warteten. Unterdessen gelang es dem Kapitän ihres Schiffes, Robert von Thornham, die inhaftierten Schiffbrüchigen zu befreien und unversehrt an Bord zu holen. Acht Tage später erschien der Herrscher der Insel, der selbst ernannte Kaiser Isaak Komnenos, vor Ort. Nun wurde die Lage wirklich bedrohlich.[131]

Isaak, ein Mitglied der ehemaligen byzantinischen Herrscherfamilie Komnenos, war einige Jahre zuvor mit einem Trupp Soldaten auf Zypern gelandet, hatte die Macht an sich gerissen und einen byzantinischen Rückeroberungsversuch abgewehrt. Seitdem herrschte er weitgehend unangefochten über Zypern. Zeitgenössische byzantinische Geschichtsschreiber wie Niketas Choniates, die Isaak Kom-

131 Ambroise, S. 74 ff.; Itinerarium, S. 177 ff.

nenos besser einschätzen konnten als westliche Chronisten, beschrieben ihn als gewalttätigen Mann, der die Einheimischen mit einem grausamen Terrorregime unterdrückte. Zwar ist deren Ansicht aufgrund Isaaks Illoyalität zu Byzanz mit Vorsicht zu behandeln, doch seine Beliebtheit auf Zypern hielt sich unzweifelhaft in äußerst engen Grenzen.

Hinsichtlich der versprengten angevinischen Schiffe vor Limassol schlug der Kaiser einen wenig durchdachten Kurs ein. Obwohl es sich in Anbetracht seiner relativ geringen militärischen Ressourcen dringend empfahl, jede Provokation gegenüber zahlenstarken Kreuzarmeen strikt zu vermeiden, um keinen Vorwand für einen Angriff auf die Insel zu liefern, tat er das genaue Gegenteil:[132] Er verweigerte jede Entschädigung für die Inhaftierung der angevinischen Schiffbrüchigen und bereitete obendrein einen Schlag gegen das Schiff Johannas und Berengarias vor, um im Ernstfall über kostbare Geiseln zu verfügen. Immer gefährlicher wurde die Lage für die beiden Frauen. Schon lag eine zypriotische Offensive in der Luft, da erschien am 6. Mai Richard mit dem Gros seiner Flotte am Horizont.

Der König blickte auf unerfreuliche Wochen zurück. Eine Erkrankung hatte ihn gezwungen, zehn Tage auf Rhodos zu verweilen. Danach war ihm das Wetterpech hartnäckig treu geblieben. Auf der Höhe des Golfes von Antalya hatte sich neuerlich ein heftiges Unwetter zusammengebraut und seinem Flottenverband schwer zugesetzt. Mit Erleichterung nahm er nun zur Kenntnis, dass Johanna und Berengaria wohlauf waren. Anerkennung zollte er Robert von Thornham, dessen beherzter Aktion er es zu verdanken hatte, dass die Zyprioten über keine Geiseln mehr verfügten und damit kein Druckmittel gegen ihn in der Hand hatten. Noch am selben Tag ging Richard zum Angriff über.

Der nun ausbrechende Kampf um Zypern wurde oftmals als ein mehr oder minder zufällig zustande gekommenes Ergebnis des Dritten Kreuzzuges dargestellt, ausgelöst durch den Sturm, der Johanna und Berengaria an die Küste Zyperns verschlagen hatte, sowie durch Isaaks feindliches Verhalten, was Richards Zorn erweckt hätte. Tatsächlich jedoch liegen einige Gründe vor, die gegen diese Annahme sprechen. Dass Johanna und Berengaria trotz der wachsenden Gefahr nicht weiter nach Palästina segelten, sondern vor Ort ausharrten, lässt auf einen vom König bereits in Messina erlassenen Befehl schließen, Limassol als nächsten Zielhafen anzusteuern. Dies erscheint umso plausibler, als schließlich seine

132 Lilie, Ralph-Johannes: Byzanz und die Kreuzzüge, Stuttgart 2004, S. 143 ff.

gesamte Flotte dort eintraf und Zypern Richard überdies die letzte Gelegenheit bot, Berengaria in aller Stille zu ehelichen, was sich gewiss mehr empfahl als eine Hochzeit in Palästina, die auf Philipp II. wie eine Provokation wirken musste. Vor allem jedoch macht Löwenherz' weiteres Vorgehen deutlich, dass er von Anfang an um den strategischen Wert der nahe bei Outremer gelegenen, überaus wohlhabenden Insel wusste und durch deren Eroberung dem wieder zu errichtenden Kreuzfahrerkönigreich von Jerusalem eine bisher fehlende Rückendeckung verschaffen wollte. Gewiss missfiel ihm Isaaks Verhalten gegenüber Johanna und Berengaria, doch letztlich stellte es in erster Linie einen willkommenen Vorwand für einen Angriff dar.

Der Landung vor Limassol war rascher Erfolg beschieden. Isaak Komnenos hatte am Ufer zwar eilig eine Barrikade errichten lassen, um den Einsatz der gegnerischen Reiterei zu verhindern, doch Richard besaß mit seinen Armbrust- und Bogenschützen eine schlagkräftigere Waffe. Als er sich mit zahlreichen Booten dem Strand näherte, ließ er die Zyprioten mit einem Pfeilhagel eindecken, erstürmte mit seinen Fußtruppen das Ufer, warf Isaaks Einheiten zurück und drang zügig nach Limassol vor. Dort bemächtigte er sich einiger Rösser und stellte eine kleine Kavallerie zusammen, freilich von reichlich improvisiertem Charakter. Richard selbst ritt auf einem Pferd voran, das statt eines Sattels lediglich einen aufgebundenen Sack und anstelle der Steigbügel einfache Schnüre aufwies. Dennoch gelang es ihm mit seiner bescheidenen Reiterei, die Gegner über die Stadtgrenzen hinaus zurückzutreiben. Auf eine weitere Verfolgung, die ihn auf unbekanntes Terrain und vielleicht in einen Hinterhalt geführt hätte, verzichtete der König fürs Erste und kehrte nach Limassol zurück. Die Besetzung der Stadt verlief ohne Blutvergießen, denn Isaak Komnenos war bei den Einheimischen wegen drückender Besteuerungsmaßnahmen derart unbeliebt, dass kein Ortsansässiger die Neigung verspürte, ihm zuliebe die Waffen zu ergreifen.

Richards nächstes Ziel bestand darin, den Brückenkopf durch eine Offensive gegen Isaaks Armee abzusichern. In der Nacht ließ er die Pferde ausschiffen, um tags darauf sein Heer zum Kampf zu formieren. Er selbst rückte mit einer rund fünfzig Ritter umfassenden Vorhut ins Feld. Nach wenigen Kilometern traf Löwenherz auf den Gegner und sah sich zum ersten Mal mit der orientalischen Kampfweise konfrontiert. Sie bildete in gewisser Hinsicht das Gegenteil der in Europa üblichen Taktik, auf die Durchschlagskraft schwer gepanzerter, aber wenig beweglicher Ritter zu bauen. Die Zyprioten, deren Kampftechnik sich mit jener Saladins weitgehend deckte, verließen sich vielmehr auf Schnelligkeit und Wendigkeit. Sie vollzogen ihre Attacken in rasch aufeinander folgenden Wellen, verschossen ihre Pfeile in Windeseile und zielten mit ihrer auf Dynamik angelegten Vorgehensweise darauf ab, die Einheit des feindlichen Heeres zu zerstören und die gepanzerten Reiter in Einzelgefechten zu bezwingen.

Einige von Richards Leuten erfasste angesichts der in deutlicher Überzahl heranrückenden Zyprioten Unsicherheit. Ein mitreitender Kleriker riet dem König dringend zum Rückzug. Richard dagegen sah durchaus die Chance, schon mit seiner Elite eine Vorentscheidung zu erreichen, sofern diese kompakte Geschlossenheit wahrte, um die Stoßkraft der Lanzen voll zur Geltung zu bringen. Nachdem er seinen Männern strengste Disziplin eingeschärft hatte, befahl er die Attacke. Tatsächlich gerieten die Zyprioten angesichts der kleinen, in enger Formation heranstürmenden Ritterschar in Verwirrung und brachten keine koordinierte Gegenwehr zustande. Unmittelbar darauf war auch schon das angevinische Hauptheer heran. Im Verlauf eines heftigen Gefechtes, in dem der wild kämpfende Richard sich wieder einmal als sein bester Soldat erwies, gewann die Kreuzarmee die Oberhand, schlug Isaak in die Flucht, machte zahlreiche Gefangene und brachte das mit Schätzen, Lebensmitteln und exzellenten Pferden reich bestückte kaiserliche Lager in ihren Besitz.

Richard hatte mit zwei Siegen innerhalb von nur 24 Stunden den gesamten Südwesten Zyperns für sich gewonnen. Um das Erreichte abzusichern, kündigte er der von den Ereignissen verunsicherten Bevölkerung eine schonungsvolle Politik an und schuf so die Voraussetzung für eine breite Absetzbewegung von Isaak Komnenos. Bald strömten zahlreiche regionale Adlige in sein Lager, um sich ihm zu unterwerfen. Am 11. Mai gelangte auch Isaak zu der Erkenntnis, dass er sich mit den Invasoren arrangieren musste und bot Verhandlungen an.

Am selben Tag erhielt Richard prominenten Besuch. Eine hochrangige Delegation aus Outremer legte in Limassol an, angeführt von Guido von Lusignan, dem geschlagenen König von Jerusalem, sowie dessen Bruder Gottfried, der drei Jahre zuvor noch Krieg gegen Richard in Aquitanien geführt hatte. Guidos Stellung war erheblich geschwächt, einerseits infolge des Fiaskos von Hattin, andererseits durch den Tod seiner Gattin Sibylle im Herbst 1190, auf deren familiärer Herkunft seine Königswürde basiert hatte. In Konrad von Montferrat erwuchs ihm dazu ein zusehends mächtiger werdender Konkurrent um die Krone. Nach Sibylles Tod heiratete Konrad flugs deren Schwester Isabella und verlieh seinen Ambitionen auf diese Weise einen legitimen Anstrich. Im April 1191 verbündete er sich mit Philipp II. und ließ sich wenig später von seinen Anhängern zum neuen König von Jerusalem ausrufen. Von dieser Entwicklung alarmiert, erbat Guido nunmehr Richards Unterstützung, die ihm gewährt wurde. Trotz aller früheren Auseinandersetzungen mit den Lusignans betrachtete sich Löwenherz offenbar immer noch als deren Lehnsherr, und dieser Status inkludierte auch eine Schutzfunktion. Vorzugsweise jedoch stellten Guido und Gottfried jetzt natürliche Verbündete gegen Philipp II. dar, der durch das Bündnis mit Konrad von Montferrat eine oppositionelle politische Front eröffnet hatte. Richard söhnte sich daher mit den Lusignans aus und nahm ihren Lehnseid entgegen.

Doch bevor Richard in Sachen Palästina oder Zypern weitere Schritte unternahm, heiratete er am 12. Mai 1191 Berengaria von Navarra in Limassol, die unmittelbar darauf zur Königin von England gekrönt wurde. Unser Wissen über die Tochter König Sanchos VI. ist nur mangelhaft. Die markanteste Charakterisierung der nordspanischen Prinzessin findet sich in einer kurzen und nüchternen Anmerkung Richards von Devizes, wonach sie eher klug als schön gewesen wäre. Ansonsten wird sie wie die meisten Königinnen des Mittelalters in den Berichten zeitgenössischer Chronisten kaum erwähnt und ist für den heutigen Betrachter eine verschwommene Gestalt, die keine individuellen Merkmale erkennen lässt und in Richards Leben keine herausragende Rolle gespielt hatte.

Unmittelbar nach der Hochzeit wandte sich der König wieder der Politik zu, traf mit Isaak zusammen und forderte ihn auf, sämtliche Burgen zu übergeben, die einzige Tochter als Geisel zu stellen und mit ihm nach Palästina zu ziehen. Den harten Friedensbedingungen ließ er eine verschleierte Einladung zur Flucht folgen, indem er den Kaiser lediglich unter lockerer Aufsicht im angevinischen Heerlager hielt, woraufhin dieser prompt bei der ersten Gelegenheit entwich und sämtliche Zugeständnisse widerrief. Richard nahm das lächelnd zur Kenntnis. Nachdem Isaak ihm durch sein feindliches Verhalten gegenüber Johanna und Berengaria einen Anlass zur Offensive auf Limassol geboten hatte, lieferte er ihm durch seinen Vertragsbruch jetzt die Rechtfertigung zur Eroberung ganz Zyperns. Löwenherz ergriff diese Gelegenheit sogleich beim Schopf und unterstellte einen Teil seiner Armee dem Kommando Guidos, der Isaak zu Land verfolgen sollte. Die restlichen Truppen schiffte er ein und teilte die Flotte unter sich sowie Robert von Thornham auf, um entlang der West- sowie der Ostküste an die Nordseite der Insel zu segeln, wobei ihnen zahlreiche Küstenorte kampflos zufielen. Wenig später rückte Richard nach Nikosia vor. Als er sich der Stadt näherte, kam ihm die Bevölkerung bereits entgegen und huldigte ihm als neuem Herrscher. Isaak, jetzt völlig isoliert, verschanzte sich mit seinen letzten Getreuen in einigen Festungen im nordöstlichen Gebirgsland Zyperns, doch als seine Tochter wenig später in Guidos Hand fiel, brach sein Widerstandswille. Am 31. Mai 1191 streckte er die Waffen. Er versuchte noch durch die Bitte, ihn nicht in Eisen zu legen, seine Lage ein wenig zu verbessern, woraufhin Richard mit einer ironischen Geste befahl, ihn mit silbernen Ketten zu fesseln. Danach ließ Löwenherz den Kaiser sowie seine Tochter an Bord der Flotte bringen und gliederte einen Teilverband aus seiner Armee aus, der nach seiner Abreise unter dem Kommando des bewährten Robert von Thornham eine provisorische Regierungsgewalt über die Insel ausüben sollte.

Mit der außerordentlichen zügigen Eroberung Zyperns hatte Richard die Generalprobe für die bevorstehenden Kämpfe gegen Saladin glänzend bestanden und einen Coup gelandet, der im Lager des Sultans seinen Eindruck nicht verfehlte. In finanzieller Hinsicht zahlte sich das Unternehmen ebenso aus, denn durch die Niederwerfung Isaak Komnenos' fiel dem Plantagenet ein beachtlicher Kronschatz in die Hände. Zudem erlegte er den Inselbewohnern eine fünfzigprozentige Steuer auf, wodurch sich den Einheimischen freilich die Frage stellte, ob das neue Regime wirklich besser als das alte war. Als Richard Zypern wenig später dem Templerorden überließ, strich er als Verkaufspreis noch einmal eine stattliche Geldsumme ein. Sämtliche Gewinne ließ er im Wesentlichen in seine Kriegskasse für den Kreuzzug fließen.[133]

In militärisch-strategischer Hinsicht kann die Bedeutung der Eroberung Zyperns kaum überschätzt werden. Da Löwenherz nicht beabsichtigte, die vom Angevinischen Reich weit entfernte Insel in seinem Besitz zu halten, entstand hier letztlich ein neuer Kreuzfahrerstaat. Fortan spielte die Insel eine essentielle Rolle im Kampf um das Heilige Land, denn durch ihre Nähe zur syrischen Küste bildete sie eine veritable Verstärkung der christlichen Position im Orient, doch war sie gleichzeitig wesentlich besser als die Niederlassungen der Kreuzfahrer auf dem Festland vor Angriffen geschützt, da die muslimische Flottenstärke zu damaliger Zeit eine groß angelegte Invasion nicht zuließ. Zypern sollte sich als dauerhaftester Eckpfeiler abendländischer Präsenz im östlichen Mittelmeerraum erweisen

133 Ambroise, S. 79 ff.; Itinerarium, S. 179 ff.; Roger von Howden, III, S. 106 ff.; Gesta, II, S. 162 ff.; Richard von Devizes, S. 25, 35 ff.

und die Existenz der christlichen Festlandsbesitzungen um Jahrhunderte überdauern.[134]

Am 5. Juni 1191 nahm Richard die letzte Etappe seiner langen Fahrt in den Orient in Angriff. Bei ruhigem Wetter segelte er mit der Flotte von Famagusta nach Outremer und sichtete bald darauf die nördlich von Tripolis gelegene Johanniter-Burg Marqab, einer der wenigen Besitzstände, die den Kreuzfahrern nach Saladins Siegeszug noch verblieben war. Danach segelte er die Küste entlang nach Süden. Am Abend des 6. Juni ging er vor Tyrus an Land, wo er auf unliebsame Weise feststellte, dass Guidos Schilderungen über das Vorgehen Philipps II. und Konrads von Montferrat nicht übertrieben gewesen waren, denn auf deren Befehl hin hielt die Besatzung der Stadt die Stadttore vor ihm verschlossen. Richard ließ es bei dem Affront bewenden und setzte nach einer Übernachtung außerhalb von Tyrus seine Reise fort. Als er sich dem christlich-muslimischen Hauptkampfschauplatz Akko näherte, kam ein großes, unter französischer Flagge segelndes Transportschiff in Sicht. Richard schöpfte dennoch Verdacht, und bei genauerem Augenschein stellte sich heraus, dass sich Verstärkungen für Saladins Garnison in der umkämpften Festung an Bord befanden. Es kam zu einem Gefecht, das mit dem Untergang des Transportschiffes endete. Zufrieden, Saladin bereits vor seiner Ankunft einen empfindlichen Schlag versetzt zu haben, setzte Richard seine Fahrt fort. Und schließlich, am 8. Juni 1191, erreichte er das Ziel seiner mehr als elf Monate dauernden Reise in den Orient: Akko.[135]

134 Phillips, Jonathan: Der lateinische Orient 1098 bis 1291, in: Riley-Smith, Jonathan (Hrsg.): Illustrierte Geschichte der Kreuzzüge, Frankfurt am Main 1999, S. 134–166, hier: S. 151, 156

135 Itinerarium, S. 205 ff.; Ambroise, S. 107 ff.; Gesta, II, S. 168 f.; Roger von Howden, III, S. 112

V.

Kreuzritter im Heiligen Land (1191–1192)

1. Die Einnahme Akkos

Als Richard I. Löwenherz vor Akko eintraf, tobte der Kampf um die zentrale Hafenmetropole des ehemaligen Kreuzfahrerkönigreiches Jerusalem bereits seit fast zwei Jahren. Nahezu ebenso lange herrschte vor der Stadt ein Patt. Während die Kreuzfahrer die ins Meer ragende Festung von der Landseite her belagerten, sahen sie sich ihrerseits von Saladin umzingelt, der die umliegenden Hügel besetzt hielt. Für die Christen blieb ein Sieg vorderhand ein Wunschtraum, da ihnen die Schiffskapazitäten fehlten, um Akko gleichzeitig von der See her abzuriegeln. Saladin wiederum konnte den in weit verzweigten Grabensystemen verschanzten Kreuzfahrern keinen entscheidenden Schlag zufügen, weil seinen Truppen der Stellungskrieg nicht vertraut war. Im Winter 1190/91 gelangte der Sultan phasenweise dennoch in die Nähe des Triumphes, da im Lager der Christen eine Hungersnot ausbrach und infolge trister sanitärer Verhältnisse Seuchen um sich griffen, die zahllose Tote forderten. Mit wachsender Verzweiflung erwarteten die Kreuzfahrer Richards und Philipps II. Erscheinen, um eine Wende herbeizuführen. Als jedoch der Kapetinger im April 1191 den Kampfschauplatz erreichte, brachte er nicht den ersehnten Kräftezuwachs, um den Widerstand der Garnison zu brechen und gleichzeitig die Angriffe zu parieren, mit denen Saladin jeden christlichen Erstürmungsversuch beantwortete. Die ganzen Hoffnungen der Kreuzfahrer konzentrierten sich daher auf Richard. Tag für Tag richteten sie ihre Blicke auf das Meer in der Hoffnung, endlich die angevinische Flotte am Horizont zu erblicken.[136]

Als am 8. Juni 1191 ein starker Teilverband von Richards Armada in Sicht kam, brandete Jubel unter den Christen auf. Vergessen war die lange Zeit des Wartens auf den König. Der Anblick seiner gut ausgerüsteten Land- und Seestreitkräfte flößte den erschöpften Belagerern neuen Mut ein, ebenso sein durch die Erobe-

---

136 Mayer, Geschichte der Kreuzzüge, S. 130 ff.; Runciman, S. 794 ff., 819

rung Zyperns gerade erst nachdrücklich bestätigter Waffenruhm.[137] Auch im muslimischen Lager wusste man um die Bedeutung von Richards Eintreffen. Düster bemerkte der muslimische Heeresrichter und Chronist Baha al-Din, ein enger Vertrauter des Sultans:

> „Seine [Anm.: Richards] Ankunft machte großen Eindruck: er landete mit fünfundzwanzig Galeeren, die mit Mannen, Waffen und Gerät voll beladen waren. Die Franken [Anm: Kreuzfahrer] bekundeten laut ihre Freude und entzündeten in der Nacht große Freudenfeuer in ihrem Lager. Die Feuer erregten Aufsehen und hatten solche Ausmaße, dass sie ihre ganze unermessliche Ausrüstung beleuchteten. Die fränkischen Herrscher hatten uns schon seit langem seine Ankunft angekündigt, und alle, die mit einem Geleitbrief zu uns herüberkamen, sagten uns, die Franken warteten nur, dass er komme, um ihr Vorhaben auszuführen und die Stadt mit frischen Kräften einzuschließen. Der König war wirklich ein Mann von Urteil und Erfahrung, Kühnheit und Tatkraft. Seine Ankunft erregte Furcht und Schrecken in den Herzen der Muslime (…).“[138]

Tatsächlich wendete sich das Kriegsglück seit Richards Eingreifen langsam, aber stetig zugunsten der Kreuzfahrer. Durch die angevinische Flotte wurde Akko jetzt auch von der Seeseite her eingekesselt und Saladins maritime Nachschublinie unterbrochen. Zu Land nahm der Druck auf die Stadt ebenfalls entscheidend zu. Obwohl Richard bald nach seiner Ankunft an einem Fieber erkrankte, das ihn gut zwei Wochen auf das Krankenlager warf, ließ er es sich nicht nehmen, die Kampfhandlungen seiner Truppen vom Bett aus zu leiten. Er überwachte den Einsatz der von ihm mitgeführten Steinschleudern und ließ einen Belagerungsturm errichten, der die Mauern Akkos überragte. Gleichzeitig wurde mit Hochdruck daran gearbeitet, Teile der Festungsmauern durch Grabungsarbeiten zum Einsturz zu bringen. Zwar scheiterten sämtliche Sturmangriffe einstweilen noch am Widerstand der aufopfernd kämpfenden Verteidiger, doch durch deren wachsenden Mangel an Lebensmitteln und Kriegsmaterialien rückte der Fall der Festung täglich näher. Auch Saladins Entlastungsangriffen begegneten die Kreuzfahrer letztlich erfolgreich. Immer deutlicher senkte sich die Waagschale zu ihren Gunsten. Der Sieg lag in der Luft.

---

137 Itinerarium, S. 211 f.

138 Gabrieli, Francesco: Die Kreuzzüge aus arabischer Sicht, Zürich/München 1973, S. 267 f.

Von Harmonie konnte im Lager der Christen dennoch keine Rede sein, denn die Kluft zwischen Richard und Philipp erweiterte sich zusehends. Nicht nur, dass sie im Konflikt um die Krone des Kreuzfahrerstaates auf verschiedenen Seiten standen, kam es zwischen ihnen nun außerdem zu Auseinandersetzungen um den Oberbefehl der christlichen Streitkräfte. Der französische König war zwar seit seiner Ankunft im April unbestrittener Führer des christlichen Lagers gewesen, doch zeigte Richard wenig Neigung, sich ihm unterzuordnen. Er bot jedem Ritter, der in seine Dienste trat, einen höheren Sold als Philipp und verbündete sich mit den Kräften der italienischen Seehandelsstadt Pisa, während deren Konkurrenz Genua mit dem Kapetinger kooperierte. Darüber hinaus nahm Löwenherz bald nach seiner Ankunft auf eigene Faust Kontakt mit Saladin auf, wobei ihn neben dem Bestreben, sich auch gegenüber dem Gegner als Anführer der Christen zu positionieren, der Wunsch leitete, sich einen persönlichen Eindruck vom Sultan zu verschaffen, der ein geeintes islamisches Großreich geschaffen und durch seinen Sieg über Outremer in ganz Europa Bekanntheit erlangt hatte.[139]

Wer war Saladin? Der kurdisch-stämmige Sultan von Ägypten und Syrien, während der Kämpfe um Akko knapp über fünfzig Jahre, von zierlicher Gestalt und unscheinbarem Äußeren, stellte in vielerlei Hinsicht eine herausragende Herrschergestalt dar. Mit der Vereinigung Ägyptens und Syriens sowie der Zerschlagung des Kreuzfahrerkönigreiches hatte er geschafft, was vielen seiner Vorgänger versagt geblieben war. Ungeachtet seiner Machtfülle blieb er ein bescheidener Mann, bevorzugte einfache Kleidung und lehnte Luxus ab, bewies jedoch eine Freigebigkeit, die Freund und Feind beeindruckte. Seine im Verlauf des Krieges um Palästina oftmals gezeigte Milde brachte ihm viel Bewunderung ein und hatte zur Folge, dass er in Europa als Idealgestalt voller Weisheit und Gelassenheit hochstilisiert wurde, so etwa durch Gotthold Ephraim Lessings Werk *Nathan der Weise* oder durch Walter Scotts Roman *Der Talisman*. Wie jedem machtbewussten Herrscher des Mittelalters war Saladin Grausamkeit indes keineswegs fremd. So befahl er etwa unmittelbar nach der Schlacht von Hattin, die ihm verhassten Templer und Johanniter niederzumetzeln. Gemäß dem Geschichtsschreiber Abu Schama wollte Saladin zunächst überhaupt alle bei Hattin gefangen genommenen Christen töten lassen und gab dieses Vorhaben angeblich nur auf, weil seine Gefolgsleute darauf

139 Baha al-Din Ibn Shaddad: The rare and excellent History of Saladin, Aldershot 2002, S. 150 ff.; Roger von Howden, III, S. 113 ff.; Ambroise, S. 193 ff.; Gesta, II, S. 169 ff.; Itinerarium, S. 212 ff.

Abb. 11: Sultan Saladin

beharrten, die Häftlinge zu versklaven, um damit finanziellen Gewinn zu erzielen.[140]

Auf Richards Vorschlag einer persönlichen Begegnung reagierte Saladin zurückhaltend. Er machte geltend, gegeneinander Krieg führende Herrscher sollten erst nach Vereinbarung eines Waffenstillstandes zusammentreffen, erklärte sich aber bereit, seinen jüngeren Bruder al-Adil zu Gesprächen zu entsenden. Richards Erkrankung allerdings verhinderte vorerst eine direkte Kontaktnahme. Stattdessen näherte sich der Kampf um Akko jetzt der Endphase. Anfang Juli stand die Entscheidung kurz bevor. In der Festung gingen Munition und Verpflegung zur Neige, die Garnison hielt dem Belagerungsdruck nur noch mit letzter Kraft stand. Den lediglich langsam genesenden Richard hielt es nicht länger auf dem Krankenlager. Noch zu schwach zum Gehen, ließ er sich an die Frontlinie tragen, um seine Soldaten anzufeuern und schoss demonstrativ im Liegen einige Pfeile auf die Gegner ab. Nach der Abwehr einer französischen Offensive nahmen die zu Tode erschöpften Verteidiger am 4. Juli Verhandlungen mit den Kreuzfahrern auf und boten an, Akko gegen freien Abzug und unter Mitnahme zahlreicher Güter zu übergeben, was Richard ablehnte, da er nicht in eine ihrer Reichtümer weitgehend entledigte Stadt einziehen wollte.

Über die zerbrochene Kampfmoral der Garnison bestürzt, wollte Saladin nochmals einen Großangriff gegen die Christen unternehmen, doch mittlerweile herrschte selbst in seiner Umgebung Hoffnungslosigkeit. Angesichts des Widerstandes seiner Emire musste er seinen Plan aufgeben und weitgehend tatenlos zusehen, wie die angevinischen Truppen am 11. Juli zum Sturm auf die Festung

140 Möhring, Saladin. Der Sultan und seine Zeit, S. 109 ff., 118; Möhring, Hannes: Saladin und der Dritte Kreuzzug. Aiyubidische Strategie und Diplomatie im Vergleich vornehmlich der arabischen mit den lateinischen Quellen, Wiesbaden 1980, S. 218 f.

ansetzten. Mit heldenhaftem Kampfgeist bäumten sich die Verteidiger noch einmal auf und hielten die Stellung, doch tags darauf fügten sie sich ins Unvermeidliche, streckten die Waffen und akzeptierten im Namen Saladins die Bedingungen der Christen, die sich unter Richards Einfluss verschärft hatten: Akko musste mit sämtlichen Schiffen und Vorratslagern übergeben werden, 200.000 Dinar waren zu entrichten und 1.500 christliche Gefangene auf freien Fuß zu setzen, ferner das bei Hattin von Saladin erbeutete Wahre Kreuz zurückzuerstatten. Der Sultan zeigte sich über den Fall der Festung zutiefst erschüttert, ebenso über die teuren Kapitulationsvereinbarungen, deren Erfüllung nun seiner Verantwortung unterstand.[141]

Das christliche Heer nahm unterdessen die Garnison gefangen und zog im Triumph in Akko ein. Richard und Philipp machten ihre dominierende Stellung sofort geltend, indem sie die Stadt in zwei Sektoren teilten. Die im Jahr 1187 von Saladin vertriebenen Bewohner erhielten ihre Häuser unter der Auflage zurück, angevinische sowie französische Heeresangehörige bei sich einzuquartieren. Die Kreuzfahrer anderer Staaten, die zum Teil bis zu zwei Jahre vor der Festung ausgeharrt hatten, gingen dagegen leer aus. Ihre Proteste wurden von Richard und Philipp ignoriert. Doch dann forderte Herzog Leopold V. von Österreich für sich einen den beiden Monarchen gleichberechtigten Status. Dass er selbst erst zu Beginn des Frühjahres 1191 mit einem verschwindend geringen Aufgebot vor Akko eingetroffen war und daher keinen nennenswerten Anteil am Sieg hatte, hielt ihn nicht davon ab, sein Banner in der Stadt aufzupflanzen und so seinen Anspruch auf einen Teil der Beute zu unterstreichen. Seine Forderung gründete er auf seine Stellung als höchstrangiger Fürst des deutschen Kreuzheeres und führender Repräsentant des Heiligen Römischen Reiches. Die Reaktion erfolgte schnell und auf eindeutige Weise: Angevinische Soldaten entfernten das österreichische Banner und verunglimpften es, indem sie es in den Schmutz traten, möglicherweise gar in einer Latrine versenkten. Ob Richard den Befehl dazu gegeben hatte, bleibt ungewiss, doch es ist davon auszugehen, dass ihn die drastische Vorgehensweise nicht weiter störte. Den militärisch bedeutungslosen Babenberger an der Beute teilhaben zu lassen und auf diese Weise seinen eigenen Anteil zu schmälern, lag ihm gewiss denkbar fern, zumal Leopold obendrein ein Parteigänger Konrads von Montfer-

141 Itinerarium, S. 219 ff.; Ambroise, S. 204 ff.; Roger von Howden, III, S. 116 ff.; Gesta, II, S. 173 ff.; Baha al-Din, S. 153, 155 ff.

rat war, weshalb dessen Forderung auch eine politische, gegen Richard gerichtete Spitze beinhaltete. Da sich Philipp in der Affäre passiv verhielt, liegt überdies die Vermutung nahe, dass Leopold sich im angevinischen Sektor exponierte. Dem österreichischen Herzog blieb angesichts seiner fehlenden militärischen Ressourcen nichts anderes übrig, als das Geschehene hinzunehmen. Wenig später trat er die Heimreise an, verbittert über die harsche Zurückweisung seiner – freilich unrealistischen – Forderung auf Teilung der Kriegsbeute.[142]

2. Die Abreise Philipps II.

In den Wochen nach ihrem Sieg sah man Richard und Philipp darum bemüht, das Innere des abermals erstehenden Kreuzfahrerkönigreiches Jerusalem in halbwegs geordnete Bahnen zu lenken. Während in Akko nach der Wiederherstellung christlicher Herrschaft Kirchen neu geweiht, Besitzansprüche geklärt und die beschädigten Festungsanlagen ausgebessert wurden, richtete sich das Bestreben der zwei Könige vornehmlich darauf, den langwierigen Konflikt um die Krone des Königreiches Jerusalem beizulegen. Gemäß der Lösung, auf die man sich am 28. Juli schließlich verständigte, sollte Guido von Lusignan die Königswürde auf Lebenszeit behalten und dann auf Konrad von Montferrat und seine Erben übergehen. Bis zu diesem Wechsel sollte Konrad Tyrus und die – allerdings noch zu erobernden – Städte Beirut sowie Sidon verwalten und überdies einen Anteil an den Einkünften der Krone erhalten. Damit war ein Kompromiss gefunden, den sowohl der Plantagenet als auch der Kapetinger als Teilerfolg für sich und ihre Protegés verbuchen konnten.

Inzwischen traf Philipp II. seine Vorbereitungen zur Heimreise. Die vorzeitige Beendigung seines Kreuzzuges begründete er mit dem Hinweis, seit seinem Eintreffen in Palästina fast dauernd krank gewesen zu sein und mit seiner Mitwirkung an der Einnahme Akkos ohnehin einen wichtigen Beitrag zur Wiedererrichtung des Königreiches Jerusalem geleistet zu haben. Neben seiner fehlenden

142 Fichtenau, Heinrich: Akkon, Zypern und das Lösegeld für Richard Löwenherz, in: Archiv für österreichische Geschichte 125 (1966), S. 11–32, hier: S. 14 ff.; Pohl, Walter: Die Welt der Babenberger. Schleier, Kreuz und Schwert, Graz/Wien/Köln 1995, S. 199 ff.; Leeper, A. W. A.: A History of Medieval Austria, Oxford 1941, S. 277 f.; Kessler, S. 151, 167 ff.

Begeisterung für den Heiligen Krieg gaben für den Kapetinger machtpolitische Überlegungen den Ausschlag; Graf Philipp I. von Flandern war in der Endphase der Belagerung von Akko verstorben, und der König gedachte das so entstandene Machtvakuum in Flandern zu nutzen, um sich selbst Teile der weiträumigen, im Norden der französischen Krondomäne gelegenen Grafschaft anzueignen. Zudem ist davon auszugehen, dass Richards Weiterverbleib in Palästina, die ihm Gelegenheit zu Angriffen gegen das Angevinische Reich bot, seine Vorgehensweise entscheidend beeinflusste.

Innerhalb der angevinischen Streitkräfte reagierte man auf das Vorhaben Philipps II. mit Spott und zieh ihn der Feigheit. Selbst die französischen Kreuzfahrer waren über die plötzliche Abreise ihres Souveräns irritiert. Richard versuchte seinen Gegenspieler zu drei weiteren Jahren in Palästina zu überreden. Doch der Kapetinger ließ sich von seinem Entschluss nicht abbringen und verkündete lediglich, einen Großteil seiner Truppen unter dem Kommando des Herzogs Hugo von Burgund im Heiligen Land zu belassen. Da ein durchschlagender Erfolg von Richards Kreuzzug seinen Interessen widersprach, stellte er seinen Streitkräften allerdings so wenig Geld zur Verfügung, dass letztlich der Plantagenet für ihren Einsatz aufkommen musste. Des Weiteren übergab Philipp seine muslimischen Geiseln nicht Richard, sondern Konrad von Montferrat und trieb so zum Abschied einen weiteren Keil ins christliche Lager, da er seinem Protegé damit die Möglichkeit zu eigenständigen Verhandlungen mit Saladin eröffnete.

Am 31. Juli 1191 segelte Philipp in Begleitung Konrads nach Tyrus und von dort am 3. August in Richtung Frankreich. Trotz seines Schwures, die angevinischen Länder während Richards Abwesenheit nicht anzutasten, traute der Plantagenet dieser Zusicherung nicht, zumal er selbst mehrmals versprochen hatte, Alice zu ehelichen. So war es denn kein Zufall, dass sich einige seiner Schiffe Philipps Flottenverband kurzerhand anschlossen, mit Vertrauten des Königs an Bord, welche die angevinischen Statthalter in der Heimat vor Offensiven des Kapetingers warnen sollten.[143]

143 Itinerarium, S. 235 ff.; Gesta, II, S. 179 ff.; Roger von Howden, III, S. 122 ff.; Ambroise, S. 218 ff.; Bradbury, S. 94 ff.; Kessler, S. 169 ff.

3. Verzögerte Intervention in England

Infolge der mehrere Monate in Anspruch nehmenden Heimreise Philipps II. blieben Richards kontinentale Besitzungen bis zum Beginn des Jahres 1192 vor antiangevinischen Vorstößen des Kapetingers verschont. In diesem Zeitraum eskalierte hingegen die Lage in England.

In Anbetracht der Spannungen zwischen seinem Kanzler und Obersten Justitiar Wilhelm Longchamp und Johann Ohneland hatte Löwenherz wie erwähnt Anfang April Erzbischof Walter von Rouen von Messina nach London entsandt. Ende Juli gelang es Letzterem, den auf die Thronfolge abzielenden Johann sowie den zu diesem Zeitpunkt bereits in der Defensive befindlichen Longchamp noch einmal auf einen Kompromiss einzuschwören und eine vorübergehende Beruhigung der Lage zu erreichen. Im September flammte der Konflikt abermals auf, ausgelöst durch Richards Halbbruder, Erzbischof Gottfried von York, der das königliche Gebot, England drei Jahre lang fern zu bleiben, brach und in Dover landete. Unmittelbar darauf wurde er von einem bewaffneten Trupp des Kanzlers in einer Kirche nahe Dover festgenommen und an Händen und Füßen aus dem Gotteshaus gezerrt. In Erinnerung an das Märtyrertum Thomas Beckets reagierte die englische Öffentlichkeit mit Entrüstung über die rüde Behandlung eines Erzbischofes. Die Reputation Longchamps war nunmehr endgültig ruiniert, was Johann die Gelegenheit gab, am 10. Oktober 1191 dessen Sturz herbeizuführen und ihn zur Flucht aus England zu zwingen. Als er jedoch selbst nach der Macht greifen wollte, legte Walter von Rouen die von Richard bereits im Februar des Jahres in Messina ausgestellte Regierungsvollmacht vor. Dass der Erzbischof so lange damit gewartet hatte, lässt auf eine Anweisung des Königs schließen, die ihm zuerkannte Machtfülle erst zur Geltung zu bringen, wenn sich Longchamps politischer Niedergang zur Gänze vollzogen hatte. Es war eine auf Zeitgewinn ausgerichtete Taktik, darauf angelegt, Johann mit der Bekämpfung eines Mannes zu beschäftigen, dessen politisches Ende für Richard bereits ein Faktum darstellte, um den ehrgeizigen jüngeren Bruder dann im letzten Moment mit einem neuen, unverbrauchten politischen Hauptverantwortlichen zu konfrontieren.

Da niemand es wagte, sich der Weisung des Monarchen zu widersetzen, konnte Walter von Rouen die Regierungsgeschäfte relativ problemlos übernehmen. In gewisser Hinsicht stellte er eine klügere Wahl als Wilhelm Longchamp dar. Er war kein Landfremder, sondern in England geboren, hatte sich bereits durch seine Vermittlungsversuche beim letzten Konflikt zwischen Heinrich II. und Richard einen guten politischen Ruf erworben und pflegte einen weitaus weniger schroffen Regierungsstil als sein Vorgänger, geeignet, die Wogen auf der Insel bis auf weiteres wieder zu glätten. Durch sein geschicktes Manöver der verzögerten Intervention in England hatte Richard wieder einige Zeit für die Durchführung des Kreuzzuges gewonnen.[144]

4. Das Massaker von Akko

Mochte Philipps vorzeitige Heimkehr für Richard auch Gefahr in sich bergen, brachte sie ihm doch einen Vorteil: Ab sofort war er der unumstrittene Anführer des Dritten Kreuzzuges und stand allein im Rampenlicht jenes Unternehmens, das ganz Europa mit gespannter Erwartung verfolgte. Nun nicht mehr von einem gleichrangigen Konkurrenten behindert, widmete er sich der strategischen Detailplanung zur Rückeroberung des Heiligen Landes mit feurigem Eifer und akribischer Genauigkeit.

Vor Beginn seines Feldzuges musse er sich jedoch noch entscheiden, wie er mit der gefangengenommenen Garnison von Akko verfahren sollte. Die aufwändige Versorgung und Bewachung der Tausenden Häftlinge sowie die daraus resultierende Bindung christlicher Streitkräfte wollte Richard beendet wissen, ehe er den Vormarsch nach Süden antrat, dessen Realisierung größtmögliche Truppenstärke erforderte. Ebenso widerstrebte es ihm, Konrad von Montferrat muslimische Geiseln und damit ein Mandat zu Verhandlungen mit Saladin zu überlassen. Konrad lehnte eine Überstellung seiner Häftlinge nach Akko zunächst ab, doch als Richard drohte, sich diese selbst zu holen und am 5. August Gesandte nach Tyrus schickte, gab er nach. Angesichts der Unterstützung, die Löwenherz Guido von Lusignan angedeihen ließ, weigerte er sich jedoch strikt, selbst nach Akko zu ziehen und mit seinen Kräften am geplanten Eroberungsfeldzug teilzunehmen.[145]

Zu diesem Zeitpunkt blickte Richard schon mit wachsendem Argwohn auf Saladin. Zwar hatte der Sultan mittlerweile das Gros der christlichen Gefangenen,

144 Gervasius von Canterbury, I, S. 504 ff.; Ralph von Diceto, II, S. 90 f., 96 ff.; Roger von Howden, III, S. 135 ff.; Kessler, S. 89 ff.

145 Itinerarium, S. 240 ff.; Roger von Howden, III, S. 126 f.

das Wahre Kreuz nebst der Hälfte des geforderten Geldbetrages von 200.000 Dinar herbeigeschafft, zögerte indes deren Übergabe hinaus und bestand, wie Ibn al-Atir und Baha al-Din berichten, auf neuerlichen Verhandlungen mit den Christen zur Erlangung zusätzlicher Sicherheitsleistungen.[146] Richard wollte weder weitere Zugeständnisse machen noch Zeit mit neuerlichen Verhandlungen verlieren; dies umso weniger, als Saladin schon während des Falles von Akko begonnen hatte, die Umgebung der Stadt zu verwüsten und den Kreuzfahrern so die Nahrungsmittelgrundlage entzog. Darüber hinaus ließ der Sultan Haifa und eine Reihe weiterer Städte entlang der südlichen Küste zerstören, um zu verhindern, dass den Christen im Falle eines Vormarsches weitere starke Festungen zufielen.

Als am 20. August, also 40 Tage nach der christlichen Einnahme von Akko, noch immer keine Übergabe erfolgt war, fasste Richard einen radikalen Entschluss. Am Nachmittag desselben Tages ließ er rund 2.700 Muslime in Ketten vor die Mauern von Akko treiben und befahl ihre sofortige Tötung. Ein schauderhaftes Gemetzel folgte, in dem die Kreuzfahrer stundenlang mit dem Schwert unter Saladins Gefolgsleuten wüteten. Die Truppen des Sultans, vor deren Augen sich das blutige Treiben abspielte, versuchten einzugreifen, doch sie konnten sich gegen die dicht gestaffelten christlichen Abwehrreihen nicht durchsetzen. Als der Abend sank, war das Feld mit Leichen übersät.[147]

Dem Massaker ging kühle Planung voraus. Laut Ibn al-Atir teilte Richard seine Gefangenen vor dem Blutbad in drei Gruppen. Die kleine Schar der Wohlhabenden schonte er, da ihre Freilassung finanzielle Kompensation versprach. Die weitaus zahlreicheren Mittellosen setzte er in Freiheit, weil von ihnen kein Geld zu erwarten war und deren Tod Saladin wenig bis gar nicht beeindruckt hätte. Die große Gruppe, die Richard letztlich hinrichten ließ, setzte sich überwiegend aus Offizieren und Soldaten zusammen,[148] Männern also, die zwar nur über begrenzte Geldmittel verfügten, aber für den Sultan von Bedeutung waren. Richards Tötungsbefehl diente somit nicht nur der kaltblütigen Beseitigung einer ihm unbequemen Last, sondern bedeutete obendrein eine Warnung an Saladin, nicht den Fehler zu begehen, ihn zu unterschätzen. Überdies stellte er ein Mittel dar, die

146 Ibn al-Atir nach Goergens, S. 253; Baha al-Din, S. 164

147 Itinerarium, S. 243; Roger von Howden, III, S. 119 ff., 127 f.; Ambroise, S. 226 ff.; Baha al-Din, S. 165

148 Ibn al-Atir nach Goergens, S. 253

gegnerischen Streitkräfte in Furcht zu versetzen und so für seinen Feldzug eine günstigere Ausgangslage zu schaffen.

Seitens der modernen Geschichtswissenschaft wurde Löwenherz wegen des Massakers einhellig verurteilt und Saladins Bereitschaft, alle Gefangenen freizukaufen, zumeist als weitgehend gegeben erachtet. Während ersteres gewiss gerechtfertigt ist, erscheint das Verhalten des Sultans bei dem Drama doch fragwürdig. Das Hinauszögern der Übergabe und seine gleichzeitigen Verwüstungsaktionen verdeutlichen, dass Saladin der Auslöse seiner inhaftierten Truppen keineswegs die oberste Priorität einräumte, sondern bereits strategischen Überlegungen folgte, um den Beginn von Richards Feldzug so lange wie möglich hinauszuzögern und sich für den bevorstehenden Bewegungskrieg besser in Stellung zu bringen. Während er 40 Tage ohne Übergabeleistung verstreichen ließ und gleichzeitig eine Politik der verbrannten Erde betrieb, konnte er eine drastische Reaktion Richards zumindest nicht ausschließen, zumal die Hinrichtung von Gefangenen auch ihm keineswegs fremd war. Auffällig ist im Übrigen auch, dass man auf muslimischer Seite hinsichtlich des Stellenwertes der Gefangenen offenbar recht unterschiedliche Maßstäbe anlegte. So kommentierte Ibn al-Atir die Freilassung der Mittellosen mit der Bemerkung, Richard hätte „nur Trossknechte, Arme und Kurden und überhaupt Leute ohne Bedeutung entlassen“[149] und wertete diese Tat als Zeichen für die Verwerflichkeit der Christen, da sie die Wohlhabenden festhielten und für diese Lösegeld verlangten. Zusammenfassend lässt sich konstatieren, dass sich vor Akko zwei Feldherren begegneten, von denen der eine gewagt pokerte und der andere diesem Spiel mit brutalem Durchgreifen ein Ende bereitete.

Richard brannte nun vor Tatendrang. Kaum war das Massaker vorüber, ließ er die letzten Vorbereitungen treffen, um seinen Feldzug zur Rückeroberung des Heiligen Landes zu beginnen. Die Streitkräfte zeigten sich wenig begeistert, das angenehme Leben in Akko mit seiner Fülle an Nahrungsmitteln und Prostituierten gegen einen gefahrvollen Vormarsch mit ungewissem Ausgang einzutauschen, doch Richard kümmerte das wenig. Am 22. August ließ er die Kreuzarmee vor den Toren der Stadt antreten und erteilte den Befehl zum Aufbruch.[150]

---

149 Ebd.

150 Itinerarium, S. 244 f., 248 f.

5. Die Schlacht von Arsuf

In seiner Kriegsplanung nahm Löwenherz davon Abstand, von Akko aus einen direkten Vorstoß nach Jerusalem zu unternehmen. Zu gefährlich erschien die über 130 Kilometer Luftlinie lange, durch unübersichtliches Bergland führende Inlandroute, wo ständig ein Hinterhalt lauern und die Nachschublinie vom Gegner mit Leichtigkeit gekappt werden konnte. Seine Taktik sah stattdessen die Eroberung der gesamten Küstenlinie Palästinas bis hinab nach Askalon vor, da sich dabei das Risiko eines Hinterhaltes minimieren ließ, die Flotte jederzeit entsprechenden Nachschub zu gewährleisten vermochte und die Inlandroute nach Jerusalem von Jaffa oder Askalon aus nur rund 60 Kilometer Luftlinie maß.

Die Aufgabe, die sich der angevinisch-französischen Armee stellte, bewegte sich dennoch im Grenzbereich des Machbaren. Die bis Jaffa rund 100 Kilometer, bis Askalon etwa 150 Kilometer messende, teils unwegsame Wegstrecke musste trotz der hochsommerlichen Temperatur in voller Rüstung bewältigt werden, da der parallel zum Kreuzheer im Binnenland vorrückende Sultan den Vormarsch durch Attacken seiner wendigen Reiterverbände zu stören trachtete. Gegenüber diesen Angriffen war die Wahrung strikter Disziplin oberstes Gebot. Nur unter Beibehaltung der geschlossenen Formation konnten einschneidende Verluste vermieden werden. Darüber hinaus hatte Saladin durch seine Kenntnis des Terrains und den Umstand, dass er selbst den Zeitpunkt der Offensive bestimmen konnte, zwei gewichtige Vorteile auf seiner Seite.

Richard begegnete diesen Risiken mit einem sorgfältig ausgearbeiteten Marschplan. Im Westen wurde das Heer durch die Flotte flankiert, in der Mitte befand sich das Ritterheer, eingeteilt in drei Einheiten, die im Bedarfsfall selbständig, aber auch als in sich geschlossener Gesamtverband operieren konnten. An der Ostseite wurden die Ritterverbände durch dicht gestaffelte Fußtruppen gedeckt. Da auf ihnen der stärkste Druck lastete – sie mussten den ständigen Angriffen der muslimischen Kavallerie standhalten –, wandte der König ihnen besonderes Augenmerk zu und teilte sie in zwei Gruppen ein, die einander in regelmäßigen Abständen ablösten; während die eine Einheit an der Ostflanke marschierte, rückte die andere westlich der Ritterverbände in relativer Sicherheit am Ufer vor und vermochte sich dabei ein wenig zu erholen, bevor sie neuerlich die umkämpfte Seite des Zuges übernehmen musste. Überdies verordnete Richard seiner Armee nahezu jeden zweiten Tag Ruhe, um den Männern Gelegenheit zu geben, wieder Kraft zu schöpfen.[151]

Trotz dieser Vorsichtsmaßnahmen begann der Vormarsch mit einer Beinahe-Katastrophe. Die Armee hatte sich erst wenige Kilometer von Akko entfernt, als sich die französische Nachhut unter Hugo von Burgund, der Richards Oberkommando wenig goutierte, in sorgloser Nonchalance etwas zurückfallen ließ. Im Nu stieß Saladins Kavallerie in die Lücke vor und versuchte die Nachhut vom Hauptheer vollends abzuschneiden, um sie dann in einer Kesselschlacht zu vernichten. Dies gewahrend, eilte Richard mit einigen Eliteverbänden zurück und konnte die prekäre Situation im Verlauf eines heftigen Gefechtes bereinigen. Nach diesem schockartigen Erlebnis fühlte sich niemand mehr bemüßigt, Löwenherz' Führungsautorität durch aufreizende Lässigkeit in Frage zu stellen. Ab diesem Zeitpunkt rückte die gesamte Armee in präziser Ordnung vor. Der Erfolg stellte sich rasch ein. Mit jeder Tagesetappe nahm Richard eine zusätzliche Küstenzone in Besitz. Haifa gelangte wieder in christliche Hand, danach wurde der Berg Karmel passiert, Kapernaum kampflos genommen, am 30. August auch Caesarea, das wie die Festungen zuvor zerstört und verlassen war.[152]

Doch der Vormarsch durch das verwüstete und hitzestarrende Land forderte seinen Tribut. Er vollzog sich „mit viel Schweiß und starken Verlusten der Unseren“[153], wie Richard in einem Brief vermerkte. Nicht wenige der an dieses Klima nicht gewöhnten, schwer beladenen und geharnischten Kreuzfahrer fielen dem Hitzschlag oder den fortgesetzten Angriffen der muslimischen Reiterei zum Opfer. Zudem ließ Saladin all jene, die in seine Hand fielen, nach kurzem Verhör sogleich hinrichten. Und hatten die Soldaten wiederum einen Tag überstanden, sahen sie sich des Nachts von Taranteln und Stechmücken geplagt. So arg waren die Strapazen, dass die Truppen jeden Abend das Heilige Grab um Hilfe anriefen und viele Männer sich ihrer Tränen nicht schämten. Dennoch marschierten sie unverdrossen weiter, stets aufs Neue von Löwenherz ermutigt, der des Öfteren den gesamten Heereszug abritt und die Marschordnung überprüfte, um dann wieder bei der Nachhut zu kämpfen, bei einem Gefecht eine Verletzung davontrug und sich selbst bis zur Erschöpfung verausgabte, jedoch mit Zufriedenheit registrierte, dass seine

151 Runciman, S. 826 f.; Mayer, Geschichte der Kreuzzüge, S. 134
152 Ambroise, S. 235 ff.; Itinerarium, S. 248 ff.; Baha al-Din, S. 165 ff.
153 Roger von Howden, III, S. 131

Strategie aufging. Langsam, aber unaufhaltsam rückten die Kreuzfahrer entlang der Küste nach Süden vor und parierten alle Attacken der muslimischen Reiterei, ohne sich zu unkoordinierten Gegenschlägen hinreißen zu lassen.[154]

Da er die Christen nicht aus der Reserve locken konnte, rang sich Saladin Anfang September zu der Erkenntnis durch, dass er einen Entscheidungskampf wagen musste. Mit Bedacht wählte er dafür die Küstenebene knapp nördlich von Arsuf, die genügend Platz für großflächige Kavallerieoperationen bot, aber auch Waldzonen aufwies, in denen im Bedarfsfall ein Hinterhalt gelegt werden konnte. Richard, dem die Vorbereitungen des Sultans nicht entgingen, formierte seine Armee in Kampfordnung. Am Morgen des 7. September 1191 begann Saladins Angriff unter dem ohrenbetäubenden Lärm von Trommeln, Trompeten und Kriegsgeschrei. Laut dem *Itinerarium* rückte er mit einer etwa 20.000 Mann zählenden Armee ins Feld, Ambroise schätzte seine Truppenstärke auf 30.000 Mann. Löwenherz und die europäischen Kreuzfahrer sahen sich nun mit einer Situation konfrontiert, die für sie ein Novum darstellte: einer großen Feldschlacht.

Richard stand damit vor der größten militärischen Herausforderung seines bisherigen Lebens. Im Gegensatz zu ihm hatte Saladin vier Jahre zuvor bei Hattin bereits eine der gewaltigsten Feldschlachten des Hochmittelalters geführt und in triumphaler Manier gesiegt, die Armee König Guidos von Lusignan vernichtet und dem ersten Kreuzfahrerkönigreich Jerusalem den Todesstoß versetzt. Ein Kräftemessen mit einem Gegner von derartigem Format konnte man nur bestehen, wenn man vorschnelle Offensivstöße vermied und es zu verhindern vermochte, die Kreuzarmee in einen Hinterhalt laufen zu lassen, wie es Guido von Lusignan bei Hattin geschehen war. Um dieser Verantwortung zu entsprechen, orientierte sich Löwenherz an den Faktoren Geduld und Disziplin sowie der Kunst des Abwartens auf den richtigen Augenblick. Mit seinen normannischen und englischen Verbänden im Zentrum des christlichen Heeres stehend, beobachtete er den Aufmarsch der muslimischen Streitmacht. Zunächst attackierten mehrere Wellen leicht bewaffneter Fußtruppen die Christen mit Pfeilen und Wurfgeschossen, dann stürmte die Kavallerie mit ihren Säbeln und Streitäxten heran. Ihre Angriffe konzentrierten sich insbesondere auf die Johanniter, welche die Nachhut der Kreuzarmee bildeten. Schließlich sahen sich die Männer des Ritterordens derart starkem Druck ausgesetzt, dass der Großmeister der Johanniter zu Richard eilte und inständig um

154 Ambroise, S. 241 ff.; Itinerarium, S. 252 ff.; Baha al-Din, S. 170 f.

Abb. 12: Die Schlacht von Arsuf

die Erlaubnis zum Gegenangriff bat. Doch der König lehnte ab, denn noch war der Kern der muslimischen Armee nicht auf den Plan getreten. Erst wenn dieser in Reichweite kam, ließ sich durch einen geballten Gegenschlag der gepanzerten Ritter ein Sieg erringen. Während die schweren Gefechte fortdauerten, verfolgte

Löwenherz angespannt das langsame Näherkommen von Saladins zentraler Streitmacht. Erneut flehte der Großmeister der Johanniter um die Genehmigung zum Losschlagen, wieder holte er sich eine Abfuhr. Schließlich war das muslimische Zentrum nahe genug. Richard wollte gerade seinen Trompetern befehlen, Angriffsfanfaren erschallen zu lassen, da verloren plötzlich zwei der schon äußerst kampfbegierigen Ritter der Nachhut die Nerven und gaben ihren Pferden die Sporen. Andere Ritter wollten ihrem Beispiel folgen und schickten sich an, ebenfalls loszustürmen. Es entstand ein Durcheinander, da die vor den Reiterverbänden kämpfenden Fußtruppen den Weg versperrten. Richard tat daraufhin das einzig Richtige: Er gab den Weg zur Offensive frei. Wenige Momente später donnerte die gesamte christliche Ritterschaft mit eingelegten Lanzen über die Ebene von Arsuf und stieß mit voller Wucht in die muslimische Armee hinein.[155] Baha al-Din, der das Pech hatte, das Spektakel des Ritteransturmes inmitten der muslimischen Armee miterleben zu müssen, notierte mit bemerkenswerter Offenheit:

> „Ich sah, wie sie [Anm.: die Ritter] sich inmitten der Fußsoldaten formierten. Sie ergriffen ihre Lanzen und stießen einen Schrei wie ein Mann aus. Die Infanterie öffnete Lücken für sie, und dann griffen sie unisono entlang ihrer gesamten Linie an. Eine Gruppe attackierte unseren rechten Flügel, eine andere unseren linken und die dritte unser Zentrum. Unsere Männer wichen vor ihnen zurück. Das Zentrum, in dem ich mich befand, ergriff en gros die Flucht. Ich wollte mich dem linken Flügel anschließen, da dieser näher zu mir stand. Ich erreichte ihn jedoch erst, nachdem er völlig zusammengebrochen war, also wollte ich mich dem rechten Flügel anschließen, aber dann sah ich, dass dieser noch schmachvoller geflohen war als der gesamte Rest.“[156]

Trotz des erfolgreichen christlichen Gegenstoßes gab sich Saladin noch nicht geschlagen. Er konnte die Fluchtbewegung aufhalten und wurde erneut offensiv, aber seine Hoffnung, die nachdrängenden Kreuzritter würden in ihrem Ungestüm den Zusammenhalt und damit den ausschlaggebenden Faktor ihrer Durchschlagskraft verlieren, zerschlug sich rasch, denn Richard hielt am Konzept strikter Disziplin eisern fest, stoppte seine Kavallerie nach dem großen Gegenschlag sofort und ordnete ihre Reihen. Danach griffen die Kreuzritter wiederum in geschlossener Front an, drängten

155 Ambroise, S. 248 ff.; Itinerarium, S. 259 ff.; Baha al-Din, S. 174 ff.
156 Baha al-Din, S. 175

die muslimische Armee in heftigen Gefechten Mann gegen Mann zurück und hielten anschließend abermals an, um ihre Formation wiederherzustellen. Das mehrmalige Wiederholen dieses Manövers brachte letztendlich den Sieg. Saladin war zu klug, seine Armee der Gefahr massiver Verluste auszusetzen. In Anbetracht der kompakt bleibenden christlichen Ritterschaft, die sich in ihrer Einheitlichkeit als zu stark für die muslimischen Streiter erwies, ordnete er schließlich den Rückzug an.[157]

Im Gegensatz zu Saladins Triumph bei Hattin war Arsuf keine Schlacht, die für eine der beiden Armeen mit der völligen Vernichtung endete. Auf christlicher und ebenso auf muslimischer Seite blieben die Verluste verhältnismäßig gering, da Richard sich nicht auf das Abenteuer einließ, Saladin in unübersichtliches Terrain zu folgen, wo sich der Sieg infolge eines Hinterhaltes noch hätte ins Gegenteil verkehren können. Der Zusammenprall bei Arsuf erwies sich denn auch nicht als kriegsentscheidend. In moralischer Hinsicht stellte er indessen einen enormen Erfolg für die Christen dar. Erstmals seit dem Debakel von Hattin hatten sie auf offenem Feld gegen Saladin die Oberhand behalten, gewannen daraus Selbstvertrauen und blickten der Zukunft mit Zuversicht entgegen.

Richards militärischer Ruhm erreichte durch den 7. September 1191 einen neuen Zenit. Christliche Chronisten wie Ambroise, der das Geschehen miterlebte, priesen wie so oft vor allem seine Verwegenheit im Kampf und sparten nicht mit martialischen Formulierungen. Tatsächlich jedoch dürfte Löwenherz seinen stets latenten Hang zum Einzelkämpfertum diesmal eingebremst haben, denn andernfalls wäre es ihm schwerlich möglich gewesen, in einer Feldschlacht von derartiger Dimension permanent den Überblick und die Kontrolle über die einzelnen Truppenteile zu behalten. Seine eigentliche Leistung an diesem Tag bestand vielmehr in seiner kühl-kontrollierten Truppenführung, mit der er die Stärken der westlichen Kampfweise durch straff koordinierte Gegenschläge voll zur Geltung brachte und unter konsequenter Meidung unwägbarer Risiken das Geschehen diktierte. Dank dieses meisterhaften Vorgehens fixierte er den Gewinn der Küstenlinie Palästinas bis Jaffa und schuf eine Grundlage für die Wiedererrichtung des christlichen Königreiches Jerusalem. Nach der Eroberung Zyperns und der Einnahme Akkos hatte er binnen vier Monaten den dritten großen Sieg errungen und Saladins Nimbus der Unbezwingbarkeit hinweggefegt.[158]

---

157 Baha al-Din, S. 175; Ambroise, S. 262 ff.; Itinerarium, S. 272 ff.

158 Runciman, S. 829 f.; Mayer, Geschichte der Kreuzzüge, S. 134

Während die Kreuzarmee weiter südwärts marschierte, führte der Sultan sein Heer nach Ramla, wo er bei einem Kriegsrat mit seinen Emiren die weitere Vorgehensweise festzulegen gedachte. Er sah sich in einer schwierigen Lage. Vier Jahre lag die glanzvolle Inbesitznahme Jerusalems mittlerweile zurück. In dem seit 1187 unablässig andauernden Kampf gegen die Christen war der Eifer seiner Untertanen für den Heiligen Krieg zusehends erlahmt. Nun musste Saladin nicht nur der Tatsache ins Auge sehen, die Küstenlinie Palästinas nicht halten zu können, sondern auch das reduzierte Ziel aufgeben, Jerusalem *und* Askalon zu behaupten. Letztere Stadt weigerten sich seine Emire rundweg zu verteidigen, da sie es der dortigen Garnison ersparen wollten, das Schicksal der Verteidiger von Akko erleiden zu müssen. Schweren Herzens befahl Saladin daraufhin die Schleifung Askalons. Um einen Vorstoß Richards nach Jerusalem zu erschweren, machte er auch Ramla dem Erdboden gleich. Dann zog er in die Berge und begann, die Befestigungen der Heiligen Stadt auszubauen.[159] Fortan verzichtete der Sultan auf offensive Maßnahmen, sondern blieb in der Defensive und spielte auf Zeit.

6. Vor den Toren Jerusalems

Am 10. September 1191 erreichte die christliche Armee Jaffa. Auch diese Stadt war zerstört, so dass die Kreuzfahrer außerhalb der niedergelegten Mauern in einem Olivenhain ihr Lager errichteten. Richard wollte gemäß seinem ursprünglichen Plan zügig nach Askalon weiterziehen, doch dem widersprachen viele Barone der multinationalen christlichen Streitkräfte und beharrten darauf, die Offensive auf die Heilige Stadt bereits von Jaffa aus in Angriff zu nehmen, woraufhin der Plantagenet, der über die nichtangevinischen Truppen keine unbegrenzte Befehlsgewalt besaß, widerstrebend nachgab. Einen Vorstoß über die Inlandroute nach Jerusalem gedachte er jedoch nicht zu unternehmen, ohne über eine starke Küstenfestung als stabile Nachschubbasis zu verfügen, denn das muslimische Heer stellte nach wie vor eine Kraft dar, die es keineswegs zu unterschätzen galt. Daher ließ er, nachdem er den erschöpften Truppen eine Ruhepause gegönnt hatte, zunächst die Befestigungsanlagen Jaffas wieder errichten.[160]

---

159 Ibn al-Atir nach Goergens, S. 255; Abu Schama nach Goergens, S. 180 f.; Baha al-Din, S. 176 ff.
160 Ambroise, S. 273 ff.; Itinerarium, S. 282 ff.

Abb. 13: Arbeiten an den Stadtmauern von Jaffa

Insgeheim stand Löwenherz einer Offensive auf Jerusalem überaus skeptisch gegenüber. Seiner Ansicht nach waren die Christen Palästinas nach Saladins Siegeszug von 1187 nicht mehr stark genug, um die Heilige Stadt dauerhaft zu halten. Kehrten die angevinischen und französischen Heere wieder nach Europa zurück, würde sich eine neuerliche muslimische Machtübernahme in Jerusalem kaum verhindern lassen. Zwei Pläne schwebten Richard vor, um trotz der ungünstigen Rahmenbedingungen einen vollen Erfolg der Christenheit sicherzustellen. Einerseits hoffte er eine Weile vage, den Kreuzfahrerstaat durch eine rasche christliche Einwanderungswelle aus Westeuropa entscheidend zu kräftigen. In einem Schreiben vom 1. Oktober 1191 beschwor er den einflussreichen Abt von Clairvaux, durch entsprechende Aufrufe möglichst viele Männer zur Auswanderung nach Outremer zu bewegen, damit das Land nach dem Ende des Kreuzzuges „bevölkert und verteidigt"[161] werden könnte. Andererseits – und dieses Konzept verfolgte er mit mehr Verve – gedachte Löwenherz, den militärischen Hauptstoß nicht direkt nach Jerusalem, sondern in eine ganz andere Richtung vorzunehmen: Wie aus zwei Schreiben an Genua vom 11. Oktober 1191 hervorgeht, plante er mit Unterstützung der italienischen Seerepublik nach Ägypten vorzustoßen, Saladins Machtbasis durch Angriffe auf Kairo und Alexandria zu erschüttern und den Sultan auf diese Weise zum Verzicht auf Palästina zu zwingen. Diesem Konzept sollte eigentlich auch die Einnahme Askalons dienen, denn dort befand sich der Ausgangspunkt für die Route zum Nilland.

Wären die beiden Schriftstücke an Genua die einzigen Belege für den gigantisch anmutenden Angriffsplan gegen Saladins Machtzentrum gewesen, könnte man darin vielleicht ein taktisches Manöver erblicken, da Richard auf die Dienste der italienischen Seerepublik nach seiner Ankunft vor Akko wegen deren engen Verbindung zu Philipp II. und Konrad von Montferrat noch ostentativ verzichtet hatte. Dass es sich allerdings nicht um einen bloßen Versuch handelte, Genua in sein Lager zu ziehen, geht aus der Nachhaltigkeit hervor, mit der Löwenherz das Ägypten-Unternehmen im weiteren Verlauf des Kreuzzuges forcierte.[162] Vorderhand jedoch unterlag sein eigentliches militärisches Hauptvorhaben absoluter Geheimhaltung, weil sich die Mehrheit der Kreuzfahrer nicht an nüchtern-militärischen Erwägungen orientierte, sondern auf direktem Weg nach Jerusalem marschieren wollte. Angesichts dieser Begehrlichkeiten sah sich der König genö-

161 Roger von Howden, III, S. 132

162 Codice diplomatico della Repubblica di Genova, 3 Bände (Fonti per la Storia d'Italia, Band 77, 79 bzw. 89), Rom 1942, hier: Codice diplomatico, Band III (Fonti per la Storia d'Italia, Band 89), S. 19 ff. Mit den zwei Schreiben an Genua ersuchte Richard um Hilfe für das Ägypten-Unternehmen und machte der Seerepublik gleichzeitig verbindliche Zugeständnisse, weshalb die Briefe als Urkunden, *writs*, zu werten sind. Anhand der beiden *writs* wird im Übrigen deutlich, dass Richard sich für die Dauer seines Aufenthaltes im Orient als eigentlicher König des Kreuzfahrerstaates begriff, dies nicht zuletzt, weil er Genua darin ein Drittel seiner während des Ägypten-Feldzuges errungenen Eroberungen zusicherte. Eine formalrechtliche Analyse der zwei *writs* an Genua findet sich in: Mayer, Hans Eberhard: Die Kanzlei Richards I. von England auf dem Dritten Kreuzzug, in: Mitteilungen des Instituts für Österreichische Geschichtsforschung 85 (1977), S. 22–35.

tigt, einen Umweg über das Landesinnere zu nehmen. Das bedeutete keine nennenswerte Verzögerung, da er in Anbetracht der vorgerückten Jahreszeit seinen Ägypten-Feldzug ohnehin erst im Frühjahr 1192 führen wollte. Schwieriger war es schon, eine Schlacht um Jerusalem und eine daraus resultierende Schwächung seiner Streitkräfte zu vermeiden, ohne den Eindruck zu erwecken, sich dem heiligen Anliegen der Christenheit nicht mit vollem Elan zu widmen, und die Kreuzarmee anschließend auf seinen Kurs einzuschwören.[163]

Die relative Untätigkeit in den Wochen nach der Ankunft in Jaffa setzte Richard merklich zu. Mehrmals versetzte er sein Gefolge in Angst und Schrecken, indem er mit wenigen Männern Erkundungsritte in gegnerisches Gebiet unternahm und sich der Gefahr aussetzte, inhaftiert oder gar getötet zu werden. Am 29. September geriet er in einen Hinterhalt und entrann der Gefangennahme nur, weil sich ein Ritter namens Wilhelm von Préaux in die Bresche warf, indem er mit dem Ausruf, er wäre der König, die Angreifer auf sich lenkte, sich ergreifen ließ und Richard das Entkommen ermöglichte.[164] Mit Recht war man im Lager über des Königs Hang zum Risiko entsetzt. Das Beispiel Barbarossa hatte gezeigt, was mit einer Kreuzarmee beim Tod ihres Anführers geschah. Doch Löwenherz ließ sich seine Husarenstücke partout nicht ausreden: Am 6. November wurde ein kleiner, zur Lebensmittelbeschaffung ausgerückter Verband von einer Übermacht muslimischer Berittener angegriffen und eingekreist. Richard schickte Verstärkung unter dem Kommando des Grafen Robert von Leicester, die sich jedoch als zu schwach erwies, um die Lage zu wenden und rasch selbst ums nackte Überleben kämpfen musste. Daraufhin ritt der Plantagenet selbst mit kleiner Gefolgschaft los. Seine Begleiter flehten ihn an, die bedrängten Kreuzfahrer ihrem Schicksal zu überlassen, da die Sache der gesamten Christenheit schweren Schaden nehmen würde, sollte er in dem Gefecht den Tod finden. Laut Ambroise reagierte Richard auf den Versuch, ihm die persönliche Hilfsaktion auszureden, gereizt und antwortete aufgebracht:

> „Ich habe sie dorthin geschickt, und auf mein Ersuchen zogen sie los. Sollten sie ohne mich dort umkommen, bin ich nicht würdig, den Titel eines Königs zu tragen!"[165]

---

163 Kessler, S. 187ff.

164 Ambroise, S. 280ff.; Itinerarium, S. 286ff.; Ibn al-Atir nach Goergens, S. 256; Roger von Howden, III, S. 133

165 Ambroise, S. 289

Die Authentizität dieser Aussage dürfte gegeben sein, denn neben dem Poeten Ambroise, der den Kreuzzug persönlich miterlebte und sich über viele Details des Unternehmens glänzend informiert zeigte, wurde Richards empörter Ausruf ebenfalls im *Itinerarium* erwähnt. Vor Ort ließ er seiner stolzen Äußerung unverzüglich Taten folgen und griff an. In einem heftigen Gefecht gelang es ihm und seinen Begleitern, die Muslime in die Flucht zu schlagen und die Männer um Robert von Leicester zu retten.[166] Offensichtlich nahm Richard das Credo der Ritterlichkeit äußerst ernst und legte bei sich selbst höchste Maßstäbe an. Bei seinem Gefolge sicherte er sich damit beispiellose Loyalität und Verehrung. Wie die weiteren Ereignisse zeigen werden, blieb Wilhelm von Préaux keineswegs der einzige Ritter, der ohne zu zögern das eigene Leben in die Waagschale warf, wenn das Wohl des Königs auf dem Spiel stand. Im größeren Kontext war Löwenherz' Verhalten allerdings unklug. Seiner extremen Auslegung des ritterlichen Ehrenkodex wohnte eine Leichtfertigkeit inne, die angesichts der Tatsache, dass der gesamte Kreuzzug von seinem Überleben abhing, die Grenze zur Unverantwortlichkeit überschritt.

Weitaus durchdachter agierte Richard wieder einmal auf politischer Ebene. Im Bewusstsein, dass der Krieg um das Heilige Land nicht zuletzt auf dem diplomatischen Feld entschieden werden würde, suchte er einige Wochen nach der Einnahme Jaffas das Gespräch mit al-Adil. Bereits unmittelbar vor der Schlacht von Arsuf hatte er kurz mit Saladins jüngerem Bruder verhandelt und zu taktischen Zwecken Friedensbereitschaft signalisiert, doch in der aufgeheizten Atmosphäre am Vorabend des militärischen Zusammenpralls war kein Ergebnis erzielt worden.[167] Zu einem konkreten Resultat führten die Gespräche zwar auch jetzt nicht, da die Vorstellungen über den künftigen Besitz Palästinas noch zu weit auseinander klafften, doch dem König kam es vor allem darauf an, seinen Willen zur friedlichen Beilegung des Konfliktes zu betonen, wohl wissend, dass dies im muslimischen Lager seine Wirkung nicht verfehlen würde. In der Tat waren die meisten Emire der jahrelangen Kämpfe gegen die Christen längst überdrüssig. Sie beklagten die immensen Ressourcen, die der Heilige Krieg verschlang, und blickten bekümmert auf die entstandenen wirtschaftlichen Schäden im Ayyubidischen Reich. Auch die einfachen Soldaten sehnten sich danach, endlich wieder nach Hause zurückzukehren, um ihre Güter bewirtschaften, ihre brachliegenden Felder bestellen

166 Ambroise, S. 289; Itinerarium, S. 294 f.
167 Abu Schama nach Goergens, S. 179

und mit ihren Familien ein Leben in Frieden führen zu können. Saladin zeigte sich indessen weiter fest entschlossen, den *Dschihad* bis zum Ende auszutragen. Obwohl seine Gesundheit angegriffen war und die Rückschläge gegen die Christen zuweilen selbst seinen Mut sinken ließen, raffte sich der Sultan stets wieder auf und trieb seine Truppen zu erneuten Kraftanstrengungen an. Er war das Herz und der Motor des Heiligen Krieges. Seinen Kampfgeist galt es aus Richards Sicht zu schwächen. Gelang es, den Friedenswunsch der Emire durch wiederholtes Bekunden der christlichen Verhandlungsbereitschaft zu intensivieren, würden diese ihren Druck auf Saladin erhöhen, den Krieg zu beenden und die Wiedererrichtung des Kreuzfahrerstaates zuzulassen. Es sollte letzlich der richtige Weg sein, um zum Ziel zu gelangen, aber er erforderte viel Geduld, denn Saladins Wille war noch lange nicht erschöpft.[168]

Die Gespräche zwischen Richard und al-Adil fanden in bemerkenswert gutem persönlichem Einvernehmen statt. Löwenherz stand seinem, orientalische Gastfreundlichkeit demonstrierenden Gegenüber in der Bekundung von Respekt und Höflichkeit nicht nach. So äußerte er bei einer Zusammenkunft etwa den Wunsch, in den Genuss einer Darbietung muslimischer Musiker zu kommen, woraufhin al-Adil ein Konzert organisierte, dem der König mit sichtlichem Wohlgefallen lauschte.[169] Im Lauf des Herbstes statteten die beiden Männer einander wechselweise Besuche in ihren Lagern ab und speisten in glanzvollem Rahmen, tauschten Komplimente und Geschenke aus, was Richard im Lager der Kreuzarmee im Übrigen ein gewisses Maß an Unverständnis einbrachte.[170]

Wie Baha al-Din berichtet, unterbreitete der Plantagenet bei einem dieser Anlässe einen Vorschlag, der seinem Gefolge wohl den Atem stocken ließ: Wenn Saladin Palästina al-Adil überließe, würde er, Richard, seine Schwester Johanna al-Adil zur Gemahlin geben und ihr als Mitgift die von ihm eroberten Küstenstädte überlassen. Gemeinsam sollten die Vermählten dann in Eintracht über das Heilige Land herrschen. Al-Adil fand die Idee, fortan über Palästina zu herrschen, offenbar verlockend und stimmte zu, brachte damit jedoch Saladin in Verlegenheit, der das Land in seiner Hand zu behalten gedachte. Da der Sultan seinen ehrgeizigen jün-

168 Baha al-Din, S. 230ff.; Möhring, Saladin. Der Sultan und seine Zeit, S. 101, 105; Thorau, Peter: Die Kreuzzüge, München 2004, S. 96f.

169 Ibn al-Atir nach Goergens, S. 257

170 Itinerarium, S. 296f.; Baha al-Din, S. 185, 193f.

geren Bruder nicht vor den Kopf stoßen wollte, enthielt er sich einer abschlägigen Antwort. Richard hatte es jedoch verabsäumt, seine Schwester über den Vorschlag zu informieren. Als Johanna davon erfuhr, lehnte sie es entschieden ab, fortan im Orient als Gattin eines muslimischen Fürsten zu leben. Der König schlug al-Adil daraufhin vor, zur Realisierung des Eheprojektes zum Christentum überzutreten, was Saladins Bruder höflich, aber bestimmt ablehnte. Ob Löwenherz an die Verwirklichung des Vorhabens ernstlich geglaubt hatte, erscheint zweifelhaft. Vermutlich dürfte es lediglich ein Versuch gewesen sein, seine Friedensbereitschaft auf spektakuläre Weise zu betonen, das gegnerische Lager zu entzweien und al-Adil auf seine Seite zu ziehen. Letzteres schien insofern dringend geboten, als Saladin gleichermaßen mit Konrad von Monferrat Verhandlungen führte, der seit der Einnahme von Akko beharrlich jeglichen Beitrag zur Rückeroberung Palästinas verweigerte und sich dem Sultan als attraktiver Gesprächspartner anbot, da er sich in seinem Streben nach der Königswürde mit weitaus weniger Land zufrieden gab als Richard und auf zentrale Städte wie Askalon ohne weiteres verzichtete, um die Anerkennung des Sultans zu erlangen. Trotzdem kam es zwischen Saladin und Konrad zu keinem Ausgleich, wohl weil Richards teils unorthodoxe, aber wirkungsvolle Vorstöße insbesondere al-Adil nicht unbeeindruckt ließen und dazu beitrugen, eine Einigung im muslimischen Lager zu verhindern.[171]

Die bald darauf erneut einsetzenden militärischen Aktivitäten der Kreuzarmee machten die Verhandlungen Konrads mit Saladin bis auf weiteres gegenstandslos. Ende Oktober 1191 brach Richard mit der Kreuzarmee nach Jerusalem auf, schlug indes zur Sicherung der Nachschublinien ein sehr langsames Tempo ein. Unterwegs ließ er zunächst zwei von Saladin abgerissene Festungen wieder errichten, ehe er in der zweiten Novemberhälfte ins ebenfalls zerstörte Ramla vorrückte, wo er für mehrere Wochen sein Lager aufschlug. Der Sultan begegnete dem Vormarsch der Kreuzfahrer defensiv, zog seine Streitkräfte nach Jerusalem zurück und begnügte sich mit Überfällen auf christliche Vorposten. Als vorwinterliche Regenfälle einsetzten, sah er sich mit Vorhaltungen seiner Emire konfrontiert, den traditionellen

171 Baha al-Din, S. 187 ff. Das Klima zwischen Richard und Konrad von Montferrat war im Frühherbst 1191 im Übrigen bereits dermaßen vergiftet, dass Löwenherz um die Sicherheit seiner in Akko weilenden Gemahlin und Schwester fürchtete. Offenbar von der Befürchtung getrieben, Konrad könnte sich der Hafenmetropole gewaltsam bemächtigen, veranlasste er Berengaria und Johanna zur Aufgabe ihres Domizils in Akko und brachte sie im Oktober ins weitaus weniger komfortable und nahe der Front gelegene Jaffa (Ambroise, S. 278).

Regeln des Krieges zu folgen und die Armee über den Winter aufzulösen. Mitte Dezember entließ er, im Wissen, dass Verstärkungen aus Ägypten nach Jerusalem anrückten, einen Teil seiner Streitkräfte. Richard stieß daraufhin bis zum Rand des Berglandes vor und nahm Latrun. Mittlerweile hatte sich das Wetter derart verschlechtert, dass Saladin offenbar im Vertrauen, ein Großangriff auf Jerusalem wäre unter diesen Bedingungen unwahrscheinlich, seine Überfalltrupps zurückbeorderte.

Doch unmittelbar nach Weihnachten erteilte Richard abermals den Befehl zum Vormarsch und führte die Armee in die Berge, obwohl die Witterung kaum ungünstiger sein konnte. Strömender Regen verwandelte die Straße in Morast, die Lebensmittelvorräte verdarben, viele Pferde verendeten infolge der Kälte und des Futtermangels, das Errichten der Nachtlager bereitete angesichts stürmischer Winde schier unüberwindbare Probleme. Mühsam kämpften sich die Soldaten, durch Erschöpfung, Erkrankungen und Hunger geschwächt, die Berge Judäas hinauf. Schließlich erreichte die Kreuzarmee am 3. Januar 1192 die Festung Beit-Nuba. Ungeachtet sämtlicher Strapazen herrschte unter den Soldaten Hochstimmung, denn Jerusalem lag jetzt keine zwanzig Kilometer mehr entfernt und schien zum Greifen nahe. Ihre Freude währte allerdings nicht lange, da Kundschafter die Nachricht überbrachten, dass Saladin seine Verstärkungen aus Ägypten mittlerweile erhalten hatte und somit eine stattliche Armee vor Jerusalem lagerte. In einem von Richard einberufenen Kriegsrat plädierten die Barone Outremers für den Verzicht auf einen Angriff, da sie wie Löwenherz nicht daran glaubten, Jerusalem nach der Heimreise der angevinischen und französischen Streitkräfte gegen den Sultan halten zu können. Das bot dem König die Gelegenheit, nun sein eigentliches Ziel durchzusetzen, nämlich nach Askalon vorzustoßen und die Küstenmetropole wieder zu errichten. Als er den Rückzug anordnete, sank die Stimmung der Truppen schlagartig auf den Nullpunkt. Demoralisiert marschierten sie zurück ins Tiefland, wo der fragile Zusammenhalt zwischen Richards Streitmacht und dem französischen Kontingent zerbrach. Herzog Hugo von Burgund widersetzte sich dem Vormarsch nach Südpalästina und zog mit dem Gros der französischen Kreuzfahrer geradewegs nach Jaffa, manche begaben sich sogar wieder zurück nach Akko. Mit einem stark reduzierten Heer erreichte Richard am 20. Januar Askalon und begann mit der Umsetzung der ersten Etappe seiner Ägypten-Strategie.[172]

---

172 Ambroise, S. 283 f., 291 ff., 298 ff.; Itinerarium, S. 289 f., 297 ff., 303 ff.; Baha al-Din, S. 189, 196 f.

7. Ein mysteriöses Attentat

In den folgenden vier Monaten dienten Richards Anstrengungen vorrangig dem Ziel, Askalon zu einer machtvollen Küstenfestung auszubauen. Die Arbeit schritt trotz widriger Witterung und erheblicher Schwierigkeiten bei der Nahrungsmittelzufuhr recht gut voran, dies nicht zuletzt, weil Saladin militärisch inaktiv blieb. Der Sultan hielt die Kreuzarmee zwar unter wachsamer Beobachtung, doch angesichts der Missstimmung im eigenen Lager kam es ihm durchaus gelegen, seinen Soldaten eine ausgiebige Erholungsphase zu gönnen.

Auch Richard kam die Kampfpause zupass, denn im christlichen Lager standen die Dinge schlecht. Konrad von Montferrat weigerte sich, den Wiederaufbau Askalons zu unterstützen; eine ähnliche Haltung bezog Hugo von Burgund, da die angevinische Kriegskasse mittlerweile erheblich geschrumpft war und Richard den Einsatz der Franzosen nicht länger bezahlen wollte. Damit nicht genug, versuchten Konrad und Hugo in Kooperation mit genuesischen Seestreitkräften, sich der Herrschaft über Akko gewaltsam zu bemächtigen. Die mit Richard verbündeten Pisaner verteidigten die Stadt zwar erfolgreich, mussten allerdings den König um Hilfe bitten, der daher Mitte Februar nach Norden eilte, woraufhin Konrad und Hugo nach Tyrus abrückten. Der Schaffung eines notdürftigen Ausgleiches zwischen Genua und Pisa folgte ein abermals vergeblicher Anlauf Richards, Konrad zur Beteiligung an den Aufbauarbeiten in Askalon zu bewegen. Über dessen fortgesetzte Blockadepolitik erzürnt, erklärte Löwenherz den Herrn von Tyrus seines Anteiles an den Einkünften des Kreuzfahrerstaates verlustig, doch dies ließ sich kaum durchsetzen, da Konrad den Beistand der meisten einheimischen Barone und der Franzosen genoss. Nachdem er einige Wochen über die Ruhe in Akko gewacht hatte, kehrte Richard nach Askalon zurück. Angesichts der Zerstrittenheit im christlichen Lager musste die Durchführbarkeit einer Ägypten-Offensive, die alle verfügbaren Kräfte erfordern würde, zusehends zweifelhafter erscheinen.

Wie Ambroise berichtet, traf Anfang April ein Gesandter aus England ein. Da das Mittelmeer im Winter keine Überfahrten erlaubte, erlangte der König erst jetzt Kenntnis über die von seinem Bruder maßgeblich mitbedingte Konflikteskalation des vergangenen Herbstes, die den Kanzler Wilhelm Longchamp letztlich zur Flucht auf das Festland gezwungen hatte. Laut Ambroise hätte Richard nun, aufgrund des ihm jetzt mitgeteilten Sturzes Longchamps in schwerer Sorge, die Notwendigkeit einer baldigen Heimfahrt erkannt. Dass die Absetzung des

Kanzlers von Richard vorausgesehen und geplant gewesen war, konnte der über die königliche Geheimpolitik nicht informierte Poet indessen kaum wissen. Tatsächlich wird für Löwenherz die Nachricht, wonach der von ihm als Nachfolger Longchamps entsandte Walter von Rouen die Macht ohne gravierende Probleme übernommen hatte und die Lage in England bis auf weiteres unter Kontrolle war, das eigentlich ausschlaggebende Moment der Berichterstattung des Gesandten gewesen sein.

Weitaus mehr beunruhigte den Plantagenet, dass den christlichen Kräften in Palästina mittlerweile eine völlige Spaltung bevorstand, die seine bisherigen Erfolge zunichte zu machen drohte: Saladin hatte Konrad inzwischen zum offenen Krieg gegen Richard aufgefordert und ihm in Aussicht gestellt, all jene Städte behalten zu dürfen, die er der Kreuzarmee entreißen könnte; ein geschickter Plan, denn der Sultan konnte damit rechnen, dass Konrad skrupellos genug war, das Angebot anzunehmen, im Kampf gegen den König von England zwar kaum allzu viel Terrain gewinnen, durch die Entfesselung eines innerchristlichen Krieges aber den Kreuzzug zum Scheitern bringen würde. Um diesem Szenario vorzubeugen, unternahm Richard einen Schritt, der ihm sicher widerstrebte, aber Saladins Kalkül durchkreuzte: Er fasste den Entschluss, für die Absetzung Guidos von Lusignan zu sorgen und Konrad von Montferrat den Weg zum Thron freizugeben. Um sein Gesicht zu wahren, berief er am 16. April 1192 eine große Ratsversammlung ein und forderte die Barone Palästinas auf, in einer Abstimmung den künftigen Monarchen des Kreuzfahrerstaates zu bestimmen. Über den Ausgang konnte es in Anbetracht der ungleichen Popularität der beiden Kandidaten keinen Zweifel geben. Niemand wollte Guido, den Verlierer der Schlacht von Hattin, länger auf dem Thron wissen. Alle plädierten für Konrad, den Verteidiger von Tyrus.

Hierauf stellte Richard die Weichen zur politischen Neuordnung Outremers. Auf seinen bisherigen Schützling Guido von Lusignan wartete eine fürstliche Entschädigung: Zypern. Einige Monate zuvor hatte Richard die Insel zwar den Templern überantwortet, doch diese sahen sich mit deren Verwaltung überfordert. Jetzt eröffnete er Guido die Möglichkeit, den Templern die Herrschaft über Zypern abzukaufen, woraufhin der nunmehrige Ex-König von Jerusalem unverzüglich in See stach, um die wohlhabende Insel in Besitz zu nehmen.

Auf Löwenherz' Geheiß begab sich Heinrich von Champagne nach Tyrus, um das Ergebnis der Wahl bekannt zu geben. Jubel brach in der Stadt aus, und Konrad sank beim Erhalt der Nachricht vor Freude auf die Knie. Man vereinbarte, seine

Krönung schon wenige Tage später in Akko folgen zu lassen, und es stand jetzt außer Streit, dass der neue Monarch des Königreiches Jerusalem seine Blockadepolitik gegenüber Richard aufgeben und – wie es nun ja seinen Interessen entsprechen musste – sich in Kooperation mit dem Kreuzheer am Ausbau und der Festigung des Königreiches beteiligen würde. Während Konrad sich am Ziel seiner Wünsche sah, kehrte Heinrich zur Vorbereitung der Krönungsfeierlichkeiten nach Akko zurück. Der seit Jahren tobende Konflikt war vorüber, Friede schien endlich ins Lager der Christen einzukehren.

Doch da geschah etwas völlig Unerwartetes: Am Abend des 28. April 1192 wurde Konrad von Montferrat in Tyrus ermordet. Nach einem Besuch bei Philipp von Beauvais, dem Bischof von Tyrus, ging er durch die Straßen der Stadt zurück nach Hause, als zwei Männer herantraten und ihn niederstachen. Konrad wurde als Sterbender in seinen Palast getragen und erlag seinen Verletzungen kurz darauf. Die beiden Attentäter wurden augenblicklich festgenommen und entpuppten sich als Mitglieder der für ihre Mordanschläge gefürchteten Assassinen-Sekte.[173]

Wer für diese Tat letztlich verantwortlich zeichnet, bleibt im Dunkeln. Fest steht, dass der unmittelbare Mordbefehl vom geheimnisumwitterten Oberhaupt der Assassinen ausging: Raschid ad-Din Sinan, auch der *Alte vom Berge* genannt. Ob er aus eigenem Antrieb handelte, weil er mit Konrad eine Rechung zu begleichen hatte, oder ob er die Tat im Auftrag eines anderen ausführen ließ, konnte hingegen nie geklärt werden. Auf der Suche nach einem potenziellen Hintermann richteten manche den Blick auf die beiden zentralen Machtfaktoren Palästinas. So verkündete Ibn al-Atir, Saladin hätte Sinan eine stattliche Geldsumme für die Ermordung Richards und Konrads angeboten, doch wäre Sinan lediglich der zweite Teil des Auftrages gelungen, weil man dem Kreuzfahrerkönig „nicht beikommen"[174] hätte können. Andere bezichtigten Richard, den Mord initiiert zu haben, so etwa Philipp von Beauvais, der Bischof von Tyrus, ebenso der französische Hof.[175] Wie bei Saladin lässt sich Schuld oder Nichtschuld bei Löwenherz nicht zweifelsfrei nachweisen. Die moderne Geschichtsschreibung erachtet eine diesbezügliche Verantwortlichkeit des Plantagenet indessen als wenig wahrscheinlich. Wenn man die zuweilen

173 Ambroise, S. 313 ff., 326 ff., 345; Itinerarium, S. 313 ff., 320 ff., 333 ff., 350 f.; Kessler, S. 207 f., 212 f.

174 Ibn al-Atir nach Goergens, S. 260

175 Wilhelm von Newburgh, S. 436 ff.; Itinerarium, S. 341 f.; Walter Map: De nugis curialium, herausgegeben von Thomas Wright, London 1850, S. 230

geäußerte Mutmaßung beiseite lässt, ein Auftragsmord hätte sich nicht mit seinem ritterlichen Ehrenkodex vertragen,[176] kann man Folgendes festhalten: Richard wird es sicher außerordentlich schwer gefallen sein, einem Mann wie Konrad von Montferrat, der den Kreuzzug bei jeder sich bietenden Gelegenheit behindert hatte, den Weg zum Königtum zu ebnen. Andererseits existiert ein eindeutiger Beleg, dass Richard über die Fähigkeit verfügte, sich mit einem erbitterten Feind zu arrangieren und dabei bedeutende Zugeständnisse zu machen. Wie noch detaillierter auszuführen sein wird, schloss er im Jahr 1196 Friede mit der Grafschaft Toulouse, mit der er über viele Jahre lang immer wieder Krieg geführt hatte, und handelte dabei ausgesprochen konsequent: Um die Feindschaft in eine stabile Freundschaft zu verwandeln, gab er Raimund VI. von Toulouse nicht nur seine Schwester zur Gemahlin, sondern ging sogar so weit, dem Grafen bedeutende, Jahre zuvor eroberte Gebiete zurückzuerstatten. Aus dieser Vorgehensweise lässt sich ersehen, dass Löwenherz durchaus über seinen eigenen Schatten zu springen vermochte, wenn es ihm aus politischen Gründen erforderlich schien.[177] Zudem musste er damit rechnen, dass seine Gegner in Europa und in Outremer einen Mord an Konrad sofort aufgreifen würden, um eine Diffamierungskampagne gegen ihn in Gang zu setzen. Ob er diesen hohen Preis wirklich zu zahlen bereit war, ist doch sehr fraglich, zumal die Ermordung eines Adligen in jener Zeit ein äußerst schwerwiegendes Verbrechen darstellte. Zum Dritten schließlich sah sich der Plantagenet in den Folgejahren Feinden gegenüber, die ihn weitaus unmittelbarer bedrohten als Konrad von Montferrat, so etwa Philipp II., der alles daran setzte, das Angevinische Reich zu zerschlagen, aber auch Leopold V. von Österreich und Kaiser Heinrich VI., die Initiatoren von Richards folgenreicher Gefangenschaft im Heiligen Römischen Reich. Sie alle überlebten diese Taten, was vermuten lässt, dass ein Auftragsmord nicht zu den Mitteln gehörte, derer sich der Politiker Richard I. Löwenherz bediente.

8. Die Errichtung des Zweiten Königreiches

Nach Konrads Tod herrschten in Tyrus chaotische Zustände. Herzog Hugo von Burgund versuchte, die Gunst der Stunde zu nutzen und die Stadt im Namen

176 Runciman, S. 838; Bradbury, S. 98

177 Vgl. Kapitel IX/1

Philipps II. in Besitz zu nehmen. Konrads Witwe Isabella unterband diese Begehrlichkeit, indem sie sich in der Burg verbarrikadierte und sich weigerte, ihm die Schlüssel zur Stadt zu übergeben. Unmittelbar darauf trat Heinrich von Champagne auf den Plan. Auf die Nachricht von Konrads Ermordung hin hatte er die Vorbereitung der Krönungsfeierlichkeiten in Akko sofort abgebrochen und die Reise nach Tyrus angetreten. Ambroise zufolge nahm nun die Bevölkerung der Stadt die Dinge in die Hand. Verunsichert über das so plötzlich entstandene Machtvakuum, hätte sie in Heinrich den idealen künftigen Herrscher des Königreiches Jerusalem erblickt und ihn, eben erst in der Stadt angekommen, als jenen Fürsten ausgerufen, welcher Isabella zur Frau nehmen und das Thronerbe antreten sollte.

Es sei dahingestellt, ob sich die Dinge tatsächlich in so stürmischer Harmonie entwickelten wie von Ambroise geschildert. Tatsache ist immerhin, dass Heinrich von Champagne in kürzester Zeit breite Anerkennung fand, und auch die 21-jährige Isabella musste offenbar nicht lange überredet werden, nach der Ehe mit dem weitaus älteren Konrad einen gleichaltrigen Mann mit einnehmenden Umgangsformen zu heiraten, der obendrein als Neffe Philipps II. und Richards über einen hohen gesellschaftlichen und machtpolitischen Status verfügte. Kaum hatte man Konrad von Montferrat zu Grabe getragen, da willigte sie unter dem Jubel der Bevölkerung in eine Eheschließung ein.

Richard vermochte der sich anbahnenden Hochzeit durchaus Positives abzugewinnen. Heinrich von Champagne stand ihm politisch zwar nicht so nahe wie Guido von Lusignan, war vielmehr ein Lehnsmann Philipps II. und diesem als Neffe obendrein verwandtschaftlich eng verbunden. Immerhin jedoch war er gleichfalls Richards Neffe und stand in gedeihlichem Einvernehmen mit ihm. Überdies erfreute sich Heinrich unverkennbar beträchtlicher Popularität bei den einheimischen Christen und konnte auf einen starken Rückhalt im Land bauen. Gute Voraussetzungen also, um die politische Situation im Königreich endlich zu stabilisieren und alle verfügbaren christlichen Truppen für den Kampf gegen Saladin zu einen.

Die neue Führungskonstellation nahm in ungemein zügigem Tempo Gestalt an. Bereits am 5. Mai 1192 hielten Heinrich und Isabella Einzug in Akko, von der Bevölkerung begeistert empfangen. Mit prunkvollem Aufwand ließ sich das junge Paar trauen und bezog sodann seinen Wohnsitz in der Burg von Akko. Richard unterstellte seine eroberten Städte an der Küste Palästinas den neuen Herrschern.

Anschließend begann er, den verheißungsvollen Beginn des Zweiten Königreiches für die Fortsetzung des Kreuzzuges zu nutzen. Nach mehrmonatiger Unterbrechung der Kampfhandlungen gedachte er nun, den bislang geheim gehaltenen Vormarsch gegen Ägypten in Angriff zu nehmen.[178]

9. Der Gesang der Sirenen

Die erste Etappe zur Verwirklichung der Ägypten-Offensive stellte die Einnahme von Daron dar. Etwa fünfzig Kilometer südwestlich von Askalon gelegen, handelte es sich dabei um die einzige noch in Saladins Hand befindliche Küstenfestung in Palästina. Im Gegensatz zu Askalon hatte der Sultan diese Stadt nicht schleifen lassen, so dass die Christen im Fall eines Sieges einen weiteren starken Küstenposten gewinnen und damit das letzte befestigte Hindernis auf dem Weg nach Ägypten beseitigen würden.

Um die gesamten christlichen Kräfte zu bündeln, forderte Richard Heinrich von Champagne auf, mit sämtlichen Truppen nach Daron aufzubrechen und sich dort mit der angevinischen Armee zu vereinigen. Während die Kampfverbände Heinrichs und Hugos von Burgund von Akko aus anrückten, stieß er mit seinen eigenen Land- und Seestreitkräften nach Daron vor und eroberte die Festung nach fünf Tagen heftiger Kämpfe am 22. Mai im Sturm, wobei viele Muslime den Tod fanden. Als tags darauf die Truppen Outremers und Hugos von Burgund eintrafen, übergab er die eingenommene Stadt Heinrich von Champagne. Die gesamte Küstenlinie des Heiligen Landes befand sich nun in der Hand der Kreuzfahrer.

Doch Richards Hochstimmung währte nicht lange, denn am 29. Mai traf mit Vizekanzler Johann von Alençon ein hochrangiger Gesandter aus der Heimat ein und meldete, dass Johann Ohneland nach dem Scheitern seiner Machtexpansionspläne in England eine Annäherung an Philipp II. vollzogen hatte.[179] Noch weit gefährlicher als die Umtriebe von Löwenherz' jüngerem Bruder waren indessen die antiangevinischen Initiativen des französischen Königs. Welche Maßnahmen hatte Philipp II. seit seiner vorzeitigen Abreise aus Palästina im August 1191 ergriffen? Da Richard bis auf weiteres in Palästina verblieb, beabsichtigte der französische

178 Ambroise, S. 339 ff.; Itinerarium, S. 346 ff.

179 Ambroise, S. 347 ff.; Itinerarium, S. 352 ff., 358 f.

König, zentrale Gebiete des Angevinischen Reiches – insbesondere in der Normandie – an sich zu bringen. Im Bestreben, dabei keinen Konflikt mit der Kirche auszulösen, legte er während seiner Heimreise in Rom Station ein, wo er Papst Coelestin III. (1191–1198) dazu bewegen konnte, ihn von seinem mehr schlecht als recht erfüllten Kreuzzugsgelübde zu entbinden. Seine rasche Rückkehr begründete er mit dem angeblich arroganten Verhalten Richards, das ihm einen weiteren Aufenthalt in Palästina nicht erlaubt hätte. Offenbar blieb die Beschuldigung beim greisen Pontifex nicht ohne Wirkung, denn die Kirche sollte sich in weiterer Folge hinsichtlich der feindlichen Akte gegen Löwenherz auffällig passiv verhalten. Zurück in Frankreich, begann Philipp II. sogleich, seine Pläne zur Untergrabung der angevinischen Herrschaft auf dem Festland umzusetzen. Anfang 1192 legte er Seneschall Wilhelm Fitz Ralph, Richards Statthalter in der Normandie, eine gefälschte Version des mit Löwenherz in Messina abgeschlossenen Vertrages vor und forderte unter Berufung auf die darin enthaltenen Punkte die Herausgabe von Alice, des normannischen Vexin sowie einiger Randgebiete. Den abgebrühten Seneschall beeindruckten diese Unterlagen wenig, verfügte er doch über keine entsprechenden Befehle Richards. Er ließ sich nicht bluffen und wies Philipps Forderungen zurück. Ebenso kaltblütig reagierte Fitz Ralph, als zwei päpstliche Legaten in der Normandie auftauchten und Einlass in Gisors sowie Rouen verlangten. Diese Mission zielte nach außen darauf ab, Licht in den langwierigen, tatsächlich schwer durchschaubaren Machtwechsel zwischen Wilhelm Longchamp und Walter von Rouen zu bringen, war aber vielleicht von Philipp in Rom initiiert worden. Im Wissen, dass sein König keine Einmischung von Legaten wünschte, wies Fitz Ralph deren Interventionsbestrebungen zurück und hielt daran selbst fest, als einer der beiden Legaten die gesamte Normandie mit dem Interdikt belegte. Philipp peilte unterdessen eine Stärkung seiner Position an, indem er Johann Ohneland die Hand von Alice und den gesamten festländischen Besitz des Angevinischen Reiches zu Lehen anbot. Richards jüngerer Bruder zeigte sich geneigt zuzustimmen, wurde jedoch anderen Sinnes, als Eleonore und Walter von Rouen ihm den Entzug seiner Länder in England androhten, sollte er dem französischen Lockruf erliegen. Ungefähr bei diesem Stand der Dinge muss Johann von Alençon seine lange, zumindest zwei Monate dauernde Reise nach Palästina angetreten haben.[180] Die Nachrichten des Vizekanzlers gaben Richard gewiss keinen Grund zur Freude.

180 Roger von Howden, III, S. 166 f., 193 f.; Gesta, II, S. 236 ff.; Kessler, S. 175 ff.

Der Bitte Johanns von Alençon, rasch die Heimreise anzutreten, folgte er dennoch nicht. Vertrauen in die Standfestigkeit seiner Statthalter sowie in die Tatkraft Eleonores und Walters von Rouen mag ihn dazu bewogen haben, verbunden mit dem Wunsch, den Kreuzzug wie beabsichtigt zu Ende zu führen.

Vor Ort sah sich Richard ebenfalls einem massiven Problem gegenüber: Durch die Eroberung von Daron in Euphorie versetzt, forderten die Kreuzfahrer von ihm, sofort eine nochmalige Offensive gegen Jerusalem anzuführen. Nicht nur die Franzosen, selbst seine eigenen Leute drängten auf eine unverzügliche Belagerung der Heiligen Stadt. Damit drohte dem Ägypten-Projekt, der aus Richards Sicht einzig realen Chance, einen vollen Erfolg des Kreuzzuges zu gewährleisten, das vorzeitige Aus. Für den König ein herber Schlag. Konfrontiert mit der Aussicht, seine militärisch-professionelle Taktik nicht gegen die religiös motivierte und kurzsichtige Jerusalem-Strategie durchsetzen zu können, zog er sich kurzerhand in sein Zelt zurück. Tag um Tag verstrich, das Heer wurde zunehmend unruhig. Schließlich erschien ein Geistlicher aus dem Poitou beim König und versuchte, ihn mit einer flammenden Rede für das Ziel Jerusalem zu begeistern, jedoch zunächst vergeblich. Richard hörte dem Appell schweigend zu und schickte den Prediger danach wieder aus seinem Zelt. Doch nach einer weiteren Nacht des Nachdenkens rang er sich schließlich dazu durch, dem immer drängender werdenden Verlangen der Truppen vorderhand nachzugeben. Tags darauf erteilte er der Armee widerstrebend den Befehl, sich auf den Marsch zur Heiligen Stadt vorzubereiten. Hoffnungsfroh rückte das Kreuzheer neuerlich ins Bergland vor und stieß anfangs auf keinerlei Widerstand. Am 11. Juni traf das Heer wieder vor Beit-Nuba ein und errichtete ein Feldlager.[181]

Saladin versetzte das abermalige Heranrücken der christlichen Streitkräfte in höchste Anspannung. Wiederum sah er Jerusalem, die Krönung seines Siegeszuges von 1187, in Gefahr. Er wies seinen Emiren die Verteidigung der Stadtmauern zu und befahl ihnen äußerste Wachsamkeit. Gleichzeitig begann er die Kreuzarmee unter Druck zu setzen, indem er Angriffe auf deren Nachschublinie durchführen ließ und den Christen auf diese Weise empfindliche Verluste zufügte.[182]

Richard seinerseits ließ die Kreuzarmee nicht weiter vorrücken, was im Feldlager von Beit-Nuba wachsende Missstimmung hervorrief. Viele Männer erhoben die

181 Ambroise, S. 355 ff.; Itinerarium, S. 359 ff.

182 Baha al-Din, S. 204 f.; Ibn al-Atir, S. 261

Frage, warum man keinen Vorstoß zur Eroberung der Heiligen Stadt unternahm. Im Verlauf eines Kriegsrates traten vor allem Hugo von Burgund und die französischen Barone energisch für eine sofortige Offensive ein, doch der Plantagenet betrachtete dies nach wie vor als sinnloses Unterfangen. Er verwies auf die gefährdeten Nachschublinien sowie die Gefahr eines Hinterhaltes und plädierte dafür, den Rat der einheimischen Ritterorden und Barone einzuholen. Dieses Gremium, in dem neben den Franzosen insbesondere die Spitzen Outremers vertreten waren, sollte entscheiden, ob man Jerusalem angreifen oder sich stattdessen einem anderen Ziel zuwenden sollte, wobei Richard als mögliche Alternativen Kairo, Beirut und Damaskus nannte. Offenbar hatte er seit der Eroberung Darons hinter den Kulissen für seinen Ägypten-Plan geworben, denn jetzt sprach sich eine Mehrheit dafür aus, Kairo und damit das Zentrum von Saladins Macht anzugreifen. Löwenherz griff den Ball auf und ersuchte die Franzosen eindringlich um Beteiligung an diesem Unternehmen. Seine vor Akko ankernde Flotte würde Ausrüstung sowie Verpflegung transportieren und der Vormarsch entlang der Küstenlinie erfolgen, argumentierte Richard und bot an, sowohl 700 Ritter als auch 2.000 Fußsoldaten zu besolden, eine Größenordnung, die sich in etwa mit dem Umfang des französischen Kontingentes deckte. Doch die Franzosen verweigerten ihre Zusage und beharrten weiterhin auf einer Belagerung Jerusalems.

Schon lag eine Spaltung der Kreuzarmee in der Luft, da erhielt Richard von einem seiner Spione Informationen über eine riesige Nachschubkarawane aus Ägypten, die im Süden Palästinas aufgetaucht war und von dort aus auf Jerusalem zuhielt. In der Hoffnung, durch ein gemeinsam durchgeführtes Offensivunternehmen die Kluft zu den Franzosen zu überbrücken, kündigte der König an, die Karawane anzugreifen und es gelang ihm Hugo von Burgund durch die Zusicherung, ihm ein Drittel der Beute zu überlassen, zur Teilnahme zu bewegen. Mit einem etwa 2.000 Mann zählenden Aufgebot zogen die Kreuzfahrer los und fielen südlich von Hebron über die Karawane her. Nach kurzem Gefecht brachen sie den Widerstand der Muslime, machten reiche Beute – darunter stattliche Lebensmittelvorräte sowie einige tausend Pferde und Kamele – und ritten in Hochstimmung nach Beit-Nuba zurück.[183]

Saladin, über diese Hiobsbotschaft tief betroffen, befürchtete, dass nun ein christlicher Großangriff auf Jerusalem unmittelbar bevorstand. Um Löwenherz

183 Ambroise, S. 377 ff.; Itinerarium, S. 379 ff.; Baha al-Din, S. 206 ff.

eine Belagerung zu erschweren, ließ der Sultan alle Brunnen in der Umgebung der Heiligen Stadt zerstören. Beunruhigt war er zudem über die Stimmung innerhalb des eigenen Lagers, denn die Emire gelobten ihm zwar ihre Gefolgschaftstreue, doch zwischen den türkischen und kurdischen Kampfverbänden herrschten tiefe Zerwürfnisse, was im Falle eines Ansturmes der Christen zu wenig Optimismus Anlass gab. Baha al-Dins Schilderung lässt erahnen, dass Saladin in jenen Tagen unter nervlicher Hochspannung gestanden haben muss. Als der Chronist am 3. Juli neben dem Sultan in der Al-Aqsa-Moschee auf dem Jerusalemer Tempelberg das Freitagsgebet verrichtete,[184] beobachtete er, wie sich sein Gebieter „zu Boden warf, während Tränen über seinen ergrauten Bart liefen und auf seinen Gebetsteppich fielen".[185]

Im Kreuzfahrerlager verschlechterte sich die Stimmung unterdessen ebenfalls. Die gemeinsame Aktion gegen die Großkarawane hatte zwar kurzzeitig Einvernehmen zwischen Richard und Hugo von Burgund hergestellt, aber zu keiner Annäherung der divergierenden Standpunkte hinsichtlich des Offensivzieles des Kreuzzuges geführt. Die Franzosen lehnten einen Vormarsch nach Ägypten weiterhin rundweg ab und betonten ihr Missfallen, indem sie ihre Zelte demonstrativ an einen Platz abseits der restlichen Truppen verlegten. Hugo ließ zudem ein Schmählied über Richard kursieren, woraufhin der Monarch sich seiner eigenen Dichtkünste entsann und aus dem Stegreif ein gegen den Herzog von Burgund gerichtetes, gleichermaßen wenig schmeichelhaftes Lied verfasste.[186]

Die Spaltung der Kreuzarmee brachte Richards Gesamtstrategie endgültig zum Scheitern. In Anbetracht der unüberbrückbaren strategischen Auffassungsunterschiede sah sich der König genötigt, den Ägypten-Plan und damit die aus seiner Sicht einzige Chance, Saladin zur dauerhaften Preisgabe der Heiligen Stadt zu zwingen, aufzugeben.

Während die Kreuzarmee bei Beit-Nuba lagerte, ritt Richard im Zuge eines Gefechtes eines Tages auf einen Hügel, von dem aus unvermittelt Jerusalem in sein Sichtfeld rückte. Spätere Löwenherz-Legenden verliehen diesem Moment einen dramatischen Anstrich. Demnach hätte der König in jähem Schmerz seinen Schild nach oben gerissen, um sich den Anblick jener Stadt zu ersparen, deren Befreiung

184 Baha al-Din, S. 208 ff.
185 Ebd., S. 22
186 Ambroise, S. 393

Gott ihm verwehrt hätte. Aber auch ohne diese Ausschmückung kann man sich vorstellen, dass er in gedrückter Stimmung zu den Türmen und Mauern Jerusalems hinübersah, die sich ihm in wenigen Kilometern Entfernung so verlockend darboten.[187]

Am 4. Juli bauten die Kreuzfahrer auf seine Anordnung das Lager in Beit-Nuba ab und traten den Rückzug ins Tiefland an. Das französische Kontingent, das auf sich allein gestellt an keinen Angriff auf Jerusalem denken konnte, schloss sich dem Marsch notgedrungen an, brach aber nunmehr unwiderruflich mit den angevinischen Streitkräften und zog zurück nach Akko. Indes nahm Richard wieder Waffenstillstandsverhandlungen mit Saladin auf. Beide Seiten fassten jetzt eine Kompromisslösung ins Auge, die sich an der bestehenden militärischen Lage orientierte. Da sich Löwenherz' Dominanz an der Küste Palästinas ebenso wenig bestreiten ließ wie Saladins ungebrochene Herrschaft über das Binnenland, kam es zu einer raschen Annäherung der Standpunkte – mit einer Ausnahme: Der Sultan forderte eine Schleifung Askalons. Die Existenz einer derart starken christlichen Bastion, die als Ausgangspunkt einer Offensive auf Ägypten fungieren konnte, wollte er nicht dulden. Richard hingegen widerstrebte die Vorstellung, die in monatelanger Arbeit wieder errichtete und strategisch bedeutsame Festung nun erneut zerstören zu müssen. Ostentativ ließ er das noch weiter im Südwesten gelegene Daron niederreißen, schickte die dortige Garnison nach Askalon und sorgte auf diese Weise für eine weitere Verstärkung der umstrittenen Stadt, was Saladin jedoch keineswegs zum Nachgeben veranlasste. Ungeduld erfasste Richard. Nun, da sich der Traum von der Rückgewinnung Jerusalems nicht verwirklicht hatte, wollte er endlich die Heimreise antreten. Während die Verhandlungen mittels Boten fortgesetzt wurden, begann er bereits mit der Vorbereitung seiner Rückkehr ins Angevinische Reich und begab sich zu diesem Zweck nach Akko. So drängend erschien ihm dieses Vorhaben, dass er selbst die Unterzeichnung des Waffenstillstandsvertrages mit Saladin nicht mehr abwarten wollte. Da ihm ein derart sang- und klangloses Ende seines Kreuzzuges jedoch widerstrebte, plante er, vor seiner Abreise noch Beirut zu erobern und den einheimischen Christen zumindest eine weitere wichtige Hafenstadt zu sichern.

Doch dazu sollte es nicht kommen. Als Saladin von Richards Fahrt nach Akko erfuhr, verwarf er seine über zehn Monate durchgehaltene passive Kriegsführung

187 Itinerarium, S. 369; Gillingham, Richard, S. 210

und riss die Initiative wieder an sich. Am 28. Juli erschien der Sultan mit seiner Armee vor Jaffa und begann mit der Belagerung der Stadt, ein ebenso unerwarteter wie brillanter Schachzug, der darauf abzielte, den Kreuzfahrerstaat mit einem Schlag in zwei Hälften zu spalten. Die christliche Garnison von Jaffa konnte noch Kuriere nach Akko entsenden, bevor für sie ein Kampf begann, der angesichts der vielfachen muslimischen Übermacht täglich aussichtloser wurde.

Als Richard von Saladins Offensive erfuhr, beschloss er augenblicklich, seinen Gefolgsleuten in Jaffa zu Hilfe zu eilen. Schließlich zählte der Besitz dieser Stadt zu den größten Errungenschaften seines Kreuzzuges, handelte es sich bei Jaffa doch um den Ausgangshafen für christliche Pilgerreisen nach Jerusalem und um jenen Punkt, den es zu besitzen galt, wollte man dereinst zu einer Rückeroberung der Heiligen Stadt schreiten. Noch einmal machte der König mobil. Seinen Soldaten und den einheimischen Truppen befahl er, entlang der Küste nach Süden zu marschieren, während er sich selbst mit kleineren Verbänden an Bord seiner Flotte begab, um den Landstreitkräften vorauszueilen.[188]

10. Der „unvergleichliche König“

Der Gegenstoß der Christen ließ sich zunächst wenig ermutigend an. Am 31. Juli hielten die Verteidiger von Jaffa Saladins Druck nicht mehr stand und zogen sich in die Zitadelle zurück, während muslimische Truppen in die Stadt einfielen und entgegen den Befehlen des Sultans zu plündern und zu töten begannen. Das von Heinrich von Champagne geführte Heer hatte zu diesem Zeitpunkt noch nicht die Hälfte des Anmarsches zurückgelegt, und auch Richards Flotte errreichte die umkämpfte Festung wegen ungünstiger Winde erst in der Nacht zum 1. August. Als der Tag anbrach, sah der König muslimische Hoheitszeichen auf den Mauern der Stadt, nicht jedoch, dass die Zitadelle sich nach wie vor in christlicher Hand befand. Da die gesamte Stadt erobert schien, maß er einem Rückeroberungsversuch kaum Chancen bei. Zwar verfügte er über einige Eliteverbände, namentlich genuesische und pisanische Armbrustschützen, doch in Summe umfassten seine Fußtruppen laut Baha al-Din nur 300 bis 1.000 Mann und seine Ritterschaft gar nur neun bis siebzehn Mann. In Anbetracht dieser geringen Kräfte wollte er keinen

188 Itinerarium, S. 396 ff.; Ambroise, S. 394 ff.; Baha al-Din, S. 212 ff.

Angriff riskieren und schaute tatenlos zu, wie muslimische Soldaten in Scharen an den Strand kamen, um die Stadt auch nach der Seeseite hin zu sichern.

Den Verteidigern der Zitadelle, die das Erscheinen der Flotte mit Erleichterung begrüßt hatten, sank der Mut. Wegen ihrer hoffnungslosen Lage hatten sie bereits Parlamentäre zu Saladin entsandt, da sie keine Chance sahen, den Tag im Falle weiteren Widerstandes lebend zu überstehen. Verzweifelt über Richards Zögern, legten einige Männer schon die Waffen nieder und ergaben sich. Da sprang ein Priester in einem kühnen Satz von der Zitadelle auf den Strand hinunter, rannte zum Wasser und schwamm zur Flotte hinaus, um den König darüber aufzuklären, dass die Garnison noch immer aushielt, die Dinge allerdings auf Messers Schneide standen.

Als Richard erfuhr, dass Jaffa wider Erwarten doch nicht zur Gänze verloren war, änderte er seine Meinung abrupt und ordnete unverzüglich den Sturmangriff an. Er ließ die Flotte bis knapp vor das Ufer steuern, legte in der Hitze des Augenblicks lediglich Teile seiner Rüstung an, sprang als Erster ins hüfthohe Wasser und watete mit seinen Leuten ans Ufer. Dort fegte er die gegnerischen Verbände hinweg und errichtete einen Brückenkopf. Während einige seiner Soldaten die Position durch die Errichtung einer Barrikade absicherten, stieß Richard mit dem Gros seiner Kräfte in die Stadt vor, woraufhin die Garnison neuen Mut fasste und einen Ausfall aus der Zitadelle unternahm. Saladins Soldaten wurden von Löwenherz' wildem Angriff überrumpelt. Manche von ihnen glaubten, die Zitadelle hätte bereits kapituliert, während andere sich mehr dem Plündern gewidmet und der stundenlang untätig gebliebenen angevinischen Flotte keine besondere Beachtung mehr geschenkt hatten. Angesichts des Blitzangriffes konnten sie ihre Reihen nicht mehr ordnen. Viele von ihnen wurden während Richards Sturmlauf überrannt und getötet, die anderen flüchteten Hals über Kopf. Saladin sah sich gezwungen, sein Lager vor Jaffa eilig abzubrechen und den Rückzug anzutreten. Richard, wieder Herr der Stadt, ließ sein Zelt stolz exakt an jener Stelle aufstellen, wo sich kurz zuvor noch das Lager des Sultans befunden hatte.[189]

Unmittelbar danach folgte eine der vielleicht erstaunlichsten Szenen des Dritten Kreuzzuges: Wie Baha al-Din berichtet, trafen sich der Kreuzfahrerkönig und führende Repräsentanten des *Dschihad* trotz des gerade beendeten Blutvergießens noch am selben Tag zu geradezu herzlichen Gesprächen. Im Lauf der vorangegan-

189 Ambroise, S. 398 ff.; Itinerarium, S. 405 ff.; Baha al-Din, S. 217 ff., 223, 225

Abb. 14: Richard I. vor Jaffa

genen Monate war der Plantagenet nicht nur mit al-Adil zu einem glänzenden persönlichen Einvernehmen gelangt, sondern stand mittlerweile zudem mit einer Reihe von Emiren sowie Mamluken-Anführern in freundschaftlichen Beziehungen und hatte manche zu Rittern geschlagen. Zunächst begaben sich mehrere Mamluken zu Richard, wobei es, so Baha al-Din, „viel Konversation und Fröhlichkeit zwischen ihnen gab".[190] Wenig später erschien auf Löwenherz' Einladung eine hochrangige muslimische Verhandlungsdelegation. Der König gab sich unbeschwert und machte einige ironische Bemerkungen über den Umstand, dass er nicht mit Beinschienen, sondern nur in Stiefeln zum Sturm auf Jaffa angetreten war. Dann wurde er ernster, bekundete seinen Respekt für Saladin und bat, dem Sultan mitzuteilen:

> „Garantiert mir um Gottes willen, worum ich ersuche, damit ich Frieden schließen kann. All dies muss ein Ende haben. Meine Länder jenseits des Meeres wurden zugrunde gerichtet. Auf diese Weise fortzufahren, macht weder für uns noch für Euch Sinn."[191]

Trotz seiner eindringlichen Friedensbotschaft war Löwenherz allerdings immer noch entschlossen, am Besitz von Askalon festzuhalten. So bedeutsam erschien ihm diese Stadt, dass er in den nun einsetzenden Verhandlungen buchstäblich mit allen Mitteln versuchte, den Sultan diesbezüglich zum Einlenken zu bewegen. Er schmeichelte ihm mit Komplimenten, versuchte ihn durch die Ankündigung einzuschüchtern, abermals den Winter in Palästina zu verbringen, und bot sogar eine Lehnsnahme Askalons an, was nach damaligem Recht die – in der Praxis freilich wenig realistische – Verpflichtung enthielt, dem Sultan künftig im Bedarfsfall von Westeuropa aus zu Hilfe zu kommen. Saladin ließ sich davon nicht beeindrucken. Keinesfalls gewillt, den Christen die Schlüsselbastion im Süden Palästinas zu überlassen, ließ er auf Richards Drohung einer neuerlichen Überwinterung im Heiligen Land vernehmen:

> „Wenn es leicht für ihn ist, hier zu überwintern und fern seiner Familie und seiner Heimat zu sein, (…) obwohl er ein junger Mann in der Blüte seiner Jahre ist und in einem Alter steht, in dem er seine Vergnügungen sucht, wie leicht ist es dann für mich,

190 Baha al-Din, S. 223
191 Ebd.

einen Winter, einen Sommer, dann wieder einen Winter und noch einen Sommer hier in der Mitte meiner eigenen Länder zu verbringen, umgeben von meinen Söhnen und meiner Familie, wo jeder, den ich zu sehen wünsche, zu mir kommen kann. Ich bin ein alter Mann und sehne mich nicht nach weltlichen Vergnügungen. Ich hatte meinen Anteil an ihnen und habe mich von ihnen losgesagt.“[192]

Richard hielt indessen an seinen Forderungen fest, und bald spitzte sich die Lage aufs Neue zu. Saladin hatte seine Streitkräfte und seinen Tross nach dem 1. August aus dem unmittelbaren Umfeld Jaffas abgezogen. Angesichts der stockenden Verhandlungen und Richards geringer Truppenstärke – laut Baha al-Din umfasste das christliche Feldlager lediglich rund zehn Zelte – entschloss sich der Sultan zu einer nochmaligen Attacke, um die Stadt endgültig in seinen Besitz zu bringen und seine bisherigen Niederlagen gegen Löwenherz mit einem durchschlagenden Sieg vergessen zu machen. In der Nacht zum 5. April rückte er mit seiner Armee in aller Stille vor.[193] Sein Kalkül, den Gegner im Schlaf zu überraschen, ging jedoch nicht auf. Die Kreuzfahrer bemerkten die anlaufende Offensive rechtzeitig und machten sich zur Verteidigung bereit. Entschlossen, Jaffa um jeden Preis zu halten, formierte Richard seine kleine Streitmacht zu einer geordneten Abwehrphalanx. In der ersten Reihe knieten Fußsoldaten, die Schilde in den Boden gerammt und die Lanzen nach oben gerichtet. Knapp hinter ihnen gingen Armbrustschützen in Stellung, denen Richard zur Erhöhung der Schussfrequenz jeweils einen Mann beigab, dem das neuerliche Munitionieren und Spannen der Armbrust oblag. Wie Ambroise berichtet, schritt Löwenherz unmittelbar vor der Schlacht, die seine herrscherliche Reputation entscheidend prägen sollte, noch die Reihen ab, erinnerte die Soldaten an ihr Kreuzzugsgelübde und schärfte ihnen ein, sowohl sie als auch er selbst hätten ihr Leben nun so teuer wie möglich zu verkaufen und dem Märtyrertum ins Auge zu blicken. Kurz darauf sprengte die erste Welle der muslimischen Reiterei heran, doch sie konnte den christlichen Abwehrriegel nicht durchbrechen und drehte ab. Auch in weiterer Folge musste der König sich über die Moral seiner Männer nicht beklagen. Wacker wehrten sie Angriffswelle um Angriffswelle ab und fügten Saladins Truppen schwere Verluste zu, sodass Richard die Chance erblickte, den sich abzeichnenden Abwehrerfolg durch eine Attacke in

192 Ebd., S. 224
193 Ebd., S. 225

einen Sieg zu verwandeln. Dass seine Kavallerie eine geradezu lächerliche Mannstärke aufwies – sowohl Ambroise als auch Baha al-Din schätzten sie auf rund ein Dutzend Ritter – und Saladins Armee seinen paar hundert Fußsoldaten zahlenmäßig um ein Vielfaches überlegen war, hielt ihn von seinem Entschluss nicht ab: Auf seinen Befehl rückten die Armbrustschützen in die erste Reihe vor und schossen sämtliche Pfeile ab, um die muslimischen Streiter zum Stehen zu bringen. Nach dem Geschosshagel machten sie Richard Platz, der daraufhin seinem Pferd die Sporen gab und mit seiner Handvoll Ritter sowie den Lanzenträgern zur Gegenattacke überging.[194] Gemäß christlichen Augenzeugenberichten[195] lieferte Löwenherz im jetzt entbrennenden Nahkampf das Gefecht seines Lebens. Mit wuchtigen Schwerthieben drang er auf Saladins Streiter ein, befreite nacheinander zwei Ritter aus höchster Bedrängnis – unter ihnen Graf Robert von Leicester, dem er bereits im Herbst des Vorjahres das Leben gerettet hatte –, eilte zu seinen Galeeren, um einige Ruderer zurückzuholen, die in Todesangst dorthin geflohen waren, und warf sich dann sofort wieder ins Kampfgetümmel. Dabei stieß er zu Pferd weit in die gegnerischen Reihen vor und geriet vorübergehend aus dem Blickfeld seiner Leute, stritt jedoch in derart entfesselter Manier, dass niemand ihm Paroli zu bieten vermochte.[196] Die westlichen Berichterstatter suchten nach Superlativen, um ihre Begeisterung über Richards Taten in Worte zu fassen. Niemals hätte ein Mann an einem Tag dermaßen hart und lang gekämpft, vermerkte Ambroise,[197] während das *Itinerarium* ihn in eine Reihe mit sagenhaften Kriegshelden wie Achill, Alexander und Roland stellte.[198] Ralph von Coggeshall wiederum kreiierte das Bild eines rasenden Löwen,[199] um seiner Bewunderung für Richard Ausdruck zu verleihen, der ihm ob seines maximalen Einsatzes als „unvergleichlicher König“[200] galt.

Neben der eigenen Bereitschaft, bis zum Letzten um Jaffa zu kämpfen, kam der bescheidenen Kreuzfahrerschar die schlechte Kampfmoral der muslimischen

194 Ambroise, S. 419 ff.; Itinerarium, S. 417 ff.; Ralph von Coggeshall, S. 45 ff.; Baha al-Din, S. 225 f.

195 Die Schilderung des Ambroise sowie das *Itinerarium* sind als Augenzeugenberichte zu werten. Eine weitere wichtige christliche Quelle stellt Ralph von Coggeshall dar, der sich selbst zwar nicht vor Ort befand, vom Verlauf der Schlacht allerdings durch den Ritter Hugo von Neville erfuhr, dessen Teilnahme an der Schlacht von Ambroise bestätigt wird.

196 Ambroise, S. 421 ff.; Itinerarium, S. 418 ff.

197 Ambroise, S. 421

198 Itinerarium, S. 421

199 Ralph von Coggeshall, S. 45

200 Ebd., S. 46

Truppen zugute, die Saladins abermaligem Schlachtbefehl nur noch widerwillig gefolgt waren. Schon seit längerem des ewigen Kämpfens müde, hatte ihre Motivation durch die Niederlage des 1. August einen neuerlichen Schlag erlitten und nutzte sich wegen des entschlossenen Widerstandes der Kreuzfahrer weiter ab, was bei Richard wohl den entscheidenden Ausschlag zum Gegenangriff gab. Das Spektakuläre der Schlacht wird indessen auch bei Baha al-Din deutlich, der sich zu diesem Zeitpunkt zwar nicht mehr vor Ort befand, jedoch von den Geschehnissen unmittelbar nach der Schlacht von anderen Gefolgsleuten Saladins erfuhr und Allah dankte, den Kampf nicht selbst miterlebt zu haben. Trotz ihrer geringen Zahl wären die Kreuzfahrer gewillt gewesen, bis zum Tod zu kämpfen, hätten mit ihrer unbändigen Entschlossenheit Furcht unter den Muslimen verbreitet und den Zorn des Sultans erregt, der nicht glauben wollte, dass sich seine Armee gegen eine derart kleine Streitmacht nicht durchzusetzen vermochte. Baha al-Din fügte den christlichen Schilderungen von Richards Heldentum schließlich noch eine weitere Szene hinzu. Demnach schreckte Löwenherz am Ende der Schlacht einmal nicht davor zurück, mit provokant erhobener Waffe die gesamte Front der muslimischen Armee entlangzureiten, doch niemand wollte mehr die Herausforderung annehmen und gegen ihn zum Kampf antreten. Wütend über diesen Anblick, hätte Saladin dem Schlachtfeld daraufhin den Rücken gekehrt.[201]

Als Richard am Ende des Tages als Sieger vom Platz ging, sah man ihm an, welch wild bewegter Tag hinter ihm lag. Wie Ambroise und das *Itinerarium* berichten, steckten in seinem Kettenpanzer und im Harnisch seines Pferdes dermaßen viele Pfeile, dass sein optisches Erscheinungsbild dem eines Igels ähnelte.[202]

11. Waffenstillstandsvertrag mit Saladin

Nach der Niederlage des 5. August 1192 lagerte Saladin eine Weile bei Latrun und erwog einen dritten Angriff auf Jaffa. Für die Kreuzfahrer hätte dies den Untergang bedeuten können, denn Richard erkrankte nach der zweiten Schlacht um Jaffa ernstlich und war phasenweise dem Tode nahe. Über den schlechten Gesundheitszustand des Monarchen bestens informiert, schickte der Sultan einen Gesandten ins Kreuzfahrerlager mit der Forderung, Jaffa endlich aufzugeben. Wie Ambroise

201 Baha al-Din, S. 225 f.

202 Ambroise, S. 424; Itinerarium, S. 423

berichtet, antwortete Richard von seinem Krankenlager aus verbissen, er würde keinen Fußbreit zurückweichen, solange er stehen oder auf Knien kriechen könnte.

Über die militärische Lage hegte der König dennoch keine Illusionen. Angesichts seiner Erkrankung und der geringen christlichen Truppenstärke vor Ort bestanden kaum Chancen, eine dritte muslimische Offensive siegreich zu überstehen. Zudem war seine Armee seit der vierzehn Monate zurückliegenden Ankunft in Palästina stark dezimiert, denn zahllose Soldaten hatten die Kampfhandlungen, die Seuchen und die zeitweise extremen Witterungsbedingungen nicht überlebt. Da Heinrich von Champagne sowie die führenden Vertreter der Ritterorden sich außerstande sahen, den Kampf um Jaffa ohne ihn fortzusetzen, schickte der Plantagenet schließlich einen Boten zu al-Adil, um die Waffenstillstandsgespräche erneut aufzunehmen.

Just in dem Augenblick, als die Lage hoffnungslos schien, führte Richards januskopfige, seit geraumer Zeit zwischen Friedensbereitschaft und eisernem Kriegertum hin und her pendelnde Strategie zum Durchbruch. Die schon seit längerem wankende Kampfmoral der muslimischen Truppen war durch die neuerlichen Niederlagen am Ende, und al-Adil sowie die meisten Emire plädierten jetzt energisch für ein Ende des Krieges. Die Aussicht auf eine weitere Überwinterung Richards in Palästina erschreckte sie zutiefst. Sie wollten den Kreuzfahrerkönig, der selbst in den unmöglichsten Situationen die Oberhand behielt, endlich nach Europa abreisen sehen und drängten Saladin, die Voraussetzungen dafür zu schaffen. Gegen die jetzt allgemein vorherrschende Missstimmung kam selbst der Sultan nicht an und machte sich mit dem Gedanken vertraut, seinen Heiligen Krieg zu beenden.

In der Endphase des Kreuzzuges trat der auffällige Gegensatz zwischen Richards schlechtem Verhältnis zum französischen Kreuzfahrerkontingent und seinen von gegenseitigem Respekt getragenen Beziehungen zu den Hauptexponenten des *Dschihad* deutlicher denn je zutage. Die Spannungen mit Herzog Hugo von Burgund hatten sich infolge des Zwistes von Beit-Nuba und der französischen Absetzbewegung nach dem Rückzug vor Jerusalem in unverhohlene Feindschaft verwandelt, verstärkt noch durch Hugos Weigerung, einen Beitrag zur Verteidigung Jaffas zu leisten.[203] Als Richard die Nachricht erhielt, dass der Herzog von Burgund während der Heimreisevorbereitungen unversehens erkrankt und verstorben war, begann sich

203 Baha al-Din, S. 226 ff.; Ambroise, S. 426 ff.; Itinerarium, S. 425 ff.; Ibn al-Atir nach Goergens, S. 264; Richard von Devizes, S. 73 ff.

sein eigener gesundheitlicher Zustand angeblich schlagartig zu verbessern.[204] Im Umgang mit seinen eigentlichen Kriegsgegnern zeigte sich der König hingegen stets von seiner besten Seite und pflegte insbesondere mit al-Adil einen Umgang, der über reine Höflichkeit hinausging. Nachdem die beiden Männer bereits im Herbst 1191 zu einer glänzenden Gesprächsbasis gelangt waren, hatte Richard im März 1192 einen Sohn al-Adils als Zeichen besonderer Wertschätzung zum Ritter geschlagen und Saladins Bruder bei manchen Gelegenheiten als seinen Bruder bezeichnet.[205] Nun entsprangen diese Gesten sicher zu einem gerüttelt Maß strategischer Überlegung. Richard sah in Saladins machtbewusstem jüngeren Bruder höchstwahrscheinlich einen potenziellen Fürsprecher seiner eigenen Ziele, während al-Adil eine Schlüsselrolle in den Verhandlungen vermutlich als Stärkung seiner eigenen politischen Position betrachtete. Dass das Verhältnis zwischen Löwenherz und Saladins jüngerem Bruder dennoch von gegenseitiger Sympathie geprägt gewesen sein muss, veranschaulicht eine Aufsehen erregende Geste al-Adils während der zweiten Schlacht von Jaffa: Den Schilderungen Ambroises zufolge stritt Richard gerade mitten im Kampfgetümmel, als sich plötzlich die Reihen der Gegner teilten und der Bruder des Sultans vortrat. Er führte zwei edle Araberhengste mit sich, bot sie dem erstaunten König an und meinte, einem derart hervorragenden Kämpfer stände entsprechender Lohn zu. Der König nahm das unerwartete Geschenk nur zu gerne an und entgegnete, er würde selbst von seinem schlimmsten Todfeind viele Pferde annehmen, wenn sie in einer Stunde derartiger Not kämen.[206]

Al-Adil war denn auch jener Mann, von dem Richard sich eine entsprechende Einflussnahme auf den Sultan erhoffte, um Askalon behalten zu können. In einer Botschaft an Saladins Bruder verriet er Baha al-Din zufolge, dass er mittlerweile nicht mehr aus militärischen Gründen so hartnäckig auf dieser Stadt beharrte, sondern im Falle einer Preisgabe Askalons um seine Reputation in Europa fürchtete. In kaum verschleierten Worten ließ er erkennen, dass ihm hauptsächlich daran gelegen war, die Stadt zum Zeitpunkt seiner Abreise in christlicher Hand zu wissen und einen späteren Verlust Askalons an den Islam durchaus verschmerzen würde, da man ihm das im Abendland nicht anlasten konnte.[207]

---

204 Richard von Devizes, S 79 f.

205 Itinerarium, S. 325; Baha al-Din, S. 197

206 Ambroise, S. 421 f.; Itinerarium, S. 419

207 Baha al-Din, S. 228

Saladin wollte die Schlüsselfestung im Süden Palästinas indessen keinesfalls unter christlicher Herrschaft belassen. Noch einmal kam es zu einem zähen und trickreichen diplomatischen Schlagabtausch, in dem Richard alle Register zog, um dem Kreuzfahrerstaat so viel Land wie nur irgend möglich zu sichern. Auf muslimischer Seite sah man sich einer harten Nervenprobe ausgesetzt. Baha al-Din seufzte über die Verhandlungsführung des Königs:

> „Um seine Ziele zu erreichen, bediente er sich bald der Nachgiebigkeit, bald der Gewalttätigkeit, und obwohl er sich vor der Notwendigkeit sah, heimzukehren, behielt er seine bisherige Verhandlungsführung bei. Gott allein konnte die Muslime vor seiner Bösartigkeit bewahren; niemals mussten wir die Feindschaft eines listigeren und kühneren Mannes ertragen, als er es war.“[208]

Schließlich einigten sich beide Seiten auf einen territorialen Kompromiss und unterzeichneten am 2. September 1192 einen Waffenstillstandsvertrag, der im Wesentlichen dem militärischen Kräfteverhältnis entsprach. Die Muslime behielten Jerusalem und den überwiegenden Teil des Binnenlandes Palästinas, die Christen den Küstenstreifen zwischen Tyrus und Jaffa. Richard musste letztlich zwar seinen Anspruch aufgeben, Askalon unter christlicher Herrschaft zu halten, doch erwirkte er von Saladin die Zusage, die Festung zu schleifen und sie auf diese Weise in militärisches Niemandsland umzuwandeln. Als zusätzliche Kompensation erreichte er die Teilung Ramlas und Lyddas in einen christlichen und einen muslimischen Herrschaftbereich. Die zwei weiter nördlich gelegenen Kreuzfahrerfürstentümer Antiochia und Tripolis wurden in das Abkommen mit einbezogen. Jerusalem stand fortan freiem Pilgerverkehr offen. Zusätzliches Gewicht erhielt der auf drei Jahre festgesetzte Waffenstillstand durch die sinnvolle Verfügung, den Vertrag von Heinrich von Champagne, al-Adil sowie zahlreichen weiteren christlichen und muslimischen Würdenträgern unterzeichnen zu lassen und dessen Gültigkeit auf diese Weise nicht vom Überleben der beiden Hauptprotagonisten Richard und Saladin abhängig zu machen.[209]

Wie Baha al-Din berichtet, waren an jenem 2. September die Muslime ebenso wie die Christen der Region überwältigt vor Freude, endlich wieder Friede in Pa-

208 Kessler, S. 202
209 Baha al-Din, S. 228 ff.; Itinerarium, S. 428 f.

lästina einkehren zu sehen. Saladin vermochte sich der allgemeinen Jubelstimmung hingegen nicht anzuschließen. Er fürchtete, den Kreuzfahrern eine allzu starke Basis für künftige Feldzüge im Binnenland Palästinas überlassen zu haben und äußerte gegenüber Baha al-Din die Sorge, was nach seinem Tod geschehen würde. In Anbetracht des Gebietsstandes, den er 1187 und 1188 innegehabt hatte, musste ihm der nunmehrige Status quo wenig befriedigend erscheinen, wenngleich er den Waffenstillstand aufgrund der Kampfmüdigkeit seiner Streitkräfte als gerechtfertigt ansah.[210] Richard dürfte über das Endergebnis des Krieges ebenfalls nicht zufrieden gewesen sein, da Jerusalem weiterhin muslimischer Herrschaft unterstand und es ihm nicht gelungen war, Askalon zu halten. Immerhin aber befanden sich die meisten der wohlhabenden Küstenstädte, die im Transithandel zwischen Europa und Asien als Drehscheiben fungierten, abermals in christlicher Hand. Das fünf Jahre zuvor faktisch zerschlagene Königreich Jerusalem bildete neuerlich einen lebensfähigen Staat, zwar um einiges kleiner als das Erste Königreich, allerdings verstärkt durch das im Mai 1191 eroberte Zypern. Beide Seiten hatten erreicht, was unter schwierigen Umständen gegen einen mehr als ernst zu nehmenden Widersacher erreicht werden konnte.

Mochte Löwenherz über den Ausgang seines Kreuzzuges auch nicht recht glücklich sein, so setzte er doch einige Akzente, den Waffenstillstand auch auf menschlicher Ebene zu festigen. Schon vor Abschluss des Vertrages hatte er seinen Neffen Heinrich von Champagne der Gunst Saladins empfohlen, woraufhin der Sultan erklärte, den jungen Herrscher des Kreuzfahrerstaates künftig wie seinen Sohn zu behandeln.[211] Wie Ibn al-Atir berichtet, bewog Richard Heinrich überdies, ein muslimisches Ehrenkleid zu erbitten und seine Absicht zu erklären, es trotz der Irritation mancher Christen zu tragen, um den Sultan zu ehren. Saladin nahm auch diese Initiative mit Wohlwollen auf und übersandte die gewünschte Kleidung nach Akko.[212] Durch Maßnahmen wie diese gewann der Waffenstillstand letztlich den Charakter eines Friedensschlusses, obwohl dieser im Heiligen Krieg eigentlich nicht vorgesehen war. Zieht man in Betracht, dass Richard zu einer Zeit lebte, in der es in Europa zahllose blutdürstige religiöse Eiferer gab und allenthalben Hassparolen gegen den Islam geäußert wurden, ist sein Verhalten

210 Baha al-Din, S. 231 f.

211 Ebd., S. 213 f.

212 Ibn al-Atir nach Goergens, S. 260

doch bemerkenswert. Fanatismus gegenüber dem muslimischen „Glaubensfeind" war ihm, sollte er ihn je empfunden haben, im Zuge seiner Präsenz in Palästina offenkundig weitgehend abhanden gekommen.

Nicht verebbt schien dagegen Richards Verbitterung gegenüber dem französischen Kreuzfahrerkontingent. Als der Waffenstillstand in Kraft trat und den Christen sich die Möglichkeit einer Pilgerfahrt nach Jerusalem bot, ließ er gegenüber dem Sultan verlautbaren, dass nur jenen die Erlaubnis dazu erteilt werden sollte, die einen Geleitbrief von ihm selbst oder von Heinrich vorweisen könnten. Gerichtet war diese Maßnahme gegen die französischen Kreuzfahrer, denen Richard nun den Geleitbrief genüsslich verweigerte.

Der Dritte Kreuzzug fand seinen Abschluss mit einer friedlichen Prozession zahlreicher Kreuzfahrer nach Jerusalem. In drei Gruppen zogen sie unbewaffnet den Bergen Judäas entgegen, um am Heiligen Grab ihre Andacht zu halten. Löwenherz schloss sich ihnen nicht an. Trotz der Neugier, die er empfunden haben mag, seinem großen Kontrahenten Saladin zumindest einmal von Angesicht zu Angesicht gegenüberzustehen, konnte er sich nicht dazu durchringen, die Heilige Stadt, zu deren Eroberung er Jahre zuvor aufgebrochen war, nun als friedlicher Pilger zu betreten. Er blieb an der Küste und sollte dem Sultan nie begegnen.

Hubert Walter, Anführer der dritten Pilgergruppe, erwies sich indessen als würdiger Stellvertreter.[213] Vielfältig talentiert, hatte der Bischof von Salisbury während des Kreuzzuges als Diplomat, Administrator und Truppenführer brilliert, Richards Vertrauen gewonnen und durch seine kundige Verhandlungsführung auf muslimischer Seite einigen Respekt erworben.[214] Als er jetzt in Jerusalem ankam, hieß Saladin ihn mit allen Ehren willkommen und bat ihn zu einem Gespräch, in dessen Verlauf der Sultan Fragen über Richards Charakter zu stellen begann. Hubert Walter rühmte daraufhin die Vorzüge des Königs und strich insbesondere dessen Kühnheit hervor, woraufhin Saladin erwiderte, er wüsste wohl um die Furchtlosigkeit des Königs, dann aber kritisch anmerkte, Einsicht und Mäßigung ständen einem Herrscher besser zu Gesicht als exzessive Courage.

Am Ende des Gespräches stellte Saladin unter Beweis, dass er einen Krieg stilvoll zu beenden wusste und entbot dem Vertreter des Monarchen, dessen Kreuzzug einen Teil seines Lebenswerkes zunichte gemacht hatte, zum Abschied ein Ge-

213 Ambroise, S. 433 f., 440 ff.; Itinerarium, S. 431 f., 435 ff.

214 Gillingham, Richard, S. 229

schenk freier Wahl. Damit dürfte Hubert Walter trotz aller Freundlichkeit denn doch nicht gerechnet haben. Überrascht und erfreut zugleich ersuchte er um eine Nacht Bedenkzeit, um sich seinen Wunsch reiflich überlegen zu können. Als er tags darauf erneut beim Sultan vorsprach, äußerte er die Bitte, Geistliche zum Heiligen Grab sowie nach Bethlehem und Nazareth entsenden zu dürfen, um die heiligen Stätten im Sinne des westlichen Christentums zu betreuen. Der Herr des *Dschihad* erteilte seine Genehmigung und nahm danach in vollendeter Höflichkeit vom Botschafter des Kreuzfahrerkönigs Abschied.

Nach der Pilgerfahrt begannen sich die Kreuzfahrer in Richtung Heimat einzuschiffen. Richard weilte während der letzten Wochen vor seiner Abreise zumeist in Akko, um seine Gesundheit wiederherzustellen, Schulden zu begleichen und Außenstände einzutreiben. Wilhelm von Préaux, dessen tapfere Tat ihm ein Jahr zuvor die Gefangenschaft erspart hatte, löste er gegen zehn muslimische Edelleute aus Saladins Haft. Am 29. September stachen Berengaria und Johanna in See, und am 9. Oktober 1192, knapp bevor die Herbststürme eine Überfahrt nach Europa verhindert und eine abermalige Überwinterung im Heiligen Land erfordert hätten, trat er schließlich ebenfalls von Akko aus die Heimfahrt nach Europa an.[215]

Für Saladin kam Richards Abreise keinen Moment zu früh, denn die kriegerischen Geschehnisse der vergangenen Jahre hatten die Kräfte des Sultans, der seit geraumer Zeit mit gesundheitlichen Problemen kämpfte, restlos aufgebraucht. Er überlebte den Dritten Kreuzzug lediglich um wenige Monate und starb am 4. März 1193 in Damaskus im Alter von etwa 55 Jahren.[216]

Ambroise und das *Itinerarium* zeichnen ein wehmütiges Bild von Richards Abschied von Palästina. Demzufolge hatten sich im Hafen von Akko viele Menschen versammelt, um ihm Adieu zu sagen. Tränen wurden vergossen, und nicht wenige fragten sich, was nach seinem Abzug aus dem Kreuzfahrerstaat werden sollte. Löwenherz tat seinerseits die Absicht kund, dereinst ins Heilige Land zurückzukehren und den Kampf wieder aufzunehmen. Gemäß dem *Itinerarium* teilte er dies auch Saladin mit, woraufhin der Sultan entgegnete, dass er, sollte er jemals dazu verurteilt sein, Palästina zu verlieren, das Land lieber Richard als irgendeinem anderen Herrscher überlassen würde. Ob es sich bei dieser Aussage um die Aus-

215 Ambroise, S. 440 ff.; Itinerarium, S. 437 f.; Runciman, S. 847 f.; Naumann, S. 71
216 Möhring, Saladin. Der Sultan und seine Zeit, S. 105 ff.

schmückung eines Chronisten oder um eine letzte Höflichkeitsgeste Saladins handelte, bleibt ungewiss.[217]

Richards wenige Wochen zuvor geäußerte Befürchtung, ohne den Besitz von Askalon erheblich an Prestige in der christlichen Welt zu verlieren, lässt vermuten, dass ihm der größte persönliche Erfolg seines Kreuzzuges im Frühherbst 1192 noch nicht bewusst war: Zum eigentlichen Fokus in der allgemeinen Wahrnehmung seines Kreuzzuges wurde weder die Preisgabe Askalons noch die nicht gelungene Rückeroberung Jerusalems, sondern die Kunde vom dramatischen Schlusspunkt des Krieges in Jaffa, die sich in weiten Teilen Europas verbreitete, selbst in fern des Angevinischen Reiches verfassten Chroniken wie den *Salzburger Annalen* ihren Niederschlag fand und von zahlreichen Geschichtsschreibern des Angevinischen Reiches mit Worten geschildert wurden, denen man den Stolz und die Begeisterung anmerkt, die man in der Heimat gegenüber Löwenherz empfunden haben muss.[218] Wie zudem die Ereignisse der folgenden beiden Jahre zeigen, herrschte in den angevinischen Ländern eine hohe Opferbereitschaft, um die wohlbehaltene Heimkehr des Königs zu gewährleisten, der mit dem Nimbus eines Helden ins Abendland zurückreiste. Diesen Kredit sollte Richard bitter benötigen.

217 Ambroise, S. 445 f.; Itinerarium, S. 429 f., 441 f.

218 Die Attribute, mit denen der König angesichts seiner Siege von Jaffa versehen wurde, reichen von „mannhaft“ (Ralph von Diceto, II, S. 105) bis „unglaublich“ (Ralph von Coggeshall, S. 41). Einige Chronisten lassen Saladin, al-Adil bzw. einen Soldaten von Saladins Armee hymnische Reden über Richards Mut halten (Wilhelm von Newburgh, S. 450 f.; Richard von Devizes, S. 75 ff.; Itinerarium, S. 424; Ambroise, S, 425 f.). Weitere Quellen, in denen der Kampf um Jaffa beschrieben wurde: Roger von Howden, III, S. 183 f.; Giraldus Cambrensis, S. 107; Ernoul: Chronique d'Ernoul et de Bernard le Trésorier, herausgegeben von L. de Mas Latrie, Paris 1871, S. 280 ff.

VI.

In deutscher Haft (1192–1194)

1. Odyssee nach Wien

Als Richard I. Löwenherz am 9. Oktober 1192 von Akko aus gen Westen in See stach, lagen sechzehn Monate hinter ihm, in denen er als Vorkämpfer der westlichen Christenheit Weltgeschichte geschrieben hatte. Zwei Monate später hetzte der Held des Dritten Kreuzzuges fast völlig auf sich allein gestellt, einem flüchtigen Verbrecher gleich, durch die winterlichen Ostalpen seinem Verhängnis entgegen. Wie hatte es zu dieser bizarren Wende kommen können?

Um die Kausalzusammenhänge dieser Entwicklung zu verstehen, erscheint es geboten, die zwischenzeitlichen Aktivitäten Philipps II. zu beleuchten. Wie erwähnt, hatte sich der französische König nach seiner Rückkehr aus Palästina darauf konzentriert, Richards Weiterverbleib im Orient zur Destabilisierung der angevinischen Herrschaft über Westfrankreich zu nutzen, und vergeblich versucht, Löwenherz' Statthalter in der Normandie Anfang 1192 durch einen fingierten Vertrag zur Preisgabe des normannischen Vexin zu veranlassen. Als der Anlauf, Johann Ohneland ins französische Lager zu ziehen, durch das Eingreifen Eleonores sowie Walters von Rouen ebenso misslang und selbst die Verhängung des Interdiktes über die Normandie keine konkreten Resultate zeitigte, wollte der Kapetinger einen Feldzug gegen die Normandie unternehmen. Doch auch dieser Vorstoß schlug schon im Ansatz fehl, denn Philipps eigene Gefolgsleute verweigerten einen Krieg gegen das Angevinische Reich, solange sich dessen Herrscher auf Kreuzzug befand, wodurch dem französischen König die letzte durchgreifende Handlungsmöglichkeit genommen war. Ein Versuch des Grafen Raimund V. von Toulouse, aus der Abwesenheit des Plantagenet territoriales Kapital zu schlagen, endete ebenfalls mit einem Misserfolg; die angevinische Administration schlug einen von Raimund mitinitiierten Aufstand in Aquitanien nieder und antwortete in Kooperation mit Richards Schwiegervater, König Sancho VI. von Navarra, postwendend mit einem militärischen Gegenschlag.

Alles in allem konnte Löwenherz mit dem Gang der Dinge in der Heimat zufrieden sein und sich in seiner Entscheidung, den Kreuzzug nicht vorzeitig abzubrechen, bestätigt sehen. Dank der unbeirrbaren Loyalität seiner Statthalter war das von langer Hand vorbereitete Umsturzkonzept des Kapetingers auf der ganzen Linie gescheitert und der Ehrgeiz Johanns in keiner Weise befriedigt worden. Wäre Richard, wie geplant, um die Wende zum Jahr 1193 in der Heimat eingetroffen, hätte er ein territorial völlig intaktes Reich vorgefunden.

Einem schier unüberwindlichen Hindernis sah sich der Kreuzfahrerkönig jedoch gegenüber: Seine Heimat zu erreichen stellte fast ein Ding der Unmöglichkeit dar, denn nahezu jede Rückreiseroute war ihm versperrt. Die Umrundung Spaniens verbot sich angesichts der vorgerückten Jahreszeit, zudem zählten weite Teile der Iberischen Halbinsel zum muslimischen Machtbereich. In Südfrankreich drohte eine Gefangennahme durch Philipp II. oder Raimund V. von Toulouse. Und selbst die anderen Küstenzonen des westlichen Mittelmeeres stellten gefährliches Gebiet dar, denn Philipp II. hatte noch eine weitere Intitiative gesetzt, um seiner anti-angevinischen Politik zum Durchbruch zu verhelfen: Im Spätherbst 1191 war er in Mailand mit Kaiser Heinrich VI. zusammengetroffen. Wie die späteren Geschehnisse nahe legen, dürfte diese Unterredung zum Entschluss des Kaisers beigetragen haben, Richard inhaftieren zu lassen, sollte dieser bei der Heimkehr aus Palästina durch das Heilige Römische Reich reisen.[219]

Heinrich VI. musste zu einem derartigen Vorgehen vermutlich nicht erst lange überredet werden. Nach dem Tod seines Vaters Friedrich I. Barbarossa hatte sich die Opposition der mit den Plantagenets eng verbundenen Welfen erheblich verschärft: Während der Kaiser im Sommer 1191 versuchte, sich seines süditalienischen Erbes zu bemächtigen und dabei gegen Tankred von Lecce eine empfindliche Niederlage erlitt, brach ein Aufstand im Heiligen Römischen Reich aus. Die Befürchtung, Richard könnte in seiner Funktion als Schutzpatron der Welfen die Opposition im Reich unterstützen, sowie dessen Annäherung an Tankred von Lecce nach der Eroberung von Messina und das Einwirken Philipps II. in Mailand dürften letztlich den Ausschlag für den Ergreifungsbefehl gegeben haben. Durch die feindliche Haltung des Kaisers waren Löwenherz nicht nur die Reichsgebiete in Italien, sondern auch die Küstengewässer Nordostspaniens versperrt, denn diese zählten zum Einflussbereich der italienischen Handelsstädte Genua und Pisa, denen Heinrich VI. im Kontext seines Kampfes gegen Tankred

219 Gesta, II, S. 236 f.; Roger von Howden, III, S. 167, 194; Kessler, S. 175 ff., 248; Berg, S. 74 f., 77 f.; Bradbury, S. 96 f., 100 f., 109 ff.

von Lecce zur Erlangung militärischer Untersützung wertvolle Lehen in Sizilien zugesichert hatte.

Richard nahm davon Abstand, einen Durchbruch in Südfrankreich mit Gewalt zu erzwingen, wohl weil seine stark dezimierte Kreuzarmee in mehreren Schüben nach Europa zurücksegelte und ihm daher keine ausreichende Streitmacht mehr für ein Offensivunternehmen zur Verfügung stand. Daher entschloss er sich zu einem gewaltigen Umweg, nämlich durch die Adria zu segeln, Mitteleuropa zu durchqueren und von einem Nordseehafen aus nach England überzusetzen. Zunächst landete er in Korfu, schickte sein Schiff alleine nach Brindisi weiter, heuerte ein Piratenschiff an und segelte mit kaum mehr als einem Dutzend Gefolgsleuten entlang der östlichen Adriaküste nach Norden. Ab hier wird sein Vorgehen zusehends schwerer nachvollziehbar. Richards Bestreben hätte es eigentlich sein müssen, östlich des Heiligen Römischen Reiches in Richtung Norden zu reisen, denn vom ungarischen König drohte, im Vergleich zu Heinrich VI., wenig Gefahr. Stattdessen hielt er jedoch geradewegs auf den Ostalpenraum zu, der nicht nur zum Reich, sondern in weiten Teilen zum Einflussgebiet Herzog Leopolds V. von Österreich gehörte, jenes Mannes also, mit dem er sich in Akko überworfen hatte und der überdies zu den wenigen völlig loyalen Parteigängern des Kaisers zählte.[220]

Warum Richard diese gefahrvolle Route wählte, bleibt ungeklärt. Vielleicht rechnete er nicht mit einem feindlichen Akt des Herzogs, weil er den Eklat von Akko als sekundär einstufte. Denkbar erscheint außerdem, dass er seinen Status als heimkehrender Kreuzfahrer für ausreichend hielt, um keine Gefangennahme befürchten zu müssen. Sicher jedoch kann man die ironisch anmutende Anmerkung österreichischer Annalen, wonach Richard „das Land des Herzogs so sehr kennen zu lernen wünschte“[221], als Motivation für die Wahl seiner Wegstrecke ausschließen.

Die Reise nach Österreich verwandelte sich bald in eine regelrechte Treibjagd. Löwenherz versuchte das Risiko einer Ergreifung durch Verschleierung seiner Identität zu minimieren, aber er verfügte über zu wenig Talent, sich überzeugend zu verkleiden. Ließ sich schon sein auffallendes Äußeres, das rötlich-blonde Haar und die hünenhafte Gestalt, schwerlich kaschieren, so gelang es ihm allem Anschein nach auch nicht, seinen Reichtum zu verbergen. Schon im Raum des heutigen Friaul entstanden gravierende Probleme. Richard gab sich als wohlhabender

220 Roger von Howden, III, S. 185 f.; 195; Ralph von Coggeshall, S. 53 ff.; Pohl, S. 203, 206
221 Pohl, S. 206

Kaufmann aus und übermittelte Graf Meinhard von Görz einen kostbaren Ring mit dem Ersuchen um freies Geleit. Der Graf, zu allem Überfluss ein Verwandter Konrads von Montferrat, schöpfte Verdacht und alarmierte seinen Bruder. Zum Glück für Richard erging der unmittelbare Auftrag zur Festnahme an einen Normannen, der sich ihm gegenüber als äußerst loyal erwies, den Befehl kurzerhand ignorierte und als Fluchthelfer agierte. Überdies konnte Löwenherz einmal mehr auf die Aufopferungsbereitschaft seiner Getreuen bauen. Laut Roger von Howden blieben acht Mann in Meinhards Einflussbereich zurück, die versuchten, durch auffällige Freigebigkeit die Aufmerksamkeit der Verfolger auf sich zu lenken. Sie gerieten schließlich in Gefangenschaft, hatten ihrem König jedoch genug Zeit verschafft, um die Flucht ins Gebiet des heutigen Österreich zu bewerkstelligen. Dennoch zog sich die Schlinge um Richards Hals immer enger zu. In Friesach im Norden Kärntens sah er sich neuerlich mit einem Ergreifungsversuch kaiserlicher Verantwortungsträger konfrontiert. Wiederum ließen sich sechs seiner Leute nach einem Ablenkungsmanöver gefangen nehmen, während Richard ein weiteres Mal entkam und in die bereits zum Herrschaftsbereich Leopolds V. gehörende Steiermark gelangte. Jetzt nur noch von einem einzigen Ritter und einem deutschsprachigen Knaben begleitet, jagte der König entlang der Mur-Mürz-Furche nach Nordosten, von Feinden umgeben, unterwegs in einem winterlichen Gebirgsland, dessen Sprache er weder beherrschte noch verstand, Tag und Nacht im Sattel. Nach der Überquerung des tief verschneiten Semmering und dem Erreichen des Wiener Beckens bot sich Richard noch einmal die Chance, dem Unheil zu entkommen. Wäre er scharf nach Osten abgebogen, hätte er sich vielleicht in das nahe gelegene Ungarn retten können. Doch stattdessen zog er mit seinen beiden letzten Begleitern geradewegs nach Wien, der Residenzstadt Herzog Leopolds V.[222]

2. Die Gefangennahme

Erschöpft von den Gewaltritten durch die Ostalpen, bezog Richard in der kleinen, östlich von Wien gelegenen Ortschaft Erdberg Quartier. Nach wie vor versuchte er, seine wahre Identität hinter der Maske eines Kaufmannes zu verbergen, doch

222 Roger von Howden, III, S. 185 f., 195; Ralph von Coggeshall, S. 54 ff.; Wilhelm von Newburgh, S. 457

Abb. 15: Gefangennahme in Erdberg

letztlich vergebens. Seine Gefangennahme wurde von zeitgenössischen Chronisten unterschiedlich dargestellt. Einer Variante zufolge sandte Richard seinen jungen, der deutschen Sprache mächtigen Begleiter zum Einkauf von Lebensmitteln in die Stadt, konnte ihn allerdings nur mit byzantinischen Münzen ausstatten, die in Wien eine Aufsehen erregende und zugleich verräterische Rarität darstellten. Gemäß einer anderen Darstellung gab er unfreiwilligen Aufschluss über seine Identität, als er sich ein Mahl zubereiten wollte und dabei vergaß, seinen prunkvollen Ring abzunehmen. Wie dem auch sei, im Umfeld Leopolds V. wurde man sofort hellhörig, als man von dem offenkundig äußerst wohlhabenden Reisenden in Erdberg erfuhr. Schließlich wurde am 21. oder 22. Dezember 1192 das Quartier des Kreuzfahrerkönigs umstellt: Richard war am Ende seiner Flucht angelangt. Als wenig später Leopold V. vor Ort eintraf, überreichte er dem Herzog sein Schwert und ergab sich. Die Katastrophe seines politischen Lebens war eingetreten.[223]

Als Grund für die Einkerkerung des Plantagenet wurde von damaligen Chronisten und modernen Historikern zumeist der Streit in Akko zwischen Richard und Leopold V. genannt, der mit einer empfindlichen Demütigung des Herzogs geendet hatte. Aber bei genauerer Betrachtung ergeben sich doch so manche Ungereimtheiten. So ist es im Grunde genommen unerklärlich, warum Richard angesichts der Zwischenfälle in Friaul und Friesach, die eine Weisung von höherer Ebene vermuten ließen, ausgerechnet den Weg nach Wien einschlug. Wusste er etwa nicht, dass es sich dabei um die Residenzstadt Leopolds V. handelte? Das erscheint kaum vorstellbar. Selbst wenn seine geographischen Kenntnisse Österreichs noch so begrenzt waren, hätte er diese simple Kerninformation während des Rittes durch die Steiermark, das Wiener Becken oder – allerspätestens – in Erdberg in Erfahrung bringen müssen. Der Vorgang erscheint dermaßen seltsam, dass sich die Frage erhebt, ob Richard von Leopold V. überhaupt etwas befürchtete. Vielleicht, weil der berühmt-berüchtigte Streit in Akko so gar nicht stattgefunden hatte? War der Streit zwischen König und Herzog von einigen Geschichtsschreibern nachträglich hochgespielt oder überhaupt erfunden worden, um auf diese Weise die seitens der Kirche streng untersagte Festnahme eines heimkehrenden Kreuzritters zu rechtfertigen? Es gibt wohl kaum ein Ereignis, bei dem zeitge-

223 Ansbert: Historia de expeditione Friderici imperatoris, herausgegeben von Hippolyt Tauschinski und Mathias Pangerl, in: Codex Strahoviensis (Fontes rerum Austriacorum, Band 5), Wien 1863, S. 1–90, hier: S. 79 f.; Pohl, S. 206 ff.

nössische, von politischen Interessen geprägte Berichte kritischer zu hinterfragen sind als die Inhaftierung Richards, die sich zur wohl größten Erpressungsaffäre des Hochmittelalters auswuchs. In den Propagandakampagnen um die Gefangenschaft des Königs von England nahm man es mit der Wahrheit auf beiden Seiten nicht immer allzu genau, weshalb hinter das wahre Ausmaß des Eklats von Akko zumindest ein Fragezeichen zu setzen ist.[224]

Leopolds Verhalten liefert für die Akko-These ebenfalls keine Bestätigung. Die Inhaftierung König Richards I., des Paradekreuzritters schlechthin, stellte ein Wagnis von enormer Tragweite dar, da er damit rechnen musste, vom Heiligen Stuhl exkommuniziert zu werden. Dass der Herzog dieses Risiko im Alleingang und ohne Rückendeckung auf sich nahm, nur um für eine wie auch immer geartete Beleidigung Revanche zu nehmen, ist sehr zu bezweifeln. Wäre es ausschließlich um die verletzte Ehre des Herzogs gegangen, hätte sich diese, wie Heinrich Fichtenau treffend anmerkte, „makelloser (…) herstellen lassen – durch einen ritterlichen Zweikampf, den Richard gewiß freudig angenommen hätte, oder durch Ehrerweisung gegenüber dem babenbergischen Banner, etwa vor versammelten Edlen des Landes".[225] Die Grundlage von Leopolds Handeln dürfte vielmehr der Ergreifungsbefehl Kaiser Heinrichs VI. gewesen sein, in dessen überragender Machtstellung der Herzog einen Schutzschild gegen einen allfälligen päpstlichen Bannstrahl erblickte. Das ganze weitere Vorgehen des Babenbergers legt den Schluss nahe, dass er bei der Gefangennahme Richards von Anfang an den finanziellen Gewinn im Auge hatte, den er mit einem stattlichen Anteil an dem Lösegeld zu lukrieren erhoffte, das der Kaiser letztlich dem Angevinischen Reich abverlangte. Leopold V. war ein geschäftstüchtiger Mann und ein geschickter Politiker. Im Verlauf seiner von 1177 bis 1194 dauernden Herrschaft brachte er das Kunststück zuwege, sein Territorium durch die Einverleibung des Herzogtums Steiermark und einer Reihe kleinerer Gebietsgewinne ohne den Einsatz von Waffengewalt in etwa zu verdoppeln. Dass er das Lösegeld, das ihm schließlich zufallen sollte, in erster Linie zum Wohl des Landes investierte, zeugt zudem von verantwortungsvoller Herrschaftsphilosophie und staatsmännischem Weitblick. Darstellungen wie jene des Geschichtsschreibers Otto von St. Blasien jedoch, der Leopolds Verhalten in

224 Pohl, S. 199 ff.; Födisch, Julius-Ernst: Der dritte Kreuzzug und die babenbergisch-österreichische Politik, Leitmeritz 1874, S. 11, 13

225 Fichtenau, S. 13

erster Linie auf die ungerechte Behandlung durch Löwenherz in Akko zurückführte, also den Ehrenstandpunkt in den Vordergrund rückte, sind als nachträgliche Beschönigungen einer Erpressungsaffäre zu werten, in der eindeutig materielle Interessen im Vordergrund standen.[226]

3. Isolationshaft in Dürnstein

Nach der Festnahme Richards übergab Leopold V. den prominenten Gefangenen zunächst seinem bedeutendsten Ministerialen Hadmar II. von Kuenring zur sicheren Verwahrung. Dieser brachte den König in die Wachau und setzte ihn in der Festung Dürnstein hinter Schloss und Riegel. Um Löwenherz, der wenige Monate zuvor noch im Zentrum der Weltpolitik agiert hatte, kehrte Stille ein. Von jeglicher Kommunikationsmöglichkeit mit der Heimat abgeschnitten, sah er in Hadmars hoch über dem winterlichen Donautal gelegenen Burg hilflos einer ungewissen Zukunft entgegen.[227]

Im Angevinischen Reich herrschte unterdessen Rätselraten über sein Schicksal. Die letzte Information, über die man verfügte, bildete die Nachricht zurückkehrender Kreuzfahrer, dass das Schiff des Monarchen ohne denselben im Hafen von Brindisi eingelaufen war. Niemand vermochte zu sagen, ob Richard noch lebte, ob er auf den Weiten des Meeres in einem Sturm den Tod gefunden hatte oder sich irgendwo in Gefangenschaft befand, wobei das Heilige Römische Reich aufgrund seiner geographischen Lage und seiner enormen Ausdehnung am wahrscheinlichsten erscheinen musste.[228]

In die Wissenslücke um Löwenherz' Schicksal stieß die berühmte Geschichte des Sängers Blondel, der sich auf eigene Faust auf den Weg begab, um seinen verschollenen Herrn zu suchen. Demnach zog der Troubadour unermüdlich von Burg zu Burg und trug ein gemeinsam mit dem König verfasstes Lied vor, dessen Melodie und Text ausschließlich ihnen beiden bekannt war. Als er schließlich die Festung Dürnstein erreichte und neuerlich zu singen begann, geschah letzten Endes, worauf der treue Barde gehofft hatte. Hinter den Burgmauern erhob sich eine Stimme, wel-

226 Ebd., S. 13 ff., 21
227 Ansbert, S. 80; Leeper, S. 280
228 Roger von Howden, III, S. 194

Abb. 16: Ruine der Festung Dürnstein

che die erste Strophe des Liedes mit der nächsten beantwortete. Damit herrschte über Richards Aufenthaltsort endlich Klarheit; nun konnten die entsprechenden Schritte zu seiner Befreiung in die Wege geleitet werden, so die Sage.[229]

Die Realität stellt sich weniger romantisch dar. Heinrich VI. erfuhr von der Ergreifung Richards in kurzer Zeit. Sie kam ihm mehr als gelegen, denn er befand sich in schweren politischen Turbulenzen. Seine Sizilien-Offensive hatte sich als ebenso teuer wie erfolglos erwiesen, im eigenen Reich wurde seine Autorität durch eine Oppositionsbewegung in den niederrheinischen Gebieten des Nordwestens sowie durch die Welfen noch immer in Frage gestellt. Mit der Einkerkerung Richards schienen sich beide Probleme mit einem Mal zu lösen, denn die Macht der Welfen beruhte nicht zuletzt auf der Rückendeckung des Hauses Plantagenet, dessen Oberhaupt nun auf Gedeih und Verderb kaiserlichem Willen ausgeliefert war; zudem stand zu erwarten, vom wohlhabenden Angevinischen Reich ein stattliches

229 Norgate, II, S. 324; Kessler, S. 252

Lösegeld zur Finanzierung eines neuerlichen Sizilien-Feldzuges erzwingen zu können.[230] Von diesen Perspektiven höchst angetan, forderte der Kaiser den Herzog von Österreich Ende Dezember auf, ihm Löwenherz unverzüglich auszuliefern. Der findige Babenberger verspürte freilich wenig Neigung, dies gratis zu tun. Er verwickelte den Kaiser in zähe Verhandlungen und setzte einen am 14. Februar 1193 in Würzburg unterzeichneten Vertrag durch, der ihm nicht weniger als die Hälfte des auf 100.000 Mark Silber festgesetzten Lösegeldes zubilligte. Zu den in der Vereinbarung festgelegten Bestimmungen gehörte auch die Forderung nach Freilassung des ehemaligen Kaisers von Zypern Isaak Komnenos und dessen Tochter, mit welchen Leopold V. weitschichtig verwandt war. Trotz der in Würzburg erzielten Einigung ließ die Auslieferung Richards an den Kaiser noch einige Wochen auf sich warten, was auf weiteres Feilschen zwischen Heinrich und Leopold schließen lässt.[231]

Philipp II. erfuhr bereits um die Jahreswende 1192/93 von Richards Missgeschick, denn der Kaiser ließ es sich nicht nehmen, ihn höchstpersönlich darüber zu informieren.[232] Für den französischen König muss die Mitteilung wie ein Gottesgeschenk erschienen sein. Nachdem alle seine Anläufe zur Unterminierung der angevinischen Herrschaft bereits gescheitert waren, hatte eine der von ihm ausgespielten Karten, die Vereinbarung mit Heinrich VI., doch noch gestochen. Nun setzte er alles daran, seinen Rivalen selbst in die Hand zu bekommen. Wie die der babenbergischen Kanzlei nahe stehende Quelle Ansbert berichtet, forderte Philipp II. den österreichischen Herzog brieflich auf, Richard so lange in Gewahrsam zu halten, bis er selbst mit dem Kaiser eine entsprechende Einigung erzielt hätte. Um seinem Ersuchen mehr Nachdruck zu verleihen, äußerte der Kapetinger den Verdacht, der Plantagenet wäre für den Tod Konrads von Montferrat verantwortlich gewesen, und erinnerte Leopold V. daran, dass der Ermordete mit dem französischen Königshaus ebenso wie mit der österreichischen Fürstenfamilie in einem Verwandtschaftsverhältnis gestanden habe.[233]

---

230 Csendes, Peter: Heinrich VI., Darmstadt 1993, S. 106 f., 112 f., 123 f.

231 Die Siegelurkunden der Babenberger bis 1215 (Urkundenbuch zur Geschichte der Babenberger in Österreich, Band 1), herausgegeben von H. Fichtenau und E. Zöllner, Wien 1950, S. 120 ff.; Ansbert, S. 80 ff.; Lechner, Karl: Die Babenberger. Markgrafen und Herzöge von Österreich 976–1246, Wien/Köln/Weimar 1994, S. 186 f.

232 Roger von Howden, III, S. 195 f.; Wilhelm von Newburgh, S. 459

233 Ansbert, S. 83 f.

Philipp II. verlor darüber hinaus keine Zeit, Johann Ohneland über den Coup des österreichischen Herzogs zu unterrichten. Morgenluft witternd, segelte Richards jüngerer Bruder daraufhin nach Frankreich, wo er dem Kapetinger den Lehnseid für sämtliche angevinischen Länder auf dem Festland leistete, die Übergabe des normannischen Vexin zusagte und das Versprechen einer Heirat mit Alice abgab. Nachdem er noch Graf Balduin VIII. von Flandern (1191–1195) für eine Invasion in England gewonnen hatte, eilte er zurück auf die Insel, um gegen Richard zu mobilisieren. Doch sein geplanter Umsturz scheiterte kläglich. Eleonore lehnte eine Machtübernahme ihres jüngsten Sohnes kategorisch ab und stellte mit den Spitzen der Administration Truppen zur Sicherung der Südostküste auf, die den bald darauf erfolgenden Invasionsversuch im Keim erstickten. Johann gelang es lediglich, mit walisischen und flämischen Söldnern die strategisch bedeutsamen Festungen Windsor und Wallingford zu besetzen. Danach verkündete er, Richard würde niemals mehr zurückkehren und forderte die Königswürde für sich. Seine Mutter, die Regierung und die meisten Barone schenkten ihm jedoch keinen Glauben, wiesen seine Ansprüche zurück und sahen sich wenig später in ihrer Überzeugung bestätigt, als eine Abschrift von Heinrichs VI. Brief an Philipp II. in ihre Hände fiel, die hinlänglich deutlich machte, dass Richard noch unter den Lebenden weilte. Sodann wurde in einer Ratsversammlung am 28. Februar 1193 beschlossen, die Äbte von Boxley und Robertsbridge ins Heilige Römische Reich zu entsenden, um Kontakt mit dem verschollenen König aufzunehmen.[234]

Entschlossen reagierte auch Hubert Walter, als er von Richards Gefangennahme in Österreich hörte. Auf der Rückreise vom Kreuzzug befindlich, hielt er sich gerade in Sizilien auf und reiste von dort aus unverzüglich nach Rom, wohl, um massiven Druck Papst Coelestins III. auf Leopold V. sicherzustellen. Tatsächlich sah sich der babenbergische Herzog in seiner Hoffnung, einer Konfrontation mit der Kirche zu entgehen, getäuscht. Im Frühjahr 1193 forderte Coelestin III. ihn mit aller Entschiedenheit zur Freilassung Richards auf. Doch der päpstliche Befehl erreichte den Adressaten zu spät: Der König befand sich nicht mehr in Leopolds Hand,[235] denn der Babenberger hatte sich unterdessen mit Heinrich VI. hinsichtlich der Auslieferungsmodalitäten geeinigt und zog im März 1193 mit seinem Gefangenen nach Speyer, um die Übergabe zu vollziehen. Mitte des Monats stießen

234 Roger von Howden, III, S. 196 ff., 203 ff.
235 Lechner, S. 187

die zwei von London entsandten Geistlichen in Ochsenfurt nahe Würzburg auf den König. Richard begrüßte die seit Monaten ersten Untertanen aus der Heimat bewegt und befragte sie sogleich eingehend über die Ereignisse im Angevinischen Reich. Über Johanns Verhalten zeigte er sich betrübt, setzte laut Roger von Howden jedoch Vertrauen in die Unfähigkeit seines jüngeren Bruders, die Herrschaft über England an sich zu reißen.

Die beiden englischen Äbte begleiteten den König anschließend nach Speyer. Wenig später fand sich außerdem der mittlerweile aus Italien herbeigeeilte Hubert Walter an seiner Seite ein. Sie stellten für Richard einen Rückhalt dar, denn auf ihn wartete jetzt eine Nervenprobe besonderer Art. Er wurde von Leopold V. an Heinrich VI. ausgeliefert und musste in Speyer einen heiklen politischen Balanceakt vollführen.[236]

4. Teilerfolg in Speyer, Fiasko in Gisors

Heinrich VI., der neue Gebieter über Richards Schicksal, stellte auf seine Weise eine markante Herrschergestalt dar. Der damals 27 Jahre alte Kaiser war ein zierlicher Mann mit schmalem Antlitz, sehr gebildet und kunstsinnig, aber von wenig einnehmendem Auftreten, ein extrem ambitionierter Politiker, der auf eine immense Ausweitung seiner Macht abzielte. In der Wahl seiner Mittel kannte er keine Skrupel und war puncto Grausamkeit selbst in der Zeit des Mittelalters eine Ausnahmeerscheinung. Süditalienische Barone, die sich seinem Herrschaftsanspruch widersetzten, mussten die schlimmsten Torturen erdulden, einem widerspenstigen Festungskommandanten ließ er gar in bestialischem Einfallsreichtum eine glühende Krone aufs Haupt nageln.[237]

Mit Richard hatte der Kaiser derlei Martern freilich nicht vor, dafür stellte seine Geisel einen viel zu wertvollen Aktivposten dar. Auf politischer Ebene sah sich der Plantagenet jedoch einem unheilverkündenden Szenario ausgesetzt, denn Heinrich VI. eröffnete am 22. März 1193 im Rahmen eines Reichstages in Speyer einen Schauprozess, der mit einem Schuldspruch Richards enden sollte, um das Faktum der verbotenen Inhaftierung eines Kreuzfahrers zu kaschieren und die Gefahr eines

236 Roger von Howden, III, S. 198 f.; Gillingham, Richard, S. 228 f.

237 Csendes, S. 187 f., 191, 218 ff.

Abb. 17: Kaiser Heinrich VI.

päpstlichen Bannstrahls abzuwenden. Um zu gewährleisten, dass die Dinge in seinem Sinn verliefen, lud Heinrich VI. lediglich seine Parteigänger zu der Fürstenversammlung, unter ihnen auch Herzog Leopold V. Dann ließ er den Gefangenen vorführen und beschuldigte ihn, an der Ermordung Konrads von Montferrat beteiligt gewesen zu sein und durch Maßnahmen wie der Preisgabe Askalons Verrat am Heiligen Land verübt zu haben. Allem Anschein nach dürfte sich der Kaiser seiner Sache jedoch allzu sicher gewesen sein, denn Richard funktionierte den Gerichtshof kurzerhand in eine Bühne zur Selbstdarstellung um, indem er die Anschuldigungen wortgewandt zerpflückte und gleichzeitig virtuos die Gefühlswelt der Anwesenden ansprach.[238] Er agierte mit königlicher Würde, streute in manchen Momenten eine Prise Bescheidenheit ein, forderte dann wieder voller Stolz jeden zum Duell auf, der ihn des Verrates am Heiligen Land bezichtigen wollte, um abschließend mit einer Verbeugung dem Auditorium Achtung zu erweisen. Von der Brillanz seines Auftrittes zeugt der Umstand, dass sich selbst Philipps II. Hofgeschichtsschreiber Wilhelm der Bretone, der dem Geschehen beiwohnte, in bewundernden Worten äußerte und meinte, Richard hätte dermaßen eloquent und königlich, in derart „löwenherziger Manier"[239] geantwortet, dass es schien, als hätte er den Ort seines Aufenthaltes sowie die unwürdigen Umstände seiner Gefangennahme vergessen und würde sich vorstellen, auf dem Thron seiner Vorfahren in Lincoln oder Caen zu sitzen. Selbst die dem Prozess beiwohnenden Reichsfürsten ließen sich von Richards Auftritt berühren und überzeugen. Der Stimmungsumschwung fiel dermaßen stark aus, dass Heinrich VI. sich zu einer jähen Kurskorrektur ge-

238 Ralph von Coggeshall, S. 59; Roger von Howden, III, S. 199; Wilhelm von Newburgh, S. 463 f.
239 Wilhelm der Bretone, S. 112

zwungen sah, sämtliche Vorwürfe fallen ließ und seinem Häftling zur Bekundung seiner freundschaftlichen Intentionen den Friedenskuss gab.

Richard konnte somit einen wichtigen Teilerfolg verbuchen. Der Versuch, ihn ins Unrecht zu setzen und so seiner Reputation als Kreuzfahrer zu schaden, war fehlgeschlagen. Die Anschuldigung, ausgerechnet er hätte Verrat am Heiligen Land begangen, hatte sich mit ebensolcher Endgültigkeit erledigt wie der Verdacht, er wäre für die Ermordung Konrads von Montferrat verantwortlich gewesen. Doch der Kaiser fand rasch zu einer neuen Strategie. Nach wie vor war es für ihn von entscheidender Bedeutung, die Summe, die er vom Angevinischen Reich zu erpressen beabsichtigte, nicht als Lösegeld für einen widerrechtlich gefangen genommenen Kreuzfahrer erscheinen zu lassen. Zu diesem Zweck verlautbarte er nunmehr, den königlichen Häftling mit Philipp II. aussöhnen zu wollen, wodurch sich das Lösegeld mit dem Etikett einer Art Vermittlungsgebühr versehen ließ. Seine Absichtserklärung ergänzte Heinrich VI. mit der Andeutung eines Bündnisangebotes an Richard, wodurch die Gefahr einer staufisch-kapetingischen Allianz vorderhand gebannt schien; allerdings ließ er gleichzeitig die Möglichkeit einer Auslieferung seines Häftlings an Philipp II. als Drohung im Raum stehen. Letzteres galt es für Richard unbedingt zu verhindern, und so spielte er die Posse einer neuen Freundschaft mit Heinrich VI. notgedrungen mit und willigte in dessen Forderungen ein: Neben der Zahlung von 100.000 Mark musste er für seine Freilassung 50 voll ausgerüstete Galeeren sowie 200 Ritter für die Dauer eines Jahres stellen, die der Kaiser bei einer abermaligen Offensive gegen das Königreich Sizilien einzusetzen gedachte.[240] In einem am 26. März aufgesetzten Schreiben informierte Richard den Prior und den Konvent von Canterbury über die gegebene Situation. Mit dem Hinweis, es gäbe keine andere Möglichkeit zu seiner Befreiung, ersuchte er darin um nachdrückliche Unterstützung der Kirche bei der Aufbringung des Lösegeldes.[241]

Richards Lage verschlechterte sich nach dem Reichstag vorübergehend. Wahrscheinlich beunruhigt über seine unübersehbare Popularität bei den Reichsfürsten, ließ Heinrich VI. ihn in die westlich von Speyer gelegene Burg Trifels bringen,

240 Gillingham, Richard, S. 229 f.; Kessler, S. 262 ff.; Pohl, S. 209 ff.

241 Epistolae Cantuariensis, the Letters of the Prior and Convent of Christ Church, Canterbury. From A.D. 1187 to A.D. 1189. in: Chronicles and Memorials of the Reign of Richard I. (Band 2), herausgegeben von William Stubbs, London 1865, S. 361 f.

um ihm keine Chance zu Kontakten mit der Außenwelt zu geben. Den in seiner prekären Situation gravierenden Nachteil, auf dem Trifels über keine Kommunikationsmöglichkeit mit Regierungsvertretern aus dem Angevinischen Reich zu verfügen, musste Richard indessen nicht lange erdulden, denn kurz darauf griff der aus England vertriebene Kanzler Wilhelm Longchamp ein und machte seine problematische Regierungstätigkeit teilweise vergessen, indem er von Heinrich VI. eine Verlegung des Königs zur Kaiserpfalz Hagenau erwirkte, wo dieser Gesandte aus der Heimat empfangen konnte und damit ein gewisses Maß an politischem Handlungsspielraum gewann.

Unterdessen brauten sich düstere Wolken über dem Angevinischen Reich zusammen. Philipp II., der offenbar einige Hoffnungen in den Schauprozess von Speyer gesetzt hatte, griff nach dessen Fehlschlag zu drastischeren Mitteln und ließ Richard den Verlust seiner Lehen in Frankreich mitteilen. Anschließend unternahm der Kapetinger mit seinem Verbündeten Graf Balduin VIII. von Flandern einen Vorstoß in die Normandie und erzielte beinahe sofort einen durchschlagenden Erfolg: Als er mit seiner Armee vor Gisors erschien, verlor der Festungskommandant Gilbert von Vascœuil die Nerven und kapitulierte am 12. April 1193, ohne einen ernsthaften Verteidigungsversuch unternommen zu haben. Englische und normannische Geschichtsschreiber verdammten ihn daraufhin als Verräter, doch dürfte es angesichts Philipps Status als Lehnsherr für Festungskommandanten in der Grenzregion nicht leicht gewesen sein, in bedrängter Situation das eigene Handeln auf die Rückkehr des mittlerweile fast drei Jahre abwesenden Richard auszurichten, zumal Johann Ohneland vom Kapetinger bereits mit den angevinischen Kontinentalländern belehnt worden war. Der Verlust von Gisors wog freilich schwer, denn damit stand das Tor in die Normandie offen. Die Kapitulation der Schlüsselfestung des normannischen Vexin löste denn auch prompt einen Dominoeffekt aus. Binnen kürzester Zeit fielen eine Reihe weiterer Burgen in die Hand des französischen Königs, der daraufhin aufs Ganze ging, nach Rouen vorrückte und die Hauptstadt der Normandie zu belagern begann. Die Stimmung in der Stadt drohte schon zu kippen, da trat Graf Robert von Leicester auf den Plan, dem Richard während des Kreuzzuges unter höchstem persönlichen Einsatz zwei Mal das Leben gerettet hatte. Sich an des Königs Edelmut erinnernd, ergriff Robert die Gelegenheit zur Revanche mit beiden Händen, indem er das Kommando in Rouen übernahm und mit seinem unbedingten Willen zur Gegenwehr die allgemeine Kampfmoral in der Stadt dermaßen hob, dass Philipp II. die Belagerung schließlich abbrach und sich leichteren Zielen zuwandte. Rouen war gerettet, aber der Schaden dennoch beträchtlich. Durch Philipps Frühjahrsoffensive hatte Richard den Osten der Normandie weitgehend verloren. Das Angevinische Reich war zwar nicht irreparabel getroffen, dessen Gelenkstelle allerdings in bedenklich starkem Maß beschädigt.[242]

Richards Autorität als König erfuhr trotz dieses massiven Rückschlages keine nennenswerte Einbuße. Nach dem Ende seiner Isolationshaft auf dem Trifels stellten sich permanent hochgestellte Persönlichkeiten aus sämtlichen Teilen des Angevinischen Reiches bei ihm ein, um ihn über den Gang der Dinge in den heimatlichen Ländern in Kenntnis zu setzen, sich mit ihm zu besprechen und seine Weisungen entgegenzunehmen. Von seiner Haft aus urkundend und kirchliche Ernennungen vornehmend, besaß Richard trotz seiner misslichen Lage ungebrochene Befehlsgewalt.[243] Wohl mit Genugtuung registrierte er obendrein, dass der mit Philipp II. verbündete Johann gegen die loyale Administration in England hoffnungslos in die Defensive geriet. Seine Burgen wurden belagert, er fand keine starken Verbündeten im Land, und ein Versuch, König Wilhelm I. von Schottland auf seine Seite zu ziehen, blieb ebenfalls erfolglos.

Von der Haft aus steuerte Richard auch die Aufbringung des Lösegeldes. Um die Zahlungsbereitschaft in der Heimat zu heben, erließ er die Weisung, die Namen der Beitragszahler sowie die Höhe ihrer finanziellen Leistung in Listen festzuhalten, um in Erfahrung zu bringen, wer ihm besonders treu gegenüberstand und wem er nach seiner Rückkehr Vertrauen schenken konnte. Außerdem bestimmte er jene Personen, welche die Geldbeschaffungsaktion organisieren und vorantreiben sollten. Naheliegenderweise auf seine Mutter zählend, richtete er am 30. März einen Brief an Eleonore, in dem er in warmherzigen Worten („mater dulcissima“[244]) für ihre Liebe dankte und sie zugleich bat, weiterhin in seinem Sinn tätig zu sein. Für seine Mutter hätte es diesbezüglich wohl ohnehin kein Zögern gegeben. Die mittlerweile über siebzig Jahre alte Monarchin erwies sich auch in den nächsten Monaten als Fels in der Brandung und setzte ihre ganze Au-

242 Roger von Howden, III, S. 205 ff.; Ralph von Coggeshall, S. 60 ff.; Ralph von Diceto, II, S. 106 ff.; Wilhelm von Newburgh, S. 465 ff.

243 Ralph von Diceto, II, S. 110; Wilhelm von Newburgh, S. 464; siehe auch: Jocelyn von Brakelond: Chronica Jocelini de Brakelonda de rebus gestis Samsonis abbatis monasterii Sancti Edmundi, London 1840, S. 39 f.

244 Epistolae Cantuariensis, S. 362

torität sowie ihre ungebrochene Energie ein, um die Voraussetzung zur Befreiung ihres ältesten Sohnes zu schaffen.

Mit dem Brief an Eleonore sowie einem weiteren, gleichfalls am 30. März verfassten Schreiben an die englischen Justitiare nahm Richard eine politische Weichenstellung von größter Tragweite vor: Er nominierte den bei ihm weilenden Hubert Walter zum Nachfolger des 1190 vor Akko verstorbenen Erzbischofs Balduin von Canterbury und entsandte ihn nach England. Seit dem gemeinsamen Aufenthalt in Palästina von den vielfältigen Talenten des Bischofs von Salisbury beeindruckt, traute Löwenherz diesem Freund und Kreuzzugsgefährten nicht nur zu, die Funktion des Primas von England kraftvoll auszufüllen, sondern auch der Lösegeldorganisation größtmögliche Effizienz zu verleihen und als neue politische Schlüsselfigur des Königreiches zu fungieren. Dessen Berufung zum faktischen Regierungschef der Insel stellte zudem eine Konsequenz aus der Fehlentscheidung dar, einige Jahre zuvor mit Wilhelm Longchamp einem wenig diplomatischen Nicht-Engländer die politische Führungsverantwortung anvertraut zu haben. Die nunmehrige Entscheidung, für diese Aufgabe einen Sohn des Landes auszuwählen, der die auf der Insel herrschenden Gebräuche sowie Sensibilitäten bestens kannte, bei allem politischen Durchsetzungswillen viel Takt aufbrachte und obendrein ein ausgewiesener Experte im administrativen wie im juristischen Bereich war, kann nicht zuletzt als ein Akt von Richards politischer Lernfähigkeit gewertet werden.

Hubert Walter zeigte sich der neuen Aufgabe voll und ganz gewachsen. Als er am 20. April in England eintraf, vermittelte er in Richards Auftrag zunächst einen Waffenstillstand, der im Sinn einer erfolgreichen Aufbringung des Lösegeldes die Ruhe im Land wiederherstellte, Johann Ohneland seinen Besitzstand garantierte, ansonsten aber gewährleistete, dass dieser seinem Beinamen gerecht wurde und weitgehend ohne Land blieb. Am 30. Mai 1193 zum Erzbischof von Canterbury gewählt, setzte Hubert Walter seine Autorität in ganz England auf Anhieb durch[245] und sollte sich in weiterer Folge als Richards wahrscheinlich beste Personalentscheidung erweisen.

245 Epistolae Cantuariensis, S. 362 ff.; Roger von Howden, III, S. 207 ff.

5. Der Vertrag von Worms

Neben der aktiven Gestaltung der Politik im Angevinischen Reich lag die vordringlichste Aufgabe für den gefangenen Monarchen darin, die gefährlichen Begehrlichkeiten Philipps II. abzuwehren, der neben bewaffnetem Landgewinn darauf abzielte, eine staufisch-kapetingische Allianz zu schaffen und auf diese Weise Richard selbst in seine Hand zu bekommen. Zu diesem Zweck vereinbarte der französische König mit Heinrich VI. eine Zusammenkunft, die am 25. Juni stattfinden sollte. Der Kaiser gedachte dieses Gespräch unter der bereits im März verlautbarten offiziellen Devise abzuhalten, Richard und Philipp II. miteinander aussöhnen zu wollen, doch beim Plantagenet erweckte dies die Befürchtung, sich infolge eines allzu verlockenden französischen Angebotes an den Kaiser bald in einem französischen Kerker wiederzufinden, aus dem es kein Entkommen geben würde. Ein derartiges Anerbieten konnte finanzielle Zuwendungen umfassen, aber auch militärische Unterstützung schien denkbar, dies insbesondere wegen der antistaufischen Allianz am Niederrhein, die Heinrich VI. beträchtliche innenpolitische Schwierigkeiten bereitete. Um einem drohenden staufisch-kapetingischen Schulterschluss zuvorzukommen, bemühte sich Richard, einen Ausgleich zwischen dem Kaiser und seinen Gegnern zu erreichen. Da die niederrheinischen Fürsten in engen Wirtschaftsverbindungen zu England und der Normandie standen, konnte Löwenherz bei ihnen erheblichen Einfluss geltend machen und die Mehrzahl der Oppositionellen nach eindringlichen Gesprächen davon überzeugen, mit dem Kaiser Frieden zu schließen.[246] Begünstigend wirkte sich für den Plantagenet obendrein der Umstand aus, dass Philipp II. es letztlich nicht verstand, sich dem Kaiser als attraktiver Partner anzubieten. Durch seinen Vormarsch in die Normandie kam er als potenzieller Verbündeter für einen militärischen Schlag gegen die rheinländische Opposition kaum in Frage. Überdies bemühte sich der französische König just zu diesem Zeitpunkt um einen Ehepakt mit Dänemark, das im Gegensatz zum Kaiser stand und diesem die Lehnshuldigung verweigerte. Angesichts dieser alles andere als pro-staufischen Maßnahmen Philipps verwarf Heinrich schließlich den Gedanken an eine Allianz mit dem Kapetinger und schloss am 29. Juni 1193 mit Richard in Worms einen Vertrag, der die Konditionen für die Beendigung von dessen Gefangenschaft enthielt. Darin wurde dem Plantagenet die Zahlung von 100.000 Mark auferlegt,

246 Gillingham, Richard, S. 233; Kessler, S. 277 f.

die gemäß des Würzburger Vertrages vom 14. Februar 1193 zu gleichen Teilen an Heinrich VI. und Leopold V. gehen sollte. Nach Entrichtung dieser Summe sollte er die Freiheit wiedererlangen, musste danach aber zusätzliche 50.000 Mark zahlen und bis dahin dem Kaiser sowie dem Herzog von Österreich höchstrangige Geiseln überstellen. Weiters sollte Richard spätestens sieben Monate nach der Freilassung seine Nichte Eleonore, die Tochter seines verstorbenen Bruders Gottfried, einem der Söhne Leopolds V. zur Gattin geben. Im Gegensatz zur Würzburger Vereinbarung enthielt der Wormser Vertrag zwar nicht mehr die Bedingung, den ehemaligen zypriotischen Kaiser Isaak Komnenos und dessen Tochter in die Freiheit zu entlassen, doch hielt Heinrich VI. auch an dieser Forderung letztlich fest.

In zwei Punkten unterschied sich der Wormser Vertrag vom Würzburger Abkommen. Einerseits hatte sich die Lösegeldsumme um ein Drittel erhöht, andererseits war von einer Teilnahme Richards an der geplanten Sizilien-Offensive Heinrichs VI. keine Rede mehr. Diese Modifikation war fraglos sehr im Sinne Richards, da er in Anbetracht der Vorgänge in Frankreich und England kein Interesse daran haben konnte, sich noch an einem langwierigen Feldzug nach Süditalien beteiligen zu müssen und erst dann in seinem eigenen Reich die Ordnung wiederherzustellen.

Für Philipp II. bedeutete der Wormser Vertrag einen schweren Rückschlag. Die Gelegenheit einer Allianz mit dem Kaiser war vertan. Zudem musste es nun als Gewissheit erscheinen, dass Richard in absehbarer Zeit freikommen würde. Über diese Aussicht zutiefst beunruhigt, riet Philipp II. unmittelbar nach Abschluss des Wormser Vertrages Johann Ohneland in einer eilends übermittelten Nachricht, er möge sich hüten, denn der Teufel wäre wieder frei. Johann verfiel daraufhin in Panik, denn er sah seine letzte Chance, in England einen nennenswerten Erfolg zu erringen, zunichte gemacht. Angesichts der düsteren Perspektiven, die sich ihm bei einer Rückkehr Richards boten, setzte er sich von der Insel ab und floh nach Frankreich.

Philipp II. sah seinerseits keine Möglichkeit zu weiteren militärischen Vorstößen gegen das Angevinische Reich mehr und ließ sich unter Vermittlung des Kanzlers Wilhelm Longchamp am 9. Juli 1193 zu einem Friedensvertrag herbei, der sich für Richard freilich alles andere als vorteilhaft darstellte, da er die kapetingischen Eroberungen in der Normandie festschrieb und zudem wichtige Burgen in der Touraine dem Zugriff Philipps überließ. Immerhin aber war Löwenherz in allen anderen angevinischen Festlandsgebieten wieder als rechtmäßiger Lehnsträger anerkannt und die Gefahr weiterer militärischer Schläge gegen sein Reich bis auf weiteres gebannt.

Philipps II. Ambitionen, die Macht des Angevinischen Reiches zu brechen, beschränkten sich indes nicht nur auf die Normandie. Im Zentrum der Erwägungen des Königs und seiner Verbündeten Johann Ohneland und Graf Balduin VIII. von Flandern stand nach wie vor eine Invasion in England, und am 15. August 1193 schien der Kapetinger diesem Ziel einen großen Schritt näher zu kommen, denn an jenem Tag heiratete er Ingeborg, die Schwester des dänischen Königs Knut VI., eines Nachfahren Knuts des Großen, der im frühen 11. Jahrhundert als König über England regiert hatte. Durch diese Eheverbindung winkten Philipp II. ein theoretischer Anspruch auf die Herrschaft über die Insel sowie der Zugriff auf die stattliche dänische Flotte. Kurioserweise vereitelte er diese Optionen in spektakulärer Manier selbst. Offenbar entsprach die Hochzeitsnacht mit Ingeborg nicht seinen Erwartungen, denn schon am nächsten Tag verstieß er seine neue Gemahlin und wollte sie den noch anwesenden dänischen Gesandten übergeben. Doch diese lehnten ab und traten in Eile die Heimreise an, woraufhin Philipp Ingeborg kurzerhand in einem Kloster unterbrachte. Am 5. November ließ der König durch den Erzbischof von Reims die Scheidung vollziehen, aber der dänische Hof nahm dies nicht hin und führte Beschwerde bei Papst Coelestin III., der Philipps Vorgehen ebenfalls nicht goutierte, was dem Kapetinger wiederum ein massives innen- und außenpolitisches Problem einbrachte, das auch seinen Handlungsspielraum gegenüber dem Angevinischen Reich einengte.[247]

6. Ein Lied aus der Haft

Nach der turbulenten ersten Hälfte des Jahres 1193 trat in der zweiten Jahreshälfte relative Ruhe ein. Die Gesamtsituation hatte sich stabilisiert: Philipp II. war mit seinen selbst verursachten Schwierigkeiten hinlänglich beschäftigt, Johann stellte nach seiner Flucht aus England keine Bedrohung mehr dar, und Heinrich VI. hatte seine Vorgehensweise hinsichtlich seines prominenten Häftlings mit dem Wormser Vertrag festgelegt. Richard, der während jener Monate vorwiegend in Speyer

247 Roger von Howden, III, S. 215 ff., 224 f.; Wilhelm von Newburgh, S. 437 ff.; Berg, S. 82 f.; Gillingham, Richard, S. 233 ff.; Kessler, S. 266 ff., 278 ff.; Bradbury, S. 112 f.

und Worms weilte, durchlebte nun eine Phase des Abwartens, bis das Lösegeld gesammelt und überbracht war.

Einem Tatmenschen wie Löwenherz fiel die erzwungene Passivität gewiss nicht leicht. Ablenkung und Zerstreuung bot die Dichtung, der er sich nunmehr offenkundig verstärkt widmete. Als seine Gefangenschaft in den zweiten Winter ging, begann er ein der Nachwelt erhalten gebliebenes Lied zu verfassen. *Ja nus hons pris*, wie dieses *Sirventes* genannt wird, zeigt einen Mann, der Heimweh empfindet und angesichts der sich immer länger hinziehenden Haft an der Loyalität seiner Gefolgsleute zu zweifeln beginnt:

> „Viele Freunde habe ich, doch ihre Gaben sind minder. Und es bringt Schande über sie, dass ich mangels Lösegeld schon zwei Winter lang ein Gefangener bin."[248]

Bitter beschuldigte er seine Untertanen, untätig zu bleiben, obwohl sie es in der Hand hätten, ihm zu helfen:

> „Sie wissen es sehr wohl, die Männer aus Anjou und aus der Touraine, die Edelleute, die jetzt in Ruhe und Wohlstand leben, dass ich fern von ihnen bin – als Gefangener und in den Händen einer fremden Macht. Sie könnten mir helfen, doch sie sehen keinen Vorteil darin. Sie strotzen vor Waffen, und ich bin hier gefangen."[249]

Weiters vermerkte der König, es wäre nicht verwunderlich, dass sein Herz schmerze, während sein Herr – gemeint war Philipp II. – seine Länder derart leiden ließe[250], und unterlegte das Lied mit einer bittersüßen Melodie von schmuckloser Schönheit.

Es ist nicht auszuschließen, dass Richard mit *Ja nus hons pris* mehr bezweckte als die bloße Wiedergabe seiner Stimmungslage nach einem Jahr Haft oder die Befriedigung eines Dranges nach künstlerischer Betätigung. Möglicherweise wollte er damit eine eindringliche Botschaft kreieren, die durch Troubadoure in seinen Ländern vorgetragen werden sollte, um die öffentliche Meinung zu seinen Guns-

---

248 Leroux de Lincy, Adrien Jean Victor: Recueil de chants historiques Français depuis le 12. jusqu'au 18. siècle, 2 Bände, Paris 1841–1842, hier: Band I, S. 56

249 Ebd., S. 58

250 Ebd., S. 57

ten zu beeinflussen und auf diese Weise die Sammlung des Lösegeldes und damit seine Freilassung voranzutreiben. Die Beschreibung seiner Emotionen wirkt indessen authentisch. Angesichts der nicht enden wollenden Haft dürfte es wohl nicht wenige Momente gegeben haben, in denen der König in tiefe Melancholie versank und daran zweifelte, jemals wieder in Freiheit zu gelangen.

Die in dem Lied transportierte, äußerst gedrückte Stimmung mag in Anbetracht der nun bereits ein Jahr dauernden Gefangenschaft gerechtfertigt gewesen sein, der darin enthaltene Vorwurf jedoch nicht. Selbst für einen wohlhabenden Staat wie das Angevinische Reich bedeutete die Bereitstellung der vom Kaiser geforderten Hauptsumme von 100.000 Mark eine ungeheure Belastungsprobe, verdeutlicht durch den Umstand, dass sich die jährlichen königlichen Einkünfte aus England und der Normandie in der zweiten Regierungshälfte Richards auf rund 60.000 Mark beliefen. Hubert Walter, Eleonore und die Justitiare ergriffen daher drastische Maßnahmen. Sämtliche Rittergüter wurden besteuert, darüber hinaus eine sich auf 25 % belaufende Steuer auf die Einkünfte und die bewegliche Habe sämtlicher Untertanen eingeführt. Die Kirchen im Reich wies man an, Gold- und Silbergeräte zur Verfügung zu stellen, selbst Ornamente hatten abgetragen zu werden. Sogar die Zisterzienser, die als Armutsorden normalerweise keiner Besteuerung unterlagen, wurden diesmal zur Kasse gebeten und mussten einen Teil ihrer Haupteinkommensquelle, nämlich den Schurertrag ihrer Schafherden, abgeben. Ähnlich einschneidende Maßnahmen erfolgten in den kontinentalen Ländern des Angevinischen Reiches.

Hätte sich aktiver oder auch nur passiver Widerstand gegen diese Maßnahmen erhoben, wäre die Aufbringung der horrenden Lösegeldsumme in einem überschaubaren Zeitraum eine nahezu unlösbare Aufgabe gewesen. Doch die Administration sah sich mit keiner großräumigen Opposition konfrontiert, die ihre Bemühungen durchkreuzt hätte. Trotz der enormen Lasten, die Heinrichs VI. Forderungen den angevinischen Untertanen aufbürdeten, stand bereits gegen Ende des Jahres 1193 ein großer Teil der Hauptsumme von 100.000 Mark zur Verfügung.[251]

Verschiedene Aspekte trugen zu diesem bemerkenswerten Resultat bei. Eleonore und Hubert Walter boten ihre ganze Autorität auf, um die Einhebungen voranzutreiben. Zudem verlangte die Situation der Führungslosigkeit im Reich, die aufgrund der von Johann Ohneland angezettelten Kämpfe in England und der

251 Norgate, II, S. 325 f.; Barlow, S. 385; Kessler, S. 300 ff.

Attacken Philipps II. umso bedrohlicher erscheinen musste, nach rascher Abhilfe. Eine Alternative zu Richard gab es nicht, da der erst sechsjährige Arthur, Sohn des 1186 verstorbenen Gottfried, schon wegen seines Alters als Nachfolger nicht ernstlich in Betracht kam und Johann über keinen Rückhalt unter den Baronen verfügte. Schließlich wird auch die Agitation der Regierung, die Heinrich VI., Leopold V. und Philipp II. als Bösewichte brandmarkte, seine Wirkung nicht verfehlt haben.

Die letztlich entscheidende Schubkraft erhielt die Geldeintreibungsaktion jedoch von jener Person, um die sich alles drehte. Seit weit über drei Jahren weilte Richard mittlerweile in der Ferne, und durch die lange Abwesenheit ließ sich das Beste in ihn hineininterpretieren. Kraft seiner Taten im Heiligen Land haftete ihm der Nimbus einer lebenden Legende an, durch seine Gefangenschaft kam noch die Gloriole des Märtyrers hinzu. Die kraftvolle Magie, die sich mit dem Mythos Löwenherz verband, erzeugte im Angevinischen Reich ein hohes Maß an Opferbereitschaft. So irrte Richard, wenn er in seinem Lied im Hinblick auf seine Untertanen resümierte:

> „Meine Gefolgsleute, die ich liebte und die ich noch immer liebe (…) – sie sind untreu geworden, wie ich aus Liedern erfuhr.“[252]

7. Die Freilassung

Um die Jahreswende 1193/94 begann das Ende von Richards Gefangenschaft konkrete Formen anzunehmen. Angesichts der nahenden Auszahlung des Lösegeldes stellte Heinrich VI. am 20. Dezember in einem Brief an die englische Führung in Aussicht, den König am 17. Januar 1194 freizulassen. Daraufhin begab sich eine Delegation des Angevinischen Reiches ins Heilige Römische Reich, um die vollständige Übergabe der Hauptsumme von 100.000 Mark Silber zu vollziehen und die Geiseln für die Begleichung der Restsumme von 50.000 Mark zu stellen. Eleonore ließ es sich nicht nehmen, die anstrengende Reise mitzumachen und an der Befreiung ihres Sohnes persönlich mitzuwirken.

Heinrich VI. spielte unterdessen mit dem Gedanken, Richard das im Südwesten des Heiligen Römischen Reiches gelegene burgundische Königreich Arelat, das

252 Leroux de Lincy, I, S. 58

sich über das heutige Südostfrankreich sowie die Westschweiz erstreckte, zu Lehen zu geben. Schon am 24. Januar sollte die Krönung erfolgen, wodurch Richard die Stellung eines einflussreichen deutschen Reichsfürsten eingenommen hätte. Welches Ziel der Kaiser damit verfolgte, ist umstritten. Möglicherweise sollte dies eine Art Vorleistung für das von Heinrich VI. angestrebte Ziel darstellen, sich zum Lehnsherrn über das Königreich England aufzuschwingen und so seine umgemein ehrgeizigen Machtexpansionspläne einen entscheidenden Schritt voranzubringen.

Doch dann drohte im letzten Moment alles zu scheitern. Philipp II. ergriff noch einmal die Initiative. Zum Ersten schloss er mit dem ihm völlig ergebenen Johann Ohneland im Januar 1194 einen Lehnsnahmevertrag für die angevinischen Länder in Frankreich, der die gleichzeitige Abtretung von weiteren Territorien in der Normandie sowie wesentlicher Burgen und Städte in der Touraine festschrieb. Zum Zweiten unternahmen die beiden ungleichen Verbündeten noch einmal einen Versuch, Richard in ihre Gewalt zu bringen. Sie boten dem Kaiser an, entweder 150.000 Mark für dessen Auslieferung oder für die Fortsetzung von Richards Inhaftierung pro Monat 1.000 Mark zu zahlen. Heinrich VI. ließ dies nicht unbeeindruckt. Er stornierte den schon festgesetzten Freilassungstermin und berief stattdessen am 2. Februar 1194 einen Reichstag in Mainz ein, um das Angebot Philipps II. und Johanns zu erörtern. Nun konnte der Kaiser den Wormser Vertrag schwerlich brechen, da zu viele Reichsfürsten als Bürgen des Abkommens fungiert hatten. Obendrein saß er im Heiligen Römischen Reich nicht fest genug im Sattel, um eine derartige Kehrtwende zu vollziehen, zumal nicht wenige einflussreiche weltliche und geistliche Würdenträger Richard freundlich gegenüberstanden. Doch um ein hervorragendes Druckmittel handelte es sich bei dem Gegenangebot allemal, und so ließ Heinrich VI. seinen Gefangenen während des Reichstages die Briefe Philipps II. und Johanns lesen, um ihn zur Lehnshuldigung zu zwingen. Und folgerichtig war nunmehr auch von einer Krönung Richards zum König von Arelat keine Rede mehr.

Löwenherz fiel es sicher nicht leicht, diese zusätzliche Forderung zu erfüllen. Dass Arelat nicht länger ein Thema war, ließ sich zwar verhältnismäßig leicht verschmerzen; Richard hätte sich auf diese Weise massive außenpolitische Probleme mit der angrenzenden Grafschaft Toulouse und darüber hinaus mit dem Königreich Aragon eingehandelt, die er sich wegen der bevorstehenden Kraftprobe mit Frankreich kaum leisten konnte. Doch die Minderung der herrschaftlichen Reputation, die mit der Anerkennung des Kaisers als Oberherrn einherging, war bitter.

Bei den abermaligen Verhandlungen beharrte Heinrich VI. auf seiner Forderung und zeigte überhaupt eine gewisse Unlust, den wertvollen Häftling in die Freiheit zu entlassen. Nun allerdings griffen einige bedeutende Reichsfürsten energisch ein. Insbesondere Adolf von Altena, der einflussreiche Erzbischof von Köln, sowie der Mainzer Erzbischof Konrad von Wittelsbach gaben mit allem Nachdruck zu verstehen, dass man den König nun keinesfalls länger gefangen halten könnte. Da seine Autorität in den niederrheinischen Gebieten nach wie vor nicht gefestigt war und in der Region jederzeit wieder eine Revolte ausbrechen konnte, vermochte der Kaiser derartige Interventionen kaum zu ignorieren und stimmte daher einer unverzüglichen Beendigung der Gefangenschaft zu, hielt allerdings an der Lehnshuldigung fest. Für Richard wog der demütigende, aufgrund der Entfernung Englands zum Heiligen Römischen Reich de facto aber weitgehend substanzlose Vasallenstatus letztlich leichter als die Aussicht einer nochmaligen Haftverlängerung und weiterer Gebietsverluste in Frankreich. Von seiner Mutter bedrängt, willigte er notgedrungen ein.

Am 4. Februar 1194 schließlich geschah, was Richard seit einem Jahr, sechs Wochen und drei Tagen sehnlich erwartet hatte: In Mainz öffnete sich ihm das Tor zur Freiheit. Heinrich VI. und Leopold V. behielten zahlreiche prominente Geiseln als Pfand zur Erfüllung der noch ausstehenden Ansprüche in ihrer Hand. Zu ihnen zählten Erzbischof Walter von Rouen, Wilhelm Longchamp, die zwei welfischen Prinzen Otto und Wilhelm sowie ein Sohn des Königs Sancho VI. von Navarra.[253]

Man wird sich Richards Empfindungen gegenüber dem Kaiser, von dem er nun Abschied nahm, unschwer vorstellen können. Heinrich VI. hatte dem Angevinischen Reich enorme finanzielle Belastungen auferlegt, die Voraussetzung für empfindliche Gebietsverluste auf dem Festland geschaffen und dem Haus Plantagenet mit der erzwungenen Lehnsnahme einen zusätzlichen Schlag versetzt. Darüber hinaus konnte sich Richard bis auf weiteres nicht für die erlittene Unbill rächen, denn der Hauptgegner des Angevinischen Reiches war und blieb Philipp II. Dem Kampf gegen den französischen König und der Rückgewinnung der verlorenen, teils strategisch höchst bedeutsamen Gebiete galt fortan Löwenherz' volle Aufmerksamkeit. In Anbetracht dieser beträchtlichen Aufgabe war nicht daran zu denken, die durch den finanziellen Aderlass ohnehin verminderten Ressourcen des

253 Roger von Howden, III, S. 227 ff.; Ralph von Diceto, II, S. 112 f.; Berg, S. 83 ff.; Kessler, S. 283 ff., 291 ff., 303; Gillingham, Richard, S. 235 f.

Angevinischen Reiches in wie auch immer gearteten antistaufischen Projekten zu vergeuden.

Weder Richard noch Heinrich VI. konnten zu diesem Zeitpunkt ahnen, dass sich die erzwungene Lehnsnahme Englands letztlich entschieden zum Nachteil für die staufische Herrschaft über das Heilige Römische Reich auswirken sollte. Denn der Plantagenet avancierte auf diese Weise zum bedeutendsten weltlichen Reichsfürsten und erhielt so automatisch das Recht, sich an der Wahl eines deutschen Monarchen zu beteiligen. Keine vier Jahre später bot sich ihm kraft dieser Privilegien die Gelegenheit, der staufischen Macht einen schweren Schlag zu versetzen, ohne einen einzigen Schwertstreich führen zu müssen.

VII.

Rückkehr (1194)

1. Bündnispolitik am Niederrhein

Am 4. Februar 1194 begab sich Richard I. Löwenherz von Mainz aus auf die Heimreise und zog entlang des Rheins in Richtung Ärmelkanal. Gefahr für seine Sicherheit bestand im Nordosten des Heiligen Römischen Reiches nicht mehr, denn im Gegensatz zum Kaiser genoss Richard bei den niederrheinischen Fürsten hohes Ansehen. Neben ihren engen wirtschaftlichen Verbindungen mit England und der Normandie wirkten bei ihnen wohl auch die bereits erwähnten Verhandlungen vom Juni 1193 nach, in deren Verlauf Löwenherz ihre Opposition zum Kaiser zwecks Verhinderung einer staufisch-kapetingischen Allianz abgeschwächt, gleichzeitig aber höchstwahrscheinlich sein Einvernehmen mit ihnen intensiviert hatte, wobei ihm sein Helden- und Märtyrerimage nicht geschadet haben wird. Das Resultat dieser Gespräche trat nun deutlich zutage. Als Richard während seiner Rückfahrt in Köln Station einlegte, wurde ihm ein glanzvoller Empfang bereitet. Der in Opposition zum Kaiser stehende Erzbischof Adolf von Altena veranlasste ihn zu einem dreitägigen Aufenthalt in der Stadt, ließ ihm jede nur erdenkliche Ehrung zuteil werden und hielt anlässlich dessen Freilassung im Kölner Dom einen Dankgottesdienst ab.[254]

Weitaus weniger erfreulich gestalteten sich die Dinge in Frankreich. Philipp II. hatte, da er Richards Freilassung nicht mehr verhindern konnte, abermals zum Angriff geblasen, um im Hinblick auf die bevorstehenden Gegenangriffe seines Widersachers die eigene taktische Position noch einmal grundlegend zu verbessern. Er unternahm neuerlich Einfälle in die Normandie zur Inbesitznahme jener Territorien, die Johann Ohneland im gerade erst abgeschlossenen Lehnsnahmevertrag preisgegeben hatte, und zwang diesen außerdem zur Übergabe weiterer Festungen in der Touraine, darunter auch Tours.[255]

Johann, durch sein würdeloses Verhalten gegenüber Philipp II. auf beiden Seiten des Ärmelkanals diskreditiert, versuchte in einer letzten verzweifelten Anstrengung

---

254 Roger von Howden, III, S. 234 f.; Ralph von Diceto, II, S. 114
255 Gillingham, Richard, S. 237 f.; Kessler, S. 294 f.; Bradbury, S. 113

zu retten, was zu retten war, und schickte einen Vertrauensmann nach England, der all seinen Festungen den Befehl übermitteln sollte, sich für die Verteidigung gegen die bevorstehende Offensive des Königs zu rüsten. In London angekommen, machte dieser das Vorhaben seines Herrn jedoch unversehens zunichte, als er ausgerechnet gegenüber Hubert Walter Johanns Freundschaft mit Philipp II. pries. Die Reaktion des Erzbischofs und der führenden Verantwortlichen auf der Insel erfolgte ebenso einhellig wie prompt. Nachdem der Bürgermeister von London für die augenblickliche Festnahme des Gesandten gesorgt hatte, wurde Johann kurzerhand exkommuniziert und in einem am 10. Februar von Hubert Walter einberufenem Konzil all seiner Besitzungen in England verlustig erklärt. Damit einher ging der Beschluss, dem zurückkehrenden König Arbeit abzunehmen und gegen Johanns Festungen mobil zu machen, die sich bald den Angriffen königstreuer Truppen ausgesetzt sahen und eine nach der anderen genommen wurden.

Richard konnte demnach der Lage in England mit Gelassenheit entgegensehen. Dennoch stellte sich ihm die Notwendigkeit, zunächst auf der Insel Präsenz zu zeigen, seine Herrschaft auf diese Weise wieder endgültig zu stabilisieren und sich zugleich die erforderlichen Mittel zu verschaffen, um Philipps Vormarsch Einhalt zu gebieten und zum Gegenschlag auszuholen. Angesichts dieser Prioritäten konnte er den neuerlichen Attacken des Kapetingers auf dem Kontinent vorderhand nicht aktiv begegnen.

Tatenlos blieb der heimkehrende König im Hinblick auf seinen Hauptgegner trotzdem nicht. Da sich die Gebiete, die er auf dem Weg zum Ärmelkanal durchreiste, an der Nordwestflanke Frankreichs befanden, begann er mit dem Aufbau eines Bündnissystems am Niederrhein, um Philipp II. auf außenpolitischer Ebene unter Druck zu setzen. Den herzlichen Empfang in Köln beantwortete Richard daher, indem er der Stadt ein wertvolles Handelsprivileg verlieh und Erzbischof Adolf von Altena mit einem Rentenlehen ausstattete. Es folgte eine ganze Serie an Rentenlehen für maßgebliche Fürsten wie den Erzbischof von Mainz, den Bischof von Lüttich, die Herzöge von Schwaben, Limburg und Brabant, Pfalzgraf Konrad bei Rhein und Graf Dietrich VII. von Holland. Binnen weniger Wochen schuf Richard so einen kompakten pro-angevinischen Block mit dem Ziel, eine Einkreisung Philipps II. herbeizuführen.[256] Zwar fehlte diesem System noch ein wesentlicher Machtfaktor, nämlich Graf Balduin VIII. von Flandern, der an der

256 Roger von Howden, III, S. 234 ff.; Berg, S. 85

Normandie-Offensive Philipps II. mitgewirkt hatte, doch immerhin ließ sich dessen Sohn Balduin IX. auf die angevinische Seite ziehen.

Alles in allem markierte die diplomatische Offensive des Februars 1194 den Auftakt zu einer neuen bündnispolitischen Ordnung Westeuropas, der Richard bald darauf in weit umfassenderem Ausmaß Gestalt verleihen sollte. Dass die Schaffung des Allianzsystems am Niederrhein gewissermaßen unter den Augen Heinrichs VI. geschah, wird dem König wohl einige Genugtuung bereitet haben. Die Opposition, wenige Monate zuvor noch auf sein Betreiben mit dem Kaiser ausgesöhnt, hatte nun in ihm selbst einen Schirmherrn erhalten. Da sich die Vereinbarungen aber in der Hauptsache gegen Frankreich richteten, nahm Richard davon Abstand, die Fürsten zu einer nochmaligen Erhebung gegen Heinrich VI. zu ermutigen.[257]

Erstaunlicherweise versah Löwenherz, während er sich noch im Heiligen Römischen Reich aufhielt, auch Leopold V. mit einem Rentenlehen. Ob dies schon vor der Freilassung vereinbart wurde, als der Herzog von Österreich noch Druck auf den König ausüben konnte, geht aus den Quellen nicht eindeutig hervor. Aus der Sicht Leopolds stellte das Rentenlehen nicht nur in finanzieller, sondern auch in politischer Hinsicht eine erstrebenswerte Errungenschaft dar, konnte er auf diese Weise doch gegenüber Papst Coelestin III. signalisieren, nunmehr auf gutem Fuß mit dem Kreuzfahrerkönig zu stehen, um die Gefahr einer Exkommunikation zu bannen.[258]

Ungeachtet der großzügigen Geste verspürte Richard vermutlich wenig Neigung, den Herzog so leicht davonkommen zu lassen. Bald nach der Beendigung seiner Haft dürfte er Akzente gesetzt haben, um Leopold V. für die Festnahme in Österreich zur Rechenschaft zu ziehen. Höchstwahrscheinlich auf seine Intervention hin begann Papst Coelestin III. tätig zu werden und verhängte nach langem Zögern die Exkommunikation über Leopold V. sowie das Interdikt über dessen Länder. Um sich vom Kirchenbann lösen zu können, wurden dem Babenberger strenge Bedingungen auferlegt. Er musste nicht nur alle angevinischen Geiseln freilassen, das ihm zugefallene Lösegeld zurückerstatten und auf sämtliche noch ausstehende, an den Plantagenet gerichtete Forderungen verzichten, sondern darüber hinaus einen Kreuzzug unternehmen, dessen Dauer jener von des Königs Gefangenschaft entsprechen sollte.[259]

---

257 Kessler, S. 303 ff.

258 Roger von Howden, III, S. 234; Lechner, S. 188, 368

259 Lechner, S. 187 f.; Pohl, S. 212

2. Ankunft in England

Von Köln aus zog Richard über Brabant und Brüssel nach Antwerpen, durchquerte überall ihm freundlich gesonnenes Land und trat schließlich von einem kleinen flandrischen Hafen aus die Fahrt über den Ärmelkanal an. Am 13. März 1194 landete er in Sandwich an der Südostspitze Englands.[260]

Der Bericht Ralphs von Coggeshall versah die Rückkehr des Königs mit einem überirdisch anmutenden Naturschauspiel. Demzufolge wäre in der Nähe der Sonne ein prachtvolles Leuchten sichtbar geworden, in seinen Umrissen einem menschlichen Körper ähnlich. Viele Menschen hätten diesen Anblick als Zeichen für Löwenherz' eben erfolgte Ankunft gedeutet, berichtete Coggeshall und fügte hinzu, Richard selbst hätte die Küste Englands in Hochstimmung betreten.[261]

Zumindest am Wahrheitsgehalt letzterer Aussage ist gewiss nicht zu zweifeln. Mehr als dreieinhalb Jahre waren vergangen, seitdem Richard sein Reich verlassen hatte, weit über vier Jahre lag seine Abreise von der Insel bereits zurück. Dankbar, nach dem Kreuzzug und der langen Gefangenschaft wohlbehalten zurückgekehrt zu sein, begab er sich mit seinem Gefolge zunächst ins nahe gelegene Canterbury und hielt am Grab des heiligen Thomas Becket Andacht. Auf dem Weg nach London kam es in der Nähe von Rochester zu einem bewegten Zusammentreffen mit Hubert Walter, seinem Kreuzzugsgefährten und nunmehrigen Erzbischof von Canterbury. Zusammen ritten sie nach London, wo Richard von den Bewohnern der Stadt mit Jubel willkommen geheißen wurde. Dass er ihnen durch den Kreuzzug und seine Gefangenschaft hohe Kosten auferlegt hatte, dass er ihnen nahezu fremd war und ihre Sprache nicht oder nur schlecht beherrschte, tat ihrer Begeisterung keinen Abbruch. Nach den langen Jahren der Unsicherheit und der von Johann Ohneland erzeugten Unruhen erblickten die Menschen in dem König, der ihnen im wahrsten Sinn des Wortes teuer war, offenbar den Garant für Ordnung und Sicherheit. Ralph von Coggeshall schrieb über Löwenherz' triumphale Ankunft in London:

> „Die gesamte Bürgerschaft kam dem König entgegen, mit jeglicher Pracht und außerordentlicher Vielfalt geschmückt. Auf die Nachricht von seinem Herannahen

---

260 Roger von Howden, III, S. 234 f.; Ralph von Coggeshall, S. 62. Gervasius von Canterbury datierte Richards Ankunft auf den 12. März, Ralph von Diceto gibt den 20. März als Tag der Rückkehr an.

261 Ralph von Coggeshall, S. 62 f.

> waren sowohl Adelige als auch einfache Leute gleichermaßen dem König fröhlich entgegengeeilt. Alle wollten den aus der Gefangenschaft Heimgekehrten sehen, von dem sie gefürchtet hatten, dass er nie mehr zurückkehren werde."[262]

Wilhelm von Newburgh ergänzt Coggeshalls Bericht mit dem Hinweis, wonach die festlich und prächtig geschmückte Stadt einige deutsche Adlige, die den König nach England begleitet hatten, in Erstaunen versetzte. In der Erwartung, ein durch die immense Lösegeldforderung Heinrichs VI. völlig ausgeblutetes Land vorzufinden, verblüffte sie die Pracht dieses Empfangs und brachte ihnen die Erkenntnis, dass die englische Administration die finanziellen Möglichkeiten des Landes in den Verhandlungen mit dem Kaiser geschickt heruntergespielt hatte.[263]

Richard hielt es indessen nur kurz in der Themsemetropole. Da er baldmöglichst über den Ärmelkanal setzen und den Kampf gegen Philipp II. aufnehmen wollte, drängte es ihn, seine Herrschaft über England sogleich und umfassend wiederherzustellen. Zwar hatte in der Zwischenzeit die überwiegende Zahl der von Johann kontrollierten Städte unter den Angriffen der Regierungstruppen kapituliert, doch noch gab es Festungen, die sich Richards Autorität widersetzten. Unverzüglich eilte er daher nach Norden, um diesem Zustand persönlich ein Ende zu bereiten. Als er wenige Tage später Mittelengland erreichte, trotzten nur noch zwei Bastionen der Belagerung der königstreuen Streitkräfte, nämlich Tickhill und Nottingham. Ersteres Problem löste sich im Handumdrehen, denn der Garnison von Tickhill genügte die Nachricht, dass sich Löwenherz tatsächlich wieder im Land befand und sich zur Attacke anschickte, um die Waffen zu strecken.

Die Verteidiger von Nottingham waren aus härterem Holz geschnitzt. Als sie am 25. März Trompetenfanfaren vernahmen, die von der Ankunft des Königs kündeten, glaubten sie an einen Bluff und harrten weiter aus. Richard ordnete daraufhin eine Offensive an, in deren Verlauf die Außenmauern der Festung genommen wurden. Tags darauf ließ er in drohender Manier Belagerungsmaschinen in Stellung bringen und einige am Vortag gefangene Soldaten in Sichtweite der Stadt hängen, doch auch das ohne erkennbare Wirkung. Am 27. März griff Richard, gereizt ob der Tatsache, dass der Kampf nur deswegen andauerte, weil man in Not-

262 Ralph von Coggeshall, S. 63. Über die Jubelszenen, die Richards Ankunft in London begleiteten, berichtet auch Ralph von Diceto (II, S. 114).

263 Wilhelm von Newburgh, S. 487

tingham nicht an seine Rückkehr glauben wollte, zu einem einfacheren Mittel, um den Widerstand zu brechen. Er ließ zwei Garnisonsmitglieder unter freiem Geleit in sein Lager bringen und trat ihnen von Angesicht zu Angesicht gegenüber. Auf seine lakonische Frage, ob sie nun an seine Präsenz glaubten, befanden die beiden Ritter, dass dem definitiv so wäre, und gingen zurück in die Burg, um ihre Kameraden über den tatsächlich gegebenen Sachverhalt zu informieren. Einige Verteidiger ergaben sich daraufhin augenblicklich, der Rest der Garnison kapitulierte am nächsten Tag. Richard verzichtete auf weitere Exekutionen und belegte die letzten Kämpfer seines jüngeren Bruders stattdessen mit hohen Geldstrafen.[264]

3. Ein Tag im Sherwood Forest

Mit der Kapitulation von Nottingham sah sich Richard der Notwendigkeit weiterer militärischer Aktionen zur Restauration seiner Macht enthoben. Befriedigt genehmigte er sich am 29. März 1194 einen freien Tag und unternahm mit seinem Gefolge einen Ausritt in den angrenzenden Sherwood Forest.[265]

Damit gelangte der König zumindest geographisch in enge Tuchfühlung mit der Robin-Hood-Legende. Dass sich dort ein freundschaftliches Zusammentreffen mit dem berühmten Rächer der Armen und Geknechteten ergab, wie die heute gebräuchlichen Versionen der Sage zu berichten wissen, ist freilich mit an Sicherheit grenzender Wahrscheinlichkeit auszuschließen. So sind die ersten Robin-Hood-Erzählungen zwar bereits im 13. Jahrhundert nachweisbar, wodurch die Hauptfigur in relative Nähe zu Löwenherz' Lebensspanne rückt. Allerdings heißt der in den Urfassungen zuweilen aufscheinende Herrscher nicht Richard I., sondern Eduard I. (1272–1307). Erst in späteren Jahrhunderten wurde die Legende auf den Zeitraum der Jahre 1193 und 1194 zurückdatiert.

Im Übrigen war die ursprüngliche Gestalt des Robin Hood durchaus kein so menschenfreundlicher und selbstloser Charakter, wie die heutige Auslegung der Geschichte glauben macht. Von der Behauptung, er hätte die Wohlhabenden beraubt, um deren Reichtümer den Armen zu übergeben, ist in den frühesten Schil-

264 Roger von Howden, III, S. 238 ff.; Wilhelm von Canterbury, S. 487 ff.; Gervasius von Canterbury, I, S. 524; Ralph von Diceto, II, S. 114; Gillingham, Richard, S. 241 f.

265 Roger von Howden, III, S. 240

derungen ebenso wenig zu finden wie die Thematisierung des Protestes gegen als ungerecht empfundene gesellschaftliche Zustände. Im Mittelalter präsentierte sich Robin Hood vielmehr als Gesetzloser, der zwar den positiv besetzten Verhaltensweisen der Zeit entsprach – Ritterlichkeit gegenüber Frauen, Großzügigkeit, treue Ergebenheit gegenüber dem König –, aber auch beträchtliche Grausamkeit an den Tag legte. So tötete er seinen Paradegegner, den Sheriff von Nottingham, nicht nur, sondern enthauptete ihn und stellte den ebenfalls abgeschlagenen Kopf des Guido von Gisborne als Trophäe zur Schau aus.

Ob Robin Hood jemals gelebt hat, bleibt unklar. Dennoch spiegelt insbesondere die ursprüngliche Fassung seiner Geschichte in aufschlussreicher Weise eine Ära wider, in der Verbrechen oft keine Ahndung erfuhren und Gewaltverzicht weniger als Tugend, sondern eher als Voraussetzung galt, um inmitten einer harten Welt unter die Räder zu kommen.[266]

Alles in allem ist davon auszugehen, dass der von Roger von Howden belegte Ausritt Richards in den Sherwood Forest ohne besondere Vorkommnisse verlief und keine Begegnung mit Robin Hood erfolgte. Er bildete nichts weiter als ein kurzes Intermezzo zwischen der Belagerung Nottinghams und einem erstrangigen politischen Ereignis, das unmittelbar nach der Rückkehr des Monarchen aus den Wäldern stattfand.

4. Weichenstellungen in Nottingham und Winchester

Am 30. März 1194 eröffnete Richard in Nottingham im Beisein Hubert Walters und Eleonores ein mehrtägiges Konzil, dem die führenden geistlichen und weltlichen Würdenträger Englands beiwohnten. Ein Hauptziel dieser Versammlung bestand darin, in großem Stil Gelder flüssig zu machen, um den noch offenen Forderungen des Kaisers entsprechen und den bevorstehenden Kampf gegen Philipp II. mit voller Kraft führen zu können. Zur Erreichung dieses Vorhabens schreckte Löwenherz vor rigorosen Maßnahmen nicht zurück. So verhängte er nicht nur eine neue Landsteuer, sondern bat überdies die führenden Amtsträger im Reich, die schon unmittelbar nach seiner Inthronisierung stattliche Summen

266 Holt, J.C.: Robin Hood. Die Legende von Sherwood Forest, Düsseldorf/Wien/New York 1991, S. 10ff., 53, 60

zur Erlangung bzw. Bewahrung ihrer Funktionen gezahlt hatten, kurzerhand ein weiteres Mal zur Kasse.

Neben der Rekrutierung von Geldern markierte das Konzil gleichermaßen den Auftakt zu einer umfassenden Verwaltungsreform, die nicht nur die königlichen Einkünfte steigern, sondern darüber hinaus den Verwaltungsapparat effizienter gestalten sollte und mit einer generellen Professionalisierung in der administrativen Personalstruktur einherging. Als treibende Kraft hinter diesem weit reichenden Erneuerungs- und Modernisierungsprozess fungierte Erzbischof Hubert Walter. Auf Richards Betreiben Ende 1193 auch zum obersten Justitiar aufgestiegen, hatte er nun die weltliche ebenso wie die geistliche Führungsposition in England inne und verfügte über eine ungeheure Machtfülle, die er nicht zuletzt zur Stärkung des Staatswesens einsetzte. So sollte es unter Hubert Walter neben der in Nottingham eingeleiteten Steuerreform in weiterer Folge zu umfassenden Heeres- und Justizreformen kommen, wovon noch zu sprechen sein wird.

Unmittelbar nach dem Konzil traf Richard mit König Wilhelm I. von Schottland zusammen, den er 1189 gegen eine finanzielle Abgeltung vom Lehnseid entbunden und der sich 1193 dafür mit der Weigerung, den aufrührerischen Johann zu unterstützen, revanchiert hatte. Die Harmonie zwischen den zwei Königen wurde jedoch unversehens durch Wilhelms Forderung gestört, Northumberland, Cumberland und Westmoreland im äußersten Norden Englands an Schottland abzutreten. Richard wies dieses Ansinnen zurück, aber allem Anschein nach wollten beide Seiten vorerst einen Eklat vermeiden, denn Wilhelm spielte zwei Wochen später eine tragende Rolle beim Höhepunkt von Richards England-Aufenthalt des Jahres 1194: dem symbolischen Krönungsakt in Winchester.

Die festliche Zeremonie, die sich am 17. April 1194 zutrug, sollte demonstrativ die letzten Zweifel an einer beeinträchtigten Souveränität Richards ausräumen. Versehen mit den königlichen Insignien und der Krone auf dem Haupt hielt er im Rahmen einer feierlichen Prozession Einzug in die Kathedrale von Winchester. Drei Schwerter wurden vorangetragen – als einer der Schwertträger fungierte Wilhelm I. von Schottland –, in der Kirche erteilte ihm Erzbischof Hubert von Canterbury den Segen und zelebrierte in Anwesenheit zahlreicher weltlicher und geistlicher Würdenträger – unter ihnen als führender Repräsentant des irischen Reichsteiles Erzbischof Johann von Dublin – sowie der Mutter des Königs die Messe. Abgerundet wurde das feierliche Ereignis durch ein prunkvolles Bankett.

Für den einzigen Misston sorgte dann doch wieder der schottische Monarch. Zwei Tage nach seiner Teilnahme an der Zeremonie in Winchester erneuerte er seine Forderung nach Gebietsabtretungen in Nordengland. Richard zeigte sich jedoch in territorialen Fragen weiterhin nicht spendierfreudig. Da er ohnehin gerade erst eine Reihe von Burgen und Städten in Frankreich verloren hatte, lehnte er die Preisgabe von zusätzlichen Positionen im Norden Englands entschieden ab. Wilhelm I. nahm davon Abstand, seinen Ansprüchen stärkeren Nachdruck zu verleihen – etwa durch militärische Maßnahmen – und trat unverrichteter Dinge wieder die Heimreise an.

Nach der Restauration seiner Herrschaft in England wandte sich Richard seinem eigentlichen Hauptziel, Frankreich, zu. Darauf brennend, schnellstmöglich über den Ärmelkanal zu setzen, um Philipp II. die verlorenen angevinischen Länder auf dem Festland wieder zu entreißen, begab er sich wenige Tage nach dem Festakt von Winchester nach Portsmouth, wo er starke Truppenverbände und eine Flotte von rund hundert Schiffen hatte zusammenziehen lassen. Am 2. Mai ließ er trotz stürmischen Wetters und gegen die Bedenken der Schiffskapitäne die Anker lichten, doch der Sturm nahm an Heftigkeit zu, so dass sich Richard nach einigen turbulenten Stunden auf See gezwungenermaßen zu einer Rückkehr nach Portsmouth entschloss, um dort bessere Bedingungen abzuwarten. Seine knapp bemessene Geduld wurde allerdings auf eine harte Probe gestellt, denn es sollte letztlich mehr als eine Woche verstreichen, ehe das Wetter eine Überfahrt in die Normandie erlaubte.[267]

5. Landung in der Normandie

Während Richard Löwenherz in Portsmouth mühsam seine Ungeduld zähmte, versuchte Philipp II. auf der anderen Seite des Kanals, seine letzte Chance wahrzunehmen, um sich weitgehend unbehelligt einer weiteren wichtigen angevinischen Bastion zu bemächtigen. Am 10. Mai erschien er mit seinen Streitkräften vor Verneuil, einer Festung im Südosten der Normandie. Deren Verteidiger hatten im Vorjahr bereits eine französische Belagerung überstanden und zeigten sich zuversichtlich, der neuen Bedrohung ebenfalls standzuhalten. Voller Übermut verspotte-

267 Roger von Howden, III, S. 240 ff., 247 ff., 251; Gervasius von Canterbury, I, S. 524 ff.; Ralph von Diceto, II, S. 114; Berg, S. 85 f.; Barlow, S. 360, 386 ff.

ten sie Philipp II., indem sie provokant das Tor öffneten, und, als dieser sich nicht aus der Reserve locken ließ, eine wenig schmeichelhafte Karikatur des Kapetingers auf die Außenseite des Tores malten. Ihr Optimismus gründete sich vermutlich auf das erwartete baldige Eintreffen Richards, doch der König befand sich noch in Portsmouth und ahnte nichts vom Angriff auf Verneuil, das überdies rund hundert Kilometer von der Küste entfernt lag. Philipp II., entschlossen, seine strategische Position vor der Ankunft seines Widersachers noch zu verbessern, verstärkte den Belagerungsdruck, sodass den anfänglich hochgemuten Verteidigern der Bastion angesichts der täglich gefährlicher werdenden Lage der Humor bald verging.[268]

Am 12. Mai ließen die Wetterbedingungen am Ärmelkanal eine Überfahrt der englischen Flotte zur Seinemündung zu. Richards Landung in Barfleur glich einem Triumphzug. Auch hier hatte sich eine riesige Menschenmenge versammelt, um ihm ein euphorisches Willkommen zu entbieten. Allgemein herrschte der Glaube vor, er wäre zurückgekehrt, um seine Vasallen von den politischen Wirren zu befreien und den bedrohlichen Manövern Philipps II. und Johanns ein Ende zu bereiten, was den Intentionen des Königs ja in der Tat entsprach. Als Richard mit Eleonore und Wilhelm dem Marschall durch Barfleur zog, läuteten sämtliche Glocken, Jung und Alt jubelte, tanzte und sang:

> „Gott erschien in seiner Macht, bald ist der König von Frankreich fort."[269]

Nicht bei allen angevinischen Untertanen auf dem Festland löste Löwenherz' Ankunft Entzücken aus. Insbesondere die traditionell widerspenstigen zentralaquitanischen Barone nahmen gegenüber der bevorstehenden Restauration angevinischer Macht eine Position ein, die dem König einen baldigen Vorstoß in sein Stammland geboten erscheinen ließ. Einer der ehemaligen Gegner des Plantagenet in Aquitanien, nämlich Bertran von Born, der nach dem Krieg des Jahres 1183 zu einem Parteigänger Richards geworden war, zeigte sich über die Rückkehr des Monarchen indessen hochgestimmt:

> „Jetzt kommt die schöne Jahreszeit, da unsere Schiffe bei uns landen werden und da der König stolz und trefflich naht, so wie der Graf [Anm.: Bezugnahme auf Ri-

268 Bradbury, S. 115, 117; Gillingham, Richard, S. 245 ff.

269 L'histoire de Guillaume le Maréchal, I, S. 12

chards früheren Status als Graf von Poitou und Herzog von Aquitanien] es niemals war. Da werden Gold und Silber wir verausgabt sehen, Steinschleudern schießen, ihre Seile schnellen, die Mauern stürzen, Türme fällen, die Feinde fangen und in Fesseln legen."[270]

Während sich Richard von Freudenkundgebungen begleitet von Barfleur nach Lisieux begab, wechselte der politisch bankrotte Johann Ohneland abermals die Fronten. Von der Erwartung ausgehend, sein älterer Bruder würde dem Siegeszug Philipps II. ein jähes Ende bereiten, eilte er nach Lisieux, um sich Richards Gnade auszuliefern. Laut Roger von Howden konnte er auf die Unterstützung Eleonores bauen, die eine Aussöhnung ihrer zwei einzigen überlebenden Söhne befürwortete.[271]

Richard reagierte seinerseits nachsichtig, als sich Johann ihm demütig zu Füßen warf. Vielleicht auch aufgrund des begeisterten Empfangs in der Normandie friedfertig gestimmt, half er seinem abtrünnigen Bruder auf die Beine und meinte in milder Herablassung:

„Johann, habt keine Angst. Ihr seid ein Kind; Ihr seid in schlechte Gesellschaft geraten, und es werden jene sein, die Euch irregeführt haben, die bestraft werden."[272]

Der 27-jährige Johann schluckte seinen Zorn, als Kind bezeichnet worden zu sein, wohlweislich hinunter, war er doch mehr als glimpflich davongekommen. Freilich musste er jetzt den Beweis antreten, eindeutig auf Richards Seite zu stehen, was er auf seine Weise tat. Er marschierte mit einem Truppenverband zur Festung Evreux, die ihm Philipp II. anvertraut hatte. Dort erweckte er den Anschein, nach wie vor dem Lager des Kapetingers anzugehören. Nach seinem unbehelligten Einzug in die Stadt befahl er den Angriff und ließ die arglose Garnison niedermetzeln, um sich solchermaßen als Gefolgsmann Richards zu präsentieren. Diese perfide Tat brachte Johann dauerhafte Abneigung in Frankreich ein. Mochten die angevinischen und die kapetingischen Dynastien auch miteinander verfeindet sein, unterschieden beide Seiten doch sorgfältig zwischen harter Kriegsführung und bestiali-

270 Appel, Bertran von Born, S. 59
271 Roger von Howden, III, S. 252
272 L'Histoire de Guillaume le Maréchal, II, S. 10

scher Grausamkeit. So nahm Philipp II. von einem derart hinterhältigen Vorgehen wohlweislich stets Abstand, und Richard galt in Frankreich zwar als Gegner, wurde aber respektiert. Johann hingegen genoss spätestens seit dem Massaker von Evreux niemandes Achtung mehr.

Richards ganze Aufmerksamkeit galt unterdessen der Festung Verneuil, von deren Belagerung er während seines kurzen Aufenthaltes in Lisieux erfahren hatte. Die Zeit drängte, denn die Garnison hielt dem französischen Belagerungsdruck mittlerweile nur noch mit knapper Not stand. Da der Aufmarsch seiner gesamten Armee zu viel Zeit beanspruchte, hastete er mit einer starken Vorhut voraus, leistete der Garnison Entsatz und versuchte gleichzeitig, die französische Nachschublinie zu kappen. Mit Erfolg: Philipp, der sich schon knapp vor dem Ziel gewähnt hatte, musste schließlich den Rückzug antreten. Am 30. Mai hielt Löwenherz seinen Einzug in Verneuil, wo er von der Garnison begeistert empfangen wurde. Nachdem er weit über ein Jahr dazu verurteilt gewesen war, Philipps Offensiven aus der Ferne zusehen zu müssen, genoss er es jetzt wohl in vollen Zügen, endlich selbst eingreifen zu können und seinem Rivalen einen ersten Gegenschlag beigebracht zu haben. In überschäumender Fröhlichkeit dankte Richard der standhaften Garnison von Verneuil für den Einsatz und ließ es sich nicht nehmen, jeden Mann mit einem königlichen Kuss zu bedenken.[273]

273 Roger von Howden, III, S. 252; Ralph von Diceto, II, S. 114 f.; Bradbury, S. 115 ff.; Gillingham, Richard, S. 247 f.

Abb. 18: Richard I. zu Pferd

VIII.

Im Kampf um Frankreich (1194–1196)

1. Fréteval

Philipp II. sah in der Rückkehr Richards keinen Grund, den Kampf um Frankreich vorschnell verloren zu geben. Er gedachte der angevinischen Gegenoffensive aktiv zu begegnen und konnte dabei auf einige strategische Vorteile setzen: Den umfangreicheren Geldreserven, der strahlenderen Reputation und den herausragenden Feldherrnqualitäten Richards vermochte er seine Stellung als Lehnsherr entgegenzuhalten, die ihm eine starke juristische Position verlieh, wenngleich sein Ansehen wegen des kriegerischen Vorgehens gegen die Besitztümer eines Kreuzfahrers gemindert war. Im Lauf der Zeit hatte er sich zu einem fähigen Kriegsherrn entwickelt, dessen Stärken vorrangig im organisatorischen sowie im technischen Bereich lagen. Zudem kamen die im späten 12. Jahrhundert Platz greifenden Fortschritte im Festungsbau seiner Absicht entgegen, die 1193 und Anfang 1194 eingenommenen Burgen gegen die angevinischen Streitkräfte zu behaupten.

Dennoch konnte sich der französische König nicht darüber hinwegtäuschen, dass die militärische Lage durch Richards Präsenz einen grundlegenden Wandel erfahren hatte, und schwankte hinsichtlich seiner weiteren Vorgehensweise. Nach der abgebrochenen Belagerung von Verneuil zog er zunächst nach Norden, stieß bis ins Zentrum der Normandie vor und eroberte eine Festung im unmittelbaren Umfeld von Rouen. In Anbetracht der zahlenmäßigen Überlegenheit der französischen Armee nahmen Johann und Graf Robert von Leicester von einer Gegenoffensive Abstand und beschränkten sich darauf, Rouen zu halten. In der Erkenntnis, dass eine Bewahrung seines gegenwärtigen Gebietsstandes das Maximum seiner Möglichkeiten darstellte, nahm Philipp II. Waffenstillstandsverhandlungen mit den normannischen Baronen auf. Als diese zu keinem konkreten Ergebnis führten, revanchierte sich der Kapetinger für Johanns ruchlose Tat, indem er Evreux einnahm, die Stadt jedoch nicht in seinem Besitz behielt, sondern niederbrannte, wohl weil er keine Hoffnungen hegte, sie auf Dauer verteidigen zu können.

Die zwischenzeitlichen Aktivitäten Richards zwangen den französischen König rasch zu einer noch nachhaltigeren Relativierung seiner Taktik. Denn der Plantagenet richtete seine Kriegsanstrengungen zunächst keineswegs auf den zum Hauptkampfschauplatz prädestinierten normannischen Vexin, sondern zielte vielmehr darauf ab, zuerst die kapetingischen Gebietsgewinne in Mittel- und Südfrankreich rückgängig zu machen, ehe er sich mit freiem Rücken der östlichen Normandie zuzuwenden gedachte. So zog er nach dem Erfolg von Verneuil geradewegs in die Touraine, erschien am 11. Juni vor Tours und eroberte die Stadt, ohne auf nennenswerten Widerstand zu stoßen. Zwei Tage später vereinigte er sich mit einer Streitmacht König Sanchos VI. von Navarra vor Loches, der Schlüsselposition der Touraine, und erstürmte die Festung noch am selben Tag.

Von dem geradezu blitzartigen Verlust der Touraine aufgeschreckt, rückte Philipp II. ebenfalls nach Süden vor, um den Erfolgslauf seines Widersachers zu stoppen. Als Richard davon erfuhr, zog er dem französischen König entgegen und blockierte Anfang Juli dessen Anmarschroute auf der Höhe von Vendôme. Philipp II. scheute eine offene Feldschlacht allerdings ebenso sehr wie Richard diese anvisierte. Als ihm seine Kundschafter von der angevinischen Truppenpräsenz vor Vendôme berichteten, machte der Kapetinger jäh kehrt. Richard stieß nach und schaffte es mit Gewaltritten, bei Fréteval die Nachhut sowie den Tross des fliehenden französischen Heeres einzuholen und in seine Gewalt zu bringen. Zu der Beute, die ihm dabei in die Hände fiel, gehörte eine namentliche Auflistung angevinischer Überläufer, was ihm eine willkommene Möglichkeit bot, sein Kriegsbudget durch die Einhebung von Strafgeldern aufzustocken. Dem Kern der französischen Streitkräfte gelang jedoch die Flucht, ebenso Philipp II., der vor dem heranstürmenden Plantagenet in einer Kirche Zuflucht suchte.

Das Ergebnis des Gefechtes von Fréteval wird Richard nicht restlos befriedigt haben, stellte es doch keinen entscheidenden Sieg dar. Philipps Renommee nahm indes angesichts der Tatsache, innerhalb kurzer Zeit schon zum zweiten Mal die Flucht ergriffen zu haben, empfindlichen Schaden und verdeutlichte, dass ihm im Kampf gegen das Angevinische Reich die Initiative entglitten war. Durch den Rückzug des Kapetingers nach Norden eröffnete sich dem Plantagenet zudem die Gelegenheit, nach dem Rückgewinn der Touraine ungestört seine Herrschaft in Aquitanien zu restaurieren.[274] Von dieser Option unverzüglich Gebrauch machend, fegte Löwenherz in einem zweiwöchigen Feldzug über den Graf von Angoulême und dessen Verbündeten Gottfried von Rancon, die sich mit Philipp II. solidari-

274 Roger von Howden, III, S. 252 ff.; Ralph von Diceto, II, S. 116 ff.; Bradbury, S. 117 f.

siert hatten, hinweg. Bereits am 22. Juli sah er seine Autorität in Aquitanien wiederhergestellt. In einem Brief an Hubert Walter teilte er mit, das Land des Gottfried von Rancon sowie die Grafschaft Angoulême in ihrer Gesamtheit erobert zu haben, wobei er nicht ohne Stolz vermerkte: „Wir eroberten die Stadt und die Zitadelle von Angoulême an einem einzigen Abend."[275]

Philipp II. sah sich infolge der Fehlschläge der vergangenen Wochen gezwungen, auf einen Kampf um Regionen im zentralfranzösischen Raum weitgehend zu verzichten. Fortan konzentrierte er seine militärischen Anstrengungen vorrangig auf geographisch näher zu Paris gelegene Regionen, wobei der östlichen Normandie sein Hauptaugenmerk galt. Um nach der Schlappe von Fréteval Handlungsfähigkeit zu demonstrieren, zog er in Eilmärschen zur südlich von Rouen gelegenen Festung Vaudreuil, die gerade von Johann belagert wurde und schlug seinen ehemaligen Verbündeten durch einen Überraschungsangriff in die Flucht. Danach nahm er Verhandlungen mit den angevinischen Statthaltern in der Normandie auf, da seine Kräfte fürs Erste erschöpft waren. Am 23. Juli 1194 wurde ein Waffenstillstand auf der Basis des aktuellen Status quo geschlossen, der bis zum 1. November 1195 währen sollte.

Auch Richard kam eine Kampfpause gelegen. Seine Offensive war mit der Rückgewinnung der Touraine und Aquitaniens sowie seinen Siegen vor Verneuil und Fréteval zwar äußerst erfolgreich, aber nur unter Aufbietung aller verfügbaren militärischen Ressourcen möglich gewesen. Weitere Kraftakte dieser Art konnten dem von der Zahlung des Lösegeldes an den Kaiser geschwächten Angevinischen Reich nicht sofort zugemutet werden. Außerdem hatte sich Philipp in seiner Abwesenheit einiger weiterer Positionen in Zentralfrankreich bemächtigt, die es ebenfalls noch zurückzugewinnen galt. Vor allem jedoch musste er damit rechnen, dass der Kapetinger mit sämtlichen ihm zu Gebote stehenden Mitteln um den Besitz des normannischen Vexin kämpfen würde. Es galt also, dem Angevinischen Reich eine Atempause zu gönnen, ehe an eine groß angelegte Fortsetzung des Krieges ernsthaft zu denken war.[276]

---

275 Roger von Howden, III, S. 257

276 Roger von Howden, III, S. 257 ff.; Ralph von Diceto, II, S. 119 f.

2. Im Zeichen der militärischen Konsolidierung

Im Frühherbst 1194 rief sich Leopold V. von Österreich bei Richard in Erinnerung. Ungeachtet der über ihn verhängten Exkommunikation hatte der Herzog die angevinischen Geiseln einbehalten und verlautbarte nun, dass die siebenmonatige Frist zur Überstellung von Löwenherz' Nichte Eleonore nach Österreich verstrichen wäre. Daher hätten sowohl die versprochene Braut für einen seiner Söhne als auch Isaak Komnenos' Tochter Johanna ohne weitere Verzögerung nach Österreich geschickt zu werden.

Richard konnte die Forderungen Leopolds V. nicht in den Wind schlagen, wollte er nicht das Leben der Geiseln gefährden. Im Dezember zogen Eleonore und Johanna daher in Begleitung seines engen Vertrauten Balduin von Béthune und von einer starken Eskorte beschützt nach Osten. Doch bevor sie das Land des Babenbergers erreichten, erlitt Leopold V. einen fatalen Unfall. Am 26. Dezember stürzte er bei Graz vom Pferd und zog sich eine schwere Beinverletzung zu, was in jener Zeit schon beinahe einem Todesurteil gleichkam. Tags darauf war die Wunde entzündet, und der Herzog musste sich das Bein amputieren lassen. Doch selbst diese ultimative Tortur erwies sich als vergeblich. Der Wundbrand breitete sich weiter aus. Das Ende vor Augen drängte es den Herzog, Frieden mit der Geistlichkeit zu schließen, da der Heilige Stuhl einem Exkommunizierten ein kirchliches Begräbnis zu verweigern pflegte. Um seine Seele nicht der ewigen Verdammnis anheim fallen zu lassen, erklärte Leopold V. gegenüber dem Erzbischof von Salzburg, auf sämtliche noch ausstehende Forderungen an Richard zu verzichten, das noch vorhandene Lösegeld zurückzuerstatten und nominierte seinen ältesten Sohn Friedrich als Bürge für seine Versprechen.

Am 31. Dezember 1194 erlag Leopold V. schließlich seinen Verletzungen. Balduin von Béthune, Eleonore und Johanna machten nach Erhalt dieser Nachricht auf der Stelle kehrt und zogen ins Angevinische Reich zurück. Freunde wie Feinde betrachteten Leopolds qualvollen Tod als göttliche Bestrafung für das Vergehen, einen Kreuzritter inhaftiert und erpresst zu haben. Vielleicht empfand es Richard ebenso. Auf jeden Fall sah er sich nun einiger unliebsamer Verpflichtungen enthoben und konnte ein unerquickliches Kapitel seiner Vergangenheit schließen.[277]

277 Roger von Howden, III, S. 274f., 276ff.; Ralph von Diceto, II, S. 124f.; Ralph von Coggeshall, S. 65ff.; Pohl, S. 212f.; Lechner, S. 188

Über den Fortgang der Kampfhandlungen um die angevinischen Grenzregionen in Frankreich ebenso wie Richards Maßnahmen zur Stabilisierung seiner Autorität zwischen Sommer 1194 und Sommer 1195 wissen wir mangels Quellenbelegen nur wenig. Fest steht, dass der Plantagenet an seinem Kurs festhielt, sein Vertrauen für die Verwaltung der besonders gefährdeten Provinzen Persönlichkeiten zu schenken, die sich bereits zu Zeiten seines Vaters oder während seines eigenen Kreuzzuges bewährt hatten. So unterstand die Administration der Normandie weiterhin Seneschall Wilhelm Fitz Ralph, wiewohl dessen Bedeutung insofern eingeschränkt wurde, als der König selbst sich fortan zumeist in diesem Land aufhielt; als Seneschall von Anjou fungierte nunmehr Robert von Thornham, der sich während der Eroberung Zyperns hervorgetan hatte. Groß angelegte Feldzüge dürften in diesem Zeitraum nicht stattgefunden haben, wohl auch, weil die angevinischen Festlandsgebiete von Missernten und Hungersnot geplagt wurden, weshalb Richard Lebensmittel aus England kommen ließ, um die allgemeine Not abzumildern.

Einige militärische Fortschritte müssen dem König gegen Philipp II. allerdings gelungen sein, denn im Frühsommer gab der französische Monarch einige vorgeschobene Positionen in der östlichen Normandie auf. Dies dürfte eine Folge von Richards Methode gewesen sein, vom Kapetinger 1193 und 1194 eroberte angevinische Hauptfestungen durch Einnahme der sie umgebenden Vorburgen zu isolieren und deren Wert solcherart zu mindern, bis die Kosten für ihren Unterhalt letztendlich den strategischen Nutzen überstiegen. Zu diesen exponierten Bastionen zählte auch Vaudreuil, dessen Belagerung durch Johann Ohneland der französische König im Sommer 1194 noch wirkungsvoll unterbunden hatte. Im Juli 1195 trafen Richard und Philipp dort zusammen, um die Übergabe der Festung zu besprechen und einen temporären Waffenstillstand zu vereinbaren. Doch der Kapetinger wollte Vaudreuil nicht in intaktem Zustand übergeben und verwendete die Verhandlungen lediglich zur Finalisierung zuvor begonnener Unterminierungsarbeiten. Als während der Gespräche ein Teil der Burgmauer mit lautem Getöse zusammenstürzte, begriff Richard, dass die Unterredung nur ein Ablenkungsmanöver gewesen war. Voller Zorn über diese der gängigen Kriegspraxis völlig widersprechende Vorgehensweise brach er das Gespräch augenblicklich ab und ließ seine Truppen angreifen. Philipp II. rettete sich mit seinem Gefolge durch eine Flucht über die Seine, den Rest der französischen Kampfverbände setzte Löwenherz gefangen und nahm Vaudreuil endgültig in Besitz.[278]

278 Roger von Howden, III, S. 290, 301; Gillingham, Richard, S. 251, 254 f.; Bradbury, S. 118

Ungeachtet dieses Zwischenfalls stellte sich wenig später beiden Königen die Notwendigkeit, die Verhandlungen fortzusetzen. Muslimische Truppen aus Marokko hatten einen höchst erfolgreichen Einfall in den zentralspanischen Raum unternommen, wodurch sich sowohl Richard als auch Philipp II. gezwungen sahen, ihre Anteilnahme an der großen Auseinandersetzung zwischen Kreuz und Halbmond zu bezeugen und sich auf die Abhaltung einer Friedensverhandlung zu einigen, die im August 1195 zumindest die Beseitigung eines alten Konfliktpunktes brachte: Nach 26 Jahren am Hof der Plantagenets übergab Richard seine ehemalige Verlobte Alice, die von zeitgenössischen Geschichtsschreibern nur in sporadischen Nebenbemerkungen erwähnt wurde, dem französischen König. Von Kindesbeinen an war die Kapetingerin der Spielball dreier Könige, von denen einer – Heinrich II. – angeblich eine Liaison mit ihr hatte, ein anderer – Richard – sie nicht heiraten wollte und der dritte – ihr Halbbruder Philipp II. – sich nur für sie einsetzte, wenn es ihm gerade politisch nützlich schien und jetzt ihre Zukunft verplante, indem er sie Graf Wilhelm III. von Ponthieu zur Gemahlin gab.[279]

3. Verwaltungs- und Turnierreformen in England

Im Frühjahr des Jahres 1195 verlieh Richard Erzbischof Hubert Walter eine weitere bedeutsame Machtkompetenz, indem er ihn zum päpstlichen Legaten in England erhob. Dem Schritt vorangegangen war eine entsprechende Intervention Löwenherz' in Rom, der Papst Coelestin III. am 18. März ein zustimmendes Schreiben folgen ließ.[280] Damit vereinten sich die zentralsten geistlichen und weltlichen Herrschaftsrechte des Königreiches in einer Person. Als Erzbischof von Canterbury und päpstlicher Legat sowie als oberster Justitiar hielt Hubert Walter nunmehr eine beispiellose Machtfülle in seinen Händen und regierte seit Richards Abreise in die Normandie ähnlich einem Vizekönig über England.

Die Entscheidung des Monarchen, seinen Kreuzzugsgefährten mit einer derartigen Ausnahmestellung auszuzeichnen, folgte dem Prinzip der Aufgabenteilung. Während er sich selbst ganz der Herausforderung verschrieb, die verlorenen Territorien auf dem Kontinent im Kampf gegen Philipp II. zurückzugewinnen und der

279 Roger von Howden, III, S. 302 f.

280 Ralph von Diceto, II, S. 125 f., Roger von Howden, III, S. 290 f.

angevinischen Autorität in den Grenzgebieten dauerhaft Geltung zu verschaffen, oblag Hubert Walter die Regierungsarbeit und die Durchführung umfassender Verwaltungsreformen in England sowie die Bereitstellung finanzieller Ressourcen, die der König für die kostspieligen militärischen Operationen gegen Frankreich benötigte. Es war schon aufgrund der individuellen Talente eine logische Lösung. Für die militärische Auseinandersetzung um die angevinisch-französischen Grenzgebiete konnte es keinen besseren Strategen und General als Richard geben, während der Erzbischof innovative Verwaltungsarbeit zu leisten vermochte, die zweifelsohne nicht zu den Stärken des Königs gehörte.

Mit der ab Frühjahr 1193 schubweise erfolgten politischen Aufwertung seines Vertrauten hatte Richard eine erstklassige Wahl getroffen. Der ehrgeizige Hubert Walter rechtfertigte das in ihn gesetzte Vertrauen im Übermaß und brachte dem nach der unglücklichen und kurzlebigen Ära Longchamp zweiten Anlauf Richards, die englischen Regierungsgeschäfte von einem Stellvertreter mit nahezu unbegrenzten Vollmachten ausüben zu lassen, vollen Erfolg. In Fragen des englischen Rechts ein Experte, gleichzeitig machtbewusst und durchsetzungsstark, aber auch diplomatisch agierend, wusste Hubert Walter seine herausragende Stellung für ebenso umfassende wie weitblickende Modernisierungsmaßnahmen zu nutzen und schuf binnen weniger Jahre ein Verwaltungssystem, das in Europa seinesgleichen suchte. So erreichte er eine erhebliche Effizienzsteigerung im Justizwesen durch den intensiven Einsatz von reisenden Richtern, die sich nicht nur mit privatrechtlichen Fällen zu befassen hatten, sondern ebenso Klagen gegen ranghohe königliche Beamte behandelten. Weiters förderte Hubert Walter bürgerlichen Grundbesitz und trug dem sich entfaltenden Städtewesen Rechnung, indem er diversen Städten Zoll- und Marktprivilegien einräumte und ihnen das Recht zur selbständigen Wahl ihrer Organe zusprach. Um die Ruhe im Land sicherzustellen, forderte der Erzbischof überdies einen allgemeinen Friedenseid und führte das Prinzip der gegenseitigen Hilfestellung gegen all jene ein, die den Frieden brachen. Dabei kam ihm zugute, dass Richard einen permanenten Verbleib seines Bruders Johann Ohneland auf dem Festland sicherstellte und auf diese Weise schon im Vorfeld dieser Reform ein wesentliches potenzielles Hindernis beseitigt hatte. Zudem weilte der König anders als während der Regierungszeit Longchamps immer in relativer Nähe zum Ärmelkanal und hätte im Bedarfsfall rasch auf der Insel eingreifen können.

Ein aus Löwenherz' Sicht entscheidendes Ergebnis des Modernisierungswerkes in England bestand in der erheblichen Steigerung der königlichen Finanzkraft.

Die Privilegien für die Städte etwa wurden nur gegen die Entrichtung entsprechender Zahlungen verliehen. Eine zusätzliche Erhöhung der pekuniären Mittel der Regierung ergab sich durch eine Bestimmung, wonach die Städte ihre Abgaben nicht mehr den Sheriffs, sondern direkt dem königlichen Schatzamt zuführen mussten. Durch Maßnahmen wie diese gelang es Hubert Walter, die in Summe beträchtlichen Geld- und Truppenforderungen zu befriedigen, die der König im Kontext des militärischen Konfliktes mit Philipp II. erhob, und gleichzeitig den Frieden im Land weitgehend zu gewährleisten, der bei allen Belastungen doch ein erhebliches Maß an wirtschaftlicher Prosperität ermöglichte.[281]

Einmal jedoch wurde die Ruhe auf der Insel nachhaltig unterbrochen. Unter der Führung des wortgewaltigen Revolutionärs Wilhelm Fitz Osbern erhoben sich in den ersten Monaten des Jahres 1196 die ärmeren Schichten Londons, um ihrem Unmut über die Oberschicht Luft zu machen, welche die finanziellen Forderungen des Staates auf ihre Schultern ablud. Fitz Osbern gelang es mit flammenden Reden gegen den Adel angeblich, 52.000 Unzufriedene um sich zu scharen, zudem ließ er ein Waffenlager anlegen, um die besser befestigten Häuser der Reichen aufzubrechen. Laut Wilhelm von Newburgh hegte er die Hoffnung, trotz seiner aufrührerischen Umtriebe einen Konflikt mit dem König zu vermeiden und reiste in die Normandie, um diesem seine Ergebenheit zu erweisen. Richard zeigte sich bei Fitz Osberns Vorsprache höchst ungehalten über dessen Aktivitäten, ließ ihn dennoch unbehelligt wieder nach England zurückkehren, wohl in der Überzeugung, Hubert Walter würde sich dem Problem schon widmen. Der Erzbischof, beunruhigt über die sich zusehends instabiler entwickelnde Lage in London, ließ Fitz Osbern bald darauf festnehmen und hinrichten, woraufhin die Erhebung schnell in sich zusammenfiel.[282] Wie aus der Chronik Ralph von Dicetos hervorgeht, dankte der König Hubert Walter in einem Schreiben vom 15. April 1196 ausdrücklich für dessen kompromissloses Vorgehen, was im Übrigen die romantische Sage ad absurdum führt, wonach Richard seine schützende Hand über Robin Hood gehalten und sich so als Schirmherr der ärmsten Bevölkerungsschichten erwiesen hätte.[283]

281 Norgate, II, S. 332 ff., 341 f.; Barlow, S. 385 ff.; Berg, S. 85 f.

282 Wilhelm von Newburgh, S. 558 ff.; Roger von Howden, IV, S. 5 f.; Ralph von Diceto, II, S. 143 f.; Gervasius von Canterbury, I, S. 532 ff.

283 Ralph von Diceto, II, Appendix VI, S. LXXIX

Obwohl er Hubert Walter weitgehend freie Hand ließ, ging eine wesentliche gesellschaftspolitische Reformmaßnahme in England auf das persönliche Betreiben des Königs zurück, nämlich die Einführung von Ritterturnieren. Diese waren unter den früheren Monarchen des 12. Jahrhunderts auf der Insel untersagt gewesen, da die Kirche gegenüber Kampfspielen eine strikt ablehnende Position einnahm und in der Vergangenheit sogar entsprechende Verfügungen erlassen hatte, bei Turnieren zu Tode gekommenen Rittern ein christliches Begräbnis zu verwehren. Sowohl Heinrich II. als auch dessen Vorgänger Heinrich I. und Stephan hatten den Standpunkt Roms in dieser Frage als verbindlichen Maßstab akzeptiert und am generellen Verbot festgehalten. Richard jedoch beschloss, das päpstliche Gebot zu ignorieren. Am 20. August 1194 gab er bekannt, dass Turniere ab sofort in England ebenfalls erlaubt wären und nannte zu deren Abhaltung fünf Orte. Zweifelsohne bestärkte ihn dabei der Umstand, dass die Entwicklung auf dem Kontinent vom päpstlichen Gebot völlig unberührt geblieben war. Insbesondere in Frankreich bildeten Turniere seit geraumer Zeit einen integralen Bestandteil der Lebenswelt des Adels, dienten diesem als Repräsentationsform sowie als Instrument der Abgrenzung zu anderen gesellschaftlichen Gruppen und erlebten regen Zulauf.

Die Reform des Königs stieß insbesondere bei den jungen Rittern auf lebhafte Resonanz, denn das Fehdewesen stellte gerade für noch nicht etablierte Adlige eine zentrale Plattform dar, sich einen Namen zu erwerben, Ruhm zu erlangen und dadurch den eigenen gesellschaftlichen Status zu heben. Da unter Richard Löwenherz auf der Insel weitgehend Friede herrschte, boten sich überdies kaum reale Kampfsituationen, in denen sich der Hunger nach Bewährung stillen ließ. Um ihren brachliegenden Kampfgeist ausleben zu können, hatten sich junge Ritter bislang genötigt gesehen, über den Ärmelkanal zu setzen und an Turnieren auf dem Kontinent teilzunehmen. Dass sich diese weiten Reisen nun erübrigten und sie sich ab sofort vor heimischem Publikum präsentieren konnten, rief bei ihnen Begeisterung hervor. In großer Zahl und mit feuriger Ambition machten sie von der jetzt auch auf der Insel bestehenden Gelegenheit Gebrauch, sich vor glanzvoller Kulisse mit anderen Rittern zu messen und legendären Turnierheroen wie Wilhelm dem Marschall oder Philipps II. Paraderitter Wilhelm von Barres nachzueifern.

Mit seiner Entscheidung verfolgte Richard zwei Ziele. Auf der einen Seite diente diese Maßnahme ebenso der Steigerung königlicher Finanzkraft: Jeder, der an einem Turnier in England teilzunehmen wünschte, musste eine Geldsumme entrichten, was die Euphorie der Ritterschaft freilich nicht im Mindesten dämpfte. Auf der anderen Seite hatte Richard während seines Aufenthaltes in England die Erkenntnis gewonnen, dass die dortigen Panzerreiter mangels Trainingsmöglichkeiten über weitaus weniger Erfahrung in der Bewältigung von bewaffneten Zusammenstößen verfügten als die französischen Eliten, die ihre kriegerische Befähigung stets aufs Neue erproben und ausbauen konnten. In Anbetracht dieses Defizits galt es seiner Ansicht nach, nunmehr genauso die englischen Ritter im Zuge von Turnieren, die militärischen Operationen ähnelten, besser auf Kampfsituationen vorzubereiten. Laut Wilhelm von Newburgh leitete Richard darüber hinaus das Bestreben, französischen Panzerreitern die Möglichkeit zu nehmen, englische Ritter mit dem spöttischen Vorwurf zu konfrontieren, in der Kunst, die Lanze oder das Schwert zu führen, unwissend und ungeschickt zu sein.[284]

Newburghs Bemerkung erweckt den Eindruck, als hätte der König patriotische Gefühle für England empfunden. Tatsächlich scheint das lediglich in recht geringem Ausmaß der Fall gewesen zu sein. Aufgewachsen in den angevinischen Festlandsgebieten, war er stets mehr Richard Cœur de Lion denn Richard the Lionheart und lebte seine Heimatverbundenheit aus, indem er vornehmlich südlich des Ärmelkanals weilte. Die moderne Geschichtsschreibung erhob gegen ihn oftmals den Vorwurf, sich zu selten in England aufzuhalten. Dabei wird gerne übersehen, dass seine Eltern der Normandie bzw. Aquitanien entstammten und alle Plantagenets der ersten Generationen sich als Franzosen begriffen; Richard bildete diesbezüglich keine Ausnahme. Heinrich II. hatte sich ebenfalls einmal fast fünf Jahre ohne Unterbrechung auf dem Festland aufgehalten und durch seine eigenwillige Nachfolgepolitik sowie die verabsäumte Einführung Richards in die königlichen Regierungsgeschäfte dazu beigetragen, dass die Insel seinem Sohn fremd blieb. Zudem bildete das eigentliche Zentrum des Angevinischen Reiches im 12. Jahrhundert nicht England, sondern die Normandie, die durch Philipp II. massiv bedroht wurde und eine verstärkte Präsenz des Königs erforderte. Dennoch ist nicht zu übersehen, dass dem Konstrukt der Aufgabenteilung mit Hubert Walter nicht nur politische Motive, sondern gleichermaßen persönliche Befindlichkeiten zugrunde lagen. Als Richard am 12. Mai 1194 von Portsmouth aus in Richtung Normandie in See stach, war das ein Abschied für immer. In den restlichen fünf Jahren seines Lebens sollte er England nicht wiedersehen, was doch auch eine gewisse Gering-

284 Wilhelm von Newburgh, S. 501 ff.; Roger von Howden, III, S. 268; Ralph von Diceto, II, S. 120 f.

schätzung gegenüber jenem Land erkennen ließ, dem er eigentlich seine Königswürde verdankte.

4. Intervention Heinrichs VI.

Im Frühsommer 1195 erreichte der Krieg zwischen Richard und Philipp II. vorübergehend eine neue Dimension: Kaiser Heinrich VI. mischte sich in den Konflikt um Frankreich ein. Mittlerweile in großer politischer Distanz zu Philipp II., befahl er Richard unter Hinweis auf seinen Status eines Lehnsherrschers über England eine Invasion in die Länder Philipps II. und stellte entsprechende Unterstützung in Aussicht. Löwenherz zögerte, da ihm laut Roger von Howden bekannt gewesen wäre, „dass der Kaiser vor allem wünschte, das Königreich Frankreich dem Imperium Romanum zu unterwerfen".[285]

Eine derart ambitionierte Zielsetzung ist nicht von der Hand zu weisen, denn Heinrich VI. verfolgte in der Tat gigantische Expansionspläne. Schon die erzwungene Lehnsherrschaft über England zeugt von enormem Ehrgeiz. 1194 war es dem Kaiser außerdem gelungen, das Königreich Sizilien im zweiten Anlauf zu erobern. Von dieser in zentraler Lage befindlichen mediterranen Operationsbasis aus begann er mit der Organisation eines groß angelegten Kreuzzuges, um das Papsttum für seinen Plan zu gewinnen, die erbliche Herrschaft der Staufer im Heiligen Römischen Reich festzuschreiben. Zeitgenössische Chronisten vermuteten hinter dem Kreuzzug des Kaisers gar die Absicht, sich zum Dominator des östlichen Mittelmeerraumes aufzuschwingen und – unter dem Eindruck seiner Vorherrschaftsbestrebungen in Europa – ein Weltreich zu errichten.[286]

Richard entsann sich der erzwungenen Oberherrschaft des Kaisers zweifelsohne nur ungern. Eine völlige Zurückweisung der deutschen Begehrlichkeiten konnte und wollte er sich jedoch nicht erlauben, da sich noch immer hochrangige Geiseln in kaiserlichem Gewahrsam befanden. Dazu hatte Heinrich VI. durch die außerordentlich grausame Niederschlagung der süditalienischen Opposition gezeigt, dass er selbst vor dem Äußersten nicht zurückschreckte. Nach einiger Überlegung entsandte Richard Wilhelm Longchamp ins Heilige Römische

285 Roger von Howden, III, S. 301

286 Naumann, S. 73, 228 f.

Reich, um zu erkunden, welche Hilfe der Kaiser für das Offensivunternehmen gegen Frankreich zu leisten gedachte. Als Longchamp zurückkehrte, meldete er, Heinrich VI. hätte sich bereit erklärt, auf 17.000 Mark des noch ausstehenden Lösegeldes zu verzichten[287] – für Richard gewiss ein höchst willkommenes Zugeständnis, da eine reduzierte Geldforderung die Befreiung der Geiseln aus der deutschen Haft erleichterte und der Kaiser auf diese Weise das letzte Druckmittel auf das Angevinische Reich schneller verlieren würde. Auch mit dem Grundtenor des kaiserlichen Begehrs, nämlich Krieg gegen Philipp II. zu führen, konnte sich Richard identifizieren, denn genau das tat er ja seit Mai 1194. Sein strategisches Vorgehen verdeutlicht allerdings, dass ein großräumiger Angriffskrieg gegen Frankreich, wie er dem Kaiser allem Anschein nach vorschwebte, nicht seinen Intentionen entsprach. Zwar scheute er in seinem Kampf keine Härten. Zudem diente ihm wie dem Kapetinger jeder Waffenstillstand hauptsächlich dazu, gegenüber dem Papsttum die eigene Friedensliebe zu demonstrieren; ansonsten lauerte er nur darauf, die Waffenruhe wieder zu beenden, sobald Philipp ihm dazu irgendeinen Anlass bot. Richards Kriegsziel beschränkte sich indessen auf das Machbare, nämlich die während seiner Inhaftierung eingebüßten Gebiete wieder in seinen Besitz zu bringen. Auch zeigte er keine Tendenzen, Gleiches mit Gleichem zu vergelten und die Existenz des französischen Königtums zu bedrohen. Selbst Philipps Status als Oberlehnsherr über die kontinentalen Länder der Plantagenets stellte er niemals ernstlich in Abrede und folgte damit der Tradition seines Vaters Heinrich II.

Vor punktuellen Vorstößen auf französisches Gebiet schreckte Richard indessen keineswegs zurück. Wie Wilhelm von Newburgh berichtet, betrachtete er es als legitim, sich territoriale Kompensation für die Gebietsverluste in der Normandie zu verschaffen und richtete seine diesbezügliche Aufmerksamkeit auf Regionen, die während der letzten Herrschaftsjahre seines Vaters an Frankreich verloren gegangen waren, sowie auf die Auvergne, auf die er im mit Philipp II. am 22. Juli 1189 abgeschlossenen Vertrag verzichtet hatte.[288]

287 Roger von Howden, III, S. 300 f., 303 f.

288 Wilhelm von Newburgh, S. 546 f.

5. Ein Lied an die Auvergne

In Zusammenhang mit der Absicht, neuerlich Kontrolle über den einst angevinischen Zentralraum Frankreichs zu erlangen, steht das zweite von Richard überlieferte Lied, das wie jenes aus der deutschen Haft dem von politischen Inhalten geprägten Genre des *Sirventes* zuzuordnen ist. Namentlich an Robert I., den Dauphin von Auvergne, gerichtet, wandte es sich allerdings gleichermaßen an Graf Guido II. von Auvergne; die Existenz zweier Fürsten in der Region ging zurück auf eine Familienkrise, in deren Verlauf es schließlich zu einer Teilung der Grafschaft gekommen war.

Das *Sirventes*, dessen Melodie nicht überliefert ist, thematisiert Loyalität und das Ausbleiben entsprechender Gefolgsleistung aus der Auvergne, worauf Richard Anspruch zu haben meinte. Ob dem Lied bereits diplomatische Vorstöße vorangegangen waren, um das Land neuerlich in den angevinischen Machtbereich einzugliedern, ist mangels Quellenbelegen nicht nachweisbar. Die im Lied enthaltenen Aussagen erwecken gleichwohl diesen Anschein. So beschuldigte Richard Robert I. und Guido II. nach einem einleitenden Hinweis, wonach diese ehedem gute Kämpfer gewesen wären und ihm Lehnstreue geschworen hätten, der Annäherung an Frankreich und empörte sich: „Ihr hörtet auf, mir beizustehen, als ich Euch nicht mehr bezahlen konnte."[289] Im Bemühen, die Auvergne wieder auf seine Seite zu ziehen, sprach Richard auf der einen Seite die Ehre der beiden Adressaten an und konfrontierte sie auf der anderen Seite mit kaum verschleierten Drohungen. In bemerkenswerter Offenheit beschrieb er seine eigene angespannte Finanzlage und den Mangel an Geld in Chinon, der traditionellen angevinischen Schatzburg. Gleichzeitig warnte er die beiden Fürsten der Auvergne jedoch davor, sich zu Fehleinschätzungen hinsichtlich seiner Macht verleiten zu lassen. Sollten sie ihm untreu werden, würden sie Richard, den Krieger, kennen lernen.

„Sirventes, ich entsende Dich nun in die Auvergne"[290], dichtete der Plantagenet abschließend. Dort sollte es Robert I. und Guido II. nachdrücklich davon abraten, sich gegen ihn zu stellen.

Der Dauphin von Auvergne reagierte auf die Vorwürfe durchaus couragiert. Ebenfalls in gedichteter Form ließ er Richard wissen, er selbst, Robert I., wäre

289 Leroux de Lincy, I, S. 65
290 Ebd., S. 67

kein König und daher weder mächtig noch reich genug, um sein Land gegen Philipp II. zu verteidigen. Zudem hätte Richard, immerhin König, Herzog und Graf von Anjou zugleich und zudem von der muslimischen Welt gefürchtet wie ein Löwe, ja selbst die Inbesitznahme von Gisors durch den französischen König zugelassen.[291]

Die Aktivitäten, die Richard im Jahr 1195 hinsichtlich der Auvergne unternahm, lassen sich lediglich anhand einer kurzen Schilderung Wilhelms von Newburgh rekonstruieren. Demnach bildete jene Region das Teilziel einer Offensive, die im Sommer des Jahres zunächst zu umfangreicheren Gebietsgewinnen im Berry und zur Eroberung Issouduns führte. Daraufhin hätte die angevinische Streitmacht den Grafen von Auvergne gefangen genommen und seine Festungen in ihren Besitz gebracht. Weitere Kampfhandlungen wurden allerdings von der gebieterischen Notwendigkeit der Weinlese unterbunden. In der gemeinsamen Erkenntnis, dass ein Ernteausfall ein zu schmerzlicher Preis für die Fortsetzung des blutigen Kriegshandwerkes wäre, einigten sich beide Seiten auf einen Waffenstillstand. Unmittelbar darauf sah man zahlreiche Männer, die gerade noch schwer bewaffnet aufeinander losgegangen waren, einer weniger grimmigen Tätigkeit im Feld nachgehen, berichtete Wilhelm von Newburgh und äußerte die Hoffnung, dass die Waffenruhe in einen stabilen Frieden münden oder zumindest für einige Jahre halten möge.[292]

6. Issoudun

Die Wünsche Newburghs erfüllten sich nicht. Bereits im November des Jahres 1195 eskalierte der Konflikt zwischen Richard und Philipp II. aufs Neue, diesmal auf Betreiben des Kapetingers. Nicht gewillt, die Gebietsverluste im südfranzösischen Zentralraum hinzunehmen, lenkte er Löwenherz' Aufmerksamkeit durch die Zerstörung Dieppes zunächst auf die Normandie, um danach in den Berry zu eilen, wo er Issoudun zurückzuerobern gedachte.

291 Ebd., S. 63

292 Wilhelm von Newburgh, S. 546 f. Ob Richard diesen Feldzug persönlich anführte, wie Newburgh berichtet, ist umstritten. In Anbetracht seines Einsatzes vor der Festung Vaudreuil in der Normandie im Juli und der Friedenskonferenz mit Philipp II. im August, die zur Übergabe von Alice führte (vgl. Kap. VIII/2), erscheint es denkbar, dass der König lediglich zu Beginn an der Offensive im Berry teilnahm und den Vorstoß in die Auvergne seinem Söldnerführer Mercadier überließ.

Die Offensive Philipps II. ließ sich insofern zunächst erfolgreich an, als die Stadt nach kurzer Belagerung fiel. Die Verteidiger der Burg hielten seinen Angriffen jedoch stand und konnten ihren König benachrichtigen, der sich gerade in Vaudreuil aufhielt. Richard erteilte seinen Streitkräften daraufhin unverzüglich den Befehl zum Vorstoß nach Issoudun. Da die Zeit drängte, ritt er selbst mit einer Vorhut in halsbrecherischer Geschwindigkeit los, legte gemäß Roger von Howden jeden Tag eine Wegstrecke zurück, die normalerweise drei Tage erforderte, durchbrach die französischen Linien vor Issoudun und drang in die Festung ein, um die Leitung der Verteidigung selbst in die Hand zu nehmen. Angesichts der zahlenmäßig immer noch unterlegenen Garnison forcierte Philipp die Belagerung, doch in den nächsten Tagen trafen die angevinischen Streitkräfte vor Ort ein und umzingelten den Kapetinger. Damit hatte Richard erreicht, was ihm bei Fréteval noch misslungen war – Philipp II. sah sich ihm ausgeliefert und musste sich am 9. Dezember 1195 seinen Friedensbedingungen beugen, die im Januar 1196 bei Louviers fixiert wurden und im Wesentlichen die bestehenden Machtverhältnisse festschrieben: Richard hatte seit seiner Rückkehr etwa zwei Drittel der während seiner Gefangenschaft verlorenen Gebiete zurückgewonnen. Die angevinische Position in Aquitanien und in der Touraine war wieder stabilisiert, mit dem Berry sowie der Auvergne ein erheblicher Gebietsgewinn realisiert und der Südosten der Normandie wieder weitgehend unter Richards Kontrolle. Allerdings besaß Philipp II. neben einigen wichtigen Bastionen an der Seine nach wie vor den normannischen Vexin, und auf diese strategisch ungemein bedeutsame Region mit der Schlüsselfestung Gisors wollte Löwenherz keineswegs verzichten, stellte sie doch das Einfallstor in die Normandie dar.[293]

Ebenfalls gegen Ende des Jahres 1195 waren sämtliche Geiseln aus der deutschen Haft heimgekehrt. Als Richard davon erfuhr, reagierte er angeblich mit dem erleichterten Ausruf:

> „Jetzt endlich weiß ich, dass ich wirklich aus meiner deutschen Gefangenschaft befreit bin.“[294]

---

293 Roger von Howden, III, S. 301 ff., IV, S. 3; Wilhelm von Newburgh, S. 551 ff.; Bradbury, S. 119, 127 f.; Gillingham, Richard, S. 258 f.

294 Walter von Hemingburgh, I, S. 220

Damit verfügte der Kaiser über keine Möglichkeit mehr, um Druck auf das Angevinische Reich auszuüben. Dass der Friedensvertrag von Louviers der Freilassung der Geiseln unmittelbar folgte, mag Löwenherz eine gewisse Befriedigung verschafft haben, da die Übereinkunft mit Philipp den Wünschen des Kaisers widersprach und sich als Ablehnung der Oberlehnsherrschaft Heinrichs VI. interpretieren ließ. Nun stellte das Abkommen von Louviers letztlich nicht mehr als einen temporären Waffenstillstand dar, der nur wenige Monate anhielt. Doch trotz aller Unversöhnlichkeit stimmten Richard und Philipp darin überein, Heinrich VI. keine Einmischung in ihre Kontroverse zu erlauben. Weder der Plantagenet noch der Kapetinger unternahmen fortan Versuche, sich einem Bündnis mit dem Staufer anzunähern, um so im Kampf um Frankreich Vorteile zu gewinnen. Mit ihrer Entschlossenheit, den Kampf unter sich auszutragen, machten sie die Anstrengungen des Kaisers, konkreten machtpolitischen Einfluss in Westeuropa zu gewinnen, auf Dauer zunichte.

7. Rückschläge und Strategiewandel

Nach dem Sieg von Issoudon und dem Vertrag von Louviers richtete Richard seine Aufmerksamkeit auf den Westen. Nun, da die Lage an der Grenze zu Frankreich – zumindest für den Augenblick – zufrieden stellend schien, gedachte er seine Autorität in der Bretagne stärker als bisher durchzusetzen. Arthur, der Sohn seines 1186 verstorbenen Bruders Gottfried, zählte mittlerweile neun Jahre, und Richard befand, es wäre nun an der Zeit, den Erben des bretonischen Herzogtums in seine persönliche Obhut zu nehmen. Doch dieses Unterfangen schlug gründlich fehl und bewirkte einige empfindliche Rückschläge.

Das Verhängnis begann, als Richard Arthurs Mutter Konstanze zu Beginn des Frühjahrs 1196 von der Bretagne an seinen Hof in der Normandie zitierte. Kaum im Land, wurde sie von ihrem getrennt lebenden Ehegatten entführt, wofür man in der Bretagne Richard die Schuld gab. Konstanzes Gefolgsleute kündigten ihm die Treue auf und riefen zugleich Philipp II. zu Hilfe. Löwenherz reagierte mit einem Einfall in das Herzogtum und erdreistete sich sogar – so berichtet zumindest Philipps II. Hofchronist Wilhelm der Bretone –, die Kampfhandlungen nicht einmal an einem Karfreitag ruhen zu lassen. Seine überlegenen Streitkräfte wurden der Lage rasch Herr, jedoch gelang es Arthurs Hütern, den Jungen an den Hof

Philipps II. zu bringen. Der Kapetinger ließ sich die Gelegenheit, als Schutzherr eines vermeintlich ins Exil gezwungenen Kindes aufzutreten und gleichzeitig wieder einmal einen Keil in das Haus Plantagenet zu treiben, nicht entgehen und gewährte Arthur Schutz.

Neuerlich rüsteten die beiden Könige zum Krieg. Während Richard am 15. April Hubert Walter anwies, ihm Ritterverbände aus England zu senden, suchte Philipp II. nach Verbündeten, um seine militärische Position zu stärken und erzielte einen veritablen Erfolg, indem er den jungen Grafen Balduin IX. von Flandern (1194–1205) als Kriegspartner gewann, der 1194 noch eine Annäherung an das Angevinische Reich vollzogen hatte. Als die Kämpfe im Frühsommer ausbrachen, eroberte Richard zunächst die Festung Nonancourt und zog daraufhin nach Aumâle, das von starken französischen Verbänden belagert wurde. Dort musste er jedoch das ungewohnte Gefühl einer militärischen Niederlage hinnehmen. Ein Angriff auf die Armee des Kapetingers scheiterte, kurz darauf kapitulierte die Festung, und Richard musste 3.000 Mark zahlen, um die Garnison auszulösen. Doch es kam noch schlimmer. Bei der Belagerung der Festung Gaillon nahm er wieder einmal zu wenig Rücksicht auf seine eigene Sicherheit und wurde von einem gegnerischen Armbrustschützen am Bein verletzt. Sein ebenfalls getroffenes Pferd stürzte und begrub ihn unter sich. Schwer verwundet wurde er von seinen Gefolgsleuten aus der Kampfzone gebracht. Während er zur Untätigkeit verdammt war, eroberte Philipp II. Nonancourt zurück. Den einzigen angevinischen Erfolg des Sommers 1196 konnte Johann Ohneland verbuchen, als er mit Gamaches eine Festung im normannischen Vexin einnahm.

Gegen Ende des Sommers flauten die Kampfhandlungen ab. Philipp II. fühlte sich nicht stark genug, um nachzustoßen und den Versuch zu unternehmen, die Gebietsverluste der vergangenen zwei Jahre wettzumachen. Die angevinischen Operationen kamen zum Erliegen, da Richard einen Monat auf dem Krankenlager zubringen musste.[295]

Während seiner Rekonvaleszenz hatte der König viel Zeit, die Lage zu analysieren und seinen Kurs zu überdenken. Mochte in territorialer Hinsicht auch kein großes Unglück geschehen sein, brachte ihn die fehlgeschlagene Sommerkampagne des Jahres 1196 dennoch zu der Erkenntnis, dass es nicht mehr ausreichte,

---

295 Wilhelm der Bretone, S. 128 ff.; Roger von Howden, IV, S. 4 f., 7; Wilhelm von Newburgh, S. 554 ff.; Bradbury, S. 119 f.

weiterhin ausschließlich auf die militärische Karte zu setzen, denn sonst drohte der Krieg zu einer schier endlosen Serie von Burgenbelagerungen auszuarten, was schon angesichts der daraus resultierenden Kosten nicht erstrebenswert erschien. Darüber hinaus hatte Philipp II. am Beispiel Aumâle bewiesen, dass eroberte Festungen nur zu rasch wieder verloren gehen konnten. Neue Strategien waren daher vonnöten, um die französische Bedrohung endgültig zu bannen und das Angevinische Reich dauerhaft zu konsolidieren.

Das Resultat dieser Überlegungen bildete ein grundlegend verändertes Gesamtkonzept. Es basierte auf der Überlegung, die bereits im Februar 1194 am Niederrhein begonnene Bündnispolitik in weitaus größerem Maßstab fortzuführen und Philipp II. mit den Mitteln der Diplomatie in die Defensive zu drängen. Kaum wieder gesundet, begann Richard sofort, seine neue Taktik umzusetzen. Gleichsam über Nacht präsentierte sich der Kriegsherr, der bisher so manchen Gegner in Furcht und Schrecken versetzt hatte, plötzlich als geschmeidiger Diplomat mit der Bereitschaft, alte Feindschaften friedlich beizulegen.

IX.

Dem Zenit der Macht entgegen (1196–1199)

1. Friede mit Toulouse

Als Richard I. Löwenherz sein neues außenpolitisches Programm entwarf, richtete sich sein Blick als Erstes auf Toulouse.

Seitdem sein Vater Heinrich II., wie erwähnt, diese Grafschaft 1159 unter Zuhilfenahme eines etwas fragwürdigen Erbanspruches angegriffen hatte, stand man mit ihr im Dauerkonflikt, wobei sich die stets aufs Neue aufflammenden Kämpfe vornehmlich am Besitz des Quercy entzündeten; zumeist unter angevinischer Kontrolle, versuchten die Grafen von Toulouse, sich dieser Region immer dann wieder zu bemächtigen, wenn sich die Plantagenets andernorts im Einsatz befanden. Philipp II. boten diese anhaltenden Streitigkeiten mehrmals die Gelegenheit, Toulouse als Verbündeten ins Spiel zu bringen und das Angevinische Reich an der Südostflanke unter Druck zu setzen. Wollte Richard daher seine Kräfte stärker auf den Hauptkampfplatz Normandie im Norden konzentrieren, musste er sich zuvor des Streites im Süden entledigen. Dies erschien umso nahe liegender, als der König von Navarra Krieg gegen das Königreich Kastilien führte und als tatkräftiger Partner bis auf weiteres nicht zur Verfügung stand.

Richard wird es sicher einige Überwindung gekostet haben, gegenüber Graf Raimund VI. von Toulouse (1194–1222) einen nachdrücklichen Kurswechsel zu vollziehen. Im Lauf des Konfliktes, der schon vor seiner Geburt begonnen und den er selbst über viele Jahre hauptverantwortlich geführt hatte, war viel gegenseitiger Hass entstanden, resultierend aus den Angriffen Raimunds V. auf den Südosten Aquitaniens in den Jahren 1183 bis 1185, Richards Gegenoffensiven 1186 und 1188 sowie den während seiner Gefangenschaft Platz greifenden Versuchen von Toulouse, aus seiner erzwungenen Inaktivität territoriales Kapital zu schlagen.

Umso revolutionärer erschien das Angebot, das Löwenherz Graf Raimund VI. nunmehr unterbreitete. Er wollte das seit 47 Jahren dauernde Zerwürfnis mit Toulouse nicht nur auf Eis legen, sondern den Erzfeind als politischen Freund gewinnen. Den Preis dafür, nämlich die Rückerstattung des Quercy, war er bereit zu zahlen. Mehr noch: Er wollte die Verbindung mit Toulouse festigen, indem er Raimund VI. seine Schwester Johanna, die Witwe Königs Wilhelm II. von Sizilien, zur Gemahlin gab und ihr überdies den Agenais als Mitgift versprach. Als Gegenleistung für all diese Zugeständnisse forderte Löwenherz eine Lehnshuldigung des Grafen, was einer faktischen Loslösung von Frankreich entsprach.

Man kann sich unschwer Raimunds VI. Verwunderung vorstellen, als er das Friedensangebot vernahm. Doch bei genauerer Betrachtung musste der Vorschlag auch aus seiner Sicht bestechend erscheinen. Die Rückgewinnung des Quercy ohne einen einzigen Schwertstreich stellte schon eine ungemein reizvolle Aussicht dar, ebenso eine verwandtschaftliche Verbindung mit dem mächtigen und jetzt versöhnungsbereiten Plantagenet. Darüber hinaus würde eine fortan friedliche Nachbarschaft beiden Seiten in wirtschaftlicher Hinsicht zum Vorteil gereichen und dem Handel in Aquitanien und der Grafschaft Toulouse Prosperität ermöglichen.

Unter dem Eindruck dieser verlockenden Perspektiven sah Raimund VI. seine Vorbehalte gegen Richard schwinden und fasste den Entschluss, das Angebot anzunehmen. Im Oktober 1196 begab er sich nach Rouen zur Verehelichung mit Johanna und erhielt sodann von Richard den Quercy sowie den Agenais als Mitgift. Im Gegenzug leistete Raimund VI. die geforderte Huldigung, erklärte seine Bereitschaft, im Fall eines Krieges im äußersten Süden des Angevinischen Reiches für die Dauer eines Monats 500 Ritter zu stellen und besiegelte damit die Versöhnung.[296]

2. Bündnis mit Flandern

Während Richard den Friedensschluss mit Toulouse vollzog und damit das bedeutendste Fürstentum im Süden Frankreichs auf seine Seite zog, leitete er schon den nächsten außenpolitischen Schachzug in die Wege. Diesmal richtete er den Blick auf das wichtigste Fürstentum im Norden Frankreichs, die Grafschaft Flandern.

Dem französischen König lehnsrechtlich unterstellt, hatte Flandern die Offensiven Philipps II. auf die Normandie 1193/94 militärisch unterstützt, und der junge Graf Balduin IX. stand trotz einer kurzzeitigen politischen Annäherung

296 Wilhelm von Newburgh, S. 589 f.; Roger von Howden, IV, S. 13; Berg, S. 33 f., 87 f.; Gillingham, Richard, S. 265 ff.

an Richard nach dessen Freilassung seit dem Frühjahr 1196 erneut im Lager des Kapetingers. Diesen Zustand beabsichtigte Löwenherz ein für allemal zu ändern. Anders als gegenüber Raimund VI. von Toulouse jedoch präsentierte er sich Balduin IX. nicht als milder Friedensbringer, sondern bediente sich der Methode von Zuckerbrot und Peitsche. Um dem Grafen einerseits die Nachteile einer fortdauernden Allianz mit Philipp II. unmissverständlich vor Augen zu führen, verhängte er ein Wirtschaftsembargo über das zwar wohlhabende, aber insbesondere auf dem Lebensmittelsektor von englischen Importen abhängige Flandern. Im April 1197 verlieh er der Blockade drastischen Nachdruck, indem er den Hafen Saint Valéry niederbrennen und plündern ließ; einige englische Blockadebrecher, denen nicht mehr rechtzeitig die Flucht gelang, wurden mit dem Tod bestraft, die Schiffe versenkt und die Ladungen beschlagnahmt. Andererseits wollte Richard Balduin IX. die Vorteile aufzeigen, die Flandern bei einem Bündniswechsel erwarteten. Er stellte dem Grafen daher ein Rentenlehen in Aussicht, bot ihm zusätzlich 5.000 Mark sowie eine Fülle an Geschenken an und versprach Balduin IX. im Fall einer Verständigung ein sofortiges Ende der Blockade.

Die Doppelstrategie zeigte bald Wirkung. Zermürbt vom Wirtschaftskrieg mit dem Angevinischen Reich, erkannte der Graf die Sinnlosigkeit, sich wegen der Allianz mit Frankreich weiterhin Richards Unmut zuzuziehen und willigte in die Aufnahme von Bündnisgesprächen ein. Im Juli 1197 entsandte Löwenherz eine von Wilhelm dem Marschall geführte Verhandlungsdelegation nach Flandern und stattete sie mit einem Teil der in Aussicht gestellten Geldsumme aus, um den Grafen sowie dessen Berater und Gefolgsleute noch nachgiebiger zu stimmen. Balduin IX. zeigte sich in der Tat kompromissbereit und stimmte der Unterzeichnung eines Vertrages zu, in dem er und Richard sich verpflichteten, ohne gegenseitige Einwilligung keinen Waffenstillstand oder Frieden mit Philipp II. zu schließen.

Für den französischen König bedeutete der Bündniswechsel Flanderns einen noch schlimmeren Schlag als der Abfall von Toulouse. Mochte ihm mit Raimund VI. eine wertvolle Daueroption im Kampf gegen das Angevinische Reich abhanden gekommen sein, so stellte der Graf von Toulouse aufgrund der geographischen Distanz zumindest keine unmittelbare Bedrohung für das französische Machtzentrum dar. Flandern jedoch lag fast in unmittelbarer Nachbarschaft zum normannischen Vexin und war selbst von Paris nicht allzu weit entfernt. Überdies dürstete Balduin IX. jetzt nach einer territorialen Ausdehnung auf Kosten Philipps II. und unternahm, kaum dass der Vertrag mit Richard unterzeichnet war, eine Offensive in Nordfrankreich. Das konnte und wollte der Kapetinger nicht hinnehmen. Erbost über die Aufkündigung der Lehnsgefolgschaft durch Balduin, stieß er ungestüm nach Flandern vor – und geriet prompt in einen Hinterhalt. Flandrische Truppen zerstörten die Brücken hinter ihm, kappten seine Nachschublinie und kreisten ihn ein. Im September erlangte Philipp II. wieder die Freiheit infolge einiger Zugeständnisse an Balduin, die er jedoch nach seiner Rückkehr umgehend als ungültig erklärte, indem er geltend machte, dass ein rebellischer Vasall nicht das Recht besäße, seinem rechtmäßigen Lehnsherrn Bedingungen zu stellen. Trotzdem machten sich die Folgen des flandrischen Paktwechsels bereits zu diesem Zeitpunkt für den Kapetinger höchst unliebsam bemerkbar, denn während seines Vorgehens gegen Balduin IX. hatte Richard die Gelegenheit zu einem Vorstoß in den Berry genutzt und die angevinische Position durch die Einnahme von zehn Burgen ausgebaut.[297]

Doch der Abfall von Flandern und Toulouse war nicht das Einzige, was Philipp II. Kopfzerbrechen bereitete: Richard hatte noch eine dritte Karte ausgespielt. Am Scheitelpunkt einer Seineschlinge, etwa 35 Kilometer südöstlich von Rouen, nahm auf einem Kalkfelsen bei Les Andelys in zügigem Tempo ein gewaltiger Militärkomplex Konturen an, der sämtliche Festungen in weitem Umkreis in den Schatten stellte: Château Gaillard.

3. Château Gaillard

Der markanten Anhöhe von Les Andelys kam seit den Gebietsgewinnen, die Philipp 1193 und 1194 im Südosten der Normandie erzielt hatte, zentrale strategische Bedeutung zu. Da sich vor ihr der gesamte normannische Vexin erstreckte – die Hauptfestung Gisors lag keine 30 Kilometer entfernt –, drängte sich dieser Punkt zur Errichtung einer Militärbasis geradezu auf. Obendrein eignete sich die beherrschende Erhebung dazu, den gesamten Unterlauf der Seine zu kontrollieren und ein Bollwerk zur Verteidigung der Normandie zu errichten.

Sowohl Richard als auch Philipp II. wussten seit geraumer Zeit um den militärisch-taktischen Stellenwert dieser Anhöhe. Schon der im Januar 1196 unter-

297 Ralph von Diceto, II, S. 152 f.; Roger von Howden, IV, S. 19 ff.; Gillingham, Richard, S. 267 ff.; Bradbury, S. 122 f.; Kessler, S. 304, 310 f.

zeichnete Vertrag von Louviers beinhaltete eine Klausel, die beiden Seiten die Befestigung von Les Andelys untersagte. Für Richard besaß die etwa 100 Meter hohe Felsklippe dennoch eine geradezu magische Anziehungskraft. Im Frühjahr 1196 nahm er sie mehrmals genauestens in Augenschein und schritt etwa zu der Zeit, als sich der Vertrag von Louviers durch den Sommerkrieg des Jahres erübrigte, zur Tat. Sein Plan sah vor, quer über die Seine einen weitläufigen Festungskomplex anzulegen.

Ein Problem stand diesem Vorhaben jedoch im Weg: Les Andelys zählte zu den profitabelsten Besitztümern des Erzbischofs Walter von Rouen, der auf einer kleinen, der Klippe vorgelagerten Insel eine Zollstation unterhielt. Als bewährter Freund und verdienstvoller Diener der Krone stand Walter zwar Richard nahe, noch näher lagen ihm aber die Interessen seines Bistums, das unter den Kriegen der vergangenen Jahre schwer gelitten und durch die französische Eroberung des normannischen Vexin eine empfindliche Gebietseinbuße erfahren hatte. In Anbetracht dieser Umstände wollte er auf die einträgliche Zollstation keinesfalls verzichten. Sämtliche Versuche des Königs, den Erzbischof zu einem Tauschgeschäft zu bewegen, erwiesen sich als vergeblich. Im Herbst 1196 verlor Löwenherz schließlich die Geduld. Er okkupierte Les Andelys kurzerhand und leitete die Errichtung des geplanten Bauwerkes in die Wege. Walter von Rouen erhob empört Einspruch, aber Richard kümmerte das wenig, woraufhin der empörte Erzbischof das Interdikt über die Normandie verhängte. Als sich der Monarch selbst davon nicht beeindrucken ließ, reiste Walter nach Rom, um bei Papst Coelestin III. Beschwerde einzulegen. Während des nun folgenden Disputes königlicher und erzbischöflicher Repräsentanten wurde jedoch deutlich, dass der greise Pontifex Richards Standpunkt zuneigte, wobei schlechtes Gewissen über das eigene, wenig energische Vorgehen gegen die Gefangenschaft des Kreuzfahrerkönigs eine Rolle gespielt haben mag. Er hob das Interdikt schließlich auf und gab dem Bauvorhaben grünes Licht. Auf Coelestins III. Einwirken hin akzeptierte Walter von Rouen im Frühjahr 1197 eine stattliche territoriale Kompensation Richards und versöhnte sich wieder mit dem König.

Unterdessen waren die Arbeiten in der Seineschlinge von Les Andelys unter Hochdruck vorangeschritten. Eine kleine Armee von Steinmetzen, Schmieden, Holzfällern, Tischlern, Hilfsarbeitern und Bauaufsehern stampfte in extrem zügigem Tempo eine Festungsanlage von beispielloser Dimension aus dem Boden. An der Innenseite der Flussbiegung wurden Schützengräben gezogen, auf der

Insel Abwehranlagen aufgeführt, quer über den Fluss Ketten zur Kontrolle des Schiffsverkehrs gespannt und im Umland der Anhöhe zahlreiche befestigte Vorposten errichtet. Auf der Klippe schließlich, dem Zentrum des Areals, wuchs eine gebieterische Bastion in die Höhe, die hinsichtlich Modernität und militärischer Effizienz ihresgleichen suchte. Sie bestand aus einer vorgelagerten Burg, die den einzigen Aufmarschweg blockierte, und einer Hauptburg, die zwei machtvolle Verteidigungssysteme umfasste. Während die äußere Ringmauer ein Bollwerk zur Abwehr von Belagerungsmaschinen bildete und die innere Ringmauer vor jeglichem Beschuss schützte, stellte letztere die eigentliche Hauptinnovation der gesamten Anlage dar. Die fortschreitende Entwicklung von Belagerungsmaschinen hatte bei zahlreichen Burgen eine fatale Schwäche aufgedeckt, nämlich die Existenz von toten Winkeln, von denen aus feindliche Truppen nicht beschossen werden konnten. Um diese Gefahr zu bannen, hatte die innere Zitadelle die Form einer Ellipse und wies eine Reihe von halbierten Zylindern auf. Die raffinierte Konstruktion nahm potenziellen Angreifern jede Chance, Beschuss von gedeckten Positionen aus vorzunehmen. Überdies war die Festung darauf angelegt, notfalls einer monatelangen Belagerung standzuhalten. In die Anhöhe wurden Brunnenanlagen gebohrt, die aufgrund der Höhe der Felsformation eine Tiefe von 120 Metern aufweisen mussten, um das Niveau der Seine zu unterschreiten und so eine permanente Wasserzufuhr zu garantieren. Ferner legte man weitläufige Kelleranlagen an, um Raum für Lebensmitteldepots zu schaffen.

Richards Militärkomplex an der Seineschleife von Les Andelys setzte betreffend seiner Ausmaße, mehr aber noch hinsichtlich seiner ausgeklügelten Verteidigungsanlagen neue Maßstäbe im europäischen Festungsbau. Er wies starke Einflüsse in und um Palästina gelegener Burgen auf, die ihrerseits das Optimum der Militärarchitektur des späten 12. Jahrhunderts darstellten. Nicht zuletzt deshalb ist davon auszugehen, dass Richard, dem während seiner sechzehn Monate in Outremer ausgiebig Gelegenheit zum Studium dortiger Festungen zur Verfügung gestanden hatte und daher gegenüber einheimischen Baumeistern einen Wissensvorsprung besaß, selbst für die architektonische Konzeption von Château Gaillard verantwortlich zeichnete oder auf die Planung und Konstruktion der Anlage zumindest entscheidenden Einfluss ausübte. Dem raschen Fortgang des Projekts höchste Priorität einräumend, hielt sich der König, wann immer es ihm möglich war, vor Ort auf, um den Fortgang der Bauarbeiten zu überwachen. Nicht gewillt, wie auch immer geartete Verzögerungen hinzunehmen, trieb er die Arbeiten dermaßen vo-

Abb. 19: Château Gaillard

ran, dass sich die zentrale Festung nach nur einem Jahr Bauzeit bereits der Fertigstellung näherte.[298]

Der Anblick seiner Schöpfung versetzte Löwenherz in Hochstimmung. Nach Abschluss der Bauarbeiten berief er seine Barone nach Les Andelys, um ihnen sein Werk zu zeigen. „Wie schön ist doch meine einjährige Tochter!“[299], soll er dabei euphorisch ausgerufen haben. Seiner Begeisterung entsprang letztlich auch der Name Château Gaillard – die kecke Burg –, welche die nüchternere offizielle Bezeichnung „die Festung auf dem Fels von Andelys“ im Lauf der Zeit verdrängte.

Der Militärkomplex an der Seineschlinge von Les Andelys bestach nicht nur durch Modernität und seine ungeheure territoriale Ausdehnung, sondern verursachte darüber hinaus immense Kosten, deren Dimension sich im Vergleich zu Investitionen in andere Burgen verdeutlicht. Während Richards gesamter Herr-

298 Ralph von Diceto, II, S. 148 ff., 154 ff.; Roger von Howden, IV, S. 14, 17 ff.; Wilhelm von Newburgh, S. 599 f.; Norgate, II, S. 375 ff.; Gillingham, Richard, S. 262 ff.; Kessler, S. 313 ff.; Barlow, S. 363

299 Norgate, II, S. 380

schaft wurden für sämtliche Festungen Englands 7.000 Pfund aufgewendet. Für das kostspieligste Kriegsbauwerk der gesamten Insel, Dover, brachte die Krone 8.250 Pfund auf, dies allerdings im Zeitraum von fünfzig Jahren, nämlich von 1164 bis 1214. Château Gaillard hingegen kostete nicht weniger als 11.500 Pfund und übertraf somit auch in finanzieller Hinsicht jede andere Militäranlage im westeuropäischen Raum.

In strategischer Hinsicht kam Löwenherz' Konstruktion eine Doppelfunktion zu. Einerseits war sie als Basis zur Rückeroberung des normannischen Vexin gedacht, andererseits sollte sie die Normandie sichern, denn sie ermöglichte dem Haus Plantagenet die Kontrolle über die Seine und schien aufgrund ihrer unüberwindbaren Macht dazu geeignet, jeden weiteren Offensivbestrebungen Frankreichs einen Riegel vorzuschieben. Da es sich bei der Normandie um die gefährdete Schlüsselregion des Gesamtstaates handelte, würde Château Gaillard, so Richards Plan, entscheidend dazu beitragen, den Bestand des ganzen Angevinischen Reiches auf Dauer zu festigen.

Und noch einen weiteren Zweck erfüllte das Bauwerk: Wohl nicht zuletzt wegen seiner attraktiven Lage erkor Richard es zu seinem künftigen Hauptwohnsitz. Dass es in Anbetracht seiner rein militärischen Aufgabe lediglich begrenzten Raum zur Errichtung einer Residenz bot, störte den König offenbar nicht. Er begnügte sich mit vier Wohnräumen in zwei Stockwerken und bezog dort bereits im Jahr 1197 Quartier, als die Arbeiten an der Festung noch im Gang waren. Château Gaillard diente ihm fortan als Heimstätte und als geeigneter Ort, um persönlich über die Sicherheit der prekärsten Region seines Reiches zu wachen.[300]

Im Zeitraum zwischen Herbst 1196 und Sommer 1198, als Richard Château Gaillard errichtete und sein neues Allianzsystem schuf, ließ er den Krieg gegen Philipp II. auf kleinerer Flamme weiter köcheln. Größere Vorstöße unternahm er lediglich im Frühjahr und Sommer 1197. Nach der bereits erwähnten Attacke auf den Hafen Saint Valéry, die der Druckausübung auf Balduin IX. diente, stieß er auf französisches Gebiet vor. Gemäß der Strategie, das Umland von Gisors schrittweise in seine Hand zu bekommen und dabei die Hauptbastion Zug um Zug einzukreisen, eroberte er die Festung Milli und nahm die schon sehr nahe bei Gisors gelegene Bastion Dangu im Sturm, die jedoch während seiner Kampagne im Berry wieder an Philipp II. verloren ging.

300 Gillingham, Richard, S. 262 ff.; Kessler, S. 313 ff.

Der aufsehenerregendste Coup dieser Phase gelang einem angevinischen Kontingent unter der Führung Johanns und Richards Söldnerführer Mercadier. Sie nahmen Bischof Philipp von Beauvais gefangen, der während des Dritten Kreuzzuges in enger Allianz mit Konrad von Montferrat gegen Richard agiert und zahlreiche Diffamierungen über dessen angebliche Untaten in Palästina verbreitet hatte. Der König nahm den Bischof sofort in dauerhaften Gewahrsam. Proteste, dass man einen Geistlichen nicht so behandeln dürfe, wies er mit dem Argument zurück, dass dieser nicht als hochrangiger Kirchenvertreter, sondern als voll bewaffneter, gegen ihn kämpfender Ritter gefasst worden wäre. Philipp von Beauvais, tatsächlich ein Mann mit recht kriegerischem Renommee, wandte sich protestierend an Rom, doch nicht einmal der Papst wollte seine Partei ergreifen. Was ihm widerfahren wäre, hätte er sich durch sein aggressives Verhalten redlich verdient, beschied Coelestin III. dem Bischof trocken und blieb in der Sache inaktiv.

Im September 1197 vereinbarten Richard und Philipp II. einen Waffenstillstand. Wie so oft betrachteten beide Seiten das Abkommen freilich lediglich als Gelegenheit, um Kraft für neue Feldzüge zu schöpfen. Während der Kapetinger die Rückschläge der vergangenen Monate ehestmöglich wettzumachen gedachte, hielt der Plantagenet an seinem Endziel, der Rückeroberung des gesamten normannischen Vexin, fest und plante für das Jahr 1198 wieder größere militärische Unternehmungen gegen Philipp II.[301]

4. Die Nachfolgefrage

Am 8. September 1197 beging Richard I. Löwenherz seinen 40. Geburtstag. Offenbar nahm er dies zum Anlass, an die Zukunft zu denken, denn an jenem Tag veranlasste er Johann Ohneland, nunmehr ebenfalls einen Eid auf die eben erst geschlossene Allianz mit der strategisch wichtigen Grafschaft Flandern zu leisten. Es handelte sich einerseits um einen Schritt zur weiteren Stabilisierung des neuen Bündnissystems, andererseits aber auch um die unausgesprochene Akzeptanz Johanns als Thronerben, die umso nahe liegender schien, als er selbst nach wie vor keinen leiblichen Nachfolger hatte.[302]

301 Roger von Howden, IV, S. 16, 20 ff.; Wilhelm von Newburgh, S. 591 ff.

302 Ralph von Diceto, II, S. 153; Kessler, S. 311, 358

Damit ist ein Punkt in Richards Leben berührt, der viel diskutiert wurde, sich jedoch mit nur wenigen Indizien schärfen lässt. Faktum ist, dass seine Ehe mit Berengaria von Navarra nicht funktionierte. Wie erinnerlich hatte Richard im März 1191 auf Sizilien, offenbar zuversichtlich, mit seiner angehenden Gemahlin bald männlichen Nachwuchs zu zeugen, in einen Vertrag mit Philipp II. eingewilligt, in dem sein künftiger Besitz des normannischen Vexin von der Geburt von Söhnen abhängig gemacht wurde.[303] Vier Jahre später zeigte sich jedoch anhand einer von Roger von Howden überlieferten Begebenheit, dass der König der Ehe mit Berengaria wenig abgewinnen konnte. Demnach erschien eines Tages ein Einsiedler bei Richard und ermahnte ihn, sich an die Zerstörung Sodoms zu erinnern und auf unerlaubte Akte zu verzichten, sonst würde er von Gott bestraft werden. Zunächst schenkte Richard dieser Prophezeiung keine besondere Beachtung, doch als er bald darauf erkrankte, dürfte ihm die Warnung wieder in den Sinn gekommen sein, denn Anfang April 1195 bekannte er seine Sünden und nahm seine vernachlässigte Gattin wieder zu sich, um seinen ehelichen Pflichten in stärkerem Maß zu entsprechen. Darüber hinaus besuchte er fortan täglich die Kirche und spendete für die Armen.[304]

Welcher Natur die angeblichen Verfehlungen Richards waren, geht aus Howdens Chronik nicht hervor. Die ab der Mitte des 20. Jahrhunderts zuweilen geäußerte These, Richard wäre homosexuell gewesen, ist indessen wenig zwingend, zumal sie sich im Wesentlichen lediglich auf die Einsiedler-Episode sowie die kinderlos gebliebene Ehe mit Berengaria stützt – eine Tatsache, die ebenso gut das Resultat von Unfruchtbarkeit gewesen sein könnte – und somit kaum mehr als eine bloße Mutmaßung darstellt. Zudem ist kaum anzunehmen, dass dem königstreuen Roger von Howden der Begriff Sodomie über die Lippen gekommen wäre, hätte er diesen Begriff mit Homosexualität gleichgesetzt. Außerdem fällt auf, dass es nicht einmal dem Haus Plantagenet feindlich gesonnenen Chronisten wie Giraldus Cambrensis in den Sinn kam, Richard als Homosexuellen zu bezeichnen und so seine Reputation zu schädigen. Wenn Geschichtsschreiber des Hochmittelalters sein Sexualleben unter wenig schmeichelhaften Vorzeichen ins Visier nahmen, maßen sie ihm höchstens ein ungezügeltes Verlangen nach Frauen zu.[305]

---

303 Berg, S. 70 f.

304 Roger von Howden, III, S. 288 ff.

305 Ein hemmungsloser Hunger nach Frauen wird Richard etwa von nachgeborenen Geschichts-

Wie dem auch sei, Richard hielt einstweilen an der Verbindung mit Berengaria fest. Ein wesentlicher Faktor dafür dürfte die auf dieser Ehe basierende Allianz mit dem Königreich Navarra gewesen sein, die vornehmlich während seiner Gefangenschaft reichen Gewinn gezeitigt und entscheidend dazu beigetragen hatte, Aquitanien vor den Angriffen der Grafschaft Toulouse zu schützen. Durch den im Herbst 1196 geschlossenen, sich als stabil erweisenden Frieden mit Toulouse begann das Bündnis mit dem kleinen nordspanischen Königreich jedoch erheblich an Wert zu verlieren. Im Frühjahr 1198 erlebten die Beziehungen des Angevinischen Reiches zu Sancho VII. von Navarra (1194–1234) denn auch eine merkliche Trübung, vermutlich ein Resultat von Richards Vorhaben, eine Scheidung von Berengaria herbeizuführen.[306]

Man darf vermuten, dass Löwenherz die stillschweigende Anerkennung Johanns nicht unbedingt als endgültiges Nachfolgemodell, sondern als Übergangslösung betrachtete. Noch drängte die Nachfolgefrage ja nicht in ultimativer Weise; überdies mochte König Ludwig VII. von Frankreich, der im Alter von 45 Jahren mit Philipp II. erstmals die Geburt eines leiblichen Sohnes hatte feiern dürfen, Richard als Beispiel dafür gedient haben, die Frage der leiblichen Erbfolge noch nicht endgültig verloren zu geben.

Väterliche Gefühle empfand der Monarch offenbar weiterhin für seinen um 1175 geborenen Neffen Otto, den Sohn seiner Schwester Mathilde und Heinrichs des Löwen. Nachdem er den jungen Welfen schon um seinen Herrschaftsantritt unter seine Fittiche genommen, für eine ritterliche Erziehung gesorgt und ihm Lehen in den Grafschaften Marche und Poitou übergeben hatte, ließ er Otto als Zeichen seiner besonderen Wertschätzung schließlich in seine eigenen Fußstapfen treten, indem er ihn im September 1196 mit der Grafschaft Poitou und der Herzogswürde von Aquitanien belehnte. Wohl mit Wohlgefallen beobachtete er, wie sich der junge Welfe gegen die widerspenstigen Barone Aquitaniens behauptete und im Kampf gegen Philipp II. seine Feuerprobe als Heerführer erfolgreich bestand. Richard, der in dem großen, gut aussehenden, ritterlichen und kriegerisch verwegenen jungen Mann ein Abbild seiner eigenen Jugend erblickt haben mochte,

schreibern wie Walter von Guisborough oder Stephan von Bourbon nachgesagt (Gillingham, Richard, S. 161 ff., 283 f.). Zeitgenössische Chronisten äußerten sich diesbezüglich zurückhaltender, wenngleich sich in Howdens Chronik des Öfteren entsprechende Andeutungen finden und an einer Stelle die Bezeichnung „enormisque libido“ fällt (Roger von Howden, IV, S. 84).

306 Berg, S. 88

gestattete ihm schließlich sogar das Tragen des englischen Königswappens. All diese außerordentlichen Gunstbezeugungen lassen es als nicht ausgeschlossen erscheinen, dass Löwenherz zuweilen mit dem Gedanken spielte, Otto – aufgrund seiner Erziehung längst schon mehr Plantagenet als Welfe – zu seinem Nachfolger zu bestimmen. Sollte er in dieser Richtung Überlegungen angestellt haben, wurden sie jedoch infolge eines einschneidenden, im September 1197 einsetzenden Umbruches der europäischen Kräfteverhältnisse obsolet.[307]

5. Macht- und Kulturexport in den deutschen Raum

Wie es der Zufall wollte, bahnte sich genau um die Zeit von Richards 40. Geburtstag ein Ereignis an, das die machtpolitische Landkarte Europas grundlegend verändern sollte. Kaiser Heinrich VI. hatte in den beiden vorangegangenen Jahren den Kreuzzug des Heiligen Römischen Reiches tatkräftig vorangetrieben und eine etwa 16.000 Mann starke Armee sowie eine Armada von rund 240 Schiffen zusammengezogen. Am 1. September 1197 trat das Gros dieser gewaltigen Streitmacht von Messina aus die Überfahrt nach Osten an. Neben der angestrebten Rückeroberung Jerusalems stand die Belehnung Zyperns sowie des Königreiches Armenien auf dem Programm und damit eine massive Ausdehnung kaiserlichen Einflusses auf den Orient. Doch die staufische Machtexpansion verlor schon zu Beginn ihrer faktischen Durchführung stark an Schubkraft. Kaum hatte die Kreuzarmee Messina verlassen, wurde Heinrich VI., der den Kreuzzug von Sizilien aus zu steuern gedachte, auf das Krankenlager geworfen.[308] Bald wurde sein Zustand lebensgefährlich. Damit drohte für ihn ein alptraumhaftes Szenario Wirklichkeit zu werden, denn sein leiblicher Sohn Friedrich zählte erst zwei Jahre. Nun war dieser im Vorjahr zwar bereits zum deutschen König erhoben worden, doch angesichts seines Alters musste es äußerst unsicher erscheinen, ob der Krönung eine tatsächliche Machtübernahme folgen würde. Geht es nach Roger von Howden, erinnerte sich der todkranke Kaiser nun ebenso mit Schrecken an Richards Inhaftierung, die ihm zwar viel Geld beschert, jedoch gleichzeitig Löwenherz' Feindschaft eingebracht hatte. Überdies versprach sich

---

307 Hucker, S. 23, 28 ff., 33 f.

308 Naumann, S. 73, 165 ff., 227, 230

jetzt Richards erzwungene Huldigung in einen Bumerang zu verwandeln, denn seitdem stand der Plantagenet im Rang des mächtigsten weltlichen Reichsfürsten, konnte persönlich an der Wahl eines deutschen Monarchen mitwirken und sich sogar selbst einer Wahl stellen. Laut Howden widerrief der zutiefst beunruhigte Kaiser auf dem Totenbett Richards Lehnsabhängigkeit, bot Kompensationen an und versuchte so im letzten Moment, die Gefahr einer angevinischen Intervention im Heiligen Römischen Reich abzuwenden, ehe er am 28. September 1197 in Messina im Alter von nur 32 Jahren verschied.[309]

Der Tod des Kaisers stürzte das Reich in eine tiefe Krise. Der Machtanspruch des minderjährigen Friedrich wurde ignoriert. Stattdessen setzte sich Heinrichs jüngster Bruder Philipp von Schwaben als Königskandidat des staufischen Lagers durch. Diese Wahl wollte das am Niederrhein angesiedelte antistaufische Lager um Adolf von Altena, den Erzbischof von Köln, nicht akzeptieren und steuerte einen dynastischen Wechsel an. Damit schlug Richards Stunde. Seit seiner Gefangenschaft in glänzendem Einvernehmen mit den niederrheinischen Fürsten, wurde er vom Kölner Erzbischof nunmehr eingeladen, sich an einer für den 22. Februar 1198 anberaumten Königswahl zu beteiligen, wobei sich Adolf auf die von Heinrich VI. seinerzeit herbeigeführte Lehnsnahme berief, die den Plantagenet zum „vornehmsten Mitglied des Imperiums“[310] gemacht hatte.

Löwenherz eröffneten sich nun überaus verlockende Optionen. Die theoretische Möglichkeit, sich selbst zum Königskandidaten des antistaufischen Lagers aufzuschwingen, als solcher Philipp von Schwaben zu bekämpfen, um dann zum Herrscher des Heiligen Römischen Reiches aufzusteigen, zog er offenbar zwar nicht ernsthaft in Erwägung. Dass er generell davon Abstand nahm, seine Kräfte durch die dauerhafte Aneignung allzu entlegener Länder zu überdehnen, hatte er schon im Jahr 1191 durch die Übergabe Zyperns an regionale christliche Machtfaktoren bewiesen. Großes Interesse hatte Richard hingegen daran, durch die Nominierung eines ihm ergebenen Kandidaten im antistaufischen Teil des Reiches bestimmenden Einfluss zu erlangen. Von der Überlegung ausgehend, dass der antistaufische deutsche König im Kampf um die Kaiserkrone von seiner Hilfe abhängig sein würde, wandte sich sein Blick zwangsläufig der welfischen Fürstenfamilie zu, die seit jeher als Hauptgegner der Staufer aufgetreten war und seit der Verbannung Herzogs

309 Roger von Howden, IV, S. 30f.

310 Ebd., IV, S. 37

Heinrichs des Löwen aus dem Kaiserstaat (1181) zumeist im Angevinischen Reich gelebt hatte. Zunächst brachte Richard gegenüber den niederrheinischen Verbündeten den gleichnamigen ältesten Sohn des Herzogs ins Spiel. Heinrich, der Pfalzgraf bei Rhein, verfügte als Reichsfürst und angesichts einer Eheverbindung mit den Staufern über die besten Voraussetzungen, sich als neuer König zu etablieren. Im Lager der niederrheinischen Fürstenallianz stieß die Nominierung eines Welfen zwar auf ein positives Echo, doch Erzbischof Adolf von Köln störte sich an der Tatsache, dass Heinrich als Mitglied der kaiserlichen Kreuzarmee noch in Palästina weilte. Da das staufische Lager mit Philipp von Schwaben am 8. März 1198 bereits einen König gewählt hatte, drängte seiner Ansicht nach die Zeit zu sehr, um die Rückkehr Heinrichs abzuwarten. Daraufhin wandte Richard seine Aufmerksamkeit dem wohl eigentlichen Kandidaten seines Herzens zu: Otto. Diesmal reagierte der Erzbischof von Köln mit Zustimmung. Das war durchaus keine Selbstverständlichkeit, denn Adolf von Altena hatte aus der Verbannung Heinrichs des Löwen erheblichen territorialen Profit gezogen und konnte an der Machtübernahme eines Welfen kein Interesse haben. Dass er sich dennoch für Otto einsetzte, lag an seinem Naheverhältnis zu Richard, mehr aber noch an den hohen finanziellen Investitionen des Plantagenet in die Wahl Ottos sowie dem Einfluss der führenden Kölner Wirtschaftsvertreter, welche die engen Handelsbeziehungen mit England im Auge hatten und entsprechenden Druck auf den Erzbischof ausübten. Gestützt auf seinen finanziellen und machtpolitischen Einfluss sowie seine 1194 geknüpften Verbindungen am Niederrhein, setzte Löwenherz sein Ziel schließlich durch. Am 9. Juni 1198 wurde Otto in Köln vom anti-staufischen Lager zum König gewählt.

Philipp II. versuchte, die Wirkung von Richards Vorstoß abzuschwächen, indem er sich mit dem staufischen König Philipp von Schwaben verband. Seine strategische Situation verbesserte sich dadurch allerdings nicht entscheidend, denn die pro-staufischen Reichsfürsten befanden sich in zu großer Entfernung, um für das Angevinische Reich eine nennenswerte militärische Gefahr darzustellen, wohingegen die direkt an der Nordostgrenze Frankreichs befindliche anti-staufische Allianz am Niederrhein durchaus einen Faktor zur unmittelbaren Druckausübung auf Philipp II. bildete. Auch hinsichtlich der Haltung des Heiligen Stuhles befand sich Richard letztlich im Vorteil. Der neue Papst Innozenz III. (1198–1216), der Coelestin III. im Januar 1198 nachgefolgt war, ließ nach anfänglicher Neutralität in der deutschen Thronfolgefrage die Tendenz erkennen, einer formellen Anerkennung des Welfen den Vorzug zu geben, da die Staufer in der Vergangenheit stets intensive Machtpolitik in Italien betrieben und den Kirchenstaat des Öfteren in erhebliche Bedrängnis gebracht hatten.[311]

Somit zeitigte der Eingriff in die deutsche Innenpolitik letztlich die Konsequenz, die Richard wohl in erster Linie beabsichtigt hatte: Der Zangengriff auf Frankreich, herbeigeführt durch die Bündnisse mit Toulouse und Flandern, bekam infolge des Schulterschlusses mit der niederrheinischen Fürstenallianz und der Inthronisierung Ottos nunmehr den Charakter einer Einkreisung Frankreichs und drängte Philipp II. noch mehr in die Defensive.

Als Richard die Erhebung seines Lieblingsneffen Otto zum deutschen König initiierte, setzte er nicht nur einen gewichtigen machtpolitischen Schritt in eigener Sache, sondern darüber hinaus einen bedeutenden kulturellen Akzent. Der westeuropäische Raum bildete zu Löwenherz' Lebzeiten in vielerlei Hinsicht – Troubadourlyrik, Architektur, Literatur – das kulturelle Zentrum des Abendlandes, dessen Einflüsse im späten 12. und frühen 13. Jahrhundert in großem Stil Einzug in das Heilige Römische Reich hielten und sich auf mehreren Ebenen als stilprägend erwiesen. Eine gewichtige Rolle in dieser Entwicklung spielte Otto, der sich in seinem kulturellen Wirken als würdiger Ziehsohn Eleonores von Aquitanien und seines politischen Schirmherrn Richard Löwenherz erwies. Aufgewachsen im pulsierenden Umfeld des höfischen Rittertums Westeuropas, von seinem Onkel sorgsam ausgebildet und 1196 zum Herzog des Ursprungslandes der Troubadourlyrik Aquitanien ernannt, brachte er seinen anglonormannischen Hintergrund nunmehr im deutschen Raum ins Spiel, zunächst als Gegner des staufischen Königs Philipp von Schwaben im Nordosten des Heiligen Römischen Reiches, nach dem Tod des Staufers 1208 und seiner Kaiserkrönung 1209 als allgemein anerkannter Gebieter im ganzen Reich, ehe er einige Jahre später von Friedrich II., dem Sohn Kaiser Heinrichs VI., verdrängt wurde.

Zahlreiche Spuren hinterließ Otto im architektonischen Bereich. Um seine politische Stellung zu stabilisieren, eine enge Verbindung zu den deutschen Kaisern der Vergangenheit herzustellen und den jahrzehntelangen welfisch-staufischen Konflikt zu überbrücken, realisierte er ein umfassendes Bauprogramm, das die diesbezüglichen Anstrengungen seiner Vorgänger und Nachfolger auf dem deutschen Thron vor allem in Hinsicht auf ihre Vielfältigkeit übertraf. Dazu gehörten etwa Domneubauten in Magdeburg und Bamberg, großzügige Ausbaumaßnahmen der

---

311 Hucker, S. 47 ff., 51, 54 f.; Berg, S. 88 ff.; Kessler, S. 312

traditionellen welfischen Residenzstadt Braunschweig sowie die Neuerrichtung von Klöstern, wobei die Charakteristika modernster westeuropäischer Architekturelemente Anwendung fanden.

Rege Aktivitäten sind Otto überdies auf literarischer Ebene zuzuschreiben. So trat er auf der einen Seite als bedeutender Förderer der mittelhochdeutschen Dichtkunst in Erscheinung, indem er beispielsweise Walther von der Vogelweide mit dem Verfassen mehrerer Spruchdichtungen beauftragte. Auf der anderen Seite begünstigten sein Hof sowie die von ihm ins Leben gerufenen, im deutschen Raum noch weitgehend unbekannten Artus- oder Rittergesellschaften, wobei er sich nach dem Vorbild Heinrichs II. und Richards I. den Mythos des sagenhaften keltischen Köngs zunutze machte, in starkem Maß die Vermittlung von Literatur und erwiesen sich so als bedeutende Institutionen für die Integration anglonormannischer sowie französischer Einflüsse in den deutschsprachigen Raum.

Richards Anteil an dieser Entwicklung lässt sich nicht an konkreten Zahlen festmachen. Auch stand der Export anglonormannischen Kunstverständnisses gewiss nicht an oberster Stelle seiner Prioritätenliste, als er für die Krönung Ottos zum deutschen König sorgte. Nichstdestoweniger wird Löwenherz' Anteil am veritablen Kulturschub, der in vielerlei Hinsicht im Heiligen Römischen Reich Platz griff, und angesichts seines persönlichen Einflusses auf Otto sowie seines Engagements, das dessen Inthronisierung überhaupt erst ermöglichte, nicht gering zu veranschlagen sein. Hinzu kommt, dass er dem jungen Welfen durch das Ansehen, das er selbst insbesondere im nordostdeutschen Raum, aber auch in anderen Teilen des Reiches genoss, insofern zusätzlich half, als sein eigener Status als Kreuzzugsheld und Symbolgestalt der höfischen Ritterkultur, der sich nach seinem Tod in verklärender Weise weiter verfestigte, seinem Lieblingsneffen bei höfischen Kreisen zusätzliche Reputation verschaffte.[312]

Beredte Kunde von Richards Ruf im Reich bezeugt eine Aussage Walthers von der Vogelweide, die Ottos Konkurrenten Philipp von Schwaben für dessen offenbar geringe Freigebigkeit kritisierte. Dabei machte der große Dichter der mittelhochdeutschen Klassik gegenüber dem Staufer, immerhin seinem zeitweiligen Brotgeber, ausgerechnet dessen politischen Gegner Richard Löwenherz als Musterbeispiel eines generösen Mäzens namhaft und meinte durchaus provokant, ein Herrscher „von sîner [Anm.: Richards] gebenden hant" könnte von seiner Großzügigkeit auch

312 Hucker, S. 243 ff., 250 f., 253 ff., 277 ff., 317 ff., 323

auf politischer Ebene profitieren, wobei er auf das hohe Lösegeld Bezug nahm, das die angevinischen Untertanen für die Freilassung ihres Königs entrichtet hatten.[313]

6. Konflikt mit Hugo von Lincoln

Durch seine Allianzen mit Toulouse und Flandern, seine militärischen Erfolge gegen Frankreich, vor allem aber durch den Tod Kaiser Heinrichs VI. und die Erhebung Ottos zum König des anti-staufischen Lagers im Heiligen Römischen Reich schwang sich Richard de facto zum mächtigsten Herrscher Europas auf. Dieser Status war jedoch noch keineswegs gefestigt, da sein Kampf gegen Philipp II. nach wie vor einer definitiven Entscheidung harrte. Zudem zeigte sich just in jenen Monaten, als er Ottos Krönung vorantrieb, dass er seine eigene Macht in England nicht als unbegrenzt betrachten konnte. Erstmals nämlich stießen seine im Kontext des Konfliktes mit dem französischen Monarchen erhobenen, sich stets wiederholenden Geld- und Truppenforderungen nördlich des Ärmelkanals auf zwar singulären, aber ernst zu nehmenden Widerstand.

Die Krise entstand durch Richards Absicht, seine Streitkräfte im Hinblick auf weitere militärische Operationen gegen Philipp II. im Jahr 1198 mit einem Eliteverband zu verstärken, wobei ihm die Bereitstellung von 300 Rittern für die Dauer eines Jahres vorschwebte. Erzbischof Hubert Walter berief daraufhin die weltlichen und geistlichen Spitzen Englands im Dezember 1197 zu einer Zusammenkunft in Oxford, schilderte in beschwörenden Worten die Schwierigkeiten Richards im Kampf gegen Frankreich und forderte die versammelten Großen der Insel auf, dem König beizustehen und die kostspielige Aufstellung des Ritterkontingentes zu ermöglichen. Nachdem er selbst und Bischof Richard von London ihre Bereitschaft zur Hilfeleistung erklärt hatten, richtete Hubert Walter das Wort an den überaus angesehenen Bischof Hugo von Lincoln. Zur größten Überraschung des Erzbischofs legte dieser jedoch unter Berufung auf althergebrachte Rechte dar, nicht zu militärischem Beistand außerhalb Englands verpflichtet zu sein und wies das Ansinnen zurück. Bischof Herbert von Salisbury, als Nächster befragt, fasste angesichts der couragierten Antwort seines Amtskollegen Mut und

313 Hildebrand, Jens: Walther von der Vogelweide und die Gesellschaft seiner Zeit, Stuttgart 1989, S. 119

meinte, keine andere Antwort als Hugo geben zu können. Durch die unerwartete Wende aus dem Gleichgewicht gebracht, richtete Hubert Walter heftige Vorwürfe an den Bischof von Lincoln und brach dann die Versammlung abrupt ab.[314]

Löwenherz, über den Fehlschlag von Oxford alarmiert, befahl die unverzügliche Konfiskation der Güter der beiden Bischöfe. Im Falle Herberts von Salisbury wurde die Anordnung ausgeführt, doch niemand wagte es, Hand an die Besitzungen Hugos von Lincoln zu legen, da dieser allgemein als höchste moralische Instanz der englischen Kirche galt und keiner einen von ihm verhängten Kirchenbann in Kauf nehmen wollte. Richard blieb unnachgiebig und wiederholte seine Anordnung mehrere Male, worauf seine Amtsträger in derartige Verlegenheit gerieten, dass sie den Bischof inständig baten, dem Zank ein Ende zu bereiten und um ihres eigenen Schicksals willen Frieden mit dem König zu schließen. Nachdem der Streit einige Monate hin und her gewogt war, ließ sich Hugo von Lincoln vom Flehen der königlichen Beauftragten erweichen und setzte über den Ärmelkanal. Bei seinem Eintreffen in Château Gaillard befand sich Richard in der Kapelle der Festung und nahm, zusammen mit zwei Erzbischöfen und fünf Bischöfen, an einem feierlichen Hochamt teil. Wie Adam von Eynsham, enger Wegbegleiter des Bischofs und Verfasser der *Magna Vita S. Hugonis Episcopi Lincolniensis,* berichtet, rief Hugos Erscheinen bei Löwenherz wenig Begeisterung hervor. Als dieser ihm einen Gruß entbot, reagierte er nur mit einem finsteren Blick und wandte sich ab. Hugo jedoch ließ sich davon nicht abschrecken, sondern steuerte geradewegs auf sein Ziel zu, eine Versöhnung mit dem König herbeizuführen, indem er ihn um den traditionellen Friedenskuss bat, aber Richard drehte seinen Kopf ostentativ noch weiter in die andere Richtung. Daraufhin ergrimmte Hugo und packte kurzerhand Richards Tunika.

„Ihr schuldet mir einen Kuss", verlangte er forsch, „denn ich habe einen weiten Weg zurückgelegt, um Euch zu sehen."

„Nein, Ihr verdient keinen Kuss von mir", kam es knapp zurück.

Daraufhin wurde Hugo noch resoluter und rüttelte kräftig an Richards Umhang. „Im Gegenteil, ich verdiene ihn", erwiderte er und wiederholte mit allem Nachdruck: „Küsst mich."[315]

---

314 Adam von Eynsham: Magna Vita S. Hugonis Episcopi Lincolniensis, herausgegeben von James F. Dimock, London 1864, S. 248 ff. Howden erwähnt das Scheitern des Konzils von Oxford ebenfalls, vermerkt jedoch, lediglich Hugo von Lincoln hätte sich Richards Ansinnen widersetzt (Roger von Howden, IV, S. 40).

315 Adam von Eynsham, S. 251

Der eine oder andere Gefolgsmann des Königs mag nun unwillkürlich den Atem angehalten haben, einen Wutausbruch Richards befürchtend. Doch Löwenherz lächelte plötzlich und gab Hugo den Kuss. Laut Adam von Eynsham von der Unerschrockenheit des Bischofs von Lincoln beeindruckt, ließ er den Konfiskationsbefehl fallen und zeigte sich für den Rest des Tages von seiner besten Seite. Noch während des Hochamtes bot er dem Bischof in vollendeter Höflichkeit Frieden an, überreichte ihm Geschenke und hörte sich geduldig Vorhaltungen über seinen Lebenswandel sowie den Konflikt der letzten Monate an. Als die Zeit der Nachtruhe näherte, schieden die beiden Männer in bestem Einvernehmen und vereinbarten eine nochmalige Zusammenkunft vor Hugos Rückreise am nächsten Tag.

Bevor jedoch diese zweite Begegnung stattfinden konnte, beschloss Richard, Hugo um die Mitnahme einiger königlicher Briefe nach England zu bitten, die Aufforderungen an Barone zu weiteren Unterstützungsleistungen beinhalteten. Nicht gewillt, als Überbringer politischer Botschaften zu fungieren, wies der Bischof dieses Ansinnen zurück, was Löwenherz verstimmte und ihn bewog, von einem zweiten Treffen Abstand zu nehmen. Einen neuerlichen Bruch wollte er dennoch nicht herbeiführen, weshalb er Hugo ersuchte, ihn in seine Gebete einzuschließen. Vielleicht mit einem Gefühl der Erleichterung, nach seinen couragierten Vorstößen so glimpflich davongekommen zu sein, begab sich der Bischof auf die Heimreise.[316] Richard zeigte sich seinerseits froh, dass es in seinem Reich nicht mehr Geistliche von Hugos Format gab, und meinte in diesem Sinn gegenüber seinen Gefolgsleuten:

> „Fürwahr, wenn die anderen Bischöfe so wären wie er, würde kein König oder Prinz es wagen, sich mit ihnen anzulegen."[317]

Ungeachtet der in Château Gaillard vollzogenen Aussöhnung stellte der Konflikt mit Hugo von Lincoln zumindest im Ansatz eine innenpolitische Niederlage für Richard dar. Hatte er seine Autorität auch wiederhergestellt, so musste das Aufbegehren des Bischofs doch als ernst zu nehmendes Signal dafür gewertet werden, dass die Ressourcen Englands nicht auf Dauer in derart intensivem Ausmaß für den Krieg gegen Philipp II. ausgeschöpft werden konnten.

316 Ebd., S. 251 ff.

317 Ebd., S. 255

Ein Indiz für die Haltung, die man auf der Insel gegenüber Richards enormem Geldbedarf einnahm, liefert Ralph von Coggeshall, der sich einerseits bitter über die drückenden Besteuerungen beklagte, andererseits dem König triftige Gründe für seine Maßnahmen zugestand.[318] Ähnlich empfanden wohl die englischen Barone. Bis auf weiteres dürfte bei allem Unwillen ihre Bereitschaft überwogen haben, Beiträge für den Kampf des Königs zu leisten, weil sie mit dessen Ziel der Rückeroberung des normannischen Vexin grundsätzlich konform gingen. Die militärischen Geschehnisse des Jahres 1198 lassen denn auch erkennen, dass Richards Handlungsfähigkeit im Feld keine Einbuße erlitten hatte.

7. Der König und sein Umfeld

Wenige Monate nach seinem Zwist mit Hugo von Lincoln erregte neuerlich England Löwenherz' gesteigerte Aufmerksamkeit. Erzbischof Hubert Walter stand seit geraumer Zeit unter Beschuss einer innerkirchlichen Oppositionsbewegung, und im Frühjahr 1198 gelang es ihr, den neuen Papst Innozenz III. auf ihre Seite zu bringen. Dieser störte sich an der intensiven politischen Tätigkeit des Primas von England und erhob die Forderung, Hubert Walters Machtfülle zu beschneiden. Der König übertrug das Amt des Obersten Justitiars daraufhin Gottfried Fitz Peter, einen seit Jahren mit höchsten Regierungsverantwortlichkeiten betrauten Baron. Dass sich an Richards Vertrauen zu Hubert Walter dennoch wenig geändert haben dürfte, zeigt der Umstand, dass er, als es einige Monate später darum ging, einen kundigen Gesandten wegen Waffenstillstandsverhandlungen zu Philipp II. zu entsenden, den Erzbischof mit dieser heiklen Aufgabe beauftragte.[319]

Der zu jener Zeit vielleicht engste und einflussreichste Vertraute des Königs war Wilhelm der Marschall, der sowohl bedeutsame politische Aufträge erfüllte – so stand er an der Spitze jener Verhandlungsdelegation, die im Sommer 1197 das Bündnis mit Graf Balduin IX. von Flandern fixierte – als auch in den Feldzügen gegen Frankreich oftmals an vorderster Front focht und bei Richard höchstes Ansehen genoss. Zuweilen allerdings bereitete die ungestüme Kampfeslust des mittlerweile über fünfzig Jahre alten Wilhelm selbst Löwenherz Sorge. Während der

318 Ralph von Coggeshall, S. 91

319 Roger von Howden, IV, S. 48, 61

Belagerung von Milli zum Beispiel wallte dessen Blut so hitzig auf, dass er den Sturm auf die Festung von der äußersten Spitze aus führte, im Verlauf des Gefechtes auf den Vogt der Festung traf und diesen mit einer gehörigen Tracht Prügel bedachte. Als er seinem Alter schließlich doch Tribut zollen musste, nahm er kurzerhand auf dem mittlerweile am Boden liegenden Vogt Platz, wobei er die nötig gewordene Pause damit begründete, seinen Gefangenen mit besonderem Nachdruck bewachen zu wollen. Richard, der bei seinen wichtigsten Gefolgsleuten und Rittern auf standesgemäßes Betragen achtete, missfiel dieser Vorfall. Wie ein junger Mann hätte er sich verhalten, tadelte er Wilhelm und hielt ihm vor, ein Mann seiner Stellung und seines Alters sollte sein Leben nicht mehr bei derartigen Abenteuern aufs Spiel setzen. Er möge dies doch den jungen Rittern überlassen, die sich ihr Ansehen erst erwerben müssten.[320]

Löwenherz bot dem Marschall allerdings kein leuchtendes Beispiel. Zwar wusste Wilhelm von Newburgh zu berichten, der König wäre in den Jahren seit dem Kreuzzug „sanfter geworden."[321] Diese angebliche Sanftheit Richards tritt jedoch in den Berichten anderer Chronisten eher sporadisch zutage. Gegenüber Philipp II. empfand er nach den Vorkommnissen der vergangenen Jahre einen Hass, der ihm selbst ein wenig unheimlich zu sein schien; laut Coggeshall jedenfalls wagte er es wegen seiner tief empfundenen Abneigung gegen den Kapetinger jahrelang nicht, die Beichte abzulegen.[322] Und wenn ein Feldzug bevorstand, war sein Drang, vorneweg ins Gefecht zu stürmen, nach wie vor kaum zu bändigen. Während des Sturms auf die Festung Milli etwa, als ihn der Kampfgeist des Marschalls beunruhigte, konnte er nur mit Mühe davon abgehalten werden, sich selbst ins Zentrum des Gefechtes zu werfen.[323]

Zu Kirche und Religion hatte Löwenherz gegen Ende seines Lebens ein zwiespältigeres Verhältnis denn je. Einige Indizien lassen zwar darauf schließen, dass er ein gläubiger Mann war; der bereits erwähnte freiwillige Selbstgeißelungsakt in Messina 1190 deutet zum Beispiel darauf hin, ebenso Howdens Hinweis, er hätte in seinen späteren Jahren täglich den Gottesdienst frequentiert.[324] Ralph von Coggeshall weiß indessen zu berichten, dass Richard selbst in der Kirche zu-

320 L'histoire de Guillaume le Maréchal, II, S. 36 ff.

321 Wilhelm von Newburgh, S. 500

322 Ralph von Coggeshall, S. 96

323 L'histoire de Guillaume le Maréchal, II, S. 36 ff.

324 Roger von Howden, III, S. 74 f., 289

weilen durchaus temperamentvoll auftrat: So konnte es schon vorkommen, dass er in musikalische Darbietungen eingriff, um zu mehr Gefühl und Ausdruck anzuspornen. Als er einmal einem Kirchenchoral lauschte, irritierte ihn der für sein Empfinden zu wenig leidenschaftliche Gesang, woraufhin er sich abrupt erhob, vor den Chor trat und die überraschten Mönche mit Gesten und Worten aufforderte, ihrem Gesang mehr Dynamik zu verleihen.[325] Wenig Demut ließ Richard ebenso gegenüber führenden Kirchenvertretern erkennen. Seine bereits in früheren Lebensjahren einigermaßen ambivalente diesbezügliche Einstellung hatte sich durch die Unfähigkeit Roms, etwas gegen seine Gefangenschaft im Heiligen Römischen Reich zu unternehmen, nicht gemildert.[326] Gemäß einer von Howden überlieferten Episode machte er sich mitunter gern über die weltlichen Schwächen so mancher Geistlicher lustig. Demnach erschien eines Tages im Jahr 1198 der berühmte Prediger Fulk von Neuilly beim Monarchen und kritisierte ihn im Beisein zahlreicher Barone ob seiner drei üblen Töchter. Richard, nicht sicher, wie er diese Vorhaltung interpretieren sollte, entgegnete, er besäße keine Töchter. Fulk antwortete, die Hochmütigkeit, die Begehrlichkeit und die Genusssucht gemeint zu haben. Sollte er geglaubt haben, mit dieser Aussage Zerknirschung oder Reue zu bewirken, sah er sich allerdings getäuscht. Der König zeigte sich davon wenig berührt. Zum Amüsement der anwesenden Barone entgegnete er trocken:

> „Nun gut, meine Hochmütigkeit gebe ich den hochmütigen Templern, meine Begierde den Mönchen des Zisterzienserordens und meine Genusssucht dem gesamten Klerus."[327]

8. Sieg vor Gisors

Im Spätsommer 1198 brach der Krieg zwischen Richard und Philipp nach einem Jahr – relativer – Ruhe von neuem aus. Löwenherz befand sich in einer recht günstigen Ausgangsposition. Da es ihm in den Jahren zuvor gelungen war, die Lage in Mittel- und Südfrankreich in den Griff zu bekommen, konnte er seine Ressourcen

325 Ralph von Coggeshall, S. 97

326 Barlow, S. 361

327 Roger von Howden, IV, S. 76 f.

ganz auf den Norden konzentrieren. Dort wiederum hatte er in Graf Balduin IX. von Flandern nunmehr einen schlagkräftigen Partner, um Philipp II. einen Zweifrontenkrieg aufzuzwingen, die letzten noch in französischer Hand befindlichen Teile des normannischen Vexin zurückzugewinnen – namentlich die mächtige Schlüsselfestung Gisors nebst einiger umliegender Burgen – und den Kampf gegen Frankreich auf diese Weise endgültig für sich zu entscheiden.

Balduin IX. eröffnete den Waffengang durch eine Invasion im Artois. Philipp II. ließ sich diesmal zu keinem Gegenschlag hinreißen, sondern zog mit seinem Heer in jene Teile des Vexin, die sich mittlerweile wieder in angevinischer Hand befanden, und brannte in kurzer Zeit achtzehn Ansiedlungen nieder. Als Richard seinem Zerstörungsfeldzug entgegentrat, wich er fluchtartig zurück, wobei ein kleinerer Teil seiner Armee in Gefangenschaft geriet. Während Philipp II. nach Vernon abzog, rückte Richard ins südliche Vorfeld von Gisors vor, überquerte am 27. September den Fluß Epte auf der Höhe von Dangu, nahm auf französischem Gebiet die Festungen Courcelles und Boury im Handstreich, während ein weiterer angevinischer Truppenverband Serifontaine im Norden von Gisors eroberte. Nach seinem kurzzeitigen Einmarsch in französisches Grenzland ließ Richard seine Armee bei Dangu lagern, wo er einen Gegenschlag des Kapetingers erwartete.

Die Nachricht vom Angriff auf Courcelles veranlasste Philipp II. zum sofortigen Handeln, denn durch die angevinischen Vorstöße zog sich die Schlinge um Gisors bedrohlich enger. Am 28. September setzte er sich mit seiner Armee neuerlich in Marsch, bewegte sich entgegen Richards Annahme allerdings nicht auf Dangu zu, sondern wollte der Garnison von Courcelles Hilfe leisten, ohne zu wissen, dass die Festung bereits gefallen war. Zu seinem Pech hatte der Plantagenet überdies Patrouillen über den Fluss Epte entsandt, um die gegnerischen Bewegungen zu beobachten, und nahm an den Erkundungsritten wie so oft persönlich teil. Als Löwenherz die vorrückende französische Armee entdeckte, wollte er sie überraschen und befahl seinem bei Dangu stehenden Heer, sofort nachzurücken. Philipp II. war indessen zu schnell unterwegs, um das Eintreffen aller Verstärkungen abzuwarten. Richard entschloss sich trotz der Unterzahl zum Angriff. Philipp II. freilich scheute wie stets einen direkten Zusammenstoß mit seinem Angstgegner und floh nach Gisors, mit den Angevinen knapp auf seinen Fersen. In höchstem Tempo galoppierten die französischen Streitkräfte auf die vor der Festung gelegene Brücke über die Epte zu. Mittlerweile herrschte unter ihnen eine derartige Panik, dass jeder nur noch daran dachte, sich selbst in Sicherheit zu bringen.

Ungeordnet drängten sich die Ritter auf dem Nadelöhr des Überganges zusammen, um schnellstmöglich das Festungstor zu erreichen, bedachten aber dabei nicht die Belastungsfähigkeit der Brücke, die unter ihrem Gewicht zusammenbrach. Zahlreiche Streiter stürzten ins Wasser, zwanzig von ihnen ertranken. Auch Philipp II. selbst fiel in den Fluss und wurde von angevinischer Seite dafür weidlich verspottet. Ehe die französische Armee ein Mindestmaß an Ordnung wiederhergestellt hatte, war Richard mit seinem Trupp herangesprengt, fiel über den desorientierten Gegner her und nahm etwa hundert französische Ritter sowie eine größere Anzahl Soldaten gefangen. Philipp II. gelang es unterdessen, den Fluten unversehrt zu entkommen und sich in die Festung zu retten. Richard seinerseits fehlte mangels entsprechender Kriegsgeräte die Möglichkeit, Gisors zu belagern, und so zog er mit seinen Gefangenen zurück nach Dangu.[328]

Mit seinem Sieg vom 28. September 1198 hatte Löwenherz seinem Erzfeind eine herbe und vor allem demütigende Niederlage versetzt. Ob er einen Großangriff auf Gisors geplant und seine improvisierte Jagd auf Philipp II. dies verhindert hatte, bleibt ungewiss. In einem unmittelbar darauf verfassten Brief zeigte er sich über den Erfolg jedenfalls hocherfreut, äußerte sich hinsichtlich der künftigen militärischen Entwicklung optimistisch und bemerkte zu Philipps II. Malheur nicht ohne Schadenfreude, „der französische König hat, wie Wir gehört haben, vom Fluss getrunken".[329]

Philipp II. reagierte auf die Schlappe zunächst mit der Aushebung neuer Truppen, um einen erneuten Verwüstungsfeldzug in die südöstliche Normandie zu unternehmen, sah sich jedoch rasch zu einem Kurswechsel genötigt. Da seine inzwischen auf das Äußerste angespannten Ressourcen keinen Zweifrontenkrieg gegen Richard und Balduin IX. von Flandern erlaubten, konnte er sich der Erkenntnis nicht verschließen, dass eine Fortsetzung des Kampfes unter diesen Umständen keinen Sinn ergab und stellte sich auf die Herbeiführung einer Waffenruhe ein. Auch für Richard gab es triftige Gründe zur Deeskalation, denn in Teilen des Angevinischen Reiches herrschte eine drückende Hungersnot, die neben der Knappheit an finanziellen Mitteln und Truppen eine Atempause dringend erforderte. Löwenherz begnügte sich daher vorderhand mit der Gewissheit, einen stattlichen Teilerfolg er-

328 Roger von Howden, IV, S. 54 ff.; Ralph von Diceto, II, S. 163 f.; Wilhelm der Bretone, S. 136 ff.; L'histoire de Guillaume le Maréchal, II, S. 28 ff.

329 Roger von Howden, IV, S. 58

Abb. 20: Die Schlacht von Gisors

rungen zu haben, und beauftragte, wie erwähnt, den bewährten Hubert Walter, zur Anknüpfung von Friedensverhandlungen zum französischen König zu reisen.

Die Konditionen, die Philipp II. in den Gesprächen vorlegte, glichen dem Einbekenntnis einer Niederlage: Mit Ausnahme von Gisors bot er die Rückerstattung sämtlichen Terrains an, das ihm von seinen Feldzügen der Jahre 1193 und 1194 noch verblieben war. Damit kam Richard dem angestrebten Endergebnis seiner militärischen Vorstellungen schon sehr nahe. Unstimmigkeiten ergaben sich zunächst jedoch noch hinsichtlich des Themas Flandern. Getreu seinem Abkommen mit Graf Balduin IX., wonach keiner der zwei Verbündeten einen Separatfrieden mit Philipp II. schließen sollte, bestand er darauf, seinen Bündnispartner in einen allfälligen Friedensschluss miteinzubeziehen. Die Verhandlungen endeten schließlich mit einem temporären Waffenstillstand und der Übereinkunft der beiden Könige, im Januar 1199 den Versuch zu unternehmen, zu einem für beide Seiten akzeptablen Friedensvertrag zu gelangen.[330]

Auch auf diplomatischer Ebene fanden im Lauf des Jahres 1198 gravierende Veränderungen statt. Da die Grafen Balduin IX. von Flandern und Raimund VI.

330 Ebd., S. 58 ff., 68, 78 f.

von Toulouse mittlerweile fest dem angevinischen Lager angehörten, hielt Philipp II., um seinen Rückschlägen etwas entgegensetzen zu können, Ausschau nach neuen Verbündeten. Er fand eine Verständigung mit den traditionell widerspenstigen Fürsten Zentralaquitaniens, namentlich Aimar von Angoulême sowie Aimar V. von Limoges, der bereits dem jungen Richard viele Probleme bereitet hatte.[331]

Löwenherz verbuchte im Sog seiner militärischen und außenpolitischen Erfolge den Zuzug weiterer französischer Vasallen, nämlich der Grafen von Boulogne, St. Pol, Perche und Blois. Darüber hinaus fand auch der junge Herzog Arthur von der Bretagne, der zwei Jahre zuvor von seinen Gefolgsleuten an den Hof Philipps II. gebracht worden war, zu Richard zurück. Somit entstand die im Haus Plantagenet durchaus nicht alltägliche Situation des allgemeinen Einklanges mit dem Familienoberhaupt.[332]

Ebenfalls im Jahr 1198 ließ Richard einige weitere Reformen zur inneren Stärkung des Angevinischen Reiches durchführen. So förderte er etwa den überregionalen Warenaustausch, indem er für eine Vereinheitlichung der vormals voneinander abweichenden Maße und Gewichte sorgte, was ein gewisses Maß an Einsicht in die Voraussetzungen, die der Aufbau eines weitflächigen Wirtschaftsgebietes erfordert, erkennen lässt.[333]

9. Die Geburt der Drei Löwen

In der Spätphase seiner Herrschaft setzte Richard I. eine Maßnahme, die sich als seine langlebigste erweisen sollte. 1198 führte er ein neues Siegel ein und veröffentlichte damit auch ein neues Wappen, das drei goldene Löwen auf rotem Grund enthält und heute ein weithin bekanntes nationales Symbol für England darstellt – die Three Lions. Sie waren in gewisser Hinsicht das Endprodukt eines längeren Experimentierprozesses.

In der zweiten Hälfte des 12. Jahrhunderts steckte die Heraldik noch in den Kinderschuhen. Die Herrscherhäuser legten verstärkten Wert auf eigene Symbole

---

331 Bradbury, S. 125 f.

332 Roger von Howden, IV, S. 54

333 Itinerarium, S. 448 f.; Roger von Howden, IV, S. 62

und peilten dabei mehr Kontinuität als in früheren Zeiten an. Bereits Richards Vater dürfte dieser Tendenz gefolgt sein und ein Wappen auf seinem Waffenschild geführt haben, das vermutlich auch schon ein Löwen-Motiv aufwies. Greifbare Belege, wie das unter Heinrich II. verwendete Wappen des englischen Königs im Detail aussah und ob dessen Ausgestaltung schon halbwegs dauerhaft festgelegt war, gibt es jedoch nicht.

Bei Richard I. stellt sich die Situation konkreter dar. Von ihm sind zwei königliche Siegel erhalten, die sein Wappen zeigen und überdies auch den entscheidenden Entwicklungsschritt zum letztlich finalen königlichen Symbol veranschaulichen.

Die beiden Siegel zeigen den Monarchen zu Pferd. Er trägt einen Helm, ein Schwert sowie einen Waffenschild, der sein Wappen enthält. Auf dem ersten Siegel, das aus der Frühzeit der Herrschaft Richards I. stammt, ist auf dem Waffenschild noch ein einzelner, hoch aufgerichteter Löwe in drohender Position zu sehen. Im Jahr 1195, bald nach seiner Rückkehr vom Dritten Kreuzzug und der Gefangenschaft, gab Richard I. ein neues Siegel in Auftrag. Darauf ist das Wappen auf dem Waffenschild auf einmal grundlegend verändert, und das gleich in doppelter Hinsicht: Es enthält nicht mehr nur einen, sondern gleich drei Löwen. Außerdem sind sie nicht mehr in aufgerichteter Position sichtbar, sondern schreiten mit ausgefahrenen Krallen am Betrachter vorbei.

Warum plötzlich drei Löwen statt einem?

Eine schlüssig erscheinende Erklärung lieferte Matthew Paris in seiner um 1250 entstandenen Historia Minor Anglorum. Demnach wollte Richard I. auf diese Weise unterstreichen, dass er nicht nur den Titel eines Königs von England trug, sondern in den angevinischen Ländern auf dem Kontinent auch Herzogs- und Grafentitel führte. Für Löwenherz mag dieser Schritt aus machtpolitischen Gründen naheliegend gewesen sein. Die seit 1193 offen zutage getretene Zielsetzung Philipps II., die Machtposition der Plantagenets in Frankreich zu zerschlagen, dürfte Richards Motivation, seine Herrschaft über die Kontinentalterritorien nicht nur militärisch zu verteidigen, sondern auch auf der symbolhaften Ebene zu betonen, nachhaltig gefördert haben.

Einem anderen Erklärungsmodell zufolge war das neue Wappen eine weitere Maßnahme, um seinen jüngeren Bruder in die Schranken weisen. Johann verwendete ein Wappen mit zwei Löwen. Da er eine Zeitlang auf den Sturz seines älteren Bruders und die Übernahme des Throns hingearbeitet hatte, wollte Richard ihm durch die Kreation der drei Löwen vielleicht auch auf diese Weise vor Augen führen, wer der König und wer der Untergebene war.[334]

Die veränderte Positionierung der drei Löwen auf dem Wappen dürfte pragmatischere Ursachen gehabt haben. Dass sie nicht mehr aufgerichtet, sondern vorbeischreitend dargestellt wurden, mag auf Platzgründe zurückzuführen sein. Waffenschilde jener Zeit wiesen ein hochkantiges, sich nach unten verjüngendes Format auf, das die Positionierung von drei aufgerichteten Löwen nicht unbedingt begünstigt hätte.

Ob Richard selbst auf die Neugestaltung des Wappens Einfluss nahm oder es vielleicht sogar erfand[335], lässt sich nicht nachweisen. Angesichts seiner starken Tendenz zu Öffentlichkeitsarbeit in eigener Sache muss es aber als Möglichkeit in Betracht gezogen werden.

Wie dem auch gewesen sein mag: Aus nicht restlos geklärten Gründen führte der König sein 1195 beauftragtes Siegel erst im Jahr 1198 ein. Das darauf sichtbare neue Wappen war in seiner Grundkonzeption eigentlich nicht originell. Auch zahlreiche andere europäische Fürstenhäuser setzten bei ihren Herrschaftssymbolen das Löwen-Motiv ein, wobei es sich zumeist um einzelne aufgerichtete Löwen handelte, sehr ähnlich dem ersten Wappen Richards I. Dass der König statt einem nun drei vorbeischreitende Löwen zum Einsatz brachte, brachte nicht nur einen verstärkten Machtanspruch zum Ausdruck – sein Wappen wurde dadurch auch um einiges markanter.[336] Es sollte sich weit über seine Herrschaft hinaus verfestigen, als die Beweggründe für dessen Entstehung längst keine Rolle mehr spielten.

---

334 Ailes, Adrian: The Origins of the Royal Arms of England: Their Development to 1199, Reading 1982, S. 55-56, 63-74; Rabbow, Arnold: The Origin of the Royal Arms Of England – a European Connection, erschienen 1999 (siehe https://www.theheraldrysociety.com/articles/the-origin-of-the-royal-arms-of-england-a-european-connection, abgerufen am 9. August 2019)

335 „The three Plantagenet lions invented by Richard I", siehe Hassig, Debra (Hg.): The Mark of the Beast. The Medieval Bestiary in Art, Life, and Literature, New York/London 2013, S. 11

336 „The lions in the Royal Arms of England came onto the heraldic scene some eight hundred years ago – but from where, and why, remains obscure. The creatures, – *three lions passant guardant – are* truly striking and unusual and were no doubt particularly so when they first appeared, gold and in pale on the king's red shield." Siehe Rabbow (https://www.theheraldrysociety.com/articles/the-origin-of-the-royal-arms-of-england-a-european-connection, abgerufen am 9. August 2019).

10. Waffenstillstand unter päpstlicher Vermittlung

Während der englische und französische Monarch im Spätsommer 1198 ihre Klingen kreuzten, proklamierte der wenige Monate zuvor gewählte Papst Innozenz III. einen neuen Kreuzzug. Den Heiligen Krieg als eine unbedingte Priorität seines Pontifikates betrachtend, wollte er dem gerade erst zu Ende gegangenen, von Kaiser Heinrich VI. in Szene gesetzten Kreuzzug unverzüglich eine nochmalige militärische Anstrengung gegen den Islam folgen lassen und wandte sich in diesem Sinn an den westeuropäischen Hochadel. An der Teilnahme von Königen zeigte er sich desinteressiert, da den nationalen, von Monarchen geführten Kreuzzügen die Rückeroberung Jerusalems misslungen war. Allerdings beabsichtigte der Pontifex, so bald wie möglich einen Frieden zwischen Richard und Philipp durchzusetzen, da ihr Dauerkonflikt die Realisierung des Kreuzzuges beeinträchtigte. Zu diesem Zweck entsandte er den Kardinallegaten Peter von Capua zu den beiden verfeindeten Königen, der Ende Dezember 1198 bei Richard erschien.[337]

Für den Kreuzzug, den Peter von Capua im Namen Innozenz' III. propagierte, lag in Wahrheit kein konkreter Anlass vor. Weder die muslimischen noch die christlichen Fürsten des Nahen Ostens verspürten Verlangen danach, den 1192 zwischen Löwenherz und Saladin ausgehandelten Friedensvertrag zu brechen. Das Ayyubidische Reich war nach Saladins Tod 1193 unter dessen Söhnen und seinem Bruder al-Adil aufgeteilt worden und entbehrte wegen innerer Machtkämpfe sowie der leeren Staatskasse, einer Hinterlassenschaft Saladins, jeglicher Offensivkraft. Die Herrscher des Kreuzfahrerstaates wiederum, der von Richard protegierte Heinrich von Champagne (1192–1197) sowie dessen Nachfolger Aimerich von Lusignan (1198–1205), konnten angesichts ihrer knappen Ressourcen ohnehin nicht ernsthaft an Angriffsaktionen denken. Ihre auf Waffenruhe bedachte Politik stieß auf positive Resonanz bei al-Adil, der seine Machtstellung ab 1194 schrittweise ausgebaut hatte, sich zusehends als neuer starker Mann des Ayyubidenstaates profilierte, im Gegensatz zu Saladin jedoch wenig Begeisterung für den *Dschihad* an den Tag legte. Nach der kriegerischen Unruhe, die der Kreuzzug Kaiser Heinrichs VI. in der Region um die Jahreswende 1197/98 verursacht hatte, stimmten

337 L'histoire de Guillaume le Maréchal, II, S. 45 ff.; Roger von Howden, IV, S. 79 f.; Mayer, Geschichte der Kreuzzüge, S. 173

beide Seiten rasch darin überein, wieder zum Klima gegenseitiger Toleranz zurückzukehren und ein friedliches Nebeneinander zu pflegen.[338]

Soweit erkennbar, nahm Richard keinen Anstoß daran, dass der Papst keinen König an der Spitze eines abermaligen Kreuzzuges sehen wollte. Für ihn stand die Auseinandersetzung mit Frankreich im Vordergrund, und es widerstrebte ihm zutiefst, wegen des Heiligen Krieges die Waffen dauerhaft niederzulegen, solange Philipp II. noch normannisches Gebiet hielt. Als Peter von Capua ihn dem Outremer-Feldzug zuliebe zu einem Kompromissfrieden überreden wollte, erinnerte er sein Gegenüber aufgebracht an die Begleitumstände seines eigenen Kreuzzuges, die durch Philipp erlittenen Rückschläge und die Passivität, mit der die Kirche seine Inhaftierung und Gefangenschaft hingenommen hatte. Der Kardinallegat war unvorsichtig genug, trotz der wachsenden Empörung des Monarchen noch eine Forderung zu erheben, nämlich die Freilassung des Bischofs von Beauvais. Ein verfehlteres Ansinnen hätte er kaum stellen können, denn das bildete für Richard ein völliges Tabuthema. Keinesfalls bereit, die Gefangenschaft des Bischofs zu beenden, reagierte er auf Peters Begehr mit einem derartigen Zornausbruch, dass der päpstliche Gesandte zu Tode erschrocken die Flucht ergriff.[339]

Löwenherz' Wut dürfte schnell wieder verraucht sein. Wenig später ließ er sich dazu bewegen, mit Philipp II. direkte Verhandlungen zur Festlegung eines formellen Waffenstillstandes aufzunehmen. Am 13. Januar 1199 begegneten sich die zwei Monarchen an der Seine in der Nähe von Vernon. Nach Jahren des Konfliktes war die Atmosphäre zwischen ihnen derart vergiftet, dass sie einander nicht einmal von Angesicht zu Angesicht gegenübertreten wollten. Während Philipp am südlichen Flussufer auf einem Pferd saß, stand Richard auf einem Floß, das von seinen Leuten mittels Seilen in Position gehalten wurde. Über das Wasser einander ihre Standpunkte zurufend, verständigten sie sich auf eine fünfjährige Waffenruhe. Die Details gedachte Richard von Beauftragten aushandeln zu lassen. Er selbst wollte baldigst nach Zentralaquitanien ziehen, um gegen den Grafen von Angoulême und den Vicomte von Limoges vorzugehen, die, im Verlauf des Vorjahres von Philipp II. ermutigt, einen Aufstand begonnen hatten.

Der Vertragsentwurf, dem Philipp in Richards Abwesenheit zustimmte, kann als Sieg für das Angevinische Reich interpretiert werden. In Anbetracht der Rück-

338 Naumann, S. 59 ff., 70 ff., 202 ff.; Runciman, S. 853 ff., 867 ff.

339 L'histoire de Guillaume le Maréchal, II, S. 47 ff.

schläge, die ihm Löwenherz und Balduin IX. von Flandern im Herbst des Vorjahres beigebracht hatten, sah sich der Kapetinger dazu gezwungen, im deutschen Kronstreit auf Interventionen zugunsten des staufischen Königs Philipp von Schwaben zu verzichten und eine Stärkung von Richards Protegé, König Otto, zuzulassen, was wiederum einen weiteren außenpolitischen Machtzuwachs Richards bedeutete. Mit Ausnahme von Gisors erklärte Philipp II. sich bereit, dem Plantagenet die gesamten angevinischen Besitzungen zurückzuerstatten. Die ebenfalls schon ins Wanken geratene Kontrolle über Gisors gedachte Philipp durch eine Vermählung seines Sohnes Ludwig mit einer Nichte des Plantagenet zu sichern.

Während der Ausarbeitung des unter Mitwirkung Peters von Capua entwickelten Vertrages kam es zu einigen diplomatischen Scharmützeln. Um seine Position doch noch auf irgendeine Weise zu verbessern, griff Philipp auf einen altbewährten Trick zurück und versuchte, die angevinische Herrscherfamilie zu spalten, indem er verlautbarte, Johann Ohneland wäre wieder auf seine Seite gewechselt. Richard, der seinem jüngeren Bruder nach wie vor nicht recht traute, ließ sich überzeugen und konfiszierte dessen Besitztümer. Des Weiteren begann Philipp in Löwenherz' Abwesenheit damit, die Errichtung einer neuen Festung in der Nähe von Château Gaillard in Angriff zu nehmen. Doch beide Versuche, an Terrain zu gewinnen, scheiterten in kurzer Zeit. Richard ließ dem Kapetinger eine Warnung übermitteln, wonach dessen Bauprojekt einen Bruch des Waffenstillstandes darstellen würde, woraufhin Philipp das Vorhaben einstellte. Johann Ohneland bestritt einen abermaligen Übertritt in das französische Lager energisch, und tatsächlich ist kein triftiger Grund erkennbar, warum er ausgerechnet jetzt, da sich der Kapetinger hoffnungslos in der Defensive befand, nochmals für ihn hätte Partei ergreifen sollen. Richard sah denn auch bald ein, dass er seinem Bruder diesmal Unrecht getan hatte und versöhnte sich wieder mit ihm.[340]

Wie Philipp mangelte es auch Löwenherz noch an ernstlichem Willen, den westeuropäischen Dauerkonflikt beizulegen, da er auf Gisors keinen Verzicht leisten wollte. Allem Anschein nach verfolgte er einstweilen den Plan, diese Schlüsselfestung samt einiger weniger noch in französischer Hand befindlicher Grenzburgen durch eine Zermürbungstaktik in seine Gewalt zu bringen. Mittlerweile hatte er sich im normannischen Vexin so stark positioniert, dass er seinen Truppenführern befahl, den französischen Garnisonen das Verlassen ihrer Burgen zwecks Steuereintreibung im Umland und Beschaffung von Lebensmitteln zu verwehren.

340 Roger von Howden, IV, S. 79 ff.

Laut *L'histoire de Guillaume le Maréchal* wurde seine Anordnung so konsequent durchgeführt, dass einer seiner Kastellane in der Region kurzerhand die Gisors zustehenden Steuergelder einhob, während es die Besatzung der ebenfalls noch in französischer Hand befindlichen Grenzfestung Baudemont nicht einmal mehr wagte, Wasser aus einer unmittelbar vor der Burg gelegenen Quelle zu schöpfen. Man befand sich somit auf dem besten Weg, das Halten der isolierten Burgen für Philipp II. derart kostspielig zu machen, dass dieser endgültig einlenkte und Gisors zurückerstattete.[341] Doch diesen Triumph sollte Richard nicht mehr erleben.

11. Der Pfeil von Châlus Chabrol

Im März 1199 zog Richard I. Löwenherz in den Süden seines Reiches. Nun, da der Kampf gegen Philipp II. ausgesetzt war, wollte er die Revolte in Zentralaquitanien niederwerfen. Die Erhebung des Grafen Aimar von Angoulême und des Vicomte Aimar V. von Limoges stellte mehr als nur ein lokales Problem dar, denn hier zeichnete sich im Ansatz die Errichtung einer zweiten Front durch Philipp II. ab. Mochten die zwei traditionell rebellisch gesonnenen Vasallen auch kein wirkliches Gegengewicht zum angevinischen Allianzsystem darstellen, so hatten sie es doch in der Hand, Richards militärische Position im Konflikt mit Frankreich mit einer unangenehmen Hypothek zu belasten. Diese Gefahr gedachte Löwenherz im Keim zu ersticken. Dass sich mit Aimar V. von Limoges abermals jener Mann aufsässig gebärdete, der ihm schon während seiner Zeit als Herzog zahllose Schwierigkeiten bereitet hatte, stimmte ihn nicht friedfertiger und steigerte höchstwahrscheinlich seine Entschlossenheit, das Land des Vicomte zu erobern, um ihm und anderen die Nachteile eines Bündnisses mit Philipp II. mit allem Nachdruck vor Augen zu führen.

Als Richard im Limousin eintraf, befand sich der Kampf gegen Aimar V. bereits in vollem Gang. Die Truppen, die er vorab entsendet hatte, belagerten bereits eine Reihe von Städten und Burgen in der Region. Richard begab sich nach Châlus Chabrol, einer etwa 30 Kilometer südwestlich von Limoges gelegenen Burg. Auch sein langjähriger Söldnerführer Mercadier befand sich vor Ort.

Châlus Chabrol war eine kleine Festung. Zum Zeitpunkt der Belagerung hielten sich lediglich rund 40 Männer und Frauen dort auf. Einige zeitgenössische

341 L'histoire de Guillaume le Maréchal, II, S. 56 ff.

Chronisten erklärten Richards persönliches Erscheinen vor dieser verhältnismäßig unbedeutenden Burg mit der Existenz eines Schatzes, den Aimar von Limoges hier angeblich verwahrt hatte. Inwieweit es sich dabei um ein Gerücht oder mehr handelt, lässt sich nicht mit Sicherheit eruieren. Roger von Howdens Hinweis jedoch, der König hätte sich ausschließlich wegen dieses Schatzes in den Limousin begeben, geht mit Sicherheit an den Tatsachen vorbei. Richards vordringlichstes Ziel bestand darin, die zentralaquitanische Revolte ebenso umfassend wie rasch niederzuschlagen, um sich dann erneut mit voller Kraft der Auseinandersetzung mit Philipp II. im Norden widmen zu können.[342]

Die Belagerung von Châlus Chabrol begann am 24. März 1199. Für Richard war alles andere als eine augenblickliche und bedingungslose Kapitulation der Festung inakzeptabel. Vermutlich wäre er danach zu einem Gnadenakt bereit gewesen, da die Nachricht eines Massakers nach bedingungsloser Unterwerfung den teils wankenden Widerstandswillen sämtlicher anderer Burgen im Limousin in verzweifelte Entschlossenheit verwandelt und damit den gesamten Feldzug erheblich verlängert hätte. Achard, der Herr von Châlus Chabrol, stellte indessen Bedingungen. Zunächst schlug er zu Richards Verdruss vor, dessen Erzfeind Philipp II. über den Fall entscheiden zu lassen. Dann bat er um einen temporären Waffenstillstand. Am 26. März schließlich, als die Außenmauern der Festung vom dauernden Beschuss schon weitgehend zerstört waren, kam es noch einmal zu einer kurzen Verhandlung. Achard trat mit einigen Männern vor die Burg und bot die Übergabe an, sofern er und die Seinen danach unversehrt und im Besitz ihrer Waffen blieben. Der Umstand, dass die Garnison nach dreitägiger Belagerung immer noch – wenngleich jetzt schon sehr bescheidene – Bedingungen stellte, erschöpfte Richards knapp bemessene Geduld vollends. Rebellen, die noch dazu knapp vor der Niederlage standen, hatten aus seiner Sicht nichts zu fordern, sondern sich ohne Wenn und Aber seiner Gnade auszuliefern. Er kündigte Achard an, ihn und seine Leute nach dem Fall der Festung hängen zu lassen. Das einzige Recht, das er ihnen zugestand, war der freie Rückzug in die Burg, wie es Verhandlern im Allgemeinen zustand.

Den sicheren Tod vor Augen kehrte Achard mit seinen Leuten in die halb zerstörte Festung zurück.[343] Am späten Nachmittag desselben Tages stand Châlus Chabrol knapp vor dem endgültigen Fall. Richards Bogen- und Armbrustschüt-

342 Gillingham, Richard, S. 20ff.; Kessler, S. 317
343 Norgate, II, S. 382f.

zen zwangen die Verteidiger, in Deckung zu bleiben, während seine Sappeure die Burgmauern unterminierten. Nur ein einziger Armbrustschütze der Besatzung wagte es, sich gelegentlich auf einem schmalen, hohen Turm zu zeigen, wobei es ihm gelang, alle Schüsse mit einer zu einem Schild umfunktionierten Bratpfanne abzuwehren. Ungeachtet der bevorstehenden Dämmerung erteilte Richard seinen Leuten die Weisung, den Druck aufrechtzuerhalten, dann ritt er zum Abendessen in das Feldlager. Nach dem Mahl beschloss er, noch einmal zur Burg zurückzukehren, um den Fortschritt der Belagerung zu begutachten. Da ihm kein Kampfeinsatz bevorstand, trug er keine Rüstung, sondern nur einen Helm und wurde von Begleitern durch einen Schild geschützt. In der nun schon weit vorgerückten Dämmerung begab er sich in die unmittelbare Nähe des Turmes. Auf dessen Spitze harrte jedoch, von Richard und seinen Schildträgern zunächst unbemerkt, noch immer der einsame Armbrustschütze aus. Plötzlich trat er in den Vordergrund und hob seine Waffe. Richard sah ihn jetzt, aber es war zu spät, um den Schild noch in die richtige Abwehrposition zu bringen. Einen Augenblick später schlug ein Pfeil in seine linke Schulter und drang tief in seinen Körper ein.

Der König spielte die Verletzung herunter, um seine Leute nicht zu demoralisieren und zu verhindern, dass die Garnison neuen Mut schöpfte. Er befahl Mercadier, die Unterminierungsarbeiten fortzusetzen und ritt, den Schmerz unterdrückend, ins Lager zurück. In seinem Zelt angekommen, versuchte er in seiner Ungeduld, den Pfeil mit eigener Hand zu entfernen, unterschätzte aber wohl, wie tief das Geschoss saß, und brach den Schaft ab, wodurch die Eisenspitze in seinem Körper stecken blieb. Ein Arzt wurde geholt, der sich des Nachts im flackernden Fackellicht mit einem Messer lange vergeblich bemühte, die Eisenspitze zu entfernen. Als es ihm endlich gelang, hatte sich die Wunde erheblich verschlimmert. In den folgenden Tagen blieb Löwenherz in seinem Zelt und gewährte nur wenigen seiner Vertrauten Zutritt. Währenddessen eroberte Mercadier Châlus Chabrol, ließ die Besatzung hängen und schonte lediglich den Armbrustschützen, um ihn dem Urteil des Königs zu überlassen.

In Richards Verletzung setzte unterdessen Wundbrand ein, und seine Lage verschlechterte sich von Tag zu Tag. Löwenherz wusste, was das bedeutete. Im Wissen, am Ende seines Lebensweges angekommen zu sein, traf er in Würde seine letzten Verfügungen. Er berief alle Gefolgsleute, die sich in relativer Nähe aufhielten, zu sich und nahm ihnen den Treueschwur für seinen Bruder Johann ab, den er zu seinem Nachfolger designierte und entsandte einen Boten zu seiner in Fontevraud

Abb. 21: Der Pfeil von Châlus Chabrol

weilenden Mutter, die zutiefst erschüttert herbeieilte. Seinem geliebten Neffen Otto hinterließ er kostbare Juwelen, einen weiteren Teil seines Vermögens seinen Getreuen sowie den Armen. Den Armbrustschützen ließ er zu sich bringen und schenkte ihm in einer letzten ritterlichen Geste das Leben. Am 6. April schließlich, elf Tage nach seiner Verwundung, legte der König zum ersten Mal nach Jahren die Beichte ab, empfing die heilige Kommunion und ordnete an, sein Herz in Rouen, der Hauptstadt der Normandie, bestatten zu lassen. In reuevoller Erinnerung an den Kampf gegen seinen Vater befahl er überdies, seinen Körper in der Abtei Fontevraud zu Füßen Heinrichs II. beizusetzen. Dann wartete er gefasst auf das Ende. Als der Abend des 6. April 1199 dämmerte, starb Richard I. Löwenherz vor Châlus Chabrol im Alter von 41 Jahren.[344]

12. „Grausames habe ich zu berichten"

Gemäß dem Chronisten Walter von Hemingburgh sorgte die Nachricht von Richards Tod am französischen Hof für spontane Freudenkundgebungen. Gefolgsleute des Kapetingers beglückwünschten Philipp II. angesichts des unerwarteten Ereignisses. Der König reagierte darauf mit gemessener Zurückhaltung,[345] doch insgeheim dürfte er vermutlich einen Stoßseufzer der Erleichterung ausgestoßen haben. Überrascht und erfreut, dass die Karte Aimar V. von Limoges, auf die er im Kampf gegen Löwenherz wohl nur begrenzte Hoffnungen gesetzt hatte, in derart ultimativer Weise gestochen hatte, wurde er sogleich militärisch aktiv. Flugs stieß er in die Normandie vor, stürmte Evreux und fasste bald noch viel umfangreichere Territorialgewinne ins Auge, die ihm gegen Richard stets verwehrt geblieben waren.[346]

Während sich dem französischen König nach dem Drama von Châlus Chabrol eine verheißungsvolle Zukunft eröffnete, brach für andere eine Welt zusammen. Für die greise Eleonore stellte Richards Tod den wohl schlimmsten nur denkbaren Schicksalsschlag dar. „Ich habe die Stütze meines Alters verloren, das Licht meiner Augen"[347], klagte die verzweifelte Monarchin, die nun schon den vierten ihrer ins-

344 Coggeshall, S. 95 f.; Roger von Howden, IV, S. 82 ff.
345 Walter von Hemingburgh, I, S. 231
346 Roger von Howden, IV, S. 85
347 Bradbury, S. 127

gesamt fünf Söhne überlebt hatte. Auch Berengaria von Navarra war von Schmerz erfüllt über Richards Ende. Als Bischof Hugo von Lincoln sie in der Grafschaft Anjou aufsuchte, fand er sie in tiefer Trauer und leistete ihr Beistand, indem er sie nach Fontevraud begleitete,[348] wo ihr Gemahl in königlicher Robe zur letzten Ruhe gebettet wurde.

Andere reagierten auf den Tod des Monarchen, indem sie Rache übten. Der Söldnerführer Mercadier schlug Richards letzte Anweisung in den Wind, behielt den Todesschützen von Châlus Chabrol in Haft und ließ ihn nach dem Ableben des Königs zu Tode schinden. Löwenherz' unehelicher Sohn Philipp von Cognac, über den die Quellen leider generell wenig berichten, soll noch vor Ablauf des Jahres Vicomte Aimar V. von Limoges eigenhändig umgebracht haben.

Poetischen Ausdruck fanden die Betroffenheit und die Trauer, die der Tod von Richard I. Löwenherz auslöste, in einer Reihe von Epigrammen, die seine Leistungen und Charaktereigenschaften rühmten,[349] sowie in den Totenklagen – so genannten *Planhs* – mancher Dichter. Den vielleicht berührendsten Nachruf verfasste der aus Aquitanien stammende Troubadour Gaucelm Faidit:

> „Grausames habe ich zu berichten und euch zu Gehör zu bringen, indem ich vom größten Unglück und vom größten Schmerz singe, den ihr jemals empfunden habt und den ihr bitterlich beweinen werdet bis ans Ende eurer Tage. Unser edler Anführer, unser Oberhaupt und Vater, der mächtige und tapfere König Richard von England ist tot. Allmächtiger, groß ist der Verlust und groß ist die Trauer! Unfassbar ist diese Kunde und tiefen Kummer verbreitet sie! Nur ein hartes Herz kann sie ertragen, ohne zu leiden.“[350]

348 Adam von Eynsham, S. 286
349 Roger von Howden, IV, S. 84 f., 97
350 Leroux de Lincy, S. 71

Nachwort

Dem unerwarteten Tod Richards I. Löwenherz folgte ein geradezu erdrutschartiger Machtumbruch in Westeuropa. Philipp II., 1199 im Kampf um Frankreich noch am Rand des Scheiterns, feierte gegen König Johann I. (1199–1216) plötzlich eine Serie durchschlagender Erfolge. Zwischen 1202 und 1204 eroberte er die Normandie und riss die Kontrolle in Maine, Anjou, der Touraine sowie in Teilen Aquitaniens an sich. Ein von Johann I. im Jahr 1214 unternommener Versuch, die Festlandsgebiete wieder zurückzugewinnen, scheiterte zur Gänze. Daraufhin kippte die Lage auch in England. Nach Revolten des Adels musste der bedrängte Bruder Richards den Baronen mit der Unterzeichnung der Magna Charta 1215 politische Mitbestimmung zugestehen. 1216 hatte sich das französisch-angevinische Kräfteverhältnis dermaßen krass verschoben, dass es sogar zu einer französischen Invasion in England kam. Diese wurde nach dem Tod Johanns I. im selben Jahr zwar zurückgeworfen, doch die von Philipp II. bis 1204 geschaffenen Fakten auf dem Kontinent erwiesen sich als unumkehrbar. Sämtliche Versuche englischer Könige, die ausgedehnten Festlandsgebiete Heinrichs II. und Richards I. wiederzugewinnen, blieben vergeblich.

Der Zusammenbruch des Angevinischen Reiches ging zum Teil auf die Führungsschwäche Johanns I. zurück, hatte aber auch Gründe, die in die Zeit seiner Vorgänger zurückreichten. Der von Heinrich II. und Eleonore geschaffene Herrschaftsraum war von Anfang an ein fragiles Gebilde gewesen. Die Plantagenets besaßen keinen Titel, der ihre Herrschaft über das gesamte Angevinische Reich legitimierte. Ihr von Schottland bis zu den Pyrenäen reichendes Territorium bestand aus Ländern, die keine gemeinsame geschichtliche Tradition, keine gemeinsame kulturelle Identität und keine gemeinsame Sprache aufwiesen. Ein ausgeprägtes Zusammengehörigkeitsgefühl zwischen ihnen gab es ebenso wenig wie ein echtes angevinisches Machtzentrum. Eine heikle Schieflage ergab sich zudem aus dem Umstand, dass die Plantagenets in England als Könige regierten, ihre Territorien auf dem Festland aber lehnsrechtlich der französischen Krone unterstanden.[351] All diese Probleme belasteten auch die Herrschaftszeit Richards I. schwer.

351 Gillingham, The Angevin Empire, S. 69 ff., 77 ff.; 84 ff.; Moeglin, Jean-Marie: Das französische

Löwenherz war von den Söhnen Heinrichs II. noch am ehesten dazu prädestiniert, das zerbrechliche Angevinische Reich zusammenzuhalten. Mit seiner unerschöpflichen Energie, seinen militärischen Fähigkeiten und der in Aquitanien erworbenen Führungserfahrung verfügte er über einige der notwendigen Qualitäten, um dieser Herausforderung annähernd zu entsprechen.

Zunächst war es dem neuen König wegen des anlaufenden Dritten Kreuzzuges jedoch lediglich möglich, einige unmittelbaren Maßnahmen zur Herrschaftssicherung setzen. Seine Kriegsfahrt in den Orient konnte er aufgrund eines aufrechten Gelübdes nicht absagen und wollte es auch nicht.

Der Kreuzzug des Plantagenet endete mit einem Teilerfolg. Richard I. stoppte Saladins Siegeslauf, eroberte die Küstenlinie Palästinas und sorgte für die Wiedererrichtung des Königreichs Jerusalem, mit Akko als neuer Hauptstadt. Außerdem verstärkte er die Präsenz der westlichen Christenheit im Orient durch die Eroberung der Insel Zypern, die zur Gründung eines neuen Kreuzfahrerstaates führte, dem fortan „eine Schlüsselrolle bei der Verteidigung des Heiligen Landes zufiel“[352]. Das ursprüngliche Hauptziel, die Rückgewinnung Jerusalems, wurde allerdings verfehlt. Die beiden abgebrochenen Vormärsche zur Heiligen Stadt schwächten die Moral in Teilen des Kreuzheeres, doch war Richards Angriffsverzicht vermutlich richtig, da sich die Heilige Stadt nach seiner Rückkehr ins Abendland kaum hätte halten lassen. Im Gegensatz zu den Anführern späterer Kreuzzüge verstand er es, keine übersteigerten Ambitionen zu verfolgen, sondern sein Handeln an realistischen Lageeinschätzungen zu orientieren. Während des Dritten Kreuzzuges erreichte Richard I., was sich unter schwierigen Umständen erreichen ließ.[353]

Erstaunlich schlecht geplant hingegen war die Rückreise des Königs aus Palästina, die sich bald in eine regelrechte Irrfahrt verwandelte. Seine Inhaftierung in Österreich war nicht nur auf die kaum weniger erstaunliche Bereitschaft Leopolds V. zurückzuführen, sich zugunsten materiellen Gewinns über strikte kirchliche Gebote hinwegzusetzen und mit der Festnahme eines Kreuzfahrers eine

Königtum und die Schlachten von Fréteval und Bouvines, in: Schubert, Alexander (Hg.): Richard Löwenherz. König – Ritter – Gefangener, Regensburg 2017, S. 148–155; Aurell, S. 80 f., 91 f.; Berg, S. 62 ff., 98 ff., 113 ff.; Norgate, II, S. 361 f.

352 Phillips, S. 151

353 „Man kann mit Fug und Recht behaupten, dass die Rettung Outremers zu einem guten Teil Richards Verdienst war“, brachte Thomas Asbridge die Leistung des Königs zutreffend auf den Punkt (Asbridge, Thomas: Die Kreuzzüge, Stuttgart 2010, S. 553).

Exkommunikation zu riskieren,[354] sondern auch auf Richards Versäumnis, eine sichere Heimkehr zu organisieren. Damit eröffnete er Philipp II. die Gelegenheit zur Offensive gegen das Angevinische Reich, die daraus resultierenden Gebietsverluste waren angesichts der über ein Jahr dauernden Haft des Plantagenet indessen als relativ gering zu veranschlagen.

Die mit seiner Rückkehr 1194 anlaufende Restauration der angevinischen Herrschaft auf dem Festland wies Richard I. zunächst lediglich als überlegenen Krieger und Feldherrn aus. Erst 1196 ging er daran, seine militärischen Aktionen mit einem erfolgversprechenden neuen außenpolitischen Konzept zu flankieren. Das nun rasch entstehende Bündnissystem in Westeuropa präsentierte ihn dann aber als einen in großen Dimensionen denkenden Machtstrategen, dem Philipp II. vergleichsweise wenig entgegenzusetzen vermochte.

In den Jahren ab 1194 zeigte sich allerdings auch, dass von Richard I. keine Impulse ausgingen, um den fragilen strukturellen Zusammenhalt des Angevinischen Reiches zu kräftigen und die von seinem Vater hinterlassenen Systemschwächen zu beseitigen oder zumindest abzumildern. Auch unter ihm unterblieb der Aufbau länderübergreifend wirksamer Regierungs- und Verwaltungsinstitutionen. Statt nachhaltige Strukturreformen vorzunehmen, beschränkten sich die ersten beiden Plantagenet-Könige hauptsächlich darauf, ihre Macht aufrechtzuerhalten, indem sie repressiv gegen Oppositionelle vorgingen.

Nur teilweise stichhaltig erscheint der seit dem 19. Jahrhundert des Öfteren geäußerte Vorwurf, Richard I. hätte England vernachlässigt. Zwar kann man aus dem Faktum, dass er sich während seiner knapp zehnjährigen Herrschaft nur sechs Monate auf der Insel aufhielt, eine gewisse innere Distanz des Königs zu England ablesen. Allerdings gab es mit dem Dritten Kreuzzug, seiner Gefangenschaft und der permanenten Bedrohung der angevinischen Kontinentalterritorien durch Philipp II. auch triftige Gründe für Richards geringe persönliche Präsenz nördlich des Ärmelkanals, die im Übrigen von den zeitgenössischen Quellen nicht kritisiert wurde.[355]

In politischer Hinsicht verlor der König die Insel ohnehin nie aus dem Blick. Es war kein Zufall, dass Richard I. Löwenherz zu den mächtigsten englischen

354 Scheibelreiter, Georg: Die Babenberger. Reichsfürsten und Landesherren, Wien-Köln-Weimar 2010, S. 258–260

355 Berg, Dieter: Richard Löwenherz, Darmstadt 2007, S. 262 f., 274, 281

Abb. 22: Totenskulptur Richards I. in Fontevraud

Monarchen überhaupt zu zählen ist. Ungeachtet seiner langen physischen Abwesenheiten dominierte er weltliche und geistliche Belange auf der Insel in einem Ausmaß, wie es Johann I. und dessen Nachfolgern, die sich bereits an der Magna Charta orientieren mussten, unmöglich gewesen wäre. Richards Herrschaftsgewalt über die Barone war ebenso unangefochten wie sein Anspruch, über die Besetzung kirchlicher Spitzenfunktionen zu entscheiden. Seine Autorität beruhte auf seiner militärischen Schlagkraft, kompetenten Verwaltungs- und Führungspersönlichkeiten wie etwa Hubert Walter und seiner Reputation als Kreuzfahrerkönig. Hinzu kamen die Emotionen, die er zu erwecken verstand. Richard I. besaß einige jener Eigenschaften, die in der Welt des Hochmittelalters als Zeichen edler Gesinnung und wahrer Ritterlichkeit betrachtet wurden. Dazu gehörten seine Freigebigkeit, seine Feldherrnqualitäten und seine von Zeitgenossen oft gepriesene Kühnheit. Er wurde weithin als heroischer und glorreicher König empfunden, eine Sichtweise, die freilich auch von seiner propagandistisch geschickten Öffentlichkeitsarbeit gefördert wurde.[356]

Dass die Geduld der Menschen allerdings auch Löwenherz gegenüber Grenzen hatte, deutete sich gegen Ende seiner Herrschaft an. Richard hatte seinen Untertanen von Anfang an ungeheure Geldsummen abverlangt. Mochte es dafür in den ersten Jahren nach seiner Krönung noch überzeugende Argumente gegeben haben – die Finanzierung des Kreuzzuges und dann seine Befreiung aus der Gefangenschaft –, so wurden die hohen und nicht enden wollenden Kosten, die sein Kampf gegen Philipp II. seit 1194 verursachte, vor allem in England langsam doch als schwer erträgliche Bürde empfunden. Die Ende 1197 verlautbarte Weigerung des Bischofs Hugo von Lincoln, derartigen königlichen Geldforderungen zu entsprechen, stellte ein ernstes diesbezügliches Warnsignal dar. Etwas eingebremst wurde der wachsende Unmut über die teuren Waffengänge auf dem Kontinent durch die unbestreitbaren Siege, die Richard bei seinen Kämpfen gegen Philipp II. errang.

Als Löwenherz Ende März 1199 seinen fatalen Erkundungsritt vor Châlus Chabrol unternahm, konnte er mit dem gegebenen machtpolitischen Status quo im Grunde genommen zufrieden sein. Das Angevinische Reich war trotz seiner jahrelangen kreuzzugs- und haftbedingten Abwesenheit intakt. Bis auf Gisors unterstanden alle 1193 und 1194 verlorenen Gebiete wieder seiner Herrschaft, erweitert durch die Eroberungen im Berry. Überdies gab es mit Toulouse und Flandern neue Verbündete im angevinischen Lager. Philipp II. war in die Defensive gedrängt und stand am Rand der militärischen Niederlage.

Alle Erfolge Richards waren jedoch mit dem gravierenden und letztlich entscheidenden Nachteil behaftet, dass die Aufrechterhaltung des angevinischen

356 Der englische Historiker und Quelleneditor John T. Appleby formulierte dazu vielleicht etwas überspitzt, aber im Kern zutreffend: "No other English king has shown so little interest in his realm or so little concern for its welfare as did Richard (...). Nor, it is only fair to add, has any other English king been so idolised by his people, both during his lifetime and afterwards." Richard von Devizes, Vorwort Appleby, S. XII.

Territorialbestandes allzu stark von seiner Person abhing. Es sei dahingestellt, ob man ihn wirklich als „Englands größter Kriegsherr“[357] bezeichnen kann. Im späten 12. Jahrhundert aber war er fraglos eine militärische Ausnahmeerscheinung, das zeigten seine Siegesserien über formidable Gegner wie Philipp II. oder auch Saladin. Dieser herausragenden Stellung wohnte aber die Tragik inne, dass mit Johann Ohneland kein potenzieller Nachfolger bereitstand, der Philipp II. wirklich Paroli bieten konnte. Es hätte mehr Jahre erfordert, ehe Richards militärische Überlegenheit sowie das von ihm geschaffene Bündnissystem voll zum Tragen gekommen und die von Frankreich ausgehende Gefahr vielleicht dauerhafter gebannt gewesen wäre.

Sah Richard auf dem Totenbett den Zusammenbruch des Angevinischen Reiches voraus? Zumindest düstere Vorahnungen mögen ihn erfüllt haben. Der eklatante Mangel an politischen und militärischen Qualitäten des Thronfolgers Johann hatte sich seit jeher zu deutlich offenbart, um über die Zukunft des Plantagenet-Staates Illusionen zu hegen. Einen Hinweis auf die Stimmungslage des sterbenden Königs scheint auch seine Totenskulptur in Fontevraud zu vermitteln. Im Gegensatz zu den steinernen Darstellungen seiner ebenfalls dort begrabenen Eltern, deren Gesichter keinen individuellen Ausdruck zeigen, ist bei der Mundpartie der Richard-Skulptur, die möglicherweise ein im Ansatz realistisches Porträt darstellen soll, ein auffallend resignierter Zug erkennbar.

* * *

Von den im weiteren Sinn politischen Taten Richards I. Löwenherz blieb wenig bestehen. Während Philipp II. einen über die Jahrhunderte wirksamen, „für die Geschichte Frankreichs bedeutenden Wandel“[358] vollzog – durch seinen Sieg über die Plantagenets dehnte er die Autorität der Krone auf fast ganz Frankreich aus und begann das Königreich auf administrativer und jurisdiktioneller Ebene zu vereinheitlichen – wurden Richards Erfolge im Kampf um das Angevinische Reich durch die nachträglichen Siege Philipps II. hinfällig. Auch seine Eroberungen im Orient hatten ein Ablaufdatum. Das von ihm wiedererrichtete Königreich Jerusa-

357 McLynn, Frank: Warriors. Die großen Kriegsherren. Von Attila bis Napoleon, Frankfurt am Main 2008, S. 127 (begleitendes Buch der 2007/2008 ausgestrahlten BBC-Serie *Heroes and Villains*, in der eine der sechs Folgen Richard Löwenherz behandelt)

358 Mauntel, Christoph: Philipp II. Augustus, in: Schubert, Alexander (Hg.): Richard Löwenherz. König – Ritter – Gefangener, Regensburg 2017, S. 156–157, hier: S. 156

lem existierte noch ein weiteres Jahrhundert, ehe es unter muslimischen Angriffen 1291 endgültig zusammenbrach. Zypern unterstand drei Jahrhunderte der Herrschaft der von ihm eingesetzten Lusignans, ehe die Insel 1489 unter die Kontrolle Venedigs fiel und 1570/71 schließlich vom Osmanischen Reich erobert wurde.

Was von Richards Wirken letztlich blieb, war vor allem die Legende. Diese erwies sich jedoch als dermaßen kraftvoll, dass sie die Jahrhunderte überdauerte. Sofort nach Löwenherz' Tod setzte ein Verklärungsprozess ein, der zunächst noch einen politischen Hintergrund hatte. Angesichts der katastrophalen Rückschläge Johanns I. und der wenig tatkräftigen Herrschaft von dessen Sohn Heinrich III. (1216–1272) wurde Richards Ableben als tiefer und unglückseliger Einschnitt empfunden. „England hat nur kargen Ersatz für König Richard"[359], klagte der Troubadour Peirol in einem um das Jahr 1220 verfassten Gedicht. Etwa zur selben Zeit schrieb der Autor von *L'histoire de Guillaume le Maréchal:* „In den alten Tagen waren die Normannen wie Getreide, doch jetzt sind sie wie Spreu, denn seit dem Tod von König Richard hatten sie keine Führung mehr."[360]

Im weiteren Verlauf des Mittelalters wurden die Verklärungen rund um das Leben des Königs zusehends fantasievoller. Zeitgenössische Chronisten und Schriftsteller integrierten volkstümliche und romantisierende Elemente in ihre Darstellungen. Zuweilen hatten diese reichlich martialischen Charakter, so etwa in einem englischen Versroman des frühen 14. Jahrhunderts, wo der gefangene Richard auf Befehl des deutschen Königs Modard mit einem Löwen kämpfen musste und diesem mit bloßen Händen das Herz aus der Brust riss.[361]

In der Neuzeit bekam die Legendenbildung noch stärkere Dynamik. Die ursprünglich im 13. Jahrhundert angesiedelten Sagen um den fiktiven Volkshelden Robin Hood wurden in die Jahre 1193 und 1194 zurückdatiert, als Richard Löwenherz im Heiligen Römischen Reich inhaftiert war. Musikstücke entstanden zu Ehren des mythenumrankten Monarchen, so etwa die Opern *Riccardo Primo* (1727) von Georg Friedrich Händel oder *Richard Cœur de Lion* André Ernest Modeste Grétry (1784) sowie *Blondels Lied*, die von Robert Schumann geschaffene Vertonung (1842) einer von Johann Gabriel Seidl verfassten Ballade. In zahllosen

---

359 Routledge, Michael: Kreuzzugslieder, in: Riley-Smith, Jonathan (Hg.): Illustrierte Geschichte der Kreuzzüge, Frankfurt am Main 1999, S. 110–133, hier: S. 130

360 Gillingham, Richard, S. 281

361 Kaufmann, Sabine: Mythos Löwenherz, in: Schubert, Alexander (Hg.): Richard Löwenherz. König – Ritter – Gefangener, Regensburg 2017, S. 14–19, hier: S. 19

literarischen Werken spielte er eine prominente Rolle, beispielsweise in Sir Walter Scotts Romanen *Ivanhoe* (1819) und *Der Talisman* (1825) oder auch in Heinrichs Heines letzter Gedichtesammlung *Romanzero* (1851).[362]

Im 19. Jahrhundert wurde der zu Lebzeiten eigentlich sehr unenglische König in England zu einer nationalen Symbolfigur. Sichtbaren Ausdruck bekam diese Tendenz durch eine monumentale Reiterstatue, die, zunächst angefertigt für die Weltausstellung 1851, in weiterer Folge in Bronze gegossen und 1860 vor dem britischen Parlament aufgestellt wurde.[363] In den Kriegen des 20. Jahrhunderts gewann Richards Status als Nationalheld schließlich sogar noch politische Relevanz. Zunächst geschah dies, als Großbritannien im Ersten Weltkrieg von Ägypten aus das osmanische Palästina angriff und der Geist Richards I. über dem Unternehmen zu schweben schien. Viele Soldaten fühlten sich als Nachfolger der Ritter des Dritten Kreuzzuges und wollten die damals nicht geglückte Eroberung Jerusalems nachholen. So verbreitet war diese Sichtweise, dass das Armeeoberkommando, welches die Gefühle der mit dem Empire verbündeten Araber berücksichtigen musste, den Truppenangehörigen verbot, sich als Kreuzfahrer zu bezeichnen. An den Emotionen bei den Soldaten änderte sich dennoch wenig. So schrieb ein britischer Offizier über seine Kriegserlebnisse in Palästina:

> „Was machte es schon, dass wir graue Khakiuniformen trugen statt glänzender Rüstungen. Der Geist der Kreuzfahrer beseelte alle meine Männer, die sich so hoch gestimmt auf das große Abenteuer vorbereiteten. Und selbst wenn sie nur hässliche kleine Mützen statt Helmen mit stolzer Federzier trugen, war ihr Mut nicht genauso

362 Bennewitz, Ingrid: „Karl und König Artus hat er übertroffen …" Der Mythos von Richard Löwenherz in der Literatur des Mittelalters und seine Rezeption in der Neuzeit, in: Bennewitz, Ingrid / van Eickels, Klaus: Richard Löwenherz, ein europäischer Herrscher im Zeitalter der Konfrontation von Christentum und Islam. Mittelalterliche Wahrnehmung und moderne Rezeption, Bamberg 2018, S. 149–171, hier: S. 165 ff.; Gier, Albert: „O Richard, o mon roi" Richard Löwenherz im Musiktheater, in: Bennewitz, Ingrid / van Eickels, Klaus: Richard Löwenherz, ein europäischer Herrscher im Zeitalter der Konfrontation von Christentum und Islam. Mittelalterliche Wahrnehmung und moderne Rezeption, Bamberg 2018, S. 171–200, hier: S. 171 f.

363 Kaufmann, S. 19; Eickels, Klaus van: Richard Löwenherz und Philipp II. Augustus von Frankreich. Inszenierte Emotionen und politische Konkurrenz, in: Bennewitz, Ingrid / van Eickels, Klaus: Richard Löwenherz, ein europäischer Herrscher im Zeitalter der Konfrontation von Christentum und Islam. Mittelalterliche Wahrnehmung und moderne Rezeption, Bamberg 2018, S. 11–46, hier: S. 11 f.

groß, ihr Idealismus nicht genauso stark wie der jener Ritter der Vergangenheit, die sich mit unerschütterlichem Glauben unter der Führung Richard Löwenherz' aufgemacht hatten, um das Heilige Land zu befreien?"[364]

Als den Truppen des Empire im Dezember 1917 die Einnahme Jerusalems gelang, reagierte das Magazin *Punch* mit einem Cartoon, das eine Parallele mit der Vergangenheit zog. Unter dem Titel „Der letzte Kreuzzug" zeigte es einen Richard Löwenherz in voller Rüstung auf einer Anhöhe stehend und auf die Heilige Stadt hinabblickend. Die Worte, die ihm in der Bildunterschrift in den Mund gelegt wurden, lauteten: „Endlich wird mein Traum wahr."[365]

Im Zweiten Weltkrieg zeigte sich die sinnbildliche Kraft Richards I. erneut, diesmal mitten in London: Am 26. September 1940 schlug im Zuge der deutschen Luftangriffe auf die britische Hauptstadt eine Bombe vor den Houses of Parliament ein. Dabei kam es auch zu Beschädigungen der Reiterstatue Richards I. Das hoch in die Luft gereckte Schwert wurde leicht verbogen, allerdings zerbrach es nicht. Daraufhin erklärten Radiosendungen, die auf eine Steigerung des Durchhaltewillens der Bevölkerung abzielten, die Löwenherz-Statue unter der Parole „bent, not broken" zum Symbol für die Widerstandskraft des Empires. Jahrelang durfte die Statue nicht repariert werden. Erst im Oktober 1943, als die Alliierten längst die Initiative im zweiten Weltkrieg gewonnen hatten, schlug ein Abgeordneter eine Reparatur des Schwerts vor – und holte sich prompt eine Abfuhr. Reparaturarbeiten an der Löwenherz-Statue werde es nicht geben, bis der Krieg vorüber sei, beschied der diesbezüglich zuständige parlamentarische Staatssekretär dem Antragsteller kategorisch.[366]

Im Lauf des 20. Jahrhunderts wurde Richard I. Löwenherz zunehmend von Film und Fernsehen, Pop- und Rockmusik sowie dem Fremdenverkehr vereinnahmt. Schauspieler wie Anthony Hopkins, Sean Connery oder Richard Harris verkörperten Richard auf der Leinwand. Songs von Musikern wie Chris de Burgh oder Saxon thematisierten seine Rolle während des Dritten Kreuzzuges. Stätten seines ehemaligen Wirkens profitieren in touristischer Hinsicht von der Strahlkraft

364 Siberry, Elizabeth: Das Bild der Kreuzzüge im 19. und 20. Jahrhundert, in: Riley-Smith, Jonathan (Hg.): Illustrierte Geschichte der Kreuzzüge, Frankfurt am Main 1999, S. 418–441, hier: S. 439
365 Ebd. S. 440
366 Kaufmann, S. 19; Eickels, S. 11 f.

des legendären Königs. Der von ihm errichtete Festungskomplex Château Gaillard über dem Seinetal ist heute eine erstrangige Fremdenverkehrsattraktion. Gleiches gilt für das malerische Dürnstein in Niederösterreich, wo Richard die erste Phase seiner Gefangenschaft durchlebte.

* * *

Als unverwüstlich erwies sich das von Richard I. eingeführte Wappen mit den Drei Löwen. Seine Nachfolger auf dem englischen Thron behielten es zunächst 142 Jahre in gleicher Form bei. Im Zuge des Hundertjährigen Krieges (1337–1453) wurden die Drei Löwen mit den französischen Lilien ergänzt, um den englischen Anspruch auf den französischen Thron geltend zu machen. Ab dem 17. Jahrhundert tauchten auf dem Wappen des Vereinigten Königreichs auch die Symbole Schottlands und Irlands auf. Nach einer Reihe von weiteren Adaptionen verfestigte sich das gesamtbritische Wappen im 19. Jahrhundert zur auch noch heute gültigen Form. Es enthält vier Felder, von denen zwei für die Drei Löwen reserviert sind. Das Wappen Englands hingegen enthält wieder ausschließlich das von Richard I. 1198 eingeführte Triple-Symbol.

In den letzten Jahrzehnten fand auch beim Drei Löwen-Wappen ein beträchtlicher Kommerzialisierungsprozess statt. Unterschiedliche englische Sportverbände setzen es in zuweilen etwas abgewandeltem Design als eigenes Wappen ein. Das bekannteste Beispiel dafür ist die englische Fußball-Nationalmannschaft, auf deren Dressen nicht die Flagge Englands, sondern – in anderer farblicher Gestaltung – die Drei Löwen prangen. Die Identifikation des Teams mit diesem Symbol nahm dermaßen starke Ausmaße an, dass die Mannschaft mittlerweile selbst oft als *Three Lions* bezeichnet wird. Erheblich verstärkt wurde diese Tendenz durch einen gleichnamigen Rocksong, der anlässlich der Fußball-Europameisterschaft 1996 in England veröffentlicht wurde. Three Lions erklomm damals die Spitze der britischen Charts, stieg bei fast allen darauffolgenden Fußball-Weltmeisterschaften neuerlich in die Hitparade ein und erreichte 2018 abermals Platz 1.

* * *

Die über Jahrhunderte aufrechterhaltene Legendenbildung ließ den Erschaffer des Drei Löwen-Wappens in der Pose des archetypischen mittelalterlichen Kriegers und Paradekreuzritters erstarren. Als solcher wurde Richard I. Löwenherz

Abb. 23: Reiterstatue Richards I. vor dem Westminster-Palast in London

idealisiert und kritisiert wie kaum ein anderer Herrscher der vormodernen europäischen Geschichte. Gerne übersah und übersieht man dabei, dass er im Schlechten wie im Guten ein Kind seiner Epoche war. Er repräsentierte den zeittypischen Vertreter des hochmittelalterlichen Feudaladels, welcher der Durchsetzung seiner Interessen, die sich zunächst auf den Dritten Kreuzzug, dann auf die Bestandssicherung des Angevinischen Reiches konzentrierten, nahezu alles unterordnete. Dennoch vermochte er durch seine Taten und sein Charisma Bewunderung zu erwecken und die Phantasie der Menschen zu beflügeln. In Anbetracht der Dramaturgie seines bewegten Lebens mag es schlüssig erscheinen, dass er sein Leben mit frischem Siegeslorbeer und an der Schwelle des Triumphes beendete.

Lieder von Richard Löwenherz

Anmerkung: Die textliche Wiedergabe der Originale sowie deren Übertragungen ins Deutsche orientieren sich an *Recueil de chants historiques Français* von Adrien Jean Victor Leroux de Lincy sowie Friedrich Gennrichs *Altfranzösische Lieder.* Von letzterem Buch wurde auch die Darstellung der Noten übernommen. Die Übersetzung dient lediglich dazu, den Inhalt verständlich zu machen, und kann keinen Anspruch auf eine annähernd analoge oder gar poetische Darstellung erheben.

Ja nus hons pris und *Dalfin, jeus voill déresnier,* die zwei erhalten gebliebenen Lieder Richards I., gestatten nur einen unvollständigen Einblick in das lyrische Wirken des Königs, da mit Sicherheit davon auszugehen ist, dass sein Schaffen umfassender war als diese zwei *Sirventes.* Sie verdeutlichen immerhin ansatzweise den von ihm gepflogenen Stil und geben uns einige Aufschlüsse über seine Haltung zur Dichtkunst im Allgemeinen.

Die Ausdrucksweise in den beiden Liedern lässt erkennen, dass Richard die geradlinige, eindeutige Aussage schätzte. Anders als etwa Bertran von Born, der in manchen seiner Gedichte mehrere Themen gleichzeitig behandelte und zuweilen mit Andeutungen sowie Symbolen arbeitete – so stellte er beispielsweise des Öfteren Städte als Liebhaberinnen dar[367] –, richtete der Plantagenet sein Augenmerk – von einer noch zu behandelnden Textpassage abgesehen – bei beiden Liedern auf die Abhandlung eines einzigen Sujets und bevorzugte offenkundig eine kompakte, selbst aus heutiger Sicht vergleichsweise leicht verständliche Sprache.

Wenden wir uns *Ja nus hons pris* zu, dem im Winter 1193/94 in der deutschen Haft verfassten *Sirventes,* dessen Inhalt sich auf seine Gefangenschaft und die Aufbringung des Lösegeldes bezieht. Die ebenfalls überlieferte Melodie veranschaulicht, dass Richard seine im Text getroffenen Aussagen mit einer entsprechenden musikalischen Umrahmung zu kombinieren bzw. zu verstärken wusste.

---

367 Ehnert, Rolf: Möglichkeiten politischer Lyrik im Hochmittelalter. Bertran de Born und Walther von der Vogelweide, Frankfurt am Main 1976, S. 48 f., 102 ff.

In folgerichtigem Zusammenhang mit dem in elegischem Ton gehaltenen Text stehend, ist die Melodie ungemein schwermütig, gleichzeitig jedoch prägnant, ja eingängig.

Noten des ersten Verses (Zeilen 1–6)

7. Ce sevent bien mi honme et mi baron,
8. Englois, Normant, Poitevin et Gascon,
9. Que je n'avoie si povre compaignon,
10. Cui je laissasse por avoir en prison.
11. Je nel di pas por nule retraçon,
12. Mais encor sui je pris.

13. Or sai je bien de voir certainement
14. Que mors ne pris n'a ami ne parent,
15. Quant hon me lait por or ne por argent.
16. Mout m'est de moi, més plus m'est de ma gent,
17. Qu'aprés ma mort avront reprochier grant,
18. Se longuement sui pris.

19. N’est past merveille, se j’ai le cuer dolent,
20. Quant mes sires tient ma terre en torment.
21. S’or li membroit de nostre serement,
22. Que nos fëismes andui communaument,
23. Bien sai de voir que cëans longuement
24. Ne seroie pas pris.

25. Ce sevent bien Angevin et Torain,
26. Cil bachelor qui or sont riche et sain,
27. Qu’encombrez sui loing d’aus en autrui main.
28. Forment m’amoient, mais or ne m’aimment grain.
29. De beles armes sont ores vuit li plain,
30. Port ant que je sui pris.

31. Mes compaignons, cui j’amoie et cui j’aim,
32. Ceus de Caheu et ceus de Percherain,
33. Me di, chançon, qu’il ne sont pas certain;
34. Qu’onques vers aus nen oi cuer faus ne vain.
35. S’il me guerroient, il font mout que vilain,
36. Tant con je serai pris.

37. Contesse, suer, vostre pris souverain
38. Vos saut et gart cil a cui je me clain
39. Et par cui je sui pris.

40. Je ne di pas de celi de Chartain,
41. La mere Loöys.[368]

Kein Gefangener wird je von seinem Schicksal berichten können, ohne dabei als unglücklicher Mensch zu erscheinen. Um Trost zu finden, kann er aber ein Lied schreiben. Viele Freunde habe ich, doch ihre Gaben sind minder. Und es bringt Schande über sie, dass ich mangels Lösegeldes schon zwei Winter lang ein Gefangener bin.

368 Gennrich, Friedrich (Hg.): Altfranzösische Lieder (1. Teil), Halle 1953, S. 13 ff.

Sie wissen es sehr wohl, meine Barone und meine Männer – die Engländer, Normannen, Poiteviner und Gascogner –, dass mir kein Gefolgsmann je zu minder war, um ihn aus Gründen des Geldes in einem Kerker schmachten zu lassen. Ich sage dies nicht als Vorwurf, doch bin ich noch immer ein Gefangener.

Ich beginne zu verstehen, wie wahr es ist, dass ein Toter oder ein Gefangener weder Verwandte noch Freunde hat, denn ich schmachte hier, weil es an Gold und Geld fehlt. Ich habe Sorge um mich, aber mehr noch um meine Untertanen, die sich nach meinem Tod schwere Vorwürfe machen müssen, wenn ich hier noch länger als Gefangener leiden muss.

Es ist kein Wunder, dass mir das Herz schwer wird, wenn mein Herr [Anm.: gemeint ist Philipp II. in seiner Funktion als oberster Lehnsherr der angevinischen Kontinentalbesitzungen] mein Land so leiden lässt. Wenn er doch nur des Eides gedächte, den wir gemeinsam geschworen hatten, bestimmt müsste ich dann nicht so lange im Kerker liegen.

Sie wissen es sehr wohl, die Männer aus Anjou und aus der Touraine, die Edelleute, die jetzt in Ruhe und Wohlstand leben, dass ich fern von ihnen bin – als Gefangener und in den Händen einer fremden Macht. Sie könnten mir helfen, doch sie sehen keinen Vorteil darin. Sie strotzen vor Waffen, und ich bin hier gefangen.

Meine Gefolgsmänner, die ich liebte und die ich noch immer liebe, die aus Cahors und die aus der Perche – sie sind untreu geworden, wie ich aus Liedern erfuhr. Ich jedoch hielt ihnen stets die Treue. Wenn sie mich jetzt bekriegen wollten, so täten sie Unrecht – bin ich doch ein Gefangener.

Gräfin, meine Schwester, Euer gefangener König betet zu Gott, dass er Euch beschützen und behüten möge. Zu jenem Gott flehe ich, durch dessen Willen ich hier in Fesseln liege. Ich spreche nicht von dem Gott in Chartres, jenem der Mutter von Ludwig.[369]

369 Teils stark voneinander abweichende Übersetzungen von *Ja nus hons pris* finden sich u.a. in: Scheffel, Joseph Victor von: Frau Aventiure. Lieder aus Heinrich von Ofterdingens Zeit, Stuttgart 1884, S. 18 ff.; Diez, Friedrich: Leben und Werke der Troubadours, Leipzig 1882, S. 88 f.; Pernoud, Der Abenteurer auf dem Thron, S. 229 f.

Von den Zeilen 1 bis 36 bildet *Ja nus hons pris* sowohl in inhaltlicher als auch in struktureller Hinsicht eine in sich geschlossene Einheit. Sechs aus jeweils sechs Zeilen bestehende Strophen behandeln die bereits etwa ein Jahr währende Haft im Heiligen Römischen Reich sowie die Aufbringung des Lösegeldes.[370] Wie in jener Zeit in der Dichtung, aber auch bei politischen Ereignissen nicht unüblich, beschwört das Lied tief empfundene Emotionen. Es spiegelt das Bild eines niedergeschlagenen Mannes wider, den das Gefühl des Heimwehs beherrscht und der sich angesichts der immer noch nicht abgeschlossenen Sammlung des Lösegeldes im Stich gelassen wähnt. Die vermeintliche Untreue der Untertanen wird beklagt, die eigene Standfestigkeit und Treue ausdrücklich betont, ebenso die Bereitschaft, in fremde Haft geratene Gefolgsleute freizukaufen.

Völlig aus dem Rahmen des Gedichtes fällt der mit Zeile 37 einsetzende, jähe Themenwechsel. Bei der als Gräfin und Schwester angesprochenen Frau handelt es sich um Richards Halbschwester Marie von Champagne, die älteste, aus der Ehe mit Ludwig VII. hervorgegangene Tochter Eleonores und Mutter Heinrichs von Champagne, der 1192 zum neuen Herrn des Kreuzfahrerkönigreiches Jerusalem aufgestiegen war.[371] Die abschließende Bemerkung bezieht sich möglicherweise auf die in französischem Gebiet gelegene Kathedrale von Chartres, mit deren Bau zu Lebzeiten der Mutter König Ludwigs VII. von Frankreich begonnen wurde. Angesichts der Tatsache, dass sich die letzte Strophe nicht nur auf inhaltlicher Ebene, sondern auch in ihrem Versmaß von den ersten sechs Strophen auffällig deutlich abhebt, lässt sich die zuweilen geäußerte Vermutung, dass diese möglicherweise von späterer Hand hinzugefügt wurde, nicht von der Hand weisen.[372]

Dalfin, jeus voill déresnier, Richards zweites überliefertes Lied stammt aus dem Jahr 1195 oder aus der unmittelbaren Folgezeit. Gerichtet an die zwei Fürsten der Auvergne, Dauphin Robert I. und Graf Guido II., geht es darin um Machtpolitik im engsten Sinn und steht im Kontext von Löwenherz' Bemühungen, die im Jahr 1189 in einem Vertrag mit Philipp II. an Frankreich preisgegebene Region wieder dem angevinischen Herrschaftsbereich einzuverleiben:

370 Gennrich, Friedrich: Die altfranzösische Rotruenge, Halle 1925, S. 21 f.

371 Pernoud, Der Abenteurer auf dem Thron, S. 182, 250

372 Gennrich, Altfranzösische Lieder, S. 15

Dalfin, jeus voill déresnier,
Vos e le comte Guion,
Que an en ceste seison
Vos féistes bon guerrier
E vos jurastes ou moi;
Et m'en portastes tiel foi
Com n'Aengris à Rainart:
E semblés dou poil liart.

Vos me laïstes aidier
Por treive de guierdon,
E car saviés qu'à Chinon
Non a argent ni denier;
Et vos voletz riche roi,
Bon d'armes, qui vos port foi.
Et je suis chiche, coart,
Si vos viretz de l'autre part.

Encor vos voill demandier
D'Ussoire s'il vos siet bon;
Ni s'in prendetz venjeison,
Ni logaretz soudadier.
Mas une rien vos outroi
Si beus faussastes la loi,
Bon guerrier à l'estendart
Trovaretz le roi Richart.

Je vos vi au comencier
Large de grant mession;
Mais puis trovetz ochoison
Que por fortz castels levier,
Laissastes don et donoi,
Et corts et segre tornoi:
Mais nos cal avoir regart
Que Franssois son Longobart.

33. Vai, sirventes, je t'envoi
34. En Avernhe, et di moi
35. As deus comtes de ma part
36. S'ui més font pès, Dieu les gart.
37. Que chaut si garz ment sa foi?
38. Q'escuiers n'a point de loi:
39. Mais dès or avant se gart
40. Que n'ait en peior sa part.

Dauphin, ich möchte Euch fragen, Euch und auch Graf Guido – was habt Ihr in jüngster Zeit vollbracht, um Eurem Ruf als gute Krieger gerecht zu werden? Ihr habt mir Treue geschworen – und Eure Treue war wie die Treue zwischen Isegrim und Reineke Fuchs. Hasenfüße seid Ihr.

Ihr hörtet auf, mir beizustehen, als ich Euch nicht mehr bezahlen konnte. Doch wusstet Ihr wohl, dass in Chinon weder Silber noch Kupfer vorhanden war. Einen reichen König wolltet Ihr, einen tapferen König, der sein Wort hält; und ich bin geizig und ängstlich, so wandtet Ihr Euch von mir ab.

Auch frage ich Euch, ob Ihr Euch dessen entsinnt, was in Issoire geschah? Wollt Ihr dafür Rache nehmen? Wollt Ihr Soldaten aufstellen? Ich versichere Euch eines: wenn Ihr Euren Eid brecht, dann lernt Ihr König Richard den Krieger kennen, den Krieger unter wehender Standarte.

Ich kannte Euch als großmütige Edelmänner, die mit vollen Händen gaben – doch nun, da Ihr Eure Festungen errichtet habt, bedeutet Euch Galanterie nichts mehr, Turniere und höfisches Benehmen habt Ihr aufgegeben. Wir sollten jedoch nicht vergessen, dass die Franzosen Langobarden sind.

Sirventes, ich entsende Dich nun in die Auvergne – überbringe den beiden Grafen meine Worte: sag ihnen, dass sie unter dem Schutz Gottes stehen, wenn sie Frieden halten! Was kümmert es mich, wenn ein Knappe untreu wird? Ein Jüngling ist sich der Kraft des Gesetzes nicht bewusst – doch sollte er künftig auf der Hut sein, damit ihm dafür nicht schlechter Lohn zuteil werde.

In seinem Lied an Dauphin Robert I. und Graf Guido II. präsentiert sich Löwenherz in reichlich resoluter, geradezu aggressiver Weise. Um die beiden Angesprochenen in sein Lager zu ziehen, appelliert er an die Ehre der beiden Angesprochenen, beschwört den göttlichen Segen für das eigene Lager, mehr als einmal konfrontiert er die beiden Fürsten mit handfesten Drohungen. Überdies spricht er Robert I. und Guido II. mit der Beschuldigung, keine freigebigen Edelmänner mehr zu sein, eine der wichtigsten Eigenschaften ab, aus denen sich die Reputation eines Adligen jener Zeit speiste.

Das eigentliche, in diesem Lied stets mitschwingende Kernthema bildet allerdings Richards Konflikt mit Philipp II. Der Kapetinger wird zwar nicht namentlich genannt, doch die von den Fürsten der Auvergne eingeforderte Treue- und Beistandspflicht bezieht sich auf den seit 1194 tobenden Kampf gegen Frankreich, ebenso der Hinweis auf Issoire, eine in der Auvergne gelegene Stadt, die Philipp II. kurz zuvor in seinen Besitz gebracht hatte. Schließlich erfolgt durch die Gleichsetzung der Franzosen mit den Langobarden eine gezielte Beleidigung, denn als *Grifones* und *Longobardi* pflegte man aus angevinischer Sicht die multikulturelle Bevölkerung Süditaliens und Siziliens zu bezeichnen, die man vornehmlich seit den Auseinandersetzungen mit der Bevölkerung Messinas im Frühherbst 1190 als hinterlistig und falsch einstufte.[373]

In Summe tritt bei der Betrachtung von *Ja nus hons pris* und *Dalfin, jeus voill déresnier* sowie anderer zeitgenössischer Hinweise über das lyrische Schaffen Richards I. zutage, dass sich des Königs Liebe zur Dichtkunst eng mit politischen Interessen verschränkte und auf Öffentlichkeitsarbeit in eigener Sache abzielte. So diente die in lyrischer Form gehaltene Botschaft an Dauphin Robert I. und Graf Guido II. weniger der Befriedigung schöngeistiger Neigungen, sondern dem Zweck, die beiden Fürsten mit einem von Sängern und Spielmännern verbreiteten Lied vor aller Welt zur Rede zu stellen und sie gegenüber der öffentlichen Meinung ins Unrecht zu setzen; bezeichnenderweise erfolgte die Antwort des Dauphin ebenfalls in liedhafter Form.[374] Der Eindruck politisch motivierten Dichtens verstärkt sich durch die von Ambroise sowie dem *Itinerarium* überlieferten Anmerkungen zu dem Schmähgedicht, das Löwenherz, wie erwähnt, im Frühsommer 1192 im Kreuzfahrerlager Beit-Nuba in Reaktion auf ein ihn desavouierendes Lied

373 Richard von Devizes, S. 19 f.; Itinerarium, S. 157 ff.

374 Leroux de Lincy, S. 62 f.; Diez, S. 90

des Herzogs Hugo III. von Burgund verfasste.[375] Und auch *Ja nus hons pris* wurde möglicherweise mit der Intention niedergeschrieben, die Lösegeldsammlung im Angevinischen Reich durch weite Verbreitung des Liedes in den angevinischen Ländern zu beschleunigen. Zudem zeigen die beiden überlieferten Lieder zwar einen kundigen Dichter, der das poetische Rüstzeug zu handhaben verstand und beim Komponieren von Melodien über einiges Talent verfügte; *Ja nus hons pris* und *Dalfin, jeus voill déresnier* stellen jedoch keine genialen Schöpfungen dar, waren von Richard wohl auch nicht mit derartigem Ehrgeiz verfasst worden. Vielmehr handelte es sich um einfach strukturierte und daher auch für nichtelitäre Bevölkerungsschichten verständliche Lieder, also in gewisser Hinsicht um in volkstümlichem Ton gehaltene Gebrauchsdichtung, die pragmatischen Interessen des Königs diente.

375 Ambroise, S. 393; Itinerarium, S. 395

Zeittafel

1152

18. Mai: Heinrich Plantagenet und Eleonore von Aquitanien heiraten in Poitiers.

1154

19. Dezember: Heinrich und Eleonore werden zum neuen Herrscherpaar des Königreiches England gekrönt.

1157

8. September: Geburt Richards in Oxford.

1165

21. August: Geburt von Philipp, Sohn König Ludwigs VII. von Frankreich.

1169

6. Januar: Zusammenkunft Heinrichs II. mit Ludwig VII. in Montmirail. Richard huldigt dem französischen König für Aquitanien und wird in weiterer Folge mit dessen Tochter Alice verlobt.

1172

Juni: Richard empfängt in Poitiers die Insignien eines Herzogs von Aquitanien.

1173

25. Februar: Reichsversammlung in Limoges. Heinrich der Jüngere protestiert gegen Pläne seines Vaters, Johann Ohneland Festungen in Anjou zu übergeben, und verbündet sich wenig später mit König Ludwig VII.

Juni: Ludwig VII. und Heinrich der Jüngere machen mit einer Reihe von Verbündeten gegen Heinrich II. mobil. Richard und Gottfried schließen sich ihnen an, wahrscheinlich auf Betreiben Eleonores, die bald darauf in Gefangenschaft ihres Gemahls gerät.

1174

Frühjahr: Nach erfolgreichen Kämpfen in England und der Normandie rückt Heinrich II. nach Poitou vor und drängt Richard in die Defensive, der sich in Taillebourg verschanzt.

Sommer: König Wilhelm I. von Schottland gerät in englische Gefangenschaft, Ludwig VII. gibt den Kampf gegen Heinrich II. auf.

23. September: Richard unterwirft sich seinem Vater.

1175–1178

Aufbau einer starken Zentralgewalt in Aquitanien und Niederwerfung mehrerer Revolten durch Richard.

1179

10. Mai: Der junge Herzog erobert Taillebourg.

1180

18. September: Tod Ludwigs VII., Philipp II. wird König von Frankreich.

1181

Sommer: Nach dem Tod Graf Vulgrins III. von Angoulême will Richard die Vormundschaft über dessen Tochter erlangen. Vulgrins Brüder und Aimar V. von Limoges erheben sich gegen ihn.

1182

Sommer: Mit Unterstützung seines Vaters und seiner Brüder wirft Richard die Revolte im Limousin und im Angoumois nieder.

Herbst: Die zentralaquitanischen Barone finden in Heinrich dem Jüngeren einen Verbündeten und greifen erneut zu den Waffen.

Weihnachten: Richard weist eine Anordnung seines Vaters, Heinrich dem Jüngeren zu huldigen, zurück.

1183

Frühjahr: Heinrich der Jüngere, dessen Bruder Gottfried und die zentralaquitanischen Barone führen Krieg gegen Richard. Philipp II. unterstützt sie, im Mai greifen auch Graf Raimund V. von Toulouse und Herzog Hugo III. von Burgund auf ihrer Seite ein. Heinrich II. und König Alfons II. von Aragon kämpfen auf Richards Seite.

11. Juni: Heinrich der Jüngere stirbt, die um ihn gebildete Allianz zerfällt.

September: Richard widersetzt sich der Forderung Heinrichs II., die Herrschaft über Aquitanien Johann Ohneland zu übergeben.

6. Dezember: Zusammenkunft Heinrichs II. mit Philipp II. in Gisors. Der Plantagenet nominiert nicht mehr Richard als künftigen Gemahl von Alice.

1184

Sommer-Herbst: Gottfried initiiert Söldnereinfälle in Aquitanien. Richard antwortet mit Angriffen gegen die Bretagne.

1185

Frühjahr: Auf Anordnung Heinrichs II. übergibt Richard Aquitanien seiner gefangenen Mutter. Danach zieht Heinrich II. die Regierungsgeschäfte des Herzogtums an sich, doch seiner Administration gelingt es nicht, Vorstöße Graf Raimunds V. von Toulouse im Quercy zu unterbinden.

1186

März: Während eines Zusammentreffens mit Philipp II. bei Gisors nominiert Heinrich II. wieder Richard als künftigen Gemahl von Alice.

Frühjahr-Sommer: Heinrich II. entsendet Richard nach Aquitanien, der die Truppen Raimunds V. zurückwirft. Der jüngere Sohn Gottfried begibt sich nach Paris und verbündet sich mit Philipp II.

19. August: Gottfried stirbt bei einem Turnier in Paris.

1187

Mai: Philipp II. marschiert im Berry ein.

23./24. Juni: Richard trägt dazu bei, vor Châteauroux eine angevinisch-französische Feldschlacht zu verhindern.

4. Juli: Schlacht bei Hattin. Saladin vernichtet die Armee des Kreuzfahrerkönigreiches Jerusalem.

Sommer: Richard weilt bei Philipp II. in Paris.

2. Oktober: Saladin zwingt Jerusalem zur Kapitulation.

29. Oktober: Papst Gregor VII. ruft zum Dritten Kreuzzug auf.

November: Richard nimmt als erster Fürst westlich bzw. nordwestlich der Alpen das Kreuz.

1188

21. Januar: Heinrich II. und Philipp II. nehmen das Kreuz, einige Wochen später auch Kaiser Friedrich I. Barbarossa.

Frühjahr-Herbst: Richard wirft eine Revolte zentralaquitanischer Barone nieder und marschiert in der Grafschaft Toulouse ein, was den Ausbruch eines angevinisch-kapetingischen Krieges zur Folge hat.

18. November: Zusammenkunft Heinrichs II., Richards und Philipps II. in Bonsmoulins. Als Heinrich II. eine formelle Anerkennung seines ältesten Sohnes als Thronfolger ablehnt, verbündet sich dieser mit dem französischen König.

1189

Frühjahr: Richard und Philipp II. eröffnen den Kampf gegen Heinrich II.

11. Mai: Friedrich I. Barbarossa bricht in Regensburg zum Dritten Kreuzzug auf.

4. Juli: Heinrich II. muss Richard als Thronfolger anerkennen.

6. Juli: Heinrich II. stirbt in Chinon.

20. Juli: Richard wird in Rouen zum Herzog der Normandie erhoben.

22. Juli: Zusammenkunft mit Philipp II. bei Gisors. Gegen eine finanzielle Entschädigung zieht sich der Kapetinger aus allen seit 1188 eingenommenen Gebieten zurück. Richard verzichtet auf die Auvergne und behält seine im Kampf gegen Toulouse eroberten Gebiete.

August: Guido von Lusignan beginnt Akko zu belagern.

13. August: Richard landet in Portsmouth.

3. September: Krönung zum König von England in Westminster. Antisemitische Unruhen in London.

15./16. September: Reichsversammlung in Pipewell. Hubert Walter erlebt mit der Erhebung zum Bischof von Salisbury einen entscheidenden Karriereschritt.

September–Dezember: Zur Finanzierung des Kreuzzuges wird ein umfassender Umbau der Verwaltung eingeleitet. Richard stattet Johann Ohneland mit einer Reihe englischer Länder aus und ernennt seinen Halbbruder Gottfried zum Erzbischof von York, nimmt jedoch beiden den Eid ab, der Insel drei Jahre fernzubleiben.

5. Dezember: König Wilhelm I. von Schottland wird gegen 10.000 Mark vom Lehnseid entbunden.
14. Dezember: Richard überquert den Ärmelkanal.

1190

März: Ernennung Wilhelm Longchamps zum Obersten Justitiar.
Mai: Richard reist an die Pyrenäengrenze, wahrscheinlich, um mit König Sancho VI. von Navarra die Eheschließung mit dessen Tochter Berengaria zu vereinbaren.
10. Juni: Friedrich I. Barbarossa stirbt in Kleinasien.
4. Juli: Richard und Philipp II. brechen in Vézelay gemeinsam zum Dritten Kreuzzug auf.
4. Oktober: Löwenherz erobert Messina.

1191

März: Die Verlobung Richards und Alices wird mit Zustimmung Philipps II. aufgelöst.
30. März: Eleonore und Berengaria treffen in Messina ein. Philipp II. reist nach Palästina ab.
10. April: Richard tritt die Überfahrt nach Palästina an.
6. Mai: Löwenherrz landet auf Zypern und beginnt mit der Eroberung der Insel.
12. Mai: Hochzeit mit Berengaria von Navarra in Limassol.
31. Mai: Kaiser Isaak Komnenos von Zypern kapituliert.
8. Juni: Richard trifft vor Akko ein.
12. Juli: Akko kapituliert. Zerwürfnis Richards mit Herzog Leopold V. von Österreich.
31. Juli: Philipp II. tritt die Heimreise nach Frankreich an.
20. August: Als Saladin die Übergabe des Lösegeldes für die inhaftierte Garnison von Akko verzögert, lässt Richard etwa 2.700 muslimische Soldaten hinrichten.
22. August: Löwenherz beginnt mit der Eroberung der Küstenlinie Palästinas.
7. September: Schlacht von Arsuf. Richard siegt gegen Saladin und nimmt wenig später Jaffa ein.
10. Oktober: Wilhelm Longchamp wird gestürzt und muss England verlassen.
Oktober–Dezember: Vormarsch nach Jerusalem.

1192

Januar–April: Rückzug bei Beit-Nuba. Richard baut Askalon wieder auf.
16. April: Die christlichen Barone Palästinas wählen Konrad von Montferrat zum neuen Monarchen des Kreuzfahrerkönigreiches Jerusalem.
28. April: Konrad von Montferrat wird ermordet. Heinrich von Champagne wird zum Nachfolger ernannt.
22. Mai: Richard erobert Daron.
Juni: Vormarsch nach Jerusalem.
4. Juli: Rückzug bei Beit-Nuba.
31. Juli: Saladin erobert Jaffa.
1. August: Richard vertreibt die muslimische Armee aus Jaffa.
5. August: Löwenherz besiegt Saladin vor Jaffa erneut.
2. September: Waffenstillstandsvertrag mit Saladin.
9. Oktober: Richard tritt von Akko aus die Heimreise an.
Ende Dezember: Gefangennahme in Wien durch Herzog Leopold V. und Festsetzung in Dürnstein.

1193

14. Februar: Vertrag von Würzburg. Kaiser Heinrich VI. und Leopold V. legen erstmals die Bedingungen zur Enthaftung Richards sowie die Aufteilung des Lösegeldes fest.
22. März: Schauprozess in Speyer. Richard entkräftet die Vorwürfe, für den Tod Konrads von Montferrat verantwortlich zu sein und durch die Preisgabe Askalons Verrat am Heiligen Land verübt zu haben.
30. März: Richard nominiert Hubert Walter zum neuen Erzbischof von Canterbury.
April: Philipp II. stößt in die Normandie vor und nimmt Gisors ein. Hubert Walter vermittelt einen Waffenstillstand in England und neutralisiert Johann Ohneland.
29. Juni: Heinrich VI. und Richard unterzeichnen den Vertrag von Worms, der die Konditionen zur Freilassung des Königs fixiert. Wenig später flieht Johann Ohneland nach Frankreich. Philipp II. schließt Frieden mit dem Angevinischen Reich.
Dezember: Die Hauptsumme des Lösegeldes steht weitgehend bereit. Etwa um diese Zeit komponiert Richard *Ja nus hons pris*.

1194

Januar: Johann Ohneland unterzeichnet einen Lehnsnahmevertrag mit Philipp II.
4. Februar: Richard wird in Mainz freigelassen und reist in Richtung Ärmelkanal, wobei er zahlreiche niederrheinische Fürsten mit Rentenlehen ausstattet.
13. März: Landung in Sandwich.
30. März: Das Konzil von Nottingham wird eröffnet.
17. April: Richard feiert in Winchester eine neuerliche Krönungszeremonie.
10. Mai: Philipp II. beginnt Verneuil zu belagern.
12. Mai: Richard setzt mit einer Streitmacht von Portsmouth in die Normandie über. Wenig später unterwirft sich ihm Johann.
Ende Mai: Löwenherz stößt nach Verneuil vor und zwingt Philipp II. zum Rückzug.
Juni/Juli: Richard erobert die Touraine zurück, schlägt Philipp II. bei Fréteval in die Flucht und stellt seine Herrschaftsautorität in Aquitanien wieder her.
23. Juli: Waffenstillstand mit Frankreich.
20. August: Richard gestaltet Ritterturniere in England.

1195

18. März: Papst Coelestin III. stimmt der Erhebung Hubert Walters zum päpstlichen Legaten in England zu.
Sommer: Kaiser Heinrich VI. befiehlt Richard eine Invasion in die Länder Philipps II. und verzichtet auf 17.000 Mark des noch ausstehenden Lösegeldes. Angevinische Truppen erobern Teile des Berry sowie Issoudun und bringen Gebiete der Auvergne unter ihre Kontrolle.
November: Philipp II. marschiert im Berry ein und rückt nach Issoudun vor.
Anfang Dezember: Richard behauptet Issoudun und zwingt Philipp II. nach Zuzug größerer angevinischer Kampfverbände zum Einlenken.

1196

15. Januar: Friedensvertrag von Louviers.
Winter-Frühjahr: Erhebung der ärmeren Schichten Londons unter der Führung Wilhelm Fitz Osberns.
April: Richard interveniert in der Bretagne. Gottfrieds Sohn, der minderjährige bretonische Herzog Arthur, wird zu Philipp II. nach Paris gebracht.

Sommer: Angevinisch-französischer Krieg. Richard wird bei der Belagerung der Festung Gaillon verletzt und nimmt einen strategischen Kurswechsel vor.

Herbst: Der Plantagenet schließt Frieden mit Graf Raimund VI. von Toulouse und beginnt mit dem Bau von Château Gaillard.

1197

Sommer: Juli: Richard schließt ein Bündnis mit Graf Balduin IX. von Flandern und rückt im Berry sowie im normannischen Vexin vor.

September: Waffenstillstand mit Frankreich.

28. September: Kaiser Heinrich VI. stirbt in Messina.

Herbst: Der Bau von Château Gaillard ist fertiggestellt.

Dezember: Bischof Hugo von Lincoln weigert sich, militärische Hilfestellung für den Kampf gegen Frankreich zu leisten.

1198

8. März: Philipp von Schwaben, Bruder Heinrichs VI., wird zum deutschen König gewählt.

April: Auf Druck des Papsttums beruft Richard Hubert Walter vom Posten des Obersten Justitiars ab und betraut Gottfried Fitz Peter mit dieser Funktion.

9. Juni: Auf Betreiben Richards wählt das anti-staufische Lager im Heiligen Römischen Reich den jungen Welfen Otto zum König. Damit gewinnt der durch die Bündnisse mit Toulouse und Flandern herbeigeführte Zangengriff auf Frankreich den Charakter einer Einkreisung. König Otto IV. setzt in weiterer Folge viele kulturelle Impulse im deutschen Raum.

September: Ausbruch eines neuen angevinisch-französischen Krieges.

28. September: Richard fügt Philipp II. vor den Toren von Gisors eine Niederlage zu.

1199

13. Januar: Richard und Philipp II. führen Friedensverhandlungen bei Vernon. Ein fünfjähriger Waffenstillstand wird vereinbart, in weiterer Folge stimmt der französische König einem Vertragsentwurf zu, der mit Ausnahme von Gisors die Rückgabe aller 1193 und 1194 eroberten Gebiete vorsieht.

26. März: Löwenherz wird bei der Belagerung von Châlus Chabrol durch einen Armbrustschützen verwundet.

6. April: Richard stirbt vor Châlus Chabrol.

1202–1204

Philipp II. führt Krieg gegen Richards Nachfolger Johann I. Ohneland und erobert die Normandie sowie Anjou, Maine und Touraine.

1209

Richards Neffe Otto IV. wird zum Kaiser des Heiligen Römischen Reiches gekrönt.

1214

Philipp II. schlägt Otto IV. und eine Armee Johanns I. bei Bouvines vernichtend.

1215

Johann Ohneland muss der *Magna Charta* und damit einer Reihe politischer Freiheiten des Adels zustimmen.

1216

19. Oktober: Johann Ohneland stirbt in Newark. Einige Wochen zuvor hat eine französische Armee London erobert.

Landkarten

Karte 1: Die umkämpften Kontinentalterritorien des Angevinischen Reiches

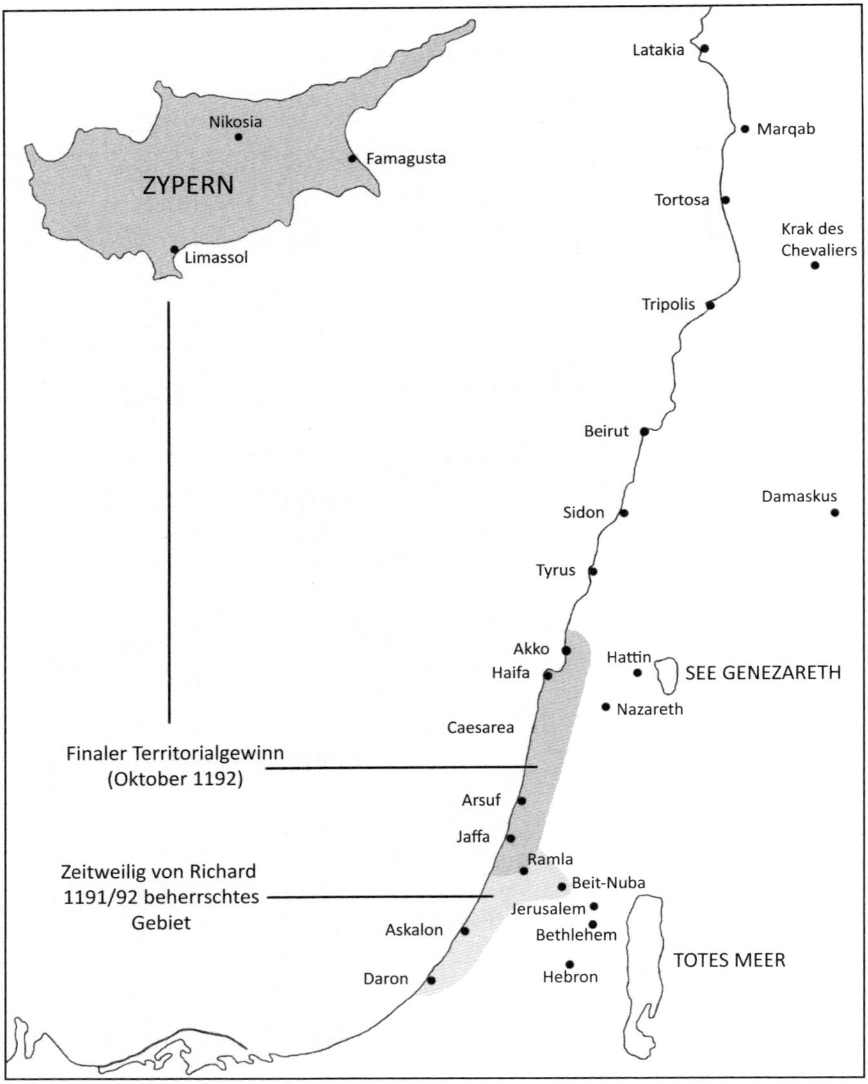

Karte 2: Eroberungen Richards I. im Orient 1191/1192

Quellen- und Literaturverzeichnis

A) Quellen

Adam von Eynsham: Magna Vita S. Hugonis Episcopi Lincolniensis, herausgegeben von James F. Dimock, London 1864

Ambroise: The Crusade of Richard Lion-Heart, übersetzt und herausgegeben von Merton Jerome Hubert, New York 1941

Ansbert: Historia de expeditione Friderici imperatoris, herausgegeben von Hippolyt Tauschinski und Mathias Pangerl, in: Codex Strahoviensis (Fontes rerum Austriacorum, Band 5), Wien 1863, S. 1–90

Baha al-Din Ibn Shaddad: The rare and excellent History of Saladin, übersetzt von Donald Sydney Richards, Aldershot 2002

Codice diplomatico della Repubblica di Genova, 3 Bände (Fonti per la Storia d'Italia, Band 77, 79 bzw. 89), Rom 1942

Die Siegelurkunden der Babenberger bis 1215 (Urkundenbuch zur Geschichte der Babenberger in Österreich, Band 1), herausgegeben von H. Fichtenau und E. Zöllner, Wien 1950

Epistolae Cantuariensis – the Letters of the Prior and Convent of Christ Church, Canterbury. From A.D. 1187 to A.D. 1189, in: Chronicles and Memorials of the Reign of Richard I. (Band 2), herausgegeben von William Stubbs, London 1865

Ernoul: Chronique d'Ernoul et de Bernard le Trésorier, herausgegeben von L. de Mas Latrie, Paris 1871

Gabrieli, Francesco: Die Kreuzzüge aus arabischer Sicht (deutsche Übersetzung einer italienischen Übersetzung von Texten arabischer Geschichtsschreiber), Zürich/München 1973

Gervasius von Canterbury: The historical works of Gervase of Canterbury, herausgegeben von William Stubbs, 2 Bände, London 1879

Gesta regis Henrici secundi Benedicti abbatis. The Chronicle of the Reigns of

Henry II. and Richard I. A.D. 1169–1192, herausgegeben von William Stubbs, 2 Bände, London 1867
Giraldus Cambrensis: De instructione principum, London 1846
Goergens, E. P.: Arabische Quellenbeiträge zur Geschichte der Kreuzzüge (Erster Band: Zur Geschichte Salah ad-din's), Berlin 1879
Itinerarium peregrinorum et gesta regis Ricardi, in: Chronicles and Memorials of the Reign of Richard I. (Band 1), herausgegeben von William Stubbs, London 1864
Jocelyn von Brakelond: Chronica Jocelini de Brakelonda de rebus gestis Samsonis abbatis monasterii Sancti Edmundi, London 1840
L'histoire de Guillaume le Maréchal, herausgegeben von Paul Meyer, 2 Bände, Paris 1891–1894
Matthew Paris: Chronica majora, herausgegeben von Henry Richards Luard, 5 Bände, London 1872–1883
Ralph von Coggeshall: Chronicon Anglicanum, herausgegeben von Joseph Stevenson, London 1875
Ralph von Diceto: Radulfi de Diceto Decani Lundoniensis opera historica. The historical works of master Ralph de Diceto, herausgegeben von William Stubbs, 2 Bände, London 1876
Richard von Devizes: Cronicon Richardi Divisensis de tempore regis Richardi primi, herausgegeben und übersetzt von John T. Appleby, London 1963
Rigord: Gesta Philippi Augusti, in: Historiae Francorum Scriptores, herausgegeben von André und François Duchesne, Band 5, Paris 1649
Roger von Howden: Chronica magistri Rogeri de Hoveden, herausgegeben von William Stubbs, 4 Bände, London 1868–1871
Walter von Hemingburgh: Chronicon Domini Walteri de Hemingburgh, de gestis regum Angliae, herausgegeben von Hans Claude Hamilton, 2 Bände, London 1848–1849
Walter Map: De nugis curialium, herausgegeben von Thomas Wright, London 1850
Wilhelm der Bretone: Philippide de Guillaume le Breton, in : Œuvres de Rigord et de Guillaume le Breton (Band 2), herausgegeben von H. François Delaborde, Paris 1885
Wilhelm von Newburgh: Guilielmi Neubrigensis historia sive chronica rerum Anglicarum, Oxford 1719

B) Sekundärliteratur

Ailes, Adrian: The Origins of the Royal Arms of England: Their Development to 1199, Reading 1982
Appel, Carl: Bertran von Born, Halle 1931
Appel, Carl: Die Lieder Bertrans von Born, Halle 1932
Appleby, John T.: Henry II. The vanquished King, London 1962
Asbridge, Thomas: Die Kreuzzüge, Stuttgart 2010
Aurell, Martin: Die ersten Könige aus dem Haus Anjou (1154–1216), in: Vollrath, Hanna/Fryde, Natalie (Hg.): Die englischen Könige im Mittelalter. Von Wilhelm dem Eroberer bis Richard III., München 2004, S. 71–101
Barber, Richard: Henry Plantagenet. A Biography, London 1964
Barlow, Frank: The Feudal Kingdom of England 1042–1216, London/New York 1988
Bennewitz, Ingrid: „Karl und König Artus hat er übertroffen …" Der Mythos von Richard Löwenherz in der Literatur des Mittelalters und seine Rezeption in der Neuzeit, in: Bennewitz, Ingrid / van Eickels, Klaus: Richard Löwenherz, ein europäischer Herrscher im Zeitalter der Konfrontation von Christentum und Islam. Mittelalterliche Wahrnehmung und moderne Rezeption, Bamberg 2018, S. 149–170
Berg, Dieter: Die Anjou-Plantagenets. Die englischen Könige im Europa des Mittelalters (1100–1400), Stuttgart 2003
Berg, Dieter: Richard Löwenherz, Darmstadt 2007
Bradbury, Jim: Philip Augustus. King of France 1180–1223, London/New York 1998
Castleden, Rodney: King Arthur. The truth behind the legend, London/New York 2000
Csendes, Peter: Heinrich VI., Darmstadt 1993
Diez, Friedrich: Leben und Werke der Troubadours, Leipzig 1882
Duby, Georges: Guillaume le Maréchal oder der beste aller Ritter, Frankfurt am Main 1986
Ehnert, Rolf: Möglichkeiten politischer Lyrik im Hochmittelalter. Bertran de Born und Walther von der Vogelweide, Frankfurt am Main 1976
Eickels, Klaus van: Richard Löwenherz und Philipp II. Augustus von Frankreich. Inszenierte Emotionen und politische Konkurrenz, in: Bennewitz, Ingrid / van

Eickels, Klaus: Richard Löwenherz, ein europäischer Herrscher im Zeitalter der Konfrontation von Christentum und Islam. Mittelalterliche Wahrnehmung und moderne Rezeption, Bamberg 2018, S. 11–46
Erbstösser, Martin: Die Kreuzzüge. Eine Kulturgeschichte, Berlin 1996
Fichtenau, Heinrich: Akkon, Zypern und das Lösegeld für Richard Löwenherz, in: Archiv für österreichische Geschichte 125 (1966), S. 11–32
Födisch, Julius-Ernst: Der dritte Kreuzzug und die babenbergisch-österreichische Politik, Leitmeritz 1874
Gennrich, Friedrich: Altfranzösische Lieder (1. Teil), Halle 1953
Gennrich, Friedrich: Die altfranzösische Rotruenge, Halle 1925
Gier, Albert: „O Richard, o mon roi“ Richard Löwenherz im Musiktheater, in: Bennewitz, Ingrid / van Eickels, Klaus: Richard Löwenherz, ein europäischer Herrscher im Zeitalter der Konfrontation von Christentum und Islam. Mittelalterliche Wahrnehmung und moderne Rezeption, Bamberg 2018, S. 171–200
Gillingham, John: Richard the Lionheart, London 1978
Gillingham, John: The Angevin Empire, London 1984
Gransden, Antonia: Historical Writing in England, 2 Bände, London 1974–1982
Halm, Heinz: Die Ayyubiden, in: Haarmann, Ulrich (Hg.): Geschichte der arabischen Welt, München 1994, S. 200–216
Hassig, Debra (Hg.): The Mark of the Beast. The Medieval Bestiary in Art, Life, and Literature, New York/London 2013
Hildebrand, Jens: Walther von der Vogelweide und die Gesellschaft seiner Zeit, Stuttgart 1989
Holt, J. C.: Robin Hood. Die Legende von Sherwood Forest, Düsseldorf/Wien/New York 1991
Hucker, Bernd Ulrich: Otto IV. Der wiederentdeckte Kaiser, Frankfurt am Main/Leipzig 2003
Kaufmann, Sabine: Mythos Löwenherz, in: Schubert, Alexander (Hg.): Richard Löwenherz. König – Ritter – Gefangener, Regensburg 2017, S. 14–19
Kelly, Amy: Krone der Frauen. Eleonore von Aquitanien und die vier Könige, München 1953
Kessler, Ulrike: Richard I. Löwenherz. König, Kreuzritter, Abenteurer, Graz/Wien/Köln 1995
Le Goff, Jacques: Das Hochmittelalter, Frankfurt am Main 1965

Lechner, Karl: Die Babenberger. Markgrafen und Herzöge von Österreich 976–1246, Wien/Köln/Weimar 1994
Leeper, A. W. A.: A History of Medieval Austria, Oxford 1941
Leroux de Lincy/Adrien Jean Victor: Recueil de chants historiques Français depuis le 12. jusqu'au 18. siecle, 2 Bände, Paris 1841–1842
Lilie, Ralph-Johannes: Byzanz und die Kreuzzüge, Stuttgart 2004
Lloyd, Simon: Die Kreuzzugsbewegung 1096 bis 1274, in: Riley-Smith, Jonathan (Hg.): Illustrierte Geschichte der Kreuzzüge, Frankfurt am Main 1999, S. 46–82
Maalouf, Amin: Der Heilige Krieg der Barbaren. Die Kreuzzüge aus der Sicht der Araber, München 1996
Mauntel, Christoph: Philipp II. Augustus, in: Schubert, Alexander (Hg.): Richard Löwenherz. König – Ritter – Gefangener, Regensburg 2017, S. 156–157
Mayer, Hans Eberhard: Die Kanzlei Richards I. von England auf dem Dritten Kreuzzug, in: Mitteilungen des Instituts für Österreichische Geschichtsforschung 85 (1977), S. 22–35
Mayer, Hans Eberhard: Geschichte der Kreuzzüge, Stuttgart/Berlin/Köln 1989
McLynn, Frank: Warriors. Die großen Kriegsherren. Von Attila bis Napoleon, Frankfurt am Main 2008
Moeglin, Jean-Marie: Das französische Königtum und die Schlachten von Fréteval und Bouvines, in: Schubert, Alexander (Hg.): Richard Löwenherz. König – Ritter – Gefangener, Regensburg 2017, S. 148–155
Möhring, Hannes: Saladin. Der Sultan und seine Zeit 1138–1193, München 2005
Möhring, Hannes: Saladin und der Dritte Kreuzzug. Aiyubidische Strategie und Diplomatie im Vergleich vornehmlich der arabischen mit den lateinischen Quellen, Wiesbaden 1980
Mölk, Ulrich: Trobadorlyrik, München/Zürich 1982
Naumann, Claudia: Der Kreuzzug Kaiser Heinrichs VI., Frankfurt am Main 1994
Norgate, Kate: England under the Angevin Kings, 2 Bände, New York 1969
Opll, Ferdinand: Friedrich Barbarossa, Darmstadt 1998
Partner, Nancy F.: Serious Entertainments. The Writing of History in Twelfth-Century England, Chicago/London 1977
Pernoud, Régine: Königin der Troubadoure. Eleonore von Aquitanien, Düsseldorf/Köln 1966
Pernoud, Régine: Der Abenteurer auf dem Thron. Richard Löwenherz. König von England, München 2000

Phillips, Jonathan: Der lateinische Orient 1098 bis 1291, in: Riley-Smith, Jonathan (Hg.): Illustrierte Geschichte der Kreuzzüge, Frankfurt am Main 1999, S. 134–166

Pohl, Walter: Die Welt der Babenberger. Schleier, Kreuz und Schwert, Graz/Wien/Köln 1995

Rabbow, Arnold: The Origin of the Royal Arms Of England – a European Connection, erschienen 1999 (siehe https://www.theheraldrysociety.com/articles/the-origin-of-the-royal-arms-of-england-a-european-connection, abgerufen am 9. August 2019)

Rieger, Dietmar: Gattungen und Gattungsbezeichnungen der Trobadorlyrik. Untersuchungen zum altprovenzalischen Sirventes, Tübingen 1976

Routledge, Michael: Kreuzzugslieder, in: Riley-Smith, Jonathan (Hg.): Illustrierte Geschichte der Kreuzzüge, Frankfurt am Main 1999, S. 110–133

Runciman, Steven: Geschichte der Kreuzzüge, München 2001

Scheffel, Joseph Victor von: Frau Aventiure. Lieder aus Heinrich von Ofterdingens Zeit, Stuttgart 1884

Scheibelreiter, Georg: Die Babenberger. Reichsfürsten und Landesherren, Wien/Köln/Weimar 2010

Siberry, Elizabeth: Das Bild der Kreuzzüge im 19. und 20. Jahrhundert, in: Riley-Smith, Jonathan (Hg.): Illustrierte Geschichte der Kreuzzüge, Frankfurt am Main 1999, S. 418–441

Thorau, Peter: Die Kreuzzüge, München 2004

Warren, W. L.: Henry II., London 1973

Bildnachweis

English Heritage National Monuments Record: Frontispiz, Abb. 1, 23
Österreichische Nationalbibliothek/Bildarchiv: Abb. 2, 4, 5, 6, 11, 13, 15, 18
British Library: Abb. 3, 7, 8, 10, 20
AKG Berlin: Abb. 9, 12, 14, 17, 19, 21, 22
Privatarchiv Dr. Robert-Tarek Fischer: Abb. 16

Personenindex